不出国学好英语

我带孩子学英语

Diego爸爸 Diego 著

英语小达人训练手册

机械工业出版社
CHINA MACHINE PRESS

本书作者是个非常普通的孩子爸爸,但他从孩子 5 岁开始,利用丰富的互联网英语资源,借助先进的英语学习软件,按照科学的训练方法,加上日复一日的坚持,在 12 岁语言关键期内,将孩子的英语能力提升到接近母语的水平。

本书从家长的思想准备和角色定位入手,随后从听说能力培养、词汇和阅读、拼写、语法和写作行文,最后对各阶段孩子适合的英语考试做了详细阐述,将 Diego 在每个阶段的案例和具体做法融入其中。

作者走出了一条哑巴英语爸爸当教练员带领孩子学英语的成功道路,本书内容非常接地气,有很强的可复制性和实操性,适合所有关注孩子英语学习的家长朋友们。

图书在版编目(CIP)数据

我带孩子学英语:英语小达人训练手册 / Diego 爸爸,Diego 著. —北京:机械工业出版社,2019.1(2025.1 重印)
ISBN 978 - 7 - 111 - 61891 - 1

Ⅰ. ①我… Ⅱ. ①D… Ⅲ. ①英语-儿童读物
Ⅳ. ①H319.4

中国版本图书馆 CIP 数据核字(2019)第 018430 号

机械工业出版社(北京市百万庄大街 22 号 邮政编码 100037)
策划编辑:孙铁军　　　责任编辑:苏筛琴　王庆龙
版式设计:张文贵　　　责任印制:单爱军
保定市中画美凯印刷有限公司印刷
2025 年 1 月第 1 版·第 10 次印刷
169mm×239mm·26.25 印张·1 插页·354 千字
标准书号:ISBN 978 - 7 - 111 - 61891 - 1
定价:54.80 元

电话服务　　　　　　　　网络服务
客服电话:010-88361066　　机　工　官　网:www.cmpbook.com
　　　　　010-88379833　　机　工　官　博:weibo.com/cmp1952
　　　　　010-68326294　　金　书　网:www.golden-book.com
封底无防伪标均为盗版　机工教育服务网:www.cmpedu.com

PREFACE 前　言

在当前全球化趋势越来越明显的时代，如何从小培养孩子的英语能力，是摆在学校和家长面前的一项明确而紧迫的任务。

有人说了，只要多听多说多读多写，就能学好英语！这是真理，同时也是废话。就单拿"听"来说，听什么？什么时候听？怎么听？如果孩子不爱听怎么办？……这些现实而具体的问题往往困扰着很多家长。

学好英语，不是学校英语考试得 100 分，而是能听会说，能读书，能看报，能写文章，能把英语当成必不可少的随身工具使用。

如何学好英语是一个复杂的系统工程，从来就不是几句话能说清楚的。

Diego 爸爸和我们这个时代的大多数中国家长一样，学和用的是典型的聋哑英语。但作为一名北京高校的计算机教师，Diego 爸爸相信，利用丰富的互联网英语资源，借助先进的英语学习软件，按照科学的训练方法，加上日复一日的坚持，必定可以在孩子 12 岁语言关键期内，将他的英语能力提升到接近母语的水平。

Diego 从 5 岁左右开始零基础学习英语，到 10 岁获得了剑桥英语高级证书（CAE）。2017 年 8 月，Diego 还以 94 分的高分获得了清华大学 MOOC 课程《通用学术英语》的优秀证书。此外，Diego 在美国半年的学习过程和考试成绩也表明，他的综合英语水平已经超出很多同龄的美国小朋友。

本书希望通过完整记录并进一步总结完善 Diego 的英语训练之路，从语言学习理论、重要资源、操作方法、判定标准、工具使用与定制等方面，帮助家长在国内为自己的孩子构建一个家庭沉浸式英语习得环境，让孩子不出国也能学好英语！

本书采用倒金字塔结构，包含英语学习的全路线图，家长朋友可以根据自己孩子的具体情况，选择合适的入口开始阅读。阅读时也可以根据需要跳转到前面对应章节进行知识补充。

比如，某家长的孩子今年 4 岁，家长比较着急想找具体的操作方法，就可以直接从第 7 章"拯救哑巴英语从跟读开始"开始实施。

如果在孩子跟读过程出现了疑惑，再跳转到第 2、第 3 或第 4 章了解自己的问题所在，并找到解决方案。

比如，某家长的孩子今年 8 岁，家长可以从第 12 章入手，但如果孩子水平是零基础，无法展开训练，则应跳转到第 6 章开始。

再如，某家长比较关注分级读物，可以直接从第 9 章开始。但对某些操作的原理和依据不清楚，或者觉得这种操作方式颠覆了自己原来对绘本的认识，此时需要跳转到第 3 章学习，先更新自己的英语学习理念。

但是，本书最好的阅读顺序就是从头到尾先通读一遍，然后根据自己孩子的具体情况，跳转到对应章节参照实施。在实施过程中，如果觉得需要修正，再回头去复习基本原则，确保自己的执行过程不和基本原则相对立。

Diego 爸爸
2019 年 1 月于北京

家长常见困惑

孩子应该几岁开始英语启蒙？

答：任何时候开始都不早，任何时候开始也都不晚。一般2岁之前可以通过儿歌和亲子活动引入启蒙，3岁之后可以通过动画片和绘本进行综合训练。详见第6章。

英语启蒙可以从英文绘本开始吗？

答：以英文绘本开始启蒙是国内很多家长存在的误区。从信息论角度来看，绘本不如动画片提供的信息量大。英文绘本启蒙对家长要求比较高，也要求孩子具有较高的英文听力基础。详见第9章。

孩子要不要背单词？

答：阅读词汇可以在语境中慢慢积累，也可以集中强化。现在的背单词不同于传统的背单词，而是借用软件，利用人类遗忘曲线进行"闪卡"。详见第14章。

如何让孩子避免中式口音？

答：从小进行跟读正音，是避免中式口音最简单、最省钱、最高效、最自然的方式。跟读材料、跟读判定标准详见第7章。

磨耳朵无效怎么办？

答：磨耳朵很重要，但是很多家长在操作上有误区，所以导致无效地磨耳朵。磨耳朵必须先磨眼睛，通过声音信号让孩子回想起对应的场景，才是可理解的、有效的。具体操作方法详见第8章。

大龄儿童如何规划英语学习？

答：错过了最佳启蒙期，并不代表英语学不好。家长要根据孩子的个性特征，"威逼利诱"，并对规划进行裁减和修正，以最大限度提升孩子的英语水平。详见第4章路线图。

什么时候给孩子请外教？

答：请外教不能不考虑家庭的经济条件。但外教陪练是一个长期活动，可能持续几年到十几年时间。详细建议见第 10 章。

家长需要纠结外教口音吗？

答：决定孩子口音的不是外教的口语，而是大量听力输入的口音。孩子长期听英音，就能说英音；长期听美音，就能说美音。详见第 10 章。

孩子语法总是记不住怎么办？

答：在孩子的启蒙期和提高期，无须过度关注语法，孩子用语感来代替语法。到了提高期后期，在积累了大量语音和阅读输入之后，掌握语法就水到渠成了。详见第 15 章和第 19 章。

孩子默写单词总是记不住怎么办？

答：单词拼写不可自然习得，需要循序渐进地进行刻意训练。家长可以根据孩子的年龄与性格特点，通过一些有趣的拼写游戏和工具进行拼写练习。详见第 11 章。

如何帮助孩子练习写作？

答：写作不同于拼写，但以拼写为基础。初期写作可以通过口述的方式来回避拼写的难度叠加。家长可以借助本书推荐的写作工具和网站，循序渐进地提高孩子的写作水平。详见第 15 章和第 19 章。

英语考级对小升初有帮助吗？

答：英语考级的通过代表着英语水平的提升，不仅对升学有帮助，更是给孩子的人生打开了一扇通向世界的大门。

孩子没时间学英语怎么办？

答：如果幼儿园和小学阶段其他规划过多，导致没有在语言学习的黄金期内学好英语，那么到了初高中，时间更紧张了，只能在随后学习和工作中花费大量的时间、精力和金钱去辛苦而缓慢地提升聋哑英语，就像我们大多数家长现在的状态。

CONTENTS 目　录

前言
家长常见困惑

不出国学好英语

第1章 / 3
犬父虎子

不出国真的能学好英语吗?
父母英语不好也能规划孩子的英语学习吗?

1.1　此虎爸非彼虎爸 / 3
1.2　Go Diego Go / 5
1.3　剑桥考级过关斩将 / 7
1.4　到美国检验学习效果 / 9
1.5　最小的大学先修课学员 / 11

第2章 / 14
摔跤吧，爸爸

为什么我的孩子无法坚持?
把孩子交给英语培训机构就能学好英语吗?
孩子不听话怎么办?

2.1　家庭是英语学习主战场 / 14
　　2.1.1　克服焦虑，收缩战线 / 14
　　2.1.2　重视英语学习方法 / 16
　　2.1.3　家庭、学校与培训机构的关系 / 17
2.2　家庭环境与孩子 / 20
　　2.2.1　健康的家庭环境 / 20
　　2.2.2　"听话"的孩子 / 22
　　2.2.3　对父母的信任和理解 / 24
2.3　成为教练型父母 / 26
　　2.3.1　父母的爱无可替代 / 26
　　2.3.2　规划孩子的英语学习 / 28
　　2.3.3　培养导入意识，掌握导入方法 / 29
　　2.3.4　让坚持变得更容易 / 31
2.4　掌握基本的计算机技能 / 34
　　2.4.1　手机不是万能的 / 34

2.4.2　正确利用网盘 / 36
2.4.3　搜索技巧与提问技巧 / 38
2.4.4　玩转微信群 / 42
2.4.5　常见技术问题 / 45

2.5　教练型父母的反思与妥协 / 49
2.5.1　"神奇队长"的妥协 / 49
2.5.2　千万别钻牛角尖 / 51
2.5.3　为什么师不自教 / 52
2.5.4　如何成功复制 Diego / 53

第 3 章 / 56　学点方法防忽悠

不让孩子看动画片能学好英语吗？
简单的不爱看，难的看不懂怎么办？

3.1　不做无头苍蝇 / 56
3.2　二语习得理论 / 57
　　3.2.1　习得与学得 / 57
　　3.2.2　可理解性窄输入 / 58
　　3.2.3　可理解性窄输出 / 60
　　3.2.4　沉默期可以不沉默 / 61
3.3　家长必须要知道的 / 62
　　3.3.1　一万小时刻意训练 / 62
　　3.3.2　猜测和预测的重要性 / 63
　　3.3.3　离不开的电子产品 / 64
　　3.3.4　重复重复再重复 / 66
　　3.3.5　先听后说不翻译 / 67
3.4　了解孩子的性格特点 / 69

第 4 章 / 73　英语习得/学得全路线图

如何全面规划孩子的英语学习？
孩子错过了英语启蒙期该怎么办？

4.1　如何使用全路线图 / 73
4.2　启蒙期英语训练路线图 / 75
4.3　提高期英语训练路线图 / 78
4.4　增长期英语训练路线图 / 79
4.5　应用期英语训练路线图 / 80

第 5 章 / 83　以考促学贯穿全路线

学校英语考得好就是英语学得好吗？
如何做到英语的考教分离？

5.1　英语水平第三方评估 / 83
5.2　欧洲共同语言参考标准 / 84
5.3　剑桥 CYLE 和 MSE / 87
5.4　标准化考试 / 89
5.5　其他英语考级 / 91

启蒙期（0~6岁）训练方案

第6章 / 95
婴幼儿的英语启蒙

几岁可以开始英语启蒙？
点读笔可以长期使用吗？

6.1 英语启蒙越早越好 / 95
6.2 英语儿歌启蒙 / 97
6.3 吸引眼球的TPR / 100
6.4 点读机和点读笔 / 102
6.5 低幼英文动画及使用 / 105

第7章 / 109
拯救哑巴英语从跟读开始

孩子不爱张嘴跟读怎么办？
孩子只爱看动画片，不愿听音频可以吗？

7.1 从呱呱坠地到咿呀学语 / 109
7.2 如何进行模仿跟读 / 110
7.3 跟读从动画片开始 / 113
7.4 跟读进阶与扩展 / 118

第8章 / 123
从磨眼睛到磨耳朵

磨耳朵无效怎么办？
每天需要听多长时间的英语音频？

8.1 先磨眼睛再磨耳朵 / 123
8.2 如何有效地磨耳朵 / 125
8.3 填补眼睛和耳朵间的裂缝 / 129
8.4 磨的不仅仅是眼睛和耳朵 / 132

第9章 / 136
阅读启蒙与单词积累

绘本和分级读物有什么不同？
不学音标可以吗？
什么时候学自然拼读？

9.1 英文阅读启蒙的误区 / 136
9.2 绘本和分级读物的选择 / 140
9.3 正确使用不同的阅读方法 / 144
9.4 自然拼读和Sight Words / 147
9.5 到底要不要学音标 / 151
9.6 利用闪卡积累词汇 / 153

第10章 / 158
离不开的外教陪练

什么时候请外教最合适？
家长纠结外教口音有道理吗？
选择线上外教还是线下外教？

10.1 为什么陪练应该是外教 / 158
10.2 什么时候用外教 / 160
10.3 线下外教与线上外教 / 161
10.4 家长的口音情结 / 165
10.5 正确使用线上外教 / 167

第 11 章 / 175
单词拼写启蒙

有没有让孩子轻松掌握英语拼写的好办法？
要不要天天逼着孩子默写单词？

11.1 有关拼写的认识 / 175
11.2 低幼期的拼写游戏 / 178
11.3 拼写 App 工具辅助 / 180
11.4 跟着动画片学拼写 / 183
启蒙期训练摘要及参考方案 / 186

提高期（7~9 岁）训练方案

第 12 章 / 191
疯狂输入与稳定输出

孩子阅读不求甚解怎么办？
为什么说跟读不是说？

12.1 未雨绸缪潜布局 / 191
12.2 对输入进行再加工 / 200
12.3 从跟读到自由复述 / 203

第 13 章 / 206
英文阅读和快速阅读

孩子爱玩游戏怎么办？
如何评测孩子的阅读水平？
孩子看书慢是不是病？

13.1 阅读不仅仅是读书 / 206
    13.1.1 如何阅读一本书 / 206
    13.1.2 从分级读物到桥梁书 / 209
    13.1.3 电子游戏也可以是阅读 / 215
13.2 英文阅读分级系统 / 221
    13.2.1 蓝思与 AR / 221
    13.2.2 确定阅读材料的难度 / 223
    13.2.3 确定孩子的阅读水平 / 226
13.3 一目十行不是梦 / 228
    13.3.1 阅读困难和阅读障碍 / 229
    13.3.2 了解阅读的生理过程 / 230
    13.3.3 进行快速阅读训练 / 232
    13.3.4 有默读无速读 / 235

第 14 章 / 238
今非昔比背单词

到底应该不应该背单词？
如何选择背单词软件？

14.1 到底要不要背单词 / 238
14.2 青少儿应该如何背单词 / 239
14.3 如何选择背单词软件 / 243
14.4 定制的才是最合适的 / 245

第15章 / 248
初级语法与基础写作

单凭语感做题靠谱吗?
什么时候开始学语法?
如何开始写作?

- 15.1 语感与语法 / 248
- 15.2 句子结构及其成分 / 251
- 15.3 照猫画虎学写作 / 255
- 15.4 循序渐进练摘要 / 260

第16章 / 266
以考促学之 CYLE

孩子几岁可以考剑桥少儿英语?
考级需要去培训机构培训吗?

- 16.1 CYLE 听力 / 266
  - 16.1.1 剑少一级听力 / 266
  - 16.1.2 剑少二级听力 / 267
  - 16.1.3 剑少三级听力 / 269
- 16.2 CYLE 口语 / 272
  - 16.2.1 剑少一级口语 / 272
  - 16.2.2 剑少二级口语 / 273
  - 16.2.3 剑少三级口语 / 275
- 16.3 CYLE 读写 / 278
  - 16.3.1 剑少一级读写 / 278
  - 16.3.2 剑少二级读写 / 280
  - 16.3.3 剑少三级读写 / 284

提高期训练摘要及参考方案 / 288

增长期(10~12岁)训练方案

第17章 / 293
从窄输入到宽输入

了解英美文化很重要吗?
孩子只喜欢看科幻题材怎么办?

- 17.1 从语言到文化 / 293
- 17.2 从虚构到纪实 / 297
- 17.3 从影视依赖到裸听 / 300

第18章 / 304
从囫囵吞枣到细嚼慢咽

为什么孩子看书挺多却没有明显进步呢?
如何知道孩子看书看懂了没有呢?

- 18.1 如果阅读只是娱乐 / 304
- 18.2 要阅读也要理解 / 306
- 18.3 精读、精听与多角度复述 / 310
- 18.4 词汇从概化到细化 / 318

第19章 / 325
中级语法与进阶写作

孩子只会用简单句怎么办?
长句子看不懂怎么办?
有哪些网站和工具可以训练孩子的英语写作?

19.1 复合句型与长难句分析 / 325
19.2 改写/扩写/续写 / 328
19.3 日常写作与应试 / 333
19.4 辅助工具与资源 / 337

第 20 章 / 347
以考促学之 MSE

FCE 考试的难度有多大？
小学阶段通过 CAE 可能性有多大？

20.1 MSE 听力 / 347
    20.1.1 KET 听力 / 347
    20.1.2 PET 听力 / 350
    20.1.3 FCE 听力 / 352
20.2 MSE 口语 / 355
    20.2.1 KET 口语 / 355
    20.2.2 PET 口语 / 356
    20.2.3 FCE 口语 / 358
20.3 MSE 阅读与写作 / 361
    20.3.1 KET 阅读与写作 / 361
    20.3.2 PET 阅读与写作 / 365
    20.3.3 FCE 阅读与写作 / 371

增长期训练摘要与参考方案 / 378

应用期（12＋岁）训练方案

第 21 章 / 383
学科英语

孩子在启蒙期可以上学科英语吗？
如何用英语培养孩子的价值观？

21.1 社会学：从怦然心动到罗生门 / 383
21.2 经济学：从出生到死亡 / 387
21.3 计算机：从 Python 到物理 / 390

第 22 章 / 394
展现自我

如何培养孩子的口头表达能力？
如何提高孩子的思辨能力？

22.1 公众演讲 / 394
22.2 主题展示 / 396
22.3 英语辩论 / 399

应用期训练摘要与参考方案 / 402

后记 / 404

致谢 / 405

主要参考文献 / 406

不出国学好英语

关注"迪爸英语训练营",免费获取海量资源

扫码小助手 Diego-Dad01,联系迪爸

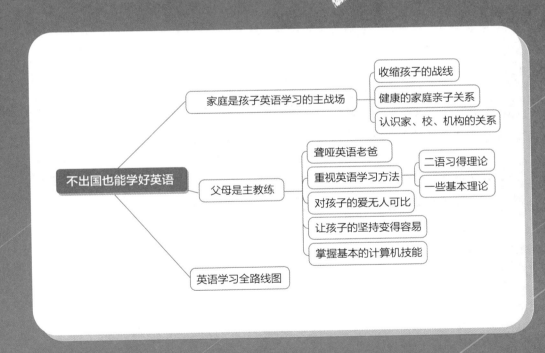

Diego继承了老爸的笨嘴拙舌，但这并不妨碍Diego抛弃老爸的聋哑英语，不出国就能学好英语。如果你的孩子从小伶牙俐齿，经过你的科学规划和训练，超越Diego一定毫无悬念。

你说自己英语不好？不是让你教孩子英语！诸葛亮手中没有刀枪，只摇羽扇，却丝毫不影响他运筹帷幄之中，决胜千里之外。马拉松运动员挥汗如雨进行拉练的时候，教练骑着摩托车悠闲地跟在后面。每个合格的父母都是天生的教练，只要你愿意为了孩子的英语学习去做，您就会是一个家庭英语好教练！

低头苦行，最容易迷路。只有时不时抬起头来，检查手中的地图，随时修正路线，才能最快到达目的地。Diego爸爸给你准备了详尽的英语能力培养路线图。只有按图索骥，俯瞰孩子的英语能力前进路线，您才能未雨绸缪，准备好孩子学习英语所需要的理论、材料和操作方法。

知其然，更要知其所以然，这样才能不被网络上层出不穷的大师们所忽悠，才能不疲于奔命地追逐各种各样的学习方法，才能不疯狂盲目地搜集下载各种英语资料，才能具有独立思考的意识和能力，才能静下心来认真观察自己的孩子，为自己的孩子量身打造一套家庭英语学习规划，并在陪伴孩子坚持的过程中，仔细观察，收集反馈，调整方案，让孩子的英语学习潜力得到最大程度的开发。

跟随Diego爸爸，超越Diego，你能行！

第1章
犬父虎子

1.1 此虎爸非彼虎爸

Diego 爸爸属虎，Diego 属狗，人称"虎父犬子"。但在英语水平上，Diego 爸爸和 Diego 却是名副其实的"犬父虎子"。

作为中国最普通的聋哑英语学习者之一，我的英语学习过程没有多少引以为傲的地方。也没有出现励志网文中的经典镜头：男主受了侮辱，发愤图强，最终炼成英语达人。所以时至今日，我的英语水平依然很烂，但这丝毫不影响我对 Diego 的英语训练。

和大多数同龄人一样，我在初中才开始学习英语。在偏僻的农村学校，别提英语发音准不准的问题，因为我们老师连说汉语都是全程用方言。我也和其他同学一样，在英文单词旁边注：mouth（冒死），thank you（三克油）……

到了高中，一次偶然的机会让我得到了一本破旧的语法书。我如获至宝，细心研读，终于搞定了句子成分和长难句分析，加上中国学生特有的应试猜测水平，我的英语考试竟然一直处于班级前列。尽管读完一篇阅读理解依然云里雾里，但却不妨碍我选对答案。我相信很多中国家长当年都拥有和我一样的神奇能力。于是，同学们和英语老师竟然觉得我英语学得好。在一次学校举办的英语抢答竞赛中，英语老师竟然任命我为班级3人竞赛队的队长！

听到这个消息，我一下子恐慌起来：我平时不仅单词背得少，英语课外知识更是少得可怜。听不懂，说不出，这下子肯定要出大丑了！我第一时间去找英语老师，推辞了半天，老师也没同意换人。最后没办法，就只好硬着头皮赶紧借了几本英语课外杂志，临阵磨枪不利也光，从头到尾翻了一遍，就准备滥竽充数，当个南郭先生了。

全校英语抢答赛在校礼堂兼餐厅内如期举行。各班级参赛队伍唇枪舌剑，场面激烈。每队三名队员坐在一张桌子后，每队桌上有一个抢答器。我左右两位帅哥美女轮番抢答，彰显了我班强大的英语实力，而我坐在中间红着脸，一次也没有抢上。眼看抢答赛就要结束了，我还一直稳坐钓鱼台，不动声色。最后一道抢答题，问题一出，我左右两位终于偃旗息鼓，没了动静。现场一片寂静，只有我的心脏在狂跳：天助我也，这个问题可是我赛前在那本英语杂志上刚刚看到的！我强压内心的激动，稳稳按下抢答器，回答尽显大哥风范，一招制敌。"回答正确！"主持人的判定，意味着我班获得了竞赛第一名。

这个情节好像电影中的桥段，男主在核弹爆炸前冷静处理，最终拯救了世界。但我自己明白，我的英语太烂了！这是我整场竞赛中唯一的抢答，虽然看起来霸气，但并不能掩饰我的英语水平，不能掩饰我的窘迫和尴尬。

后来到了大学，凭借自己的英语应试技巧和勤奋（死记硬背），我一次就通过了英语四级，随之压线通过了英语六级，成为我们班级第一个通过六级的学生。工作了，我在大学的课堂上讲授双语课程。有一次上完第一节课，有个学生勇敢地站起来跟我说："老师，现在咱们班级里没有留学生，咱能不能用汉语上课啊？"于是我就借坡下驴："为了更好的学习效果，我们就换成汉语上课吧！"

经常有不明真相的家长问我："Diego 爸爸，你跟着 Diego 一起学英语，你的英语水平是不是也很厉害啊？"我身边的朋友也有疑问："你的英语水平这么烂，怎么能把 Diego 的英语水平训练得这么好？"

这些疑问非常合理，因为我了解到一些英语学习方法，或者英语学习的成功案例，比如安妮鲜花老师，她的孩子居住在加拿大，有英语环境，咱们没法比。还有盖兆泉老师、常春藤爸爸、粽子老爹，毫无例外都是英语牛人。这些牛人重视自己孩子的学习，将自己和孩子学习英语的方法进行推广，在探索英语学习方法方面都做出了一定的贡献。

但是，如果是像我这样没有出国机会、不能给孩子提供国外英语环境的普通聋哑英语家长，观摩一圈下来，除了羡慕嫉妒之外，还会是一如既往地困惑着。家长英语能力不同，孩子环境不同，照搬方法不灵，在收回羡慕的目光之后，还要继续踏上寻找学习英语方法的漫漫长途。

Diego 爸爸自己的英语水平虽然一般，但比较重视孩子的英语教育，加上计算机专业背景，采用科研的态度和做法，在跨学科融合方面进行了长期的探索。广泛调研了国内外的青少年英语学习方法，同时借鉴了很多成人学习方法，经过裁剪修正之后运用在 Diego 身上，并进一步观察 Diego 的反馈，定期进行自检和修正，最终总结出一套适合国内普通家庭的沉浸式英语习得环境构建方法。通过使用信息化手段和工具，这套方法极大降低了对家长的英语能力要求，让家长专注于花费最少的精力和金钱，即可让孩子爱上英语学习，并能最大限度地提高孩子的英语水平。

我的父母都是农民，面朝黄土背朝天，过着艰苦的日子。所以，他们最朴素的想法就是希望自己的孩子有钱，于是我的名字中有玉还有金，可惜我让他们失望了。Diego 虽然喜欢声称自己是北京人，但他一如既往地继承了农民的憨厚。我希望自己的儿子善良，仁者爱人，同时又希望他脚踏实地，务实内涵。孔孟之道作为中国传统文化的代表，但"孔"字是万万不敢用的，于是用了"孟"字。千里始足下，高山起微尘，配合"高"姓，于是选"尘"作为第三字。

Diego 出生后，Diego 妈妈很快复出，继续在北京的一家著名培训机构担任奥数培训师，为孩子挣奶粉钱。我因为身处高校，工作时间灵活，就承担起了 Diego 的衣食住行和启蒙教育。

于是，我被迫改变沉默寡言的性格，红着脸带着孩子混迹于一群妈妈当中，还买了各种育儿图书，开始了"一个孩子照书养"的奶爸生活。

幸运的是，我的学习能力还算不错，加上 Diego 能吃能睡，吃嘛嘛香，我也很快成为一个合格的奶爸。不幸的是，因为要和 Diego 多说话，我从沉默寡言变得有点话痨了。Diego 妈妈不止一次地威胁说："我喜欢原来那个沉默寡言的你，不喜欢现在夸夸其谈的你了。"

1.2 Go Diego Go

作为一个计算机老师，我深刻地明白 21 世纪的孩子是离不开电子产品的，尤其是离不开电子游戏。于是，在 Diego 两岁的时候，我特意给他买了小号鼠标，开启了他的游戏之旅。

Diego 玩的第一个游戏是 Flash 游戏《洗车啦》，天线宝宝们在洗车。通过拍空格键控制天线宝宝的动作，如此简单的游戏也会让 Diego 乐此不疲。

从 Diego 小的时候开始，我就开始注意动画片的选择。互联网让这种选择变得更加便利，父母完全可以选择全球优秀的动画片给孩子看，避免受到一些制作粗糙、质量低下的动画片的影响。

当时比较流行的动画片是美国尼克公司推出的《爱探险的朵拉》。Diego 看完全套 Dora 之后，意犹未尽。于是我又帮他找到了《爱探险的朵拉》的后续版本《Go Diego Go》。这部动画片更适合男孩子看。

Diego 是 Dora 的表哥，是一个热爱大自然和动物的 8 岁男孩。Diego 的使命就是帮助解决动物的困境。孩子们可以跟随 Diego 运用计算机、照相机、望远镜、滑翔机、视频手表等现代化工具，参加一次次援救动物的冒险行动。

《Go Diego Go》很快成为儿子的最爱。他不仅对动画片里面的主题曲、人物对话倒背如流，还对各种动物了如指掌。更重要的是，他从这个动画片中，学会了热爱自然、热爱动物，更学会了助人为乐。

后来,当儿子需要一个英文名的时候,他一下子就选择了 Diego 作为自己的名字。当然,Diego 和 Dora 一样,是一个典型的西班牙名字。但孩子喜欢就好,不是吗?

大概是在 Diego 5 岁的时候,我和小区的妈妈们商量,觉得应该在孩子上小学前学点英语了。在这之前,Diego 和其他小朋友一样,玩了一两年的画画、弹琴、游泳、围棋……

而英语与其他科目不同的是,其他科目孩子可以喜欢可以不喜欢,而英语作为一门实用技能,是打开世界大门的钥匙,就不能任由孩子不喜欢了。尽管 Diego 爸爸当时的脑海中并没有具体的想法,但隐隐知道英语很重要,必须要学好。

因为 Diego 爸爸家里比较穷,没什么家具,所以客厅显得很大。我们请了一位教剑桥少儿英语的老师周老师,每周两次在我家客厅开始了剑少预备级的启蒙,开始从 cat,dog,yellow,red 等学起。每次上课,孩子们蹦蹦跳跳玩得挺开心。楼下的邻居很宽容,从来没有投诉过我们。上课的时候,我也和其他家长一样,都煞有其事地坐在旁边陪听。

和其他仅仅是旁听的家长不同,我迈出了一个教练型家长成长的第一步。上课时,我除了简单记录课程内容、观察孩子的课堂表现之外,还同时在网上查阅了大量的英语学习方法。经过思考、选择和修改之后,逐步应用到孩子的英语学习上去,然后观察孩子的反应,并进行针对性的调整。

我深知,看似快乐的英语课堂对孩子的英语学习来说只是一个药引子。如果家长没有及时跟进,药效很快就会过去,孩子的英语水平提高将是微乎其微的。就像一个干海参,需要持续地泡在水里才能发好。如果把这个干海参泡 30 分钟拿出来晾晒 3 天,再浸泡 30 分钟,随后再拿出
晾晒 3 天。如此反复,10 年都无法把这个干海参发好。这也许就是我这一代人聋哑英语形成的原因之一。

网络上太多的英语学习方法,会让人无所适从,摸不到头脑。但是,快速浏览的能力、深度思考的习惯和持之以恒的性格,让我死盯着孩子的英语学习这件事不放。

我详细了解过安妮鲜花的博客、原典英语学习法以及粽子英语等各种方法。其中有些学习方法可以借鉴一部分,比如参照粽子英语提到的跟读方法和跟读材料,跟读了《神奇英语》,奠定了 Diego 英语发音的美音基础,效果显著。但在勉强跟读完《睡美人》之后,就很及时地放弃了这种跟读方法。后来我遇到了漏屋老师在天涯论坛发表的有关英语学习方法误区的文章，接触到了二语习得理论之后，才不再四处寻找英语学习方法。而是把主要精力放到了如何把各种理论与方法和儿童的个性特点结合起来，解决方法落地问题。

至此，我和 Diego 才算真正踏上了家庭英语训练之路。

1.3 剑桥考级过关斩将

Diego 和我配合默契，很快在英语小班和学前班中崭露头角。他在英语小班中兴趣盎然，表现积极，在学前班中也很快引起英语老师的注意。当时正赶上每个学前班中选拔一名英语较好的学生参加剑桥少儿英语预备级考试，Diego 当仁不让地被选上了，参加了考试，大获全胜。

> 剑少英语预备级是在剑桥少儿英语引入中国后针对中国考试添加的，以适应孩子们的考级。全球剑桥少儿英语考试里面并没有预备级。

随后，老师帮 Diego 报名了 2012 年 9 月份的剑桥一级考试，报名时 Diego 上小学还没一年。很快，剑桥少儿英语一级满盾而归，还获得了喜报。

> 剑桥少儿英语考试一级、二级、三级满盾均为 15 盾：
> 1. 听力（Listening）5 盾
> 2. 读写（Reading and Writing）5 盾
> 3. 口试（Speaking）5 盾

进入了良性循环之后，以考促学变得水到渠成。尽管剑桥官方和培训机构一般建议一年后才考下一级，但对 Diego 来说，完全可以按照自己的节奏来考。我在网上给 Diego 买来所需要的考级模拟题和真题。考前一个月或几周前做一做，查漏补缺一下，半年考一次，每次考级都是裸考，且均为一次性通过。

我和 Diego 在英语学习上不追求完美，一路快马加鞭，夺路而行。

下表是 Diego 的考级时间表。其实 Diego 在 2015 年浪费了一次 FCE 的考试机会。因为 FCE 考试时间和学校机器人比赛时间冲突。尽管他的 FCE 考试是提前半年报名的，但为了学校荣誉，为了机器人参赛团队其他队员的利益，Diego 只能放弃了那一次的 FCE 考试。

Diego 考级时间表

序号	考试时间	考试级别	考试成绩
1	2012 年上半年	三一口语二级考试	优秀

（续）

序号	考试时间	考试级别	考试成绩
2	2012年9月	剑桥少儿英语一级考试	满盾（15盾）
3	2013年4月	剑桥少儿英语二级考试	优秀（13盾）
4	2013年9月	剑桥少儿英语三级考试	优秀（13盾）
5	2013年11月	剑桥英语通用五级KET考试	通过
6	2014年12月	剑桥英语通用五级PET考试	通过
7	2015年6月	剑桥英语通用五级FCE考试	时间冲突，弃考
8	2016年7月	剑桥英语通用五级FCE考试	通过
9	2017年5月	剑桥英语通用五级CAE考试	通过
10	2017年12月	剑桥英语通用五级CPE考试	未通过

2017年5月，在Diego五年级10岁的时候，他一次性拿下剑桥英语高级证书CAE。我和Diego都认为他小学阶段的以考促学已经结束了，可以随心所欲地用英语学知识了。

有一次我无意中下载了剑桥通用英语的最高级别CPE的样题，发现CPE和CAE的题型一样，只是难度有增加。CPE考试在中国只有一个考点，在北京外国语大学，一年只安排一次考试，一般是每年的12月份。于是我心里一动：如果2018年12月份考CPE，那时候CPE成绩对Diego的小升初已经没有任何帮助了，他已经是初中一年级学生了。要想CPE成绩对小升初有点用，就只能在2017年12月份考CPE了。不过Diego在5月份刚刚考完CAE，不到6个月的时间就想再考CPE？这事太不靠谱了！我把这个情况和Diego分析一下，让他做决定。Diego当时歪着脑袋想了想，说："那就试试吧！"

2017年12月2日，星期六的早上，北京外国语大学CPE考场外，Diego看起来有些紧张。毕竟，这是一场不可能赢的战斗！经过漫长的等待，奇迹没有发生，Diego的作文成绩严重拉分，导致没能通过CPE考试。语法和写作是语言的最高表达形式，也一直是Diego的弱项。孩子毕竟是孩子，他的思维和视角，如何能达到一个成年人的母语水

Diego获得的剑桥系列证书

平？况且 Diego 也从来没有针对性地进行过写作训练。在下图 Diego 的 CPE 考试成绩单中还可以看出，Diego 的听力尽管很强，但听力成绩偏低，依然是因为听出来的单词拼写错误，导致失分。

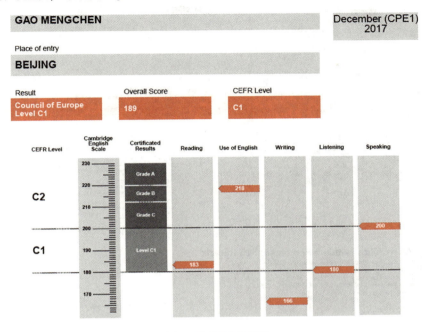

Diego 的 CPE 成绩单

值得庆幸的是，在 CPE 备考方面，我没有给 Diego 过多的压力。CPE 是 Diego 经历的第一次考试失败，在他的人生道路上，还会有更多的失败在等着他。

如果能重新开始从 5 岁训练 Diego 的英语，我会不会加强 Diego 的拼写和写作训练？我想我不会。早期过多地对枯燥的语法和写作进行高强度训练，也许会毁了孩子对英语的兴趣，这个险我不能冒。

1.4 到美国检验学习效果

Diego 以前没有去过国外，我和 Diego 妈妈以前也没有海外生活、工作经历。那如何验证 Diego 的英语水平呢？2015 年 12 月，我有机会去美国访学半年。为了让 Diego 见见世面，也为了检验他的英语学习效果，我把 Diego 带到了美国 Ohio 州的 Cincinnati 市。

尽管我们在圣诞节前就到了美国，但因为人生地不熟，又赶上美国学校放假，所以将近二十多天的时间里，我们两个人都在租住的房间里度过，偶尔到附近公园里放放风。后来终于盼到了小学开学，我按照学校厚厚的入学指导手册的要求，给 Diego 办好了入学手续。

第一周，学校给 Diego 做了入学 ESL 语言测试，从听、说、读、写四个方面给孩子打分。测试结果为 5 分制，Diego 的四项全是最高分 5 分。学校的老师说 Diego 完全可以不用上 ESL 语言学习班了，但为了防止放学后没地方可去，Diego 依然参加了 ESL 的课程。

过了几周，Diego 的班主任推荐他参加一个全国的特长生测试（Gifted Identification Assessment）。测试结果如下图所示，其中 NP 成绩是相对位置值，如 Diego 的社会学（Social Studies）得分是 96，表示他超越了全国 96% 的参加本次测试的学生。

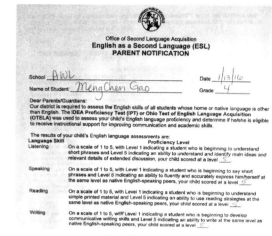

Diego 的入学 ESL 测试单

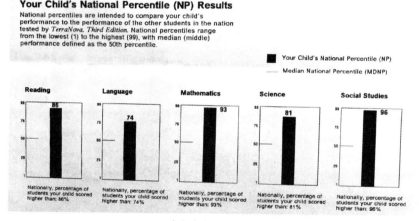

Diego 参加超长生测试的成绩单

在学习和生活上，Diego 乘坐校车，喜欢美国饮食，和班上的同学很快打成一片。在他的身上我丝毫未感受到文化的冲击，一切都进行得那么自然。他的各门课程成绩都为 A，得了不少奖状。平常出门办事，只要带着他，我就不用担心和美国人的交流问题了。

5 月份是 Ohio 州的小学统考时间。各学校对统考很重视，因为统考成绩的排名会影响到学校的声誉。学校提前发了书面通知，要求家长做好后勤工作。

小学统考一共考 3 科，Diego 所在的四年级被安排在周四和周五的上午 8 点到 10 点。每周考一科，因此需要连续考三周。考试形式是全州统一的上机考试，考试前没有复习，也不指定考试范围。但之前我们已经约定好了要随一批访学老师和外国朋友去大雾山国家公园游玩几天，没料到会有考试，但既然钱也交了，房间也预订了，也只好随行。幸运的是，我们的行程完美地和考试岔开了：Diego 周五上午考试，下午出发；第二周周三晚上 11 点到家，第二天上午 8 点继续参加考试。

统考的结果是在第二学期才出来，那时候 Diego 已经回国了。学校老师就把 Diego 的成绩单扫描后通过邮件发给了 Diego 爸爸。下图中的统考成绩也是按照相对位置表示的。

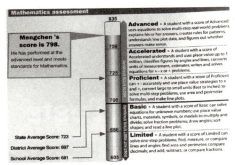
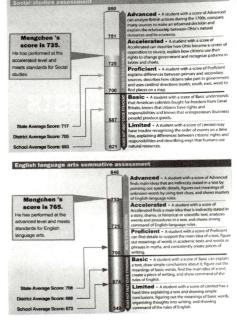

Diego 的州考成绩单

Diego 的统考成绩中，英语（相当于美国的语文）成绩是 765 分，而 Ohio 州所有四年级学生的平均成绩是 708 分，Ohio 州的达标分数线是 700 分，Diego 学校所在学区四年级学生的平均成绩是 688 分，Diego 所在学校四年级学生的平均成绩是 672 分。因为中国学生的数学成绩一般都好，所以就可以忽略 Diego 那个更高的数学成绩了。

Diego 在美国短短半年的表现远远超出了我的预期。当美国朋友或访学的老师惊讶地询问 Diego 在美国生活了多少年的时候，我都清楚地告诉他们："Diego 的英语不是在美国学的，而是在中国学的！"

1.5　最小的大学先修课学员

Diego 的 CAE 证书拿到之后，有一阵子暂时没事干。我就开始四处寻找适合 Diego 当前水平的资料。因为我只做规划，不具备"教"的能力；当然也不建议家长自己像老师那样教孩子，而是给孩子寻找合适的材料。

学堂在线是教育部在线教育研究中心和清华大学开发的全球 MOOC 平台，我曾在学堂在线上发布过一门《软件工程与软件自动化》的硕士在线课程。所以我知道这个平台上有很多英语学习方面的 MOOC，我就试着在学堂在线上搜索适合 Diego

学习的 MOOC 课程。结果有幸发现了清华大学外文系杨芳老师主讲的《通用学术英语（先修课）》（2017 暑期班）。我进去一看，感觉无论是内容还是形式，都正好适合 Diego。于是马上给 Diego 注册了一个账号，利用假期不到一个月的时间，让 Diego 独立完成了所有的课程任务，包括每章的讨论区写作任务。最后 Diego 以 94 分（满分 100 分）的成绩拿到了优秀证书。

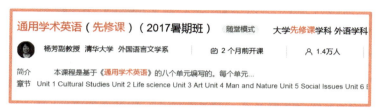

杨芳老师的《通用学术英语》MOOC 课程

因为我之前做过 MOOC 课程，深知一个 MOOC 课程建设的不易，也知道一个好的学员案例是对主讲老师最好的鼓励。所以我主动联系了课程主讲老师清华大学外文系的杨芳老师，并在 2017 年的国庆节和 Diego 一起去清华园拜访了杨老师。杨老师现场对 Diego 的听、说、读、写能力进行了测试，并安排助教进行了现场录像作为自己的教研材料。

Diego 在清华外文系和杨芳老师的合影

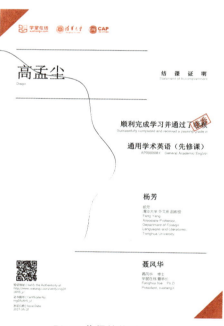

Diego 获得的优秀证书

随后由于杨老师的推荐，Diego 的案例引起了学堂在线的注意。学堂在线采访了我和 Diego，在官网微信公众号推出了文章，称 Diego 为"年龄最小的先修课学员"。

在学堂在线 4 周年庆典活动中，我和 Diego 接受了学堂在线的现场受访。Diego 用英文说出自己使用 MOOC 的体验，和来自全球的其他学员、老师和官员一道，共祝学堂在线生日快乐。

扫码观看学堂在线4周年祝福视频：

第1章 犬父虎子

学爸分享：年龄最小的先修课学员是如何学习英语的（上）

大先　MOOCAP慕课先修课　2017-09-30

学爸分享

年龄最小大学先修课学员是
如何学习英语（上）

学堂在线微信公众号推出的文章

共祝学堂在线4周年生日快乐

Diego用英语祝福学堂在线

第 2 章
摔跤吧，爸爸

2.1 家庭是英语学习主战场

2.1.1 克服焦虑，收缩战线

焦虑，尤其是家长的教育焦虑，一度成为网络上的流行语。在孩子成长的过程中，中国父母普遍有焦虑情绪。小到什么时候学说话、什么时候学走路、读什么幼儿园，大到考什么大学、什么时候结婚等，无一不是在焦虑中艰难抉择。

孩子一出生，很多家长还来不及细细品味初为父母的喜悦，就开始产生对孩子培养的焦虑："孩子的这张空白试卷，我能不能做好？我自己没有实现的理想，能不能在孩子身上实现？"

孩子从生下来到一两岁之间，家长可能更多地关注他的吃、喝、拉、撒、睡，两三岁之后呢，开始焦虑如何培养他的琴棋书画，成为一代才子或才女。有的家长喜欢钢琴王子那飘逸的气质，可能就想让自己的儿子弹钢琴。有的家长觉得现在社会这么乱，应该学武防身，那就希望孩子练跆拳道或者散打。有的妈妈觉得孩子太淘气了，就应该给孩子报一个围棋班等等。

社会上既然存在着各种各样的培训班，那自然有它们存在的必要性。很多年轻的妈妈们今天觉得画画不错，明天觉得围棋不错，后天又觉得冰球也不错。今天看了一篇鸡汤文，明天又看了一篇鸭汤文，篇篇文章都觉得有道理，恨不得把所有的兴趣班、培训班都给孩子报上，唯一的遗憾就是觉得孩子的时间不够。

父母们花了钱、费了精力，虽然累，但觉得很欣慰，觉得自己的孩子就是一个学霸的胚子，因为他好像对所有的兴趣班都感兴趣。孩子从呱呱坠地开始，就对这个世界充满了好奇，而且所有的婴幼儿启蒙兴趣班都特别注意快乐导入、轻松入门。于是全家人欢欣鼓舞，对孩子的前途充满了期望。

当然我们都知道，任何一个专业或者技能，到了提升期都不可能是快乐的，它一定是枯燥的。比如乒乓球训练，可能需要孩子一天挥拍1万次。如果不考虑到这一点，家长就会陷入被动之中。随着孩子年龄的增长，家长会

Diego 在小区内玩摆五线谱

发现孩子的时间越来越少。3岁前时间最多，到了幼儿园时间开始减少了；进了小学，孩子的时间又被压缩。到了小学高年级的时候，甚至在三四年级的时候，很多家长就开始为孩子布局小升初了。尤其是奥数，尽管各地教委多方打压，依然控制不住全民奥数的趋势。

所以，家长对孩子的学前规划，尤其是琴、棋、书、画、体育等方面的才艺培养，一定要有个清醒的"退市"机会。很多家长给孩子报了多个兴趣班，其实也是想看看孩子在某些方面是否有天赋，不想让孩子的天赋浪费在自己手里。一般情况下，有半年到一年的时间，基本上就可以知道这孩子学习有没有天赋。但是，兴趣班的老师往往会从商业利益的角度劝说家长：你家孩子是如何优秀，如何有天赋，请在我们这里继续学习。

当几乎所有的兴趣班老师都说我们的孩子在各方面均有天赋的时候，家长除了欣喜之外，需要更多的淡定。各方面都有天赋的神童有没有？可能会有，家长要清楚是不是自己家的孩子。就算自己孩子各方面都有天赋，家长也必须要算清楚孩子的时间账。他不可能在很多领域都成为特别厉害的人，因为每个领域都会有一个1万小时刻意训练的规律，小孩子根本没有那么多的时间。

也就是说，在孩子2~6岁之间，家长可以逐步给孩子报一些兴趣班，经过1~3年之后，逐步收缩，挤压掉一些兴趣班，最后根据孩子的时间和精力，保留2~3门需要长期坚持的课程。

在最后需要保留的兴趣班中，首先要保留的当然应该是英语。原因就不用我多说了吧。在全球化的潮流中，我们的孩子从小学好英语，将来才有可能快速融入国际化工作团队中，这是家长必须要提前布局的。

如果孩子小时候家长不重视孩子的英语学习，将来孩子花在英语学习上的时间、精力和金钱将十几倍甚至几十倍地增加，这还不算那

Diego 短暂的学琴时光

些因为英语不好而失去的机会。我们这一代的父母已经有了太多的教训，所以我们必须想办法确保我们的孩子不要走这种老路。

有的家长特别有想法，看到网上报道孔子学院在全世界多个国家开展中文普及活动，外国人纷纷学习中文，民族自豪感油然而生；看到报道说美国总统特朗普的孙女在家学中文，就真的觉得以后世界就是中文的了，就真的觉得自己的孩子以后不用学英文了。对这样的家长，我只能在他的朋友圈点赞说：您说得对！

我们选择了英语，就为孩子的后期教育布了一个局，保证了孩子未来教育的宽度。然后我们可以根据自己的想法和孩子的特点为孩子再选两门左右的课程。关注孩子身体健康，可以选一个体育项目（如足球）；关注孩子文艺修养，可以选一门乐

器（如钢琴）。

无论选了多少课，选了哪类课，家长都要给孩子的所有课程排一个优先级。家长心里必须要明确，当孩子的时间和精力不足时，应该先扔掉哪些课程，比如一年级的时候扔掉哪些，二年级的时候扔掉哪些，三年级的时候扔掉哪些。到四年级、五年级孩子要准备小升初的时候，哪些课程必须要坚持，哪些课程必须要扔掉。

有时候，家长会陷入两难境地。比如钢琴，很多家长前期花了很多钱请钢琴名家大师给孩子上课，买的钢琴也非常专业、非常贵。突然有一天，孩子哭着喊着不想弹了，甚至用自残手指的方式来反抗的时候，家长对着这个前前后后花了几万、十几万甚至是几十万的钢琴课，到底该怎么做？这些你想好了吗？请不要自信地说："我孩子不可能不喜欢钢琴，我不可能放弃钢琴。"

到了初中，孩子的时间突然变得紧张了，因为要面临中考；到了高中，时间更紧张了，大多数孩子从早上6点到晚上12点的时间，都给了学校。家长要想再不紧不慢地进行英语训练，已经是不可能的了。

家长只有未雨绸缪，做好规划，适时取舍，一步一步引导孩子成长，才能克服焦虑。别老看着"别人家的孩子"，我们自己的孩子也是独一无二的。我们的孩子在别人看来，也是"别人家的孩子"。

2.1.2 重视英语学习方法

很多家长重视孩子的英语学习，但却不重视英语学习方法。

前面我们提到过，对于如何学好英语，很多人会建议"多听多说多看多写"，这是真理，也是废话。不重视学习方法，只会让家长如无头苍蝇一样，在焦虑中乱闯乱撞，四处被忽悠。花钱事小，耽误了孩子的语言学习关键期事大。

有的家长对中国孩子的英语学习存在认知上的局限性。比如，有的家长朋友坚定地认为，英语的天花板是孩子自己的母语水平，孩子英语学得再好，也不可能超过他的母语水平。实际上，尽管 Diego 从 5 岁才开始学习英语，但他的英语水平就已经超过了中文水平。在日常生活中，Diego 有时候用汉语表达感觉费劲的时候，一急之下就会用英语说出来。

有人可能会说，语言的所谓超越只是技术层面的，不是文化层面的。这种观点认为，我们培养孩子不是为了让他成为外国人，或者说尽管孩子以后要长期生活在国外，我们的孩子如果不能带给外国人一些东西，就算他们去给外国人打工，也只能打低等的工。这也是一种普遍的观点，认为我们中国人到了国际上，应该是身怀中华传统精粹而去的，要承担起传播中华文化的重任。但实际上，我们的孩子在将来是打工还是当老板，不是由一个人所用的语言决定的，也不是他所具有的知识决定的，而是由他的综合能力决定的。我们不应该把家国情怀强加到孩子的英语学习上去。

科学家们研究人类获得语言能力的机制，尤其是获得外语能力的机制，综合了语言学、神经语言学、语言教育学、社会学等多种学科，慢慢发展出一门新的学科，叫"二语习得"（SLA：Second Language Acquisition）。几十年来，SLA理论已经成为外语学习的基本理论之一。

随着对语言研究的深入，人们逐渐发现，"第二语言"（SL：Second Language）和"外语"（FL：Foreign Language）是不完全等同的。对我们大部分中国孩子来说，英语是外语，也是我们的第二语言。但在一些移民国家（如美国），这两者就是不一样的。本书只提一下两者之间最重要的区别，这个区别也是我对当前英语学习方法进行裁剪和修正的主要依据。

研究资料表明，第二语言和外语之间最重要的区别是：第二语言通常是可以在学习者身处的日常生活环境中习得的，也就是说身边有一群人可以每天说着这种语言。比如Diego在美国上小学，他在家里和我说中文，在学校大家都用英语，那英语是第二语言，不是外语；而外语通常在自然语言环境之外学习的。也就是说日常生活中，学习者身边没有人说这种语言。比如Diego在国内上小学，在家里说中文，在学校也说中文。这时候英语就是外语，不属于Diego的第二语言。

从这些区别中我们可以发现，在按照二语习得（SLA）理论进行规划和指导的时候，要考虑到我们的孩子其实是外语习得（FLA）。如果不做任何预处理，学习效果就会出现偏差。所以，我们家长的一个首要目标就是要把孩子的外语（FL）想办法变换成二语（SL）。如何做呢？当然最自然的方案就是把孩子送到全英语幼儿园或小学进行学习。但国内绝大多数家长是做不到的，不单单是钱的问题。就拿北京来说，号称双语幼儿园的很多，但全英文幼儿园有几家？全国呢？这还没提到双语幼儿园的学费每年已经超过了5万。

对于普通家庭，如何为孩子创造一个SLA的环境呢？在国内最有效、最简单、最省钱的方式，就是充分利用互联网获取原版的音视频材料，加上成熟的高性价比线上外教给孩子提供一个SLA环境。在这样的环境下，我们才能按照SLA的理论和实践指导孩子的英语学习，才能取得预期的效果。

所以，如果家长们有时间有精力，应该了解一些语言学习的基本方法，这样就可以对本书提到的具体学习方法有透彻的理解，从而可以更灵活、高效地给自己的孩子规划学习，提供英语学习的服务和引导。

2.1.3　家庭、学校与培训机构的关系

为了便于说明家庭环境对孩子英语学习的重要性，我根据自己的观察和经验提出一个家庭、学校与机构对孩子英语能力培养的贡献值比例，那就是：

家:学校:机构 =7:2:1

其中，家庭贡献值占70%，学校的20%贡献值中，应该再分为两个10%：一个

10%是英语老师教授给孩子们的英语知识,另外一个10%是英语老师给学生家长的家庭英语环境构建的指导;其余的10%可以给专业的英语培训机构。

注意,这个比例值一般指在孩子的英语启蒙期和提高期,或者是在2~12岁之间的一个综合比例。而且这是一个经验值,不是统计值。实际上很难统计出一个孩子的英语水平到底来源于哪些方面。一般来说,孩子越大,在学校的时间越长,在家的时间越短,家庭对孩子的英语学习影响就会越弱。

所以,Diego爸爸建议在孩子上初中之前,也正好是12岁语言关键期之前,完成英语学习的主要任务,最好能达到高级英语水平或学科英语水平。所谓学科英语水平,就是指孩子可以在不依赖母语的情况下,用英语学习历史、地理、物理、化学等其他学科,真正把英语当成一个工具来使用。

通过观察母语的学习过程,我们可以毫无疑问地确定,家庭是第一语言的主要习得环境。家里人说方言,孩子就学会了方言,家里人说普通话,孩子就学会了普通话。孩子生下来后,在家里的时间是最长的。家长是孩子的第一任老师,家长更要成长为教练型家长。家庭的重要作用,本书会处处体现,这里暂时不多说。

学校(包括幼儿园)对孩子英语能力所占的20%的贡献值中,10%是学校的英语老师直接对孩子所做的贡献,另外10%应该是英语老师对孩子家长所做的"曲线救国"式的学习方法的培训。也就是说,学校老师应该拿出一部分的时间和精力来培训家长,帮助家长构建家庭沉浸式英语学习环境,从而多方面真正帮助孩子提高英语学习效果,提升英语水平。这种家校协同,不只是让家长简单地监督孩子完成学校英语作业,更应该帮助家长更新英语学习观念,协助家长掌握沉浸式家庭环境的构建方法。家长不应该只是无足轻重的学校英语作业的看护者,更应该是家庭英语环境的构建者、服务者和监督者。

现在英语培训市场很大,将来会更大。如果家长能够跟随本书的引导,孩子启蒙期的英语教育在家里即可完成。如果家长觉得自己导入困难,可以使用半年左右的线下一对多外教小班,完成基本的英语启蒙导入即可。

在孩子英语学习的提高期和增长期,如果需要以考促学,查漏补缺,家长可以根据孩子的具体情况,把孩子送到校外英语培训机构去完成必要的考前冲刺。在考试技巧、语法与写作方面进行针对性的培训。实际上,现在全球MOOC发展这么快,几乎任何线下的培训都能找到相近的线上版本。

本书提到过,在Diego 5岁左右的时候,我和小区里的几个妈妈们一起给孩子们请了一个中教英语老师。在我家客厅的墙上挂上一块软磁黑板,孩子们的剑桥少儿英语预备级小班就开班了。大约一年之后,小班解散。

客厅墙上的软磁黑板

后来在 Diego 出了沉默期的时候,我又和几个邻居请了个非洲籍外教来给四个孩子上小班口语课。大约一个学期之后,口语小班解散。

在 Diego 三年级的时候,我们终于又找到了一个美国口语外教。他每周两次给别的小朋友上两个小时的课,之后给 Diego 上半个小时的口语课。Diego 每次过去带着 100 元钱,交钱聊天 30 分钟。一学期之后,这个陪聊也中止了。

当 Diego 通过剑桥 PET 考试的时候,基于对自己的不信任,我带着他去试听了一家英语培训机构的 FCE 课程。试听评测之后主讲老师认为孩子上该机构的 FCE 旗舰班没问题。但我注意到老师留的课后作业中单词默写挺多,担心孩子压力过大,加上心疼 3 万多元的学费,就放弃了给 Diego 找机构,自己继续在家里带 Diego 进行英语训练。

当 Diego 通过 FCE 考试的时候,我终于不再信任自己了。我又让 Diego 去试听了 CAE 旗舰班。CAE 课程是全英文授课,主讲老师也是从英国留学回来的,水平挺高。于是我一狠心一咬牙,刷卡 3 万多交了费。CAE 的课程是每周六一次,每次 3 个小时,每次课程在 500 多元。CAE 课程上了不到三分之一,Diego 就通过了 CAE 考试。这钱是不可能退的了,就只好把剩余的钱转到 CPE 旗舰班继续上课。CPE 的课程每次课折算为 700 多元。有一次陪 Diego 上完课,我问他:每次 700 元学费,你觉得能学回来 150 元么?Diego 很干脆地回答:不能。

通过简单回顾 Diego 的培训班经历,我想告诉家长朋友的是:需不需要给孩子报英语培训班,报什么样的培训班,什么时候报,这些问题都应该服从家长的规划。千万不要想着自己花了钱,把孩子交给机构,自己什么都不用管了。实际上,的确也有一些孩子,家长只需要花钱,交给机构,长年跟着机构走,也能把英语学得不错。但这种情况,一是比较少,二是家长花费巨大,三是可能会耽误了孩子的英语潜力。家长如果可以在家里为孩子构建沉浸式英语习得环境,孩子学得可能更轻松、更自然、更高效,孩子的英语水平可能会更高。

前车之鉴

有的家长受机构宣传的影响,认为语言学习要按照一定的体系按部就班地学习(按照他们推荐的那个体系),打好基础。我认为英语和数学是不一样的,数学强调逻辑思维,学习顺序很重要,没有前面的基础,后面就学不懂。但英语的学习顺序就没有那么严格了,哪个单词先学还是后学,影响并不大。孩子适合在哪个级别学习,依据的是孩子的实际水平,而不是去适应机构的利润最大化。所以,有的妈妈觉得自己的孩子水平够了,要求机构允许跳级学习;有的要求暂停孩子的机构课程,在家完成一段时间的英语沉浸等。这些都是可以借鉴的方法。

抛砖引玉

除了自己攒班，有一些机构也会给家长推荐"定制小班"模式。就是几位家长一起在机构内的老师中选择自己喜欢的老师，自制"小而美"的课堂。这样，老师是自己挑的，各方面信得过，教材是自己指定的，教学内容也符合预期。孩子既可以有同伴交流，也会得到较多的老师关注，费用还可以平摊。这种模式看起来很美，但如果班内的家长对孩子启蒙的内容、进度和方式等方面观点不一，孩子们的英语能力相差较大，效果就会打折扣。如果有家长中途放弃，再加入新的成员，那么课堂内的孩子们都会面临重新适应的问题，家长们也会面临费用平摊的问题。

我们当年攒的外教班就出现过类似问题。班内加上 Diego 共 4 个孩子，其他三个孩子水平差一些。当外教安排孩子轮流发言的时候，有的孩子输出困难，就不想多说；而轮到 Diego 的时候，他每次都夸夸其谈，说个不停。外教老师需要频繁地提醒 Diego 少说，以保证其他孩子能有足够的说话时间。由于大家是费用均摊，在这种情况下，很明显是 Diego 占了便宜，这对其他家长是不公平的。于是这个口语小班也就很快解散了。

2.2 家庭环境与孩子

2.2.1 健康的家庭环境

> 你将建立的家庭，比你出生的家庭更重要。
> ——D. H. 劳伦斯

家庭环境对个人成长的影响力毋庸置疑。但家庭环境对孩子的英语学习难道也有影响吗？答案是肯定的。很多家长朋友孤立地看待英语学习，这会导致很多好的英语学习方法和操作无法完成。同样的方法用在别的孩子身上效果很好，用在自己孩子身上可能根本无效。

根据观察，我把家庭类型分成以下几种：

过度娇宠型家庭：这类家庭以孩子为中心，含在嘴里怕化了，拿在手里怕碎了。孩子没有任何规矩和底线，一切是非对错以孩子的喜好为判定标准，惹孩子不高兴就是不对的。尤其在老人主导的家庭里，对孩子过度娇宠是家庭关系中的主要问题。

曾经有个朋友很苦恼地向我咨询：他儿子两岁多，就喜欢打他大嘴巴子玩，不让打就哭。让打吧，自己脸都被打肿了。显而易见，两岁多的孩子并不是天生就觉得打爸爸大嘴巴子多么好玩，极有可能是某次父子在一起玩得太开心，孩子不小心打了爸爸一个大嘴巴，爸爸不仅不生气，反而哈哈大笑，于是儿子就觉得原来老爸这么喜欢被打大嘴巴子，真好玩。

如果在日常生活中，不教孩子是非对错，一味地娇宠孩子，孩子就会不知道什么是应该做的，什么是不应该做的。那生活在这种类型家庭里的孩子，如果撒泼打滚不想学英语，任凭再好的材料、再好的方法也完全没戏。

过度民主型家庭：这类家庭的父母号称把孩子当朋友，一切事情都要征求孩子意见，在家庭中追求绝对的民主，喜欢和孩子谈判。家长作为孩子的监护人，管吃管住，控制着孩子的经济大权，孩子实际上不具备任何谈判的筹码，如果有的话，那就是哭闹，故意不听父母的话。其实，现实的民主也从来不是真正对等的，比如强国和弱国的谈判，老板和员工的谈判。有个朋友因为孩子上学，需要把自己的房子出租，然后在其他学区租房住。因为孩子不想自己家房子出租，家长就试图将月租金过万的房子空置。还有位家长带着孩子做英语阅读理解，本来一篇阅读理解也不长，但孩子不想做。经过艰苦谈判，最后孩子同意每天只看文章中的一个自然段……

七嘴八舌型家庭：这类家庭中成员都比较强势，对孩子的教育既热心也有时间，但却有着不同的教育观念。这类家庭中，孩子会比较容易产生困惑。父母或者爷爷奶奶、姥姥姥爷的观念和做法各不相同，孩子就无所适从。孩子可能被迫从小就学会察言观色，爸爸带的时候就按爸爸的方法，妈妈带的时候就按妈妈的方法，但冲突肯定是避免不了的。对于那些父亲缺失型家庭，反而不会出现多人共管的混乱局面，全是妈妈一个人说了算。

正面管教型家庭：这类家庭是一类比较理想的家庭。父母或老人比较重视正面管教，既不打骂孩子，也不娇宠孩子。这种家庭的孩子通情达理、懂配合，家长奖惩有道，言而有信。正面管教源自美国，这与美国人管教孩子的方式有关。有关正面管教的话题，我了解的并不多，据说有一本书叫《热锅上的家庭》，涉及家庭心理，感兴趣的家长可以看看。

混合型家庭：多数中国家庭都是一种混合型的家庭环境。比如网络流传的段子"不写作业时母慈子孝，写起作业鸡飞狗跳"。家长心情好，娇宠孩子；家长理性的时候，把孩子当朋友；家长气急了，吼叫指责外加动手动脚。

无论家长怎么做，家长对孩子的爱都是毋庸置疑的。但是家长也应该和孩子一起努力成长，学着做一个合格的，甚至是优秀的家长。比如，

网传计时隔离椅

家长们可以借鉴美国家长的做法，对淘气不听话的孩子实行"计时隔离"（Time Out）。当孩子出现不良行为，比如发脾气、骂人、抢东西的时候，家长要求他暂停手上的活动，独自一人冷静一会儿，再寻找解决方案。

有关计时隔离的更多内容，请扫码扩展阅读：美国家长的"回你房间去"，为什么胜过打骂、发脾气管孩子效果一百倍？

计时隔离椅上写着："现在，请想想你自己的行为。不过别忘了，我爱你。"

抛砖引玉

尽管 Diego 从小主要是爸爸带，但实际上很多工作都是 Diego 姥姥做的。姥姥从 Diego 出生到 3 岁，一直帮着带孩子。带孩子过程中，也曾经出现过一些矛盾，比如老人觉得洗衣服很辛苦，曾怪我带 Diego 出去动不动就弄得浑身脏兮兮的。而我认为，孩子正是进行各种身体能力训练和养成的时候，不能因为怕脏了衣服而因噎废食。身边也确实有很多姥姥们，不让孩子跑，怕摔着；不让孩子玩，怕弄脏衣服、弄脏手……

看到这些老人的做法，我其实挺心疼那些穿着干净衣服却被管得死死的孩子。于是，我提出了一种"三权分立"的带孩子理论：带孩子玩的不负责洗衣服，洗衣服的不带孩子玩。这虽然有点玩笑的意思，却包含着显而易见的社会和心理现象：孩子玩脏了衣服，导致看护者洗衣服的工作量增加；老人为了不那么辛苦洗衣服，自然要限制孩子疯玩了。社会上曾多次出现的保姆给孩子喂食安眠药的案例，也是同样的心理：孩子睡了不闹了，保姆的工作就轻松了。

2.2.2 "听话"的孩子

在孩子的成长过程中，家长们经常讨论的一个词就是"听话"。与此相对应，家长们也会关注孩子的独立思考能力，但很多家长很难正确认识这两者之间的关系。

大多数情况下，女孩子乖巧听话，老师喜欢，家长眉开眼笑；男孩子淘气调皮，老师头疼，家长束手无策。在学校，从管理的角度来说，老师们当然希望孩子们越听话越好，最好能像机器人一样，100% 执行老师的每个指令。但老师也是普通人，如果毫无分辨地维护老师的绝对权威，势必抹杀孩子批判性思维的能力。孩子会认为老师说的都是对的，书本上写的全是真的。

单从知识技能的学习来说，听话的孩子似乎更容易学好。但从心智发展和独立思考意识和能力方面来看，不听话的孩子可能会得到更多的锻炼，更容易从不同的角度发现问题。

随着孩子年龄的增长，家长们会越来越清晰地感受到孩子从"听话"到"不听话"的转变。这种变化，有令人欣喜的独立思考，也有需要警惕的逆反和惰性。我在 Diego 小学毕业时给 Diego 的一封信中，也表达了这方面的担忧，这封信全文见本节最后部分。

在 Diego 的成长过程中，Diego 的"听话"与"不听话"让 Diego 爸爸有忧也有喜。

对"听话"的喜：Diego 小时候去超市的时候，也和其他小朋友一样，看到玩具就走不动路。虽然 Diego 也很想要这些玩具，但我从来不允许 Diego 躺地上打滚哭闹，经常是蹲下来和 Diego 讲一讲不买的理由，比如太贵了，家里有同样的玩具了，或者爸爸回家给你做一个等。尽管有诸多不舍，但 Diego 基本上都能听话。Diego 爸爸经常跟 Diego 说的一句话就是：You want, but you can't. 你可以想买，但是你不能买；你可以想吃，但你不能吃。另外我也会借鉴国外家长的做法，帮 Diego 列出想要的和需要的物品，让他明白哪些是必需的，哪些是想要但是目前得不到的。如下图所示，iPod 可以用于听英文故事，一般的手表可以代替苹果的 iWatch，不能多喝可口可乐等。

对"听话"的忧：有一次我们一家三口在饭店吃饭，席间提到 Diego 正在学的一篇课文，叫《和氏璧》，Diego 说通过这篇文章，老师教导我们做人要真诚、忠心。我问他："卞和为什么不自己找个玉匠把石头雕琢之后再去献玉？这么残暴的国君，卞和为什么要坚持把玉献给他们呢？为什么……"连续几个问题问得 Diego 哑口无言，然后他开始气急败坏起来："老师就是这么说的，就是要献给国君！"从那以后，我就更加有意识地让孩子更多关注人性和道德，培养 Diego 的批判性思维能力，树立正确的人生观、价值观和世界观。

对"不听话"的喜：Diego 所在小学在毕业前有一次去西安的游学活动，孩子们自愿参加，Diego 和班上的其他几个同学没报名。游学前的一天，学校安排六年级参加游学的学生去大礼堂参加游学行前说明会。Diego 跟班主任老师说："我们几个不去游学，能不能在班级学习，不去大礼堂了？"老师回应说："大家要集体行动，你要不想去参加需要找教导主任批准。"Diego 竟然真的要打听教导主任办公室的位置，结果被班主任老师训了一顿，就老老实实跟着去大礼堂了。事后班主任老师给我打电话"告状"的时候，其实我的内心是高兴的。虽然最后孩子遵从了老师的指令，不得不去大礼堂参加与自己无关的游学说明会，但孩子知道争取自己的合法权益了，而且在争取不到的情况下，依然"能屈能伸"。

对"不听话"的忧：这种情况就很多了。尤其是随着 Diego 年龄的增长，他受到的游戏诱惑越来越大。人就越发变得"好吃懒做"起来，对自控力的要求也更高了。这部分在我给 Diego 小学毕业典礼的信中也有充分说明，比如用闪卡背

Wants	needs
iphone	food
iwatch	water
Ferrari	ipod
CocaCola	watch

想要的和需要的

单词的时候，他小时候很听话，会的单词就点屏幕右边，不会的点左边，能够如实反馈。大了之后，就开始耍心眼了，不管会不会，都会趁家长不注意点右边，而且是点击时间最长的那个，这样做他就可以少复习几次了。有关如何使用闪卡系统背单词，详见本书第14.4节。

总之，对孩子的听话还是不听话，我的建议是：在操作层面，趁着小孩还比较听话，尽快完成英语规划和材料的导入等工作，在孩子进入"不听话"阶段前，帮孩子养成好习惯。在思维层面，要有意识地培养孩子批判性思维、独立思维和辩证性思维的意识和能力。

2.2.3　对父母的信任和理解

孩子对父母的崇拜、信任和理解，是父母帮孩子完成英语学习规划和服务的基础。心理学家发现，一般3到11岁是孩子对父母的崇拜期。所以家长需要好好把握，错过了这个建立父母形象的黄金期，后期就不容易找到这种时机了。

信任是人与人之间非常重要的关系，信任对于人际关系有着稳固的作用。在家庭关系中，孩子对父母的信任尤为重要，特别在父母教育孩子的过程中，信任是使孩子服从的一个重要因素。说到信任，我们不得不提到另外一个词——诚信。一个人有诚信，才能得到信任。在当今高度文明的社会中，诚信是每个人都需要具有的一种良好品质。拥有多少诚信，就可以获取多大程度的信任。在家庭中，孩子对父母的最初信任是一种盲目的依赖，这种信任能让孩子在人生初期一段时间内对父母百依百顺。但是随着孩子年龄的增长、认知的增加，他们对父母的信任会由盲目信任变为有选择的信任。

那么父母应该怎样才能获取孩子充分的信任呢？答案就是"诚信"。父母要让孩子相信自己，他们的所作所为首先就要值得孩子去信任。用面对社会的诚信来面对孩子，给他们平等的对待。这样孩子在长大后，仍然会保留着对父母的信任。家庭中的成员关系也是如此，一方让另外一方感到可信，那么信任就会从中产生，继而增进了家庭成员之间的情感。有的父母却忽略了这一点。他们认为孩子还小，很好"糊弄"，所以在孩子面前便不考虑诚信，他们不知道的是，孩子会察觉到父母的失信，很有可能因此而失去对父母的信任。不讲诚信将会给孩子的成长以及整个家庭造成不利的影响。

所以，家长朋友千万不要认为孩子小，就可以骗孩子。不让孩子看电视，就说电视坏了；不想让孩子玩自己手机，就说自己手机没电了。请直接和孩子说"不"：不允许孩子多吃汉堡，不允许孩子用自己的手机。经过这样的刻意拒绝，孩子就能养成一种意识：自己并不是都能心想事成的。

育儿专家杨樾说过：很多中国家庭有一种非常奇怪的逻辑，当孩子在外面被欺负了，家长总是先数落自己的孩子。比如说"你是不是先惹事了？""你不惹事别人怎么会欺负你？""你是不是跟那些坏孩子混一起了？""你怎么会被他欺负，你看你那没出息劲儿"……

孩子在外面受了欺负，本来就很委屈，回家再被家长骂一顿，当然不会再信任家长了，也正是家长这种不恰当的处理方式，让孩子越来越不信任家长。

知乎上有人问：成长过程中是什么导致孩子不愿再跟家长沟通了呢？有个高赞回答是"失去信任"。

除此之外，家长们可能还有一种逻辑就是：孩子和小朋友打架，是对方惹的祸；但对方吃亏了，尽管自己的孩子并没有过错，家长也要当着对方家长的面批评甚至是打一顿自己的孩子。让对方满意，从而息事宁人。Diego 曾经对此表示不理解，我向他解释了这个奇怪的逻辑，Diego 听得也是半信半疑。

我们生活在现实生活中，会遇到各种各样的人，有的如我们所愿，但更多的却不如我们所愿，那我们应该怎么办？

下列视频中的小女孩，因为故意撞了姐姐而被父亲要求道歉。但被超市中的女人碰撞后，却没有得到道歉。幸好这个视频有个 happy ending，还算是正能量。如果最后那个女人依然没有道歉呢？作为家长，我们又该如何来引导孩子来理解这种复杂的非一致性问题呢？

扫码观看腾讯视频：道歉（apologize）

Diego 爸爸在毕业典礼上给 Diego 的信

亲爱的儿子：

一眨眼，你竟然要小学毕业了。虽然不舍与曾经可爱的你道别，但你终究要走向更加独立的青春期。爸爸有幸陪你走过童年，并且我们亲密无间。感谢你这么多年对我的绝对信任，我们像教练员和运动员一样配合默契，日复一日坚持科学的英语训练。

我遍访网络，寻找科学的方法，搜集适合你的材料，观察使用情况，修正方案，帮助你渡过难关；你呢，言听计从，全力以赴，毫不懈息，积极配合。这一路，有你开始跟读时的泪水，也有我通宵搜集资料的辛苦。这样，我们才取得了令人羡慕的英语成绩。但是，令人羡慕不是我们的目的，我们的目的是让你掌握英语这个极其重要的工具。它可以丰富你的人生，开阔你的眼界，让你在将来的人生路口，有更多选择的权利。

遗憾的是，随着你年龄的增长，我们的密切配合面临很多挑战。比如，你学会了偷工减料，你学会了一些应付我训练的小花招。我对你在时间管理、专注力、自我反思和游戏免疫等方面的训练，没有理想的提升，有的甚至倒退。在你 2 岁的时候，你的手刚刚能够到桌面，我就正式给你买了适合你小手的鼠标，开启了游戏免疫的过程，希望借助病毒疫苗的原理来达到"以毒攻毒"的目的。

但是，所有的大型游戏都是一大群专业人士，包括心理学家、社会学家、行为学家和美学家，花了好几年的时间，通力打磨而成。我这样一个普通的父亲，如果没有来自你内心原力的帮助，就只能像堂吉诃德一样，一个人和他们在打一场必败的战斗。只有来自你内心深处的巨大力量，才可以帮我击溃他们，拯救你自己。参加十一龙樾跑团、读书俱乐部，以及其他丰富的活动，可以帮助我们战胜那些企图使用游戏毁掉你人生的、唯利是图的坏蛋们。

爸爸来自农村，在教育方面从小缺失了很多东西。但是互联网让爸爸可以把自己缺失的东西给你补上。因此，我带你从小广泛涉猎军事、宗教、社会、经济、金融、文化等等。你看到一些国际事件时，总爱说："Politics are dangerous."我希望你对政治要有基本的识别和判断能力，这样才能远离政治，不被政治所累。

小学阶段，我们不求甚解，利用英语优势大肆吸收各类知识。但是，到了初中，我们必须及时改变学习策略。必须及时从不求甚解和浅尝辄止，变为每分必争和举一反三；必须眼观鼻、鼻观心，心无旁骛，不被外部的花花世界所诱惑；必须高度自律，斗志昂扬。

父母都希望利用自己的人生经验，告诉孩子少走弯路。而孩子都想自己独立去闯一闯，向父母证明"我能行"。这就是所谓的青春期叛逆。如果你全听父母的，缺乏独立思考能力，将来就是一个巨婴；青春只有一次，人生只有一次，如果什么事情由着你自己去闯，闯得头破血流，留给你的可能只有后悔。过犹不及，这就是孔孟的中庸之道。我给你的名字中取"孟"字，就是希望你不要偏激。

你我父子一场，在人生道路上，势必愈行愈远。但我希望能在你走远之前，全力训练你，让你能够具备一个顶天立地男子汉应该具备的所有能力。就如斯巴达男孩7岁那晚的野外生存考验，要么活下来成为勇士，要么被野狼吃掉，尸骨无存。

永远爱你的爸爸
2018 年 6 月 29 日

2.3 成为教练型父母

2.3.1 父母的爱无可替代

教练不是教师。教练的格局比教师的格局要高。

教师的焦点是"我"，是将"我"懂得的知识传授下去，传道、授业、解惑。当然如果能到"传道"这个层面，那就不是普通的教师了。而教练的焦点是"你"，是对方，是孩子，开发的是"你"的潜在资源，开发的是孩子的潜能和天赋，顺应孩子的天性，让孩子更深地建立跟内在生命本源的联结。

家长具有作为教练的天然优势，原因就是家长对孩子的了解是最深的。家长可以不用掌握教师具有的知识技能，其重点是关注孩子的规划，开发孩子的潜能，并在适当的时候请相关教师或机构来完成所需知识技能的传授。

曾经有很多家长朋友跟我说，想把孩子的英语完全交给我来带，愿意缴纳孩子的训练费用，我都毫不犹豫地拒绝了。因为我认为：只有父母对孩子的爱才可以让父母十年如一日地坚持观察自己的孩子，了解孩子的变化，并毫无怨言地给予服务和支持。任何机构和个人都无法做到像亲生父母那样，这是人的生物学本能所决定的。

也有些家长朋友对教练型家长的提法持有不同意见：教练型家长？教育都让家长做了，要学校和老师干吗？的确，无论是国家的9年义务教育，还是家长付费的高中教育和高等教育，学校和老师应该完成基本的教育教学任务。但是，由于个体的差异和实际条件的限制，我们距离"因材施教"这个理想的教育目标还很遥远。在这种情况下，如果家长持有这种观点而对孩子的教育撒手不管，那只能说家长要么是给自己的不作为找借口，要么就是太傻、太天真。

因为爱孩子，父母在陪伴孩子的过程中就会脑洞大开、创意无限。就像有的妈妈关注孩子的饮食，会绞尽脑汁做出色香味俱佳的美食来吸引孩子，让孩子吃得饱饱的，健康成长。孩子不爱吃的蔬菜，会包成包子或饺子给孩子吃。

Diego 小时候无论是午睡还是晚觉，都不太容易入睡。他小时候又胖乎乎的，谁也不能一直抱着他哄他入睡。于是我就去五金市场买了四个小轮子，装在一小块薄木板下面，木板上面再铺上小被子，前端装上拉绳，就做成了 Diego 的移动小床。原本家徒四壁的客厅正好够大，我就拉着 Diego 在客厅里慢慢晃悠。午睡的时候，Diego 身上盖个枕巾，随时停车睡觉。晚上的时候，我会等 Diego 睡着了，直接把小车端到床边，顺势轻轻一抽，就把他直接转移到床上睡了。

Diego 小时候在移动平板车上睡觉

在本书后面的英语训练过程中，大家也可以更加清晰地体会到，父母对孩子的爱，会让父母愿意花费精力和时间去探索最适合自己孩子的训练方法，才会让父母克服惰性，帮助孩子坚持下去。

2.3.2 规划孩子的英语学习

本书前面提到过,在幼儿园时期前后,家长给孩子进行了琴、棋、书、画各方面兴趣和特长的培养。随着孩子年龄的增加,家长需要逐步收缩战线,把孩子的重心转移到 2~3 门重点课程上来,其中就包括英语。那么如何对孩子的英语学习进行更具体的规划呢?

教练型家长的主要作用就是帮助孩子完成规划。孩子还小,不会也不应该要求他自己去完成学习规划。教练型家长对孩子英语学习规划的时间依据就是 12 岁关键期理论。

按照 12 岁关键期理论的观点,12 岁之前的英语可以习得,12 岁之后就只能是学得了。有关二语习得理论,详见本书后面的章节。在这个关键期内,孩子英语学习事半功倍,所以我们应该把孩子的英语学习活动集中在 12 岁之前,也就是在小学阶段将孩子的英语水平提高到可应用的水平。这样就可以把初中和高中学英语的时间和精力用于数理化或其他科目,从而提升孩子的学业竞争力。

从 Diego 的实际训练过程来看,我的预期目标已经完全达到。Diego 在小学五年级拿到了剑桥高级英语 CAE 证书,基本可以进入英语应用阶段。在这个阶段,就不用特别花费时间进行英语学习(Learn English)了,而是用英语学习其他知识(Learn in English),也就是所谓的学科英语阶段。

为了让 Diego 更高效地学习英语,发挥他的潜力,我和 Diego 的每位英语任课老师都保持密切联系,及时和她们沟通,尽可能在英语学习方面为 Diego "因材施教"。除了一二年级申请允许 Diego 在课堂内 "不听讲不写作业" 之外,还曾在三年级开学申请去五年级的外教班上课。上了几次课之后,Diego 反馈说五年级外教班的内容也很简单,而且他受到了五年级大孩子的孤立和冷遇。于是我就又请英语老师把 Diego 调回原班级,继续在课堂内看英文小说或其他适合他水平的任务。

三年级下学期 Diego 转学之后,我又继续申请英语老师的支持。这种待遇一直持续到小学毕业,并且也得到了初一英语老师的支持。下图是分别向人大附小和石油实验的英语老师的申请书。

英语课程跳级申请

人大附小相关领导:

　　三年级 21 班高孟尘同学的英语经过科学有效的训练,目前在能力上已经达到并超过三年级的课程要求。为了更好地发挥孩子的学习潜力,因材施教,特别希望能跳级到高年级的外教班学习。

　　恳请批准。

高孟尘家长
2014 年 10 月 13 日

向人大附小英语老师申请特殊待遇

> **英语课程申请**
>
> 石油实验英语组相关领导：
>
> 　　三年级班高孟尘同学的英语经过科学有效的训练，目前在能力上已经达到并超过三年级的课程要求。为了更好地发挥孩子的学习潜力，因材施教，特别希望能得到任课老师的特殊批准，允许高孟尘同学可以不依照正常教学顺序进行英语课程的学习。
>
> 　　恳请批准。
>
> 高孟尘家长
2015 年 3 月 1 日

向石油实验小学英语老师申请特殊待遇

总之，家长对孩子的英语学习，首先要有个总体规划，然后逐层分解。有的家长只知道应该学好英语，只会焦虑，只愿意四处搜集下载资料，寻找对比培训机构，却不愿意静下心来思考和规划。很多家长匆匆浏览一下 Diego 爸爸的微信公众号文章，听听喜马拉雅电台讲座，还是很焦虑地说自己不知道该怎么做。其实，当你不知道如何做的时候，或者说不知道该如何开始的时候，也可以先了解一下怎么做是错误的，排除了错误的做法，就是正确的做法；然后再慢慢消化具体的操作方法，并理解这些方法和操作背后的科学依据。

2.3.3　培养导入意识，掌握导入方法

很多家长在选择和使用英语材料方面存在诸多困惑，尤其是在英语材料的导入方法上，存在着一些误区。首先我们来看一下两个常见的英语材料导入的情景：

> 情景一：
> 父母：这个英语材料太好了！我费了好大劲才搞到，你拿去要好好用！
> 孩子：……
> （一段时间之后）
> 父母：那材料你听了没？不爱听？唉，看来你不是学英语的料啊。
>
> 情景二：
> 父母：这个英语材料太好了！你每天必须听 2 个小时，要预习，要复习，每句话要翻译成汉语，每个生词都要查词典，每个生词写 5 遍……
> 孩子：……
> （一段时间之后）
> 父母：唉，孩子逆反得太厉害，说啥也不听。

孩子不是机器人，输入什么程序都会忠实执行。那么如何才能让孩子喜欢上你给他提供的英语材料呢？父母们应该还记得当年是如何给六个月大的宝宝添加辅食的。你肯定不会直接扔一个苹果给他，而是耐心地用勺子把苹果刮成苹果泥；或者你的宝宝不喜欢吃苹果，你会给他试着换成桃泥、香蕉泥或其他水果泥。等孩子大一些了，你可以把苹果切成小块，再慢慢变成大块，最后，你终于可以扔一个苹果给他啃了。

为孩子刮苹果泥

每个孩子学英语的状态都是不一样的，你必须用心观察自己的孩子，在他需要帮助的时候挺身而出，在他渡过难关的时候又能悄声退去，不给孩子带来太多的压力。

我听说"哈利·波特"系列书是很好的英语学习材料：故事吸引力强，材料充足多样，符合窄输入的要求。所以早早地搜集了相关的资料，包括全部 8 部高清原声电影，7 本 epub 和 mobi 格式电子书，英文有声书 MP3，甚至还搜集到了乐高玩具公司合作开发的乐高"哈利·波特"iPad 游戏以及游戏攻略。这些资料在手之后，我还进一步在网络上搜索别人是如何利用这套材料的。

万事俱备只欠东风，是时候把 Diego 带入魔法的世界了！

对一个七八岁的孩子来说，《哈利·波特》原版书难度较大，故事情节复杂，巫术种类繁多。很多家长为了过渡，会让孩子看中文版《哈利·波特》，但"汉语翻译"模式对英语语言学习会带来很大的副作用，这已是公认的事实，因此我首先否定了从中文版导入的方案。当时能做的就是留心观察孩子，等待合适的导入时机。

一个清闲的周末，当全家人在一起吃晚饭的时候，我不动声色地在电视上播放了"哈利·波特"系列电影的第一部：《哈利·波特与魔法石》。果然不出所料，电影中精彩的魔法特效成功地抓住了 Diego 的眼球。在随后的一段时间内，Diego 把这部电影反反复复看了好几遍。但是当我开始带他看第二部电影的时候，意想不到的情况出现了：Diego 特别害怕电影里的大蜘蛛，捂着眼睛不敢看，还说晚上会做噩梦。几番鼓励无效之后，我只好让他跳过了第二部，继续看后面的几部。

大约用了一两个月的时间，Diego 才断断续续地把 8 部电影看完。同时，在这段时间内我又主动给他下载安装了 iPad 版的 LegoHP 游戏。这款游戏的互动情节和原著完全一致，而且游戏中的旁白和对话都是英语。有时候 Diego 游戏过不了关，我还会和他一起研究游戏攻略，帮他过关。

乐高"哈利·波特"游戏

在玩了半个月的游戏之后，终于有一天，Diego 对我说："爸爸，我想听《哈利·波特》。闻听此言，我按捺不住内心的窃喜：有声书早就备好了，就等你小子张嘴要呢。我给 Diego 准备的有声书是由英籍美国人 Jim Dale 朗诵的，语速较快，感情丰富，抑扬顿挫。

Diego 开始主动要求听《哈利·波特》有声书，标志着这套英语学习材料的成功导入。

从孩子健康角度来说，看电影、看书与听故事比起来，显然听故事更适合长时间进行。迷上《哈利·波特》之后，Diego 便开始了一个长达半年到一年的听书过程。iPad 上的《哈利·波特》游戏完成了导入的使命，早就删除不玩了，但 Diego 偶尔会重温一些经典的电影片段。

听《哈利·波特》几乎占用了 Diego 所有空闲的时间，在路上、吃饭、上厕所、洗澡、睡觉前、醒来后、玩积木、打扑克等。更确切地说，只要他的耳朵不被占用，他就要听《哈利·波特》，他一直沉浸在美妙的魔法世界中。一旦孩子喜欢上了这些好的材料，剩下的扩展工作就可以慢慢开展了。

抛砖引玉

很多家长在孩子出生后，一般会买一个电推子给孩子在家里理发。给小朋友理发可不是一个轻松的活儿，如果威逼利诱不好使，家长可能就会强制按着，在孩子声嘶力竭的哭闹和挣扎中手忙脚乱地完成理发。

但 Diego 从第一次理发开始，就很安静地配合我。为什么呢？这是因为我在孩子出生后不久，我就有意识地当着 Diego 的面刮胡子，让孩子逐渐熟悉了剃须刀电机嗡嗡的声音。这样，当我开始给他第一次理发的时候，Diego 一点也不会恐惧。这就是所谓的导入。在 Diego 学琴、学围棋、学游泳的过程中，我都会提前进行导入。所以，每次孩子都是很轻松、很快乐地入门后，我再把 Diego 交给专业老师去进行更专业的训练。

> 有关游泳导入的介绍，请扫码收听：008 从理发和游泳谈导入。

2.3.4 让坚持变得更容易

任何成功都离不开坚持。正是因为坚持的不可或缺，可能导致坚持的光环掩盖了其他成功的因素，让家长们只关注坚持本身，而忽略了如何让坚持更容易。

有的家长朋友对英语学习方法不屑一顾，甚至对坚持本身也不屑一顾，认为只要多听多说多读多写就能学好英语，只要坚持就能学好英语。但如果方法不正确，越坚持就在错误的道路上走得越远。为什么别人能坚持，自己坚持不了呢？难道只是因为别人控制力更强，自己控制力更弱吗？我在喜马拉雅电台讲座里面有一集叫作"为什么你的孩子不能坚持"。

我们都知道美国心理学家诺尔·迪奇（Noel Tichy）提出的行为改变理论，如下图所示。图里的 3 个区表示学习事物的心理等级：最内圈是"舒适区"，对于自己来说是没有学习难度的知识，或者习以为常的事务，自己可以处于舒适心理状态。中间一圈是"学习区"或"最优焦虑区"，对自己来说有一定挑战，因而感到不适，但是不至于太难受。最外面一圈是"恐慌区"，超出自己能力范围太多的事务或知识，心理感觉会严重不适，可能导致崩溃以致放弃学习。

扫码收听：为什么你的孩子不能坚持

没有人愿意主动从舒适区迁移到学习区，更别说控制力不高的孩子了。所以，孩子的坚持实际上是家长的坚持。如果家长对孩子的监督都是三天打鱼、两天晒网，如何让孩子坚持？比如 Diego 在我的监督下，每天用百词斩完成 15 个单词，曾经坚持了 1213 天。

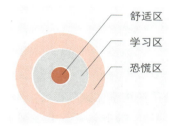

行为改变理论

Diego 曾坚持使用百词斩

下图是 Diego 和班级同学一起建的百词斩小班学习情况。可是为什么那段时间只有 Diego 的完成率是 100% 呢？

再看 Diego 的线上外教课程，他能坚持每天 1 课，每周 7 天上课，目前已经完成了超过 1000 次课。虽然课时挺多，但花费并不大，每次课只有十几元，三年多的线上外教花费在一万多元。有关线上外教信息，请参考本书第十章。

这些任务没有太大的难度，不考试、不测试，孩子没有过大的压力，所以坚持起来相对比较容易。只要家长能在旁边进行监督和支持，孩子坚持起来是没有问题的。

百词斩小班的完成率

为了让孩子更好地坚持下去，必须要让需要坚持的事情变得难度适当。如何做呢？一是降低难度，可以用合适的软件帮助家长和孩子；二是养成习惯，习惯养成了，就会变成一种本能，就容易坚持了。所以，除了家长对孩子的引导和监督之外，家长更要反思一下，你给孩子安排的训练方案是不是太难了？比如刷牙，一是

Diego   专家

我的荣耀：

Lv 5C 我要测评

完成课时：菲律宾：1030 欧美：0

已完成 4 次测评课 距离测评课 0 节

Diego 坚持线上外教超过 1000 次课

要养成每天晚上或早上刷牙的习惯；二是让刷牙变得简单，如使用电动牙刷；三是家长监督孩子每天刷牙。

再举一个 Diego 俯卧撑训练的例子。按学校体育老师的要求，Diego 需要在暑期每天做 100 个俯卧撑，可这些任务对 Diego 来说是有很大困难的。我问他怎么完成训练任务，Diego 无可奈何地说："那就每天坚持做呗！"但是他每做一次都很费劲，如何能坚持下去？我就让 Diego 去百度搜索：为什么做俯卧撑困难？哪些肌肉用力？如何对这些肌肉进行训练？过了一会儿，Diego 跑过来向我汇报说俯卧撑要使用三头肌，自己又查了如何训练三头肌，后来又发现抱头蹲可以练习到三头肌，就试着做了一组 50 个抱头深蹲的训练，让我给修改确认……

回到我们常见的背单词这件事上来。很多家长自己当年也是背了忘，忘了背，能咬牙坚持下来的也不多。如果只是让孩子去背单词，即便是帮助孩子制定了详细的方案，孩子也很难坚持，最后就变成了"常立志"了。之前看到有的朋友打卡晒朋友圈，一天背 200 或 300 个单词。对此我也无话可说，因为这样背单词是根本坚持不下去的。

在 Diego 英语启蒙的时候，我就给他使用 Anki 来降低背单词的难度。这个软件是我翻遍网络后觉得最适合的一款背单词软件。它不仅可以满足单词的音、形、义的匹配，还拥有非常强大的遗忘曲线规律算法。软件的具体配置方法，详见本书第 14.4 节。

一般地，我们认为在阅读英文的时候，遇到不认识的单词应该查一查词典。但是，查词典会中断正常的阅读活动，降低阅读的快感和顺畅度。如果阅读资料中生词过多，过于频繁地查词典的结果往往是不再喜欢阅读。所以，当我把 mobi 格式的《哈利·波特》电子书导入到 Kindle 电子阅读器中，试图让 Diego 听完再读一读，把不认识的单词查一查的时候，毫无悬念，我遇到了抵制。对此我心里早有准备。我把在 Kindle 中查词典的动作和所占时间压缩到最小。经过仔细配置，当用 Kindle 读书遇到生词的时候，只需要选中生词，长按屏幕就可以调出英英词典或英汉词典。

即便如此方便，Diego 依然不喜欢查词典，更愿意来猜测生词的大致意思，不求甚解。好几次我都疑惑地问他：怎么看了这么长时间也没遇到一个生词？他总是嘿嘿一乐：我差不多能猜出来。我不死心，就想让他精确地掌握那些生词的意思，甚至

顺便学习一词多义。后来我发现在 Kindle 中所有查过的单词会自动放入 Kindle 的生词本中，尽管 Kindle 本身也提供对生词本的卡片式复习能力，但其功能过于简单，而且也受限于 Kindle 的硬件。

把 Kindle 生词本导出到 Anki 中是一个不错的办法。孩子不爱查字典，那老爹就亲自出手吧。我逼着自己拿起 Kindle 来啃《哈利·波特》第一部，把自己不会估计 Diego 也不会的单词收入生词本中。断断续续花了几天的时间才啃了三分之一，但已经累计了 400 个左右的生词。然后用了一款辅助阅读英文原著的学习软件把 Kindle 生词本中的单词、释义和原文上下文导出并处理之后，再导入到背单词软件 Anki 中，最后配上真人单词发音，就可以纳入 Diego 的个人单词库中进行每日强化了。

这些生词除了有真人发音、词形和释义之外，更重要的是这些生词出现在《哈利·波特》小说的原句中，而这些句子 Diego 听得滚瓜烂熟，可以脱口而出。如此处理之后，背单词的难度就降低了很多，同时可以充分利用他的兴趣，来强化单词量的扩充。这个阶段的辅助工作量比较大，而且对家长的时间和精力也有所要求。但所幸这个阶段很快就过去了，我只对第一本《哈利·波特》做了如此处理。随着 Diego 词汇量的快速增加，生词对阅读的障碍很快减弱了。

正是家长在孩子坚持的过程中，能够发现影响孩子坚持的不利因素，并能及时进行调整，从而在保证学习效果的基础上，最大限度地保证了孩子的坚持。如果我不分青红皂白，强制 Diego 完成所有的辅助动作，很难相信 Diego 能够如此轻松自然地坚持完成单词的积累。

我已经在微信公众号和多个迪爸训练营家长公益微信群中帮助很多家长完成了从普通家长到教练型家长的转变。但也遇到不少家长，他们时间和精力有限，电脑水平较差，无法完全承担起孩子的英语训练主教练的职责。对于这类家长，请参考 2.5.4 节如何成功复制 Diego。

2.4 掌握基本的计算机技能

2.4.1 手机不是万能的

在和全国诸多家长的接触中，我越来越感觉到大家对于手机的过度依赖。虽然家长们用的手机屏幕越来越大，摄像头分辨率越来越高，功能越来越强大，但很多家长作为电脑小白，在帮助孩子进行具体英语学习软件的配置的时候，暴露出很多低级错误。因此，我在这本训练手册中列出一些必要的计算机操作方面的小知识，仅供电脑小白参考。

首先，家里要有电脑，台式机或笔记本电脑均可。很多家长以为手机替代了固定电话，以为手机也可以替代电脑，因此家里只有平板电脑和智能手机。实际上，孩子上了幼儿园或上了小学，电脑和打印机几乎成了家庭必备工具。学校或培训机构的老师都可能会留一些需要打印的任务。因此，建议家里要有台电脑，并尽量多用电脑，少用手机。

个人电脑常用操作系统是微软公司的 Windows 操作系统，目前主流版本是 Windows 10，有的家长喜欢用苹果公司的电脑和对应的 Mac 操作系统，很少有家庭用户使用 Linux 操作系统。我不建议普通家长使用 Mac 和 Linux 操作系统，因为有些软件只有 Windows 版本，或者有些软件不同操作系统下功能有差异。折腾这些软件，会给自己带来不必要的麻烦。

常用电脑操作系统

智能手机和平板目前主流操作系统有两个，分别是苹果公司的 IOS 操作系统和谷歌公司的 Android 操作系统。大家用的 iPhone，iPad 毫无疑问都用的是 IOS 版本。大多数其他品牌手机如 Vivo、Oppo、华为、小米、三星等，都用的是 Android 或改装的 Android 操作系统。其他如微软的手机操作系统，用户很少，可以忽略不谈。

不同操作系统需要安装不同的软件，比如背单词软件 Anki 提供三种操作系统平台的多个版本，还提供手机和平板的 iPhone/Android 版本。

Anki 提供多版本软件

在 Diego 爸爸家长微信群里，一个家长的求救问题让我哑口无言。他用自己的 Andorid 手机点击下载上图中的"Download Anki for Windows"按钮，被手机告知格式错误，无法安装。这让我哭笑不得。

在英语学习过程中，很多家长也会选择 Kindle 电子书阅读器，Diego 也在 Kindle 上看了不少书。Kindle 电子阅读器使用了特殊的电子墨水技术，可以反射自然光，柔和护眼，深受关注孩子视力的家长们的喜欢。Kindle 用的是亚马逊公司自己开发的 Kindle 操作系统，可看的图书格式为：官方系统支持的 Kindle Format 8（AZW3），Kindle（AZW），TXT，PDF，MOBI，PRC 等原格式，以及 HTML，DOC，DOCX，JPEG，GIF，PNG，BMP 等转换格式。

尽管现在有人可以对 Kindle 阅读器进行刷机用上 Android 的多看系统，但我建议小白家长尽量少折腾，看书是王道。

不伤眼睛的 Kindle 电子阅读器

我曾在家长训练营中给家长们推荐了电影《头号玩家》(*Ready Player One*)的英文版电子书。同样被小白家长用手机微信直接打开。

家长用微信无法打开 AZW3 文件

2.4.2　正确利用网盘

不得不承认，网盘的出现给普通家长带来很大的便利。家长们好像再也不必用移动硬盘把孩子的音视频材料拷来拷去了。通过网盘链接，家长之间很容易进行英语资料的交换和分享，甚至可以让孩子直接在手机上看英文动画片了。

现在家长们最常用的应该就是百度网盘了。百度网盘是百度 2012 年正式推出的一项免费云存储服务，首次注册即可获得 5GB 的空间，首次上传一个文件可以获得 1GB，登录百度云移动端，就能领取 1024G 永久免费容量，绑定个人银行卡再获取 1024G 免费容量。百度网盘目前有 Web 版、Windows 客户端、Android 手机客户端、Mac 客户端、IOS 客户端和 WP 客户端等。用户可以轻松将自己的文件上传到网盘上，普通用户单个文件最大可达 4G，并可以跨终端随时随地查看和分享。百度网盘提供离线下载、文件智能分类浏览、视频在线播放、文件在线解压缩、免费扩容等功能。

百度网盘用起来很方便，大部分音视频文件可以直接在手机端打开。但有些视频，如后缀为 dat 的视频，手机端可能无法正常播放。这是因为百度网盘手机端没有安装对应音视频解码器。这时候可以用电脑下载转码后再放到手机内播放。

除了百度网盘，历史上曾有多家网盘。2016 年上半年，网盘关停风波闹得沸沸扬扬，排名前十的网盘已有 6 家先后陆续宣布以"配合整改"等原因，关闭了个人业务或部分免费业务。如 360 云盘在 2017 年 2 月 1 日起关闭了所有账号并清空数据。实际上，自 2014 年整治互联网环境以来，网络存储就成了监管的重点照顾对象之一。受限于用户上传内容的不可控性，对网盘内容的审查与监管成了技术上的老大难问题。早期的网盘，比如 115 或酷盘等，在多次整改限制后（如 115 几乎完全禁止了用户间分享文件），现在几乎已经成了空壳，成为真正只能供付费用户存放文件的网络硬盘。得益于较强技术实力下对违禁内容的识别，目前仅有百度盘情况略好一些，但当年整改时百度盘中大量的文件遭删除清理的现象依然让用户怨声载道。

因此，我提醒家长朋友们，特别是那些喜欢在网盘中在线播放视频的家长，如果发现了孩子喜欢的好东西，赶紧下载到本地硬盘上保留备份吧，万一哪天百度网盘无法使用，孩子的英语学习岂不是断了炊？

除了在线播放视频，还有很多资料是以压缩包的形式存放在百度网盘，普通用户只能

百度网盘会员特权

下载后解压使用。百度网盘提供了会员特权，开通会员可以在线解压 2G 以内的压缩包。

在资料分享的过程中，大家经常会遇到分享出去的视频很快就失效的情况。失效的主要原因可能是被百度网盘后台因为版权、敏感词或病毒问题而禁止分享（也可能存在部分人工审查）。文件名更改（包括后缀名）也无法逃出百度网盘后台计算机程序的判定，因为计算机程序一般采用 MD5 识别。如果想要上传分享视频而不被百度网盘后台禁止，就只能修改视频的 MD5 值。

被百度网盘禁止分享的材料

简单理解，视频的 MD5 值就相当于人的身份证。MD5 因为可以被利用检查是否

文件相同（无论是否改名），因此也可以用在百度网盘的"秒传"中。

秒传是一种在网盘上常见的"忽略式"上传方式。上传到网盘的每个文件，服务器都会校验 MD5 码。如果当前上传的文件 MD5 码与已经存在于服务器里的文件的 MD5 码相同的话，网盘服务器将会判断成为重复文件，就只需要记录原有文件的位置即可，无须重新上传。在用户角度看来，自己上传多大的文件，都会在几秒内"上传"完毕。"秒传"实现了服务器的高效运作，节约了大量存储空间。

除了存储类网盘，多年来我还一直使用一种同步网盘。我早期用的是免费的金山快盘。2016 年金山快盘被封了之后，我又换上了坚果云同步盘。这种同步盘可以实现手机、平板以及台式机和笔记本之间的实时同步更新。

同步盘不适合存放大量音视频材料。建议主要用于存放文档和少量照片，这样才能保证同步时间不会太长。

坚果云同步盘的功能

2.4.3 搜索技巧与提问技巧

在互联网信息时代，家长无论是使用手机、平板还是普通电脑，都要花很多时间在信息查找和资料下载上，还有就是在论坛、QQ 群和微信群中进行提问和回答。因此，家长必须要掌握基本的搜索技巧和提问技巧。

说到搜索技巧，其实就是使用搜索引擎的方法。大多数人只要在浏览器搜索框中输入

使用 Bing 的国际版

关键词就可以了，但依然存在一些基本的技巧。

首先是选择搜索引擎。目前最好的搜索引擎当然是谷歌（Google）了，但由于 Google 退出了中国市场，国内无法正常使用，因此可以选择百度。使用百度搜索汉语内容还是可以的，但搜索英文的结果就不太好。大家可以使用 Bing 的国际版来搜索英文资料。如果在 Bing 的国内版中搜索了英文关键词，Bing 会提示"检测到您输入了英文，试试切换到国际版？搜英文结果更丰富更准确"，如下图所示。

在使用百度搜索的时候，小白家长还是要注意一下百度搜索结果的标识，可以直接跳过那些标注为"广告"的搜索结果。如下图所示，当家长在百度查找经典绘本的时候，可以直接跳过标注"广告"的前四条结果。

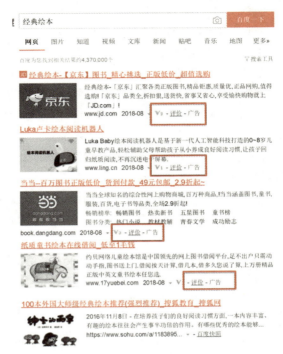

跳过"广告"选结果

如果只是泛泛地搜索，家长依然会被大量的搜索结果所淹没。家长要尽量将自己的问题整理成多个关键词，然后用空格分割，或者启用高级搜索，这样搜索结果将会更精准。

百度的高级搜索

百度的高级搜索界面用起来还是不太方便，大家应该掌握一些常用的高级搜索指令，就可以大大提高搜索的速度和准确性。

（1）完全匹配指令，用双引号，如搜索"西湖好山好水"。若不加双引号，这个词会被分解成"西湖""好山""好水""好山好水"和"西湖好山好水"，对于百度搜索引擎来说，只要是包含上面五个的任意一个，都有可能出现在结果中。如果加上双引号，就是告诉百度，这个词是一个完整的词，不需要再分词的，所以结果中只会出现完整包含"西湖好山好水"的文章。

（2）多个关键词组合。如果想搜索多个关键词，可以使用"｜"指令，比如想搜索结果中有"西湖"或者"杭州"则可以在百度中输入：(西湖｜杭州)。

（3）排除关键词，使用减号，如：(杭州｜西湖) - (团购)。当我搜索"杭州西湖"时，可能会出现很多团购广告，如果不想看到有团购的内容，则可以用"-"来排除含有"团购"的内容。值得注意的是，"-"前要有个空格，"-"后面不要空格。

（4）关键词在标题中，使用"intitle：关键词"。就是搜索的关键词在网页的标题中出现。

（5）关键词在 url 中，使用"inurl：关键词"。就是搜索的关键词在网页的 URL（地址）中出现。

（6）站内搜索，使用"site：网址"。就是指定某个网站，只搜索这个网站中满足条件的内容。

（7）文件搜索，使用"filetype：文件类型"。其中常用的文件类型为 doc、pdf、xls、ppt 和 rtf 等，可以限定要搜索的文件格式。

（8）组合搜索，把上述搜索方法组合起来，如：filetype：doc site：(baidu.com) title：[杭州 "杭州西湖"（十景｜断桥) - (团购)]，则只在 baidu.com 网站中搜索标题含有"杭州"或"杭州西湖"，或包含关键词"十景"或包括"断桥"，但不包括"团购"的 doc 文件。搜索结果如下图所示。

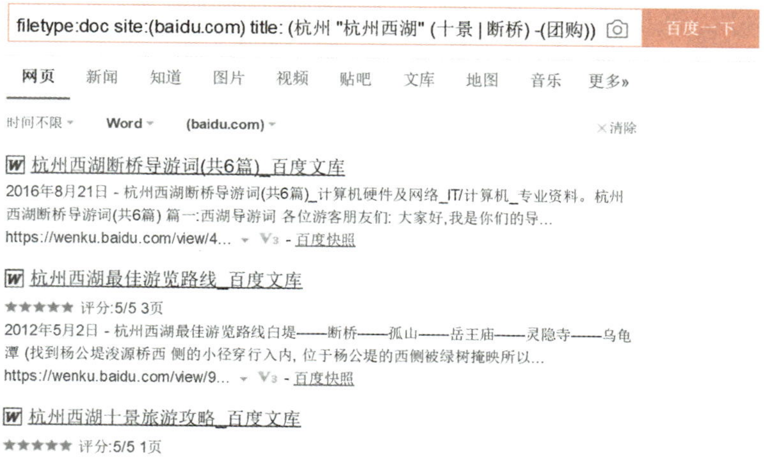

组合搜索

除了常用的百度之外，有时候我们可能想在微信里面搜索一下自己曾经看到过的文章。这时候可以使用搜狗独有的微信搜索功能。

微信搜索是搜狗在 2014 年 6 月 9 日推出的一项针对微信公众平台的搜索功能。"微信搜索"支持搜索微信公众号和微信文章，可以通过关键词搜索相关的微信公众号，或者是微信公众号推送的文章。搜狗也和知乎合作，通过搜狗可以更准确地搜索到知乎中的内容。

使用搜狗搜索微信文章或微信公众号

在 Diego 爸爸的多个公益微信群里，经常有家长提出问题。有些问题非常精彩，我不仅非常愿意回答，并且回答之后还把问题和回答分享到其他训练营内，供更多的家长参考。但有些问题却让人哭笑不得，就是那种百度一下就能知道的问题，自己偷懒不想查，偏要拿到群里问，去浪费别人的时间。

家长如何才能问出好问题，才能吸引别人回答自己的问题呢？我推荐大家阅读一篇文章，《提问的智慧》（How To Ask Questions the Smart Way）。这篇文章最早是由 Eric Steven Raymond 所撰写，说明了发问者事前应该要做好什么，而什么又是不该做的。作者认为这样能让问题更容易让人理解，而且发问者自己也能学到较多东西。

此文在网络上被广泛转载而成为经典。著名的两个缩写 STFW 以及 RTFM 就是出自这篇文章。有些人认为文中部分用词对新手不太友善，所以作者后来也在新版中做了较委婉的修饰。目前作者仍在持续更新本文。

这篇文章虽然说是计算机界的黑客，但却适用于各种在网络上提问的场景，甚至可以指导自己如何更好地进行探索。为了便于大家快速掌握这篇文章的精髓，这里列出文章的主要观点。如

果家长在微信群里提出问题,却没人理睬,就要反思一下自己是不是问了一个"蠢问题"或"懒问题"。当家长可以理直气壮地在群里说自己比较懒的时候,谁还愿意回答他的问题?你自己懒,你的时间宝贵,回答问题的人呢?他们的时间就不宝贵吗?

所以,家长们要想别人认真回答你的问题,就要认真问出你的问题。主要包括:提问之前先做点什么,大多数问题在问之前就会被自己解决掉。然后精确描述问题,让别人知道自己在问什么。具体见下图摘要,全文请扫码阅读。

扫码阅读"提问的智慧"全文:

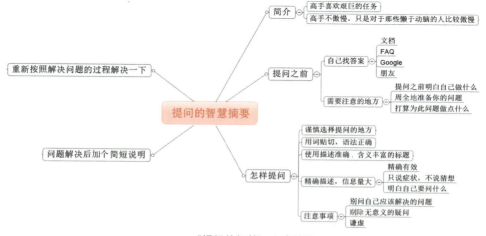

《提问的智慧》文章摘要

2.4.4 玩转微信群

微信群太多了!有的微信群是临时有事拉的群,然后大家也不好意思退群或删除,于是很快沦为僵尸群,淹没在聊天记录中。有的是一些凑人头群:拼单团购、二手买卖、生活琐事。

家长们比较重视的就是孩子幼儿园、班级的各种群,每天刷一刷,害怕忽略了老师的重要通知。然后就是各种资源群、学习方法交流群,迪爸家长训练营就是这种性质的微信群。

每个家长由于精力有限,都只会活跃于几个群,在其他的群中大多沦为吃瓜群众,偶尔去看一看,还要埋怨信息太多了,爬楼太累了。尤其是在我们的家长训练营微信群,有的家长看了几篇文章,听了喜马拉雅的几集讲座,就觉得自己懂了。但在实际执行过程中会依然有很多不确定的地方,这时候就需要在微信群里把自己的想法和做法说出来。自己觉得正确的做法,可能存在很多问题。所以大家一定要多问问题,多回答问题,才能快速成长。如果家长在群里从来不说话,不参与讨论,更不爬楼看别人的讨论,就成了僵尸群员,如果群里每个人都不说话,这个群就叫僵尸群，那就没有存在的意义了。

要想更好地参与微信群的讨论中来，家长就需要对微信群的使用技巧有个基本的了解。

1. 确定群的性质，了解群的潜规则

参加一个微信群，首先要弄清楚这个群是干什么的，有什么规矩。有的群管理严格；有的管理松散，靠大家的自律维护群内的正常交流秩序。有的群是公开的，每个成员都可以随意拉人；有的群要求群员拉人必须通过群主同意。其他诸如修改群昵称、标注相关信息、不能随意发广告等，都要有个基本的了解。否则就会被警告或被踢出群。

2. 使用微信电脑版，提高聊天速度

微信提供了 PC 版和网页版，可以提高输入速度，便于使用者截图或发送文件。由于微信群内的图片和文件存在有效期，过期就会被清理，因此也建议大家及时保存这些材料。比如我经常把需要的资料保存在坚果云同步盘上，这样无论在电脑还是手机上，都可以自由使用这些图片和文件。

3. 群消息免打扰

群多了之后，群消息通知会此起彼伏，严重干扰个人工作和学习。所以每当加入一个新群，我的经验就是先打开"消息免打扰"，把主要的群置顶并存到通讯录。我曾经被一个朋友强拉到一个打折购物群里，我本身就对购物不感兴趣，但碍于情面也就只好在群里待着了。但群管理员不停地@所有人，这种情况下，我的群消息免打扰也形同虚设了。我最后实在受不了了，就只好负了朋友的面子，选择删群退出了。

4. 查找聊天记录

群内人员过多，刷屏又快，有的家长可能没有时间参与讨论。但善用查找聊天记录让你不会错过任何重点内容。

最常用的群内查找聊天记录就是直接搜索关键词。就像百度的高级搜索一样，微信群内的搜索也可以搜索指定内容，比如搜索群成员。大家可以在群内经常搜索群主和群内最活跃的几个人，他们的经验最丰富，回答问题也最热心。很多精彩的问答通过搜索他们一般就不会被忽略掉。

群内文件如果没有被打开，一般 3 天就会过期。因此建议不常在群内发言的家长朋友，争取两天左右到群里搜索一下文件，看是否正好有自己需要的材料，如果需要就赶紧保存。

搜索微信群的指定内容

其他的搜索内容还包括搜索特定日期的聊天记录，或者红包等。

为了便于搜索，可以在微信群内的活动开始前后，或者精彩问题后面发一个特殊约定的文本标记，起到快速定位的作用。比如当我在家长训练营微信群里发现有家长问出好问题的时候，我就可以发出一个特殊的标记"精彩问答"。这样，其他家长事后爬楼的时候，就只需要搜索"精彩问答"，就可以快速定位到对应位置。

5. 不要频繁@某人或多人

大家都知道，在微信群的聊天界面可以长按某人的头像，快速@对方。但不要频繁地@对方。如果对方正在一个不合适发出声音的场合，尽管设置了静音，依然会不停地发出振动。所以，如果对方和你正好处于持续的聊天状态，就不要@对方。只有在必要的时候才使用@提醒某人注意。尤其是群主，更是不要轻易@所有人，除非有重要的提醒和通知。

6. 多用文字少用语音

在微信群里提问交流，最好用文字，这样别人扫一眼就可以快速抓住问题的关键。如果发的是语音，发送者自己可能感觉很方便，但却给别人造成了不便。这样的结果可能就是没有多少人愿意去听你说什么。尤其是那些事后爬楼的家长，就很难快速完成扫楼。

如果不方便打字，可以使用语音转文字。目前很多手机自带的输入法都是支持语音转文字的，但最好用的语音转文字应是"讯飞语音文字输入法"。实际上，很多输入法内部都用讯飞的语音转换引擎。

使用语音文字输入法

下图是我用了多年的搜狗输入法语音识别的结果，还是非常准确的。

7. 语音转文字

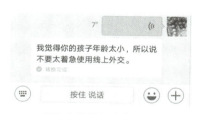

微信自带的语音转文字功能

如果对方发了语音，而自己又不方便接听，可以使用微信自带的语音转文字功能。只需要在语音上长按，就会出现一个菜单，选择"转换为文字（仅普通话）"，即可转换为文字。有时候由于语音背景嘈杂，或者说话者普通话不太标准，转换效果可能不会太好，但基本上可以猜测出说话者的大概意思。

8. 微信群礼仪

微信群是一个公共场所，因此要有基本的社交礼仪。有礼貌，不爆粗口，可以发表不同意见，但不要人身攻击。不要随意发送广告，拉票。如果需要发送一些具有广告性质和具有竞争关系的图片、文字或链接，需要私下事先征得群主同意。另外就是太晚了就不要@对方，以免影响对方休息。

微信群是一个松散的社区，依靠大家的共同兴趣进行组合。但也会有一些别有用心的人混迹当中，频繁骚扰群员，甚至是有预谋有组织地拉人和推销产品。有一次，有人冒充家长成功让我把他拉到训练营内。然后这人又拉了另外一个账号进去，开始冒充群助手，逐个给群成员要求加私信送免费资料。最后被家长举报，被我踢了出去之后，我发现一开始加的那个人早已退群并把我给拉黑了。因此，大家在群里也要警惕那些别有用心的有组织、有预谋的行为。

另外说一个我曾经遇到的事，希望大家引以为戒。微信群虽然是松散的社交组织，但依然是群主辛苦维护的地盘。有的群主大度一些，允许成员之间看对眼之后另建新群私聊，有的群主不允许成员之间互拉。我曾经被朋友拉到一个小升初的群里当吃瓜群众，后来看到有家长在群内请教学英语的事情，于是我就当仁不让地热心解答。无意中说到我自己维护有几百人的Diego爸爸家长训练营，于是群内一些家长也不考虑群主的感受，就开始疯狂来拉。弄得我很尴尬，接着就被

导致Diego爸爸被踢出群的求拉

群主踢出了群。据说把我踢出之后还污蔑了我不少坏话，还说我儿子是假的。后来经群内熟悉我的家长澄清，终于给我恢复了声誉。很明显，大家如果对某个成员比较感兴趣，请直接加为好友即可，不要在群里明目张胆地求拉，这样群主会很没面子的。

2.4.5 常见技术问题

1. 软件闪退

哪个平台都会出现软件闪退的情况。但大家遇到比较多的还是手机软件闪退。可以参考下面的一些办法，必要的时候根据自己手机型号和软件版本去百度搜索。

（1）重启或还原所有设置。部分闪退可以通过重启来解决。另外，iPhone还有一个还原所有设置功能，这样也可以有效解决软件闪退。

（2）关掉后台的APP并释放内存。有时候软件闪退是由系统内存不足引起的，所以要关掉后台APP，并及时清理手机缓存。

（3）升级或重装。如果其他软件使用正常，只有这一个APP出现闪退，可以考虑卸掉重装，或者看该APP是否要求升级到最新版本才能使用。

（4）刷机。如果是软件或者系统的问题，则可以选择刷机。刷机之前要做好重要数据的备份，如果是电脑小白，还是建议去找专业刷机人员。

如果以上方法都不能解决闪退问题，那么最好去手机的官方售后或靠谱维修店找专业人士帮助解决。

2. 视频播放器

无论是哪个平台都有各种视频播放器。有的是独立软件和 APP，有的是嵌入到其他软件内部，比如嵌入到网页中或者其他 APP 中。MP4 格式的文件兼容性比较强，基本上哪种播放器都可以正常播放。但有时候文件后缀名虽然一样，但采用的压缩算法却不同，这时候要想正常播放，就需要播放器内置对应的解码器，如果没有，就无法正常播放。这种情况下，PC 端播放器往往比较容易在线升级或单独下载指定的解码器。手机端 APP 则由于限制较多，可能不容易直接升级或下载解码器。因此，遇到无法播放的视频材料，建议最好使用电脑端转码成常见格式后播放。

3. 设备同步与自适应

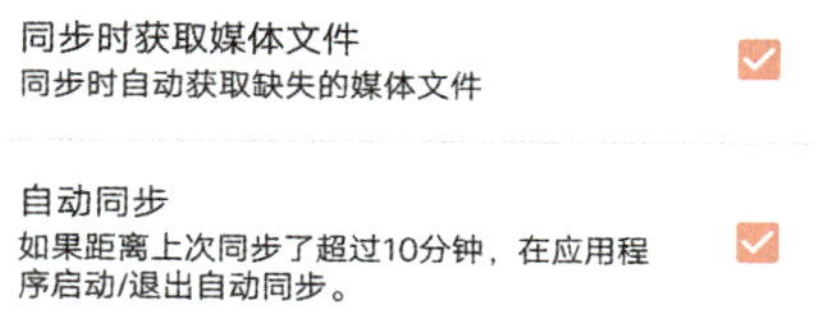

有些软件（比如 Anki 和坚果云），用户可以在多个设备（电脑、手机、平板电脑）上随时随地访问文件和自建词库。用户只需在每个设备上安装对应版本的客户端并登录同一账号，指定需要同步的文件夹或词库，软件就会自动将指定文件夹或词库同步到云端和所有设备中，在任何设备中创建、修改文件或词库也会实时同步到其他设备。如果编辑文件的设备处于离线状态，或其他设备处于关机或离线状态，在网络连接后会自动将文件同步到最新状态。

AnkiDroid 同步设置

很多家长在这个多设备同步问题上比较困惑。其实很简单，只需要优先保证服务器的数据是最新的即可。其他设备客户端在运行的时候，会自动联网到服务器去比对服务器端和本地段数据是否一致，如果不一致，就用新版本覆盖旧版本。如果软件无法判定本地和服务器版本的新旧，就会出现冲突，需要用户来指定数据的覆盖方向。比如 AnkiDroid 的设置中，可以设定自动同步模式，避免用户忘记同步学习进度导致版本冲突。

现在计算机技术发展很快，很多网站的布局原来只适合 PC 机浏览器，不适合手机浏览器。现在采用了前端自适应技术，会让同一个网站既可以用 PC 机浏览器打开，也适合用手机或平板浏览器打开，这就是所谓的全设备自适应。

这种自适应实际上是重新改变了页面布局，会造成一些常见功能按钮隐藏、折叠或消失。如有家长在手机上登录 ReadTheory 网站，想找孩子的历史阅读信息，却根本找不到。而在 PC 机浏览器就很容易找到，如下图所示。因此，还是建议大家注意本章第一节的内容，手机不是万能的，尽量少用手机。

多设备布局自适应

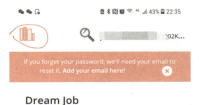

ReadTheory 在手机浏览器上的显示效果

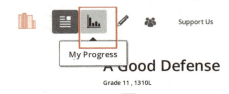

ReadTheory 在电脑浏览器上的显示效果

4. 视频转码

视频转码软件曾经是必不可少的工具。因为视频格式比较乱，视频播放器内置解码器的支持程度不同，像典型的老牌转码工具格式工厂、暴风转码等，因为功能强大，很受普通用户欢迎。

但是对于普通家长来说，没有必要额外下载安装和熟悉一款转码工具。我推荐大家用 QQ 影音播放器完成必要的视频和音频转码。QQ 影音是由腾讯公司推出的一款号称支持任何格式影片和音乐文件的本地播放器。大厂有钱有技术，只要是用户需要的功能，很容易就能升级支持。不像小的软件开发者，为了盈利和推广，可能会绑定很多流氓软件和广告。QQ 影音提供一些实用小工具，在播放影音的同时可以视频截图、剧情连拍，还有视频截取和 GIF 生成等功能。不仅如此，音视频转

QQ 影音工具箱

码、压缩、合并都是 QQ 影音的方便之处。

在 QQ 影音工具箱中点击转码，就可以选择各种转码格式，如下图所示。如果需要从动画片中抽取 MP3，选择纯音频格式即可。转码成功后可以拷贝到孩子的 MP3 播放器中供孩子磨耳朵使用。

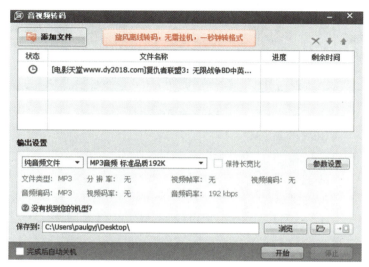

QQ 影音的音视频转码功能

5. 双屏显示

有的家长特别喜欢手机的便携性。但我还是建议大家尽量用台式机或笔记本，尤其是给孩子看动画片的时候，尽量用大屏幕。我家里长期把台式机和 56 寸大电视连起来，把大电视作为第二块显示器使用。大电视可以给孩子看电影、看电视，或者上网查资料的时候，一家人围观讨论也比较方便。笔记本电脑可以直接连接第二个显示器，台式机则需要加装一块支持双输出的显卡，如下图所示。

具体显卡支持哪些接口，购买时注意即可。

支持双输出的台式机显卡

大电视作为第二显示器

右图是我自己用的笔记本电脑,平时也会再连接一块屏幕,扩大电脑桌面,方便实用。

如果家长不愿意连线,也可以采用软件或硬件的方式,将手机、iPhone、iPad、电脑上的网络视频、本地视频无线投射到电视上观看。此类产品外观类似优盘,将其插到电视上即可使用,在便携性和价格上都有一定的优势。如下图所示。

笔记本电脑外接显示器(90度旋转)

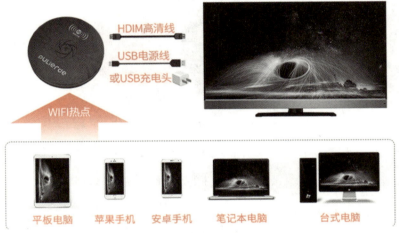

使用外接硬件无线连接电视机

2.5 教练型父母的反思与妥协

2.5.1 "神奇队长"的妥协

提到教练型家长,就不得不提 Home School 教育,尽管教练型家长和 Home School 的距离还很远。

Home School(家庭学校、在家自学、自主学习)是流行于美国等西方国家的一种青少年教育成长方式,由父母在家中自主安排子女的教育。20 世纪中叶,Home School 主要在宗教家庭产生,逐渐发展成为一种得到广泛认可的教育形式。这种方式在欧洲、澳大利亚、新西兰、北美、中国香港以及南非都是合法的。在加拿大、法国尤其盛行这种教育方式。美国的 50 个州都允许 Home School 这种教育方式,但是各州对此都有一定的规定。

Home School 带来了足够的灵活性,而使得子女的成长变得非常个性化,这恰好符合时代对个人的要求。华人社会的 Home School 主要集中在中国台湾、新加坡等地。中国大陆目前实践者正在增多,大部分家庭中父母一方负责生计,另一方负责教育孩子,然而也有些双职工家庭或者单亲家庭采取这种教育方式。

据北京非政府组织21世纪教育研究院对中国大陆1.8万名表示有兴趣在家教育孩子的父母进行的调查显示,其中约有2000人已经开始在家给孩子上课。调查显示:选择在家教育孩子的中国父母当中,一半以上(54%)的人这样做的原因是他们反对传统学校死板的教学理念。其他选择在家教育孩子的人认为,普通课堂的授课进度太慢(10%)、孩子没有充分得到尊重(7%)。另有7%的人说,他们的孩子就是讨厌传统学校生活。

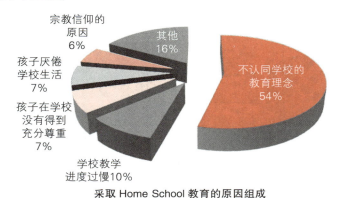

采取 Home School 教育的原因组成

下表列出了 Home School 的优势和不足。

优势	劣势
压力小,快乐学习	如何将教育持续性地完成
个性化教育,因材施教	学历认可度
更有趣的学习过程	缺乏独立性
推崇多样的学习环境和与生活紧密结合的学习渠道	家长的教育水平是否有保障
学习效率高	对学习成果的不自信
不受地域地区限制,有灵活性	家庭收入的减少
增强亲子关系,有利于身心成长	孤独,缺乏与同伴的交流

2016年,美国导演马特·罗斯拍出了一个 Home School 的经典形象 Captain Fantastic(神奇队长)。一对夫妻因为对现行社会体制和教育体制的不满,自己带领6个孩子隐居在深山,言传身教各种生存技能:狩猎、格斗、攀岩。深度自学琴棋书画、历史、哲学、医学与法律……妈妈因病去世于世俗世界,孩子们为了夺回妈妈的遗体,开始了与世俗世界的PK。

当优秀的孩子们在世俗的世界中频频碰壁的时候,父亲觉醒了,做出了妥协:"我将遵从社会既定的准则,但我的内心仍旧忠于自己……"

扫码观看优酷电影:《神奇队长》(Captain Fantastic)。

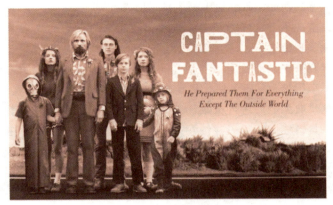

电影：《神奇队长》

2.5.2 千万别钻牛角尖

许多自认为是教练型父母的朋友，往往陷入一种钻牛角尖的境地。当然，钻不钻牛角尖，钻的是不是牛角尖，这都与当事者或旁观者的经历和个人认知有直接的关系。

之前我在调研英语学习方法的时候，曾接触过一个以跟读为主的英语学习方法，并从中吸取了一些很好的经验。但可能出于某种商业考虑，这种方法把迪士尼电影进行人为的分级，先跟读什么电影，然后跟读什么电影，就像英语分级读物一样，但却缺少分级读物的科学性。而且只进行跟读，其他什么方法都不用。实际上我们都知道，迪士尼推出的电影不具备任何分级标准，并没有按词汇量或蓝思指数进行分级。我曾进到他们的一个 QQ 家长群，里面管理严格，只许称赞群主方法神奇，不允许有不同的声音出现。于是，我自己就麻溜退群了。

在和家长交流线上一对一外教的时候，有的家长坚持认为教育就是群体行为，特别反对一对一教育。他们可能是同伴教学和同伴教育理论的忠实支持者。同伴理论有一些优点，但肯定不是完美的。这个世界上没有完美的教育理论，更没有完美的教育产品。教练型父母要做的，就是取长补短，综合运用不同的产品和理论，为自己的孩子构造独一无二的个性化教育方案。

家长们如果带孩子去参观过博物馆或者科技馆，应该会对同伴理论有个直观的体验。如果家长只带一个孩子去参观，孩子就可以安安静静地完成参观和学习任务。如果同时带几个孩子一起去参观，就会发现孩子们一路嬉笑打闹，玩得可开心了，博物馆根本就是白去一趟。

就拿一对二或一对三线上外教来说，如果孩子性格外向，口语基础不错的话，还能起到不错的练习作用；如果孩子内向，而外教老师为了保证课程进度，不能耐心等待的话，那就只能沦为陪读的境地，对这个孩子来说，这节外教课几乎没有任何实质性的意义。此外，一对多上课的时候，孩子还有逃避责任的机会。比如现在轮到某个孩子来回答问题，但这孩子觉得有困难，或者仅仅是懒惰，就可以故意吞吞吐吐。老师耗不起时间，就会让下一个孩子回答问题。

我还遇到过坚决不考试的家长。这些家长看起来对自己的规划以及孩子的英语学习表现很满意。我建议可以考虑以考促学，通过剑桥少儿英语的考试，对孩子的英语学习情况查漏补缺，而且考试费用也不贵。但是却被断然否决，家长说他们的孩子绝不考试，学钢琴也从不考级，只参加学校的考试。实际上，我们大家都知道，学校英语的考试是典型的"考什么教什么，教什么考什么"，不是考教分离，学校的英语考试几乎不具备任何实际的评估意义。很多家长觉得自己孩子在学校的英语考试中每次都是90多分，甚至100分，就认为孩子英语学得很好。这完全是一种错觉。我们不喜欢考试，但考试是检查学习效果很重要的方法，没有必要刻意回避。

此外，有很多家长过度关注英语阅读，认为阅读就是一切。还有的家长对自然拼读很狂热，对音标很狂热，或者对某个英语APP或产品很狂热，这种狂热势必会影响家长对孩子英语学习的科学判断，从而阻碍了孩子英语提高的速度。

如果你遇到了钻牛角尖的家长朋友，争论不下就不要争论了，我把下面这幅网络流行图送给大家共勉。

2.5.3 为什么师不自教

中国有句老话叫"师不自教，医不自治"。这句话是有一定道理的。现实生活中，教师教育不好自己子女的现象屡见不鲜。耳边常听见这样的话："对别人的孩子，我总是教得很好；对自己的孩子，我却束手无策。""自己能教出优秀的学生，却不能把自己的孩子教育得出类拔萃！""我能带出一个出色的班级，怎么就管不好自己的孩子呢？"……

是的，你是对的

有句话是"关心则乱"，老师对自己的孩子可能要求比较高，孩子压力过大会产生逆反心理和厌学情绪，这样不利于孩子的学习。"医不自治"就更好理解了，眼看着亲人忍受病痛折磨，就不理智、不冷静了，所以看病诊断用药也会不客观、不准确。

经常有朋友问我："Diego的英语是你自己教的呀？"我回答："不是我教的。"还有的朋友问我："你陪着Diego学英语，是不是你自己的英语也很厉害了？"我回答："我的聋哑英语依然很烂。"

我们给这本书想出来一条宣传语：不是教，不是陪，是训练。作为教练型父母，我们可以给孩子做科学的规划，搜集整理合适的英语材料给孩子用，然后在需要的时候，给孩子找一些专业的线上或线下机构或专家进行特定方面的辅助训练。我不是英语专业，但是我能够在网上找到专业的训练材料，所以我不是教，我也不会教。如果我跟着孩子一起训练，我就没有时间和精力在旁边仔细观察孩子对这些材料的使用情况，然后进行修正和再观察、再调整了。所以，我不是陪练，也不是陪读书童。我的英语水平自然不会和孩子一样快速提高，因为我有比自己英语水平提高更重要的工作要做。

尽管我本身是计算机老师，但我在训练 Diego 计算机编程的时候，依然主要采用这种模式。我利用 Diego 的英语优势，给他找到了 Crash Course 里面的 Computer Science 课程，给他买了《不插电的计算机科学》，以及给他推荐了 MIT 的《计算机科学和 Python 编程导论》MOOC 课程。

通过规划、引导、推荐、考查、提高这一系列螺旋上升的动作，完成一个"师不自教"但有效的学习过程。

Crash Course 课程计算机科学

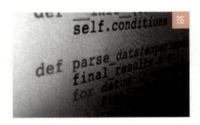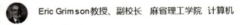

学堂在线 MOOC 编程课程

2.5.4　如何成功复制 Diego

前面说过，Diego 爸爸希望通过把 Diego 的英语训练过程进行反思和修正之后，分享给广大家长朋友，让更多的孩子能成功复制 Diego 的英语训练模式，不出国学好英语，给孩子的人生提供更多选择的可能。

那么家长如何做才能更好地复制 Diego 的训练模式呢？

我的专业是计算机，我推崇"开源精神"。我的训练方法源自网络，也将反馈回网络。为了更好地推广这种训练方法，我申请了微信公众号，把自己的方法和经验毫无保留地分享给大家，同时还考虑到家长接受程度的差异，逐步通过喜马拉雅电台讲座、腾讯视频讲座和千聊直播等方式进行分享和交流。

知识都分享出来了，有能力、有精力、有时间的家长，完全可以按图索骥，逐步掌握整套方法，然后逐步应用到自己的孩子身上，根据孩子使用情况和反馈情况进行调整和修正。欢迎这些能力强的家长参加迪爸训练营公益微信群，积极提出问题，展示孩子的英语学习情况，和其他家长积极交流。学习的最好方法就是教别人。

从万千读者反馈的结果来看，只有不到 10% 的家长有能力发挥这本书的大部分威力。其他超过 90% 的家长要么入宝山而空返，要么无法做到"从形似到神似"，限制了自己孩子英语水平的突飞猛进，于是书中的干货变成了鸡汤。

为了真正解决这些家长的痛点问题，Diego 爸爸成立了英语小达人线上复制营，通过"双训"

《不插电的计算机科学》

模式，手把手指导家长如何成为一名合格的家庭主教练，帮助家长在家里为孩子构建一个沉浸式的英语"塑料大棚"。

Diego 爸爸只有一个，要想手把手帮助家长，最多能帮助多少位家长？100 还是 1000？那更多的家长怎么办？

所以，要想复制 Diego，就需要先复制 Diego 爸爸。只有发动一场"人民的战争"，才能让更多的家长和孩子受益于这套训练系统。

幸运的是，读者中那些不足 10% 的优秀家长就是一个个复制好的 Diego 爸爸。Diego 爸爸邀请这些优秀的家长一起加入复制营教练队伍，帮助那些需要帮助的 90% 的家长。Diego 爸爸会从这些优秀的家长中进行选拔、培养、考核和认证，确保达到或超过 Diego 爸爸的指导水平。

有关复制营的详细情况，请扫码查看最新介绍。

复制营目前只能帮助家长在家里为孩子构建一个沉浸式的"二语习得"的"塑料大棚"，让孩子的英语水平快速提高。但孩子离开家庭，进入幼儿园之后，又会失去这个英语习得环境。为此，Diego 爸爸正在积极搭建线上幼儿园的复制营，尤其是私立幼

儿园复制营的创设。从家里的"塑料大棚"，再走进幼儿园的"塑料大棚"，经过 3 年的英语沉浸式训练，孩子的英语会顺利地达到母语水平，一个双母语宝宝便可培养成功。

欢迎家长把落地方案推荐给幼儿园，欢迎有意向的幼儿园联系 Diego 爸爸，尽早为孩子们提供一个沉浸式环境。

在这些训练过程中，家长需要坚定信念，不要被网络上各种自相矛盾的所谓神奇方法所迷惑。这些方法一般都靠朋友圈转发来获得入群资格或试听资格。虽然家

长没花钱，或花了很少一点钱，但孩子的精力和时间如果频繁地被这些明显违背科学规律、只靠噱头来吸引家长的方法所左右，势必会影响正常的训练效果。最后，家长会发现，自己带孩子折腾了一圈，今天东一下，明天西一下，除了后悔，什么也没有留下。

需要说明的是，无论你是属于哪一类家长，都不要单打独斗，不要觉得帮助别人是浪费自己的时间。只有助人，才能得到帮助。而且在帮助别人的过程中，让自己的理解更透彻。有时候自认为正确的做法，经过别人的分析，你会发现自己原本没有考虑到的严重问题。

当我第一次看到右边这幅图片的时候，突然就被自己感动了。头狼挖出了一条走出去的路，可能不一定是最顺直的，但会让后面信任它的那些追随者们走得更轻松、更顺畅。我也不会告诉大家在我专注探索家庭沉浸式英语习得环境构建的八年里有多辛苦。

头狼

当你自认为辛苦、艰难和委屈时，请看看前面开路的那位……当头狼在冒险、开拓、进取的时刻，请跟随者把所有的质疑、怨言和负面情绪扼杀在摇篮里，因为头狼的阻力远比追随者大十倍。

最好的感恩是做到。跟随 Diego 爸爸，把自己孩子的英语训练好，这就是最大的回报。

第 3 章
学点方法防忽悠

3.1 不做无头苍蝇

在互联网信息时代，英语学习资料不是太少，而是太多。太多相似的资料让很多家长陷入选择困难当中。在微信群里，在网络论坛中，随时可见请求资料的家长。想获得一点资料？可以啊，请先注册用户，请先回复，请先分享到朋友圈发截图，而且24小时不能删除，请连续一周在朋友圈打卡……

这些如饥似渴的家长们，似乎已经忘了自己硬盘里躺了多少经典的英语资料，忘了书架上一套一套的经典绘本和分级读物了……他们关注了很多微信公众号，每天接受很多零碎的资源推送，一会儿儿歌，一会儿电子绘本，然后是有声书，每个资源都觉得有用，先存下来再说……在家长帮少儿英语启蒙板块中，浏览量和回复量前20的帖子全是资源类帖子，方法类几乎没有。

家长帮英语启蒙板块中的资源类帖子

这些家长花了很多时间去为孩子搜集英语学习资料，却舍不得花时间静下心来好好思考一下如何使用这些资料。也只有少部分家长会系统地研究少儿英语学习方法问题。

我遇到几个已经关注了 Diego 爸爸微信公众号的家长朋友，问他们文章看得怎么样、音频讲座听得如何。对方有点不好意思：看了一眼文章挺长的，就没看完。音频讲座听了几个？没全听……这种情况下，我脑海中出现的一句话就是"入宝山而空返"。

家长们在焦虑中忙忙碌碌，有没有明确的目标？有没有行动指南？怎么能保证自己的行为是正确的？如果不掌握基本的儿童学习英语的科学道理，那么就会被网络上、书上以及身边朋友的各种说法所左右，没有自己的主见，人云亦云。反正感觉谁说的都有理，什么方法都挑不出毛病，都拿出来给孩子试试，还美其名曰反正不花钱。

有些观点看起来好像挺有道理的样子，但实际上别说找不到科学依据，就连仔细思考一下就会发现站不住脚。比如有的家长信誓旦旦地宣称：学好英语必须学好语文，语文的水平就是英语学习的天花板。

有些方法是完全过时，而且是证明不科学的，但因为符合老一代人学习英语的习惯，也被拿出来当真理使用，比如翻译学习法和背诵法。还包括把成人的发音方法拿出来给孩子们使用，如口腔发音图。谁家孩子在学母语的时候是按照右图所示的方法来学发音的？

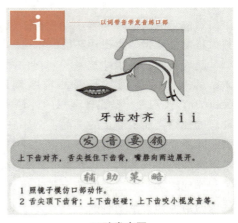

口腔发音图

还有些方法直接从英美国家照搬过来，不加改进，夸大效果，成为机构挣钱的工具。还有一些所谓的方法，其实根本没有什么特殊的内容，只是抓住了家长和孩子急于提高英语水平的功利思想，从标题上吸引家长，什么 5 天会拼所有英语单词、7 天记牢 2000 单词等。

如果家长不愿意静下心来系统地了解一些基本的儿童英语学习的科学原理，将会一直像无头苍蝇一样乱飞乱撞，直至孩子长大，彻底变成了聋哑英语。

3.2　二语习得理论

3.2.1　习得与学得

一般家长并不会关注学得和习得的区别。但实际上，学会区分这两者，可以帮助家长甄别一些英语学习方法是否科学。

习得—学得区别假说（The Acquisition-Learning Hypothesis）是克拉申的二语习得理论的五个假说之一。克拉申理论的出发点和核心是他对"习得"和"学得"的区分，以及对它们各自在习得者第二语言能力形成过程中所起的作用的认识。"习得"是潜意识过程，是自然交际的结果，儿童习得母语便是这样的过程。习得的语言系统处于大脑左半球语言区，是自发语言运用的根本。与之相对的是"学得"，这是个有意识的过程，即通过课堂教师讲授并辅之以有意识的练习、记忆等活动，达到对所学语言的了解和对其语法概念的"掌握"。"学得"的系统虽然在大脑左半球，但不一定在语言区。克拉申认为，只有"习得"才能直接促进第二语言能力的发展，才是人们运用语言时的生产机制；而对语言结构有意的了解，作为"学得"的结果，只能在语言运用中起监控作用，而不能视为语言能力本身的一部分。总结一下就是：习得就是无意识或潜意识的掌握，而学得需要刻意的训练才能掌握。

那么如何才能在国内给孩子构建一个二语习得理论可以落地的环境，这是家长应该重点关注的。我们已经无须质疑二语习得理论的成熟性，把质疑留给语言学家们去吧。

其实大家可以从我们习得母语的过程，来分辨出现有的英语学习方法中哪些是靠谱的方法。比如，我们的孩子没有英语的听说环境，那最能模拟这种环境的，除了昂贵的全英文幼儿园或小学之外，就是音视频英语材料了。尤其是视频材料，在很大程度上承担了类母语环境的作用。

随着电脑、多媒体技术和网络信息技术的发展，以及语言学的进一步发展，有人认为带有大量视觉画面的电脑辅助语言学习（Computer-Assisted Language Learning，CALL）是比较理想的外语学习手段。CALL 支持者认为，最理想的不是动态的视频，而是静止的画面：眼睛在观察剧烈运动的图像时，注意力会放在用眼睛跟踪画面运动上，进一步降低对听觉的依赖。为了提高听觉的作用，可以把动画场景变成一页一页的"连环画"。于是市场上就有了类似产品出现，可以把动画片切割制作成绘本。但这种做法会带来另外一个巨大的缺陷，就像点读笔一样，把原本连续的情节和场景割裂成 N 个小段，极大降低了孩子看动画片时的连续快感。而且家长也没必要花费大量的时间和精力来制作所谓的个性化电子书。那么如何才能更有效地解决看动画片时视觉获取与听力屏蔽的矛盾呢？请参考本书第 8.3 节：填补眼睛和耳朵间的裂缝。

二语习得理论是家长在国内为孩子构建英语习得环境的基本理论，我们还可以在此基础上进行适当的补充和修正。启蒙期的孩子以习得为主，辅助以对拼写、语法和写作的学得，从而全面提高孩子的综合英语水平。

3.2.2 可理解性窄输入

克拉申二语习得理论中的可理解性输入假说，提倡输入素材的难度必须略高于学习者的水平，即强调 i+1。所谓可理解性输入，就是指对所学语言的内容的理解。这里的难度，指的是素材的内容信息可理解的难度。正如支持可理解性输入的语言学家和实践者都承认的，可理解性输入的材料寻找比较困难。这种困难有一段话描述得非常形象：

> "语言学习一个要素就是可理解性输入——而且必须是大量的！但是可理解性输入不是长在树上的果子可以随意采摘。事实上，这个世界是一个对语言学习者非常残酷的世界。想找到可理解性输入的好资源就像想要在撒哈拉沙漠找水一样难"。

那么如何解决这个问题呢？一种方式就是我们常说的分级读物，及分级素材策略（The Graded Material）。采用分级的经典素材，循序渐进，随着语言能力的提高采用更高级别的素材。

另外一种策略就是窄输入策略（The Narrow Input）。正因为想找到可理解性输入的好资源就像想要在撒哈拉沙漠找水一样难，如果你找不到现成的，就自己创造它。从输入类型来说，启蒙期的输入如果不考虑阅读输入，就是视频输入和音频输入了。考虑到孩子的兴趣，窄输入方法包括：

（a）反复看动画片和听动画片。就是针对孩子喜欢的动画片一遍又一遍地反复看和反复听。

（b）同主题输入。针对一个相同的题材，搜索不同的音视频资源。比如可以在网络上搜索关键词为"earthquake"的大量英文视频进行观看。由于主题统一，所以词汇、背景知识等会大量重叠，从而形成可理解性输入。从广义上来说，听同一个作家的作品，观看同一部电视剧的剧集，甚至从头到尾听同一部有声书，都属于同主题输入。因为这些素材在内容、结构和语言上具有内在的有机性、相关性和重复性。

启蒙期和提高期的阅读窄输入可以采用类似的方式。本书后半部分的训练手册中，将充分而具体地说明如何进行可理解性窄输入的操作。

 你问我答

家长：我们在双语幼儿园上了快一年了。班级两个外教老师全天跟着，到现在还是只会 How are you。这是怎么回事？好着急。小朋友学语言不是应该很快的吗？

Diego 爸爸：老外在身边未必就能学得快。他们每天对孩子说的可能只是一些常用的简单对话，而且还要加上肢体语言。在母语环境中，孩子们可以观摩到不同的场景，而在双语幼儿园，场景单一，孩子们无法接触到类母语环境中的丰富场景，也就无法模仿学习。有些双语幼儿园，虽然外教全天跟班，但上课时间很短，可能只有一节课，其他时间是陪玩。其他助教也可能跟孩子说中文，所以总体英语输入量相对比较低。如果幼儿园中的课程能够安排外教全程带班，也就是无论上课做手工、数学课还是烹饪课都由外教带，中教在辅助时也说英语，孩子之间也尽量说英语，在这种全天沉浸式幼儿园中上学，英语进步可能会大一些。其实无论是在家里还是在双语幼儿园，只要家长或老师能协助孩子做到大量可理解性输入并模仿输出，都可以获得快速进步。

3.2.3　可理解性窄输出

要使语言能够自然地习得，就必须给学习者提供大量的可理解性输入，并能把这些可理解性知识输入转化为有效的输出。Swain（1995）在承认可理解性输入假设的同时，又提出了可理解性输出假设（Comprehensible Output Hypothesis）。

二语习得过程就是一个输入（input）、理解吸收（intake）和输出（output）的过程。可理解性输入越多，输出就越多，内化吸收得到的也就越多。在二语习得过程中，语言输入是习得语言的前提，语言输出对二语习得同样具有重要的促进作用。Swain曾指出："除了必要的可理解性输入外，学习者必须有机会使用所学语言，这样才有可能达到流利、类似母语者的水平。"

Swain的"输出假设"认为，输出在二语习得过程中主要有以下功能：(1)注意和触发功能。语言输出使学习者注意到他们试图表达的与他们能够表达的语言之间存在的差距，从而激发学习者内在的与二语习得有关的认知过程。(2)假设验证功能。二语学习被认为是一个对目标语不断做出假设并对此加以检验和修正的过程。(3)元语言功能。它指学习者在语言输出过程中对语言知识的控制与内化。

通过观察孩子的英语输出，我们可以发现，最开始的输出属于鹦鹉学舌，孩子对自己说的话并没有充分的理解。比如家长有时候会发现小孩子学说脏话，孩子对脏话代表的含义没有充分的理解，只是觉得好玩，可以吸引别人的注意。当家长一旦发现孩子说了脏话，就要马上批评和禁止，绝对不要去鼓励孩子继续说脏话。Diego有一段时间迷上了《糟糕历史》（*Horrible Histories*），里面有很多恶搞的表演，经常提到屎（poo）和尿（pee）。于是Diego就觉得很好玩，在外教班上不停嘴地说pee和poo，最后惹怒了那个高大威猛的外教老师，声色俱厉地训了Diego一顿，Diego才老实下来。

孩子对要说的话越理解，他表达的意思才会越精准。我们经常说"有口无心"或"词不达意"，就是一种理解和表达不协调的表现。那么在孩子的英语学习过程中，如何根据孩子的英语水平，逐步提高他的可理解输出能力呢？

家长们最困惑的实际上是从跟读（鹦鹉学舌）到自由聊天之间的过渡。跟读没问题，平时孩子没事的时候自己也能脱口而出一些喜欢的句子，但请个线上外教，就无法对话了。这时候该怎么办呢？

Diego爸爸的做法是采用可理解性窄输出策略。当时我们是一周一次外教小班课，地点就在我家客厅。我让外教先提前准备一段动画片，孩子们根据自己的安排，在一周内观看一遍或几遍，当然跟读也可以。当时外教选择过《无敌掌门狗之剃刀边缘》，在周六上课的时候，老师现场播放这段动画片，他可以从头开始，也可以快速跳到某个位置，然后让小朋友们挨个根据动画片来聊一聊。输出水平差一些的小朋友可以凭记忆说出动画片中的台词，而Diego则可以用自己的语言进行情景扩展，进行更深一些的讨论。

这种窄输出的方式，很好地解决了孩子们和外教老师无话可说的困境。利用孩子们对动画片的兴趣，提前反复观看，最好能跟读，并能达到脱口而出的程度。这是一种可理解性窄输入，然后尽快进行窄输出，从而进一步促进孩子对英语材料的吸收。孩子们按照水平不同，可以利用动画片中的原台词和老师进行对话，也可以稍微进行词语替换，也可以对原句进行改写或扩展。这样的输出就变得容易，让孩子能够根据自己的水平进行低压力下的自然提升。

3.2.4 沉默期可以不沉默

在二语习得过程中，学习者（尤其是儿童）有一段时间不能开口说话，表现出沉默的倾向，这种现象被称为"沉默期"。需要注意的是，这里所说的"二语"是相对于"外语"而言的。有关二语和外语的区别，详见2.1.2节。

这里说的"沉默期"原来指二语环境下的沉默期，而且通常指儿童在自然的语言环境中的沉默期（Krashen, 1983）。然而，在外语环境下，不管是成年人还是儿童，都表现出更长的不能开口说话的时期，我们也把这种现象称为沉默期。二语环境下的沉默期，时间短一些，往往几个月。可能正因为时间短，显得突出，而引起了研究人员的注意。相比之下，中国英语学习者的沉默期则长得多，可能长达数年，有的人甚至终生沉默。或许是因为大多数人都不能开口说话，人们早已司空见惯，已经习惯了我们的聋哑英语。

从前面对习得和学得的介绍中大家应该明确了，我们训练孩子学英语，一定是以习得为主，在后期少量辅助以学得。语言"习得"（acquisition）是一个潜意识过程，习得者在构建该语言系统时靠的是灵感或感觉。在用语言进行交际时，他不会有意识地去注意语言规则，相反，他能"感觉"到什么是正确的、什么是不正确的。与此相反，"学得"（learning）则是有意识的活动，学习者在学习过程中有意识地注意其语言形式，寻找语言规则，甚至能讲出其所运用的语言规则，即语法。也就是说，孩子的启蒙期和提高期，要以语感为主，忽略语法，自然而然掌握英语，避免死记硬背。

一般来说，家长要尊重孩子的语言沉默期，不要逼着孩子输出，不要总是考查孩子。但是，如果我们了解了沉默期构成的原因之后，我们就可以根据自己孩子的个性，找到缩短沉默期、提高输出效率的独特方法。

那么影响沉默期的因素有哪些呢？

首先是语法规则的影响。对大多数学习者来说，在正常的会话中是不允许有足够的时间去考虑并使用那些语言规则的。过分依赖语言规则、过分关注语言形式必定极大地妨碍习得者的正常交流。于是，我们经常看到一些人为了表达一个思想而挖空心思，拼命挣扎，最后即便说出来了，也是前言不搭后语的结巴英语（broken English）。因此，许多学习者更宁愿在二语或外语交际中保持沉默。

其次是性格或情感的束缚。比如大一点的孩子或成人在学英语的时候，面对班级讨论，总是习惯保持沉默，不能积极参与，害怕自己说错了话，显得焦虑紧张，从而导致输入有效性和输出有效性都受到影响。典型的表现就是老师提出一个问题之后，每个人都低头在大脑中把想说的话反复演练几遍，确保输出正确。但此时就听不到老师和其他同学的交流了，关闭了输入通道，从而让课堂收获变得更小。这一点我相信很多陪听孩子英语课的家长都深有体会。

最后也是最重要的，就是输入的影响。如果输入不可理解，那么就属于无效输入。父母在教孩子习得第一语言时，首先遵循的是简单的原则，目的在于帮助孩子理解，而不在乎语法形式。随着孩子语言能力的提高，父母输入的复杂程度也在不断提高，而且往往高于孩子当前的语言能力。其次，在整个习得过程中，父母还坚持具体的原则，也就是说，父母对孩子所使用的语言所指的事物是孩子当前能够认知或感知的，就在身边，是看得见、摸得着、具体的，是现在的，不是过去的或将来的。Krashen 把这种谈话称为"护理人语言"（Caretaker Speech），Dulay 等人则称之为"母亲语言"（Motherese 或 Mother Talk），其实质都是一样的。

而在二语教学中，老师既不是保姆也不是母亲，当然他/她所使用的语言也不可能是 Motherese 或 Caretaker Speech。但是老师为学生所提供的输入是否能为学生所理解和接受，那就值得怀疑了。英语与汉语的差别巨大，老师花费两个小时讲解语法知识，让学生如坠云里雾中。如果二语课堂上太注重形式教学，输入的内容与学生的理解能力之间存在巨大差距，就必然导致可理解输入的极大不足。

由此我们可以看出，要想缩短孩子沉默期，家长的主要工作就是根据沉默期的影响因素，进行针对性的规划和服务。比如在坚持不翻译、不强调语法的基础上，鼓励孩子大胆表达，根据孩子的水平和爱好，为他准备适合的动画片或系列真人秀节目，并就这些节目和线下外教或线上外教进行讨论交流。

3.3 家长必须要知道的

3.3.1 一万小时刻意训练

作家格拉德威尔在《异类》一书中指出：人们眼中的天才之所以卓越非凡，并非天资超人一等，而是付出了持续不断的努力。1 万小时的锤炼是任何人从平凡变成超凡的必要条件。

他将此称为"一万小时定律"。

要成为某个领域的专家需要一万小时的刻意训练。按比例计算就是：如果每天工作八个小时，一周工作五天，那么成为一个领域的专家至少需要五年。当然了，这个一万不是确数，不是说必须不多不少正好一万小时，而是可以理解为平均需要一万小时。比如有研究显示，要达到国际象棋大师级水平，刻意训练的时间从 3000 小时到 25000 小时不等，差不多平均 6700 小时。

首次提出"刻意训练"概念的是佛罗里达州立大学（Florida State University）

心理学家 K. Anders Ericsson。刻意训练的核心假设是，专家级水平是逐渐地练出来的，而有效进步的关键在于找到一系列的小任务让受训者按顺序完成。这些小任务必须是受训者正好不会做，但是又正好可以学习掌握的。"刻意练习"的理论目前已经被广泛接受。

现在我们明确了，孩子要想学好英语，没有捷径，也不可能有捷径。基于这一点，家长们就可以忽略网络上很多有着速成噱头的所谓学习方法了。我经常提到，教与学的良好境界是"学者无心，教者有意"。尤其是年龄小的孩子，学习持续性、控制力各方面都比较弱，需要家长在这方面动动脑筋。家长本有心，但却假装无意地把"刚刚好"的材料呈现给孩子，让孩子在无心当中完成一万小时的刻意训练。

比如，我每天陪伴 Diego 按照计划跟读《迪士尼神奇英语》，通过半年到一年的跟读正音，奠定 Diego 的美音基础；通过使用三年的 Anki 闪卡和三年的百词斩完成词汇积累；通过 3 年多每天一次的线上外教强化自由聊天；通过六年持续的听力输入为 Diego 奠定强大的语感和语音词汇积累；通过 6 年完成剑少 3 级和剑桥 MSE5 级考试，完成以考促学。

所有这些看似艰苦枯燥的事情，分散在每一天里，分解为一个个小而具体的任务，可以让 Diego 轻松而自然地完成。家长和孩子一起坚持一万小时，家长有心而孩子无意，帮孩子轻松达到英语高级水平，在 12 岁关键期内解决英语问题，为孩子的初中和高中争取更多的时间用于其他科目的学习。

扫码观看 TED演讲《如何做得更好》：

3.3.2 猜测和预测的重要性

很多家长回想当年的英语考试过程，尤其是阅读理解部分，都佩服自己虽然很多单词不认识，但依然能做对文章后面的选择题。这种能力，我们可以称之为猜测和预测的能力。

我们先来看看大家普遍重视的阅读理解部分的猜测和预测。

研究理论认为：阅读过程并不是简单的信息传递和读者被动接受信息的过程，而是一个非常活跃的过程，在此过程中读者自始至终处于积极主动的状态，不停地对视觉信息进行解码、加工和处理。Goodman 在做了大量研究后认为，阅读是一种心理语言猜谜游戏，并推出"自上而下"（top-down approach）的阅读模式。Goodman 的这一模式认为读者在接触到阅读文本时，其中的标题、某个词、某句话、某个图表，甚至某个符号都有可能激活读者大脑中的某些相关知识，从而使读者找到阅读定位，并形成对所读内容的预测。成功的预测可以使读者顺利地完成阅读，反之读者将不得不推翻自己的预测，寻找新的"论据"，并不断形成新的预测，直至完成阅读。

根据图式理论（Schema Theory），阅读者对输入材料中信息的理解取决于他是否具有相关的背景知识并能及时激活这些知识，相应的图式一旦被激活，就可指引读者加速理解过程。而预测就是要激活阅读者已有的相关知识。因此，Grellet 认为，阅读的过程就是一个不断猜测的过程。

预测之所以能够提高阅读效率，是因为它使读者产生某种"期待"。带着这种期待去读下文，读者会努力为自己的假想寻找证据，读者的注意力将更集中于文中的重要内容上。当然，预测也不是随意的，必须根据已经发生的事情或已了解的内容加上读者自己的一般常识进行符合逻辑的预测。当读者继续阅读下文时，读者的预测无论是被肯定还是被否定，都会加深读者对原文的理解。

对于视频和音频输入，是否也需要猜测和预测呢？这是毫无疑问的。比如在电影中，警察命令犯人"Hands up！"，孩子可以根据犯人听到指令后马上举起双手的情节来推测出这句命令的意思，不需要翻译。如果没有图像，孩子听到有个声音说"Hands up！"，但是看不到任何线索，他很可能无法猜测出这句话的意思。

猜测和预测能力是需要有基础的。家长们如何为自己的孩子准备这些基础呢？这些基础知识的获取有一个自然的顺序，大家可以自行参考克拉申二语习得理论的自然顺序假说。

实际上，这种基础已经超越了语言学习本身，是一种广义的基础，难以简单归类到语言能力。比如，孩子知道了"点头 Yes 摇头 No"的动作，还知道了微笑表示友善，当她看到视频中一个人微笑着点头的时候，就比较容易理解。但对微笑着摇头的动作就会比较困惑。类似的还有，幸福的哭泣、恶狠狠的问好等，理解这些需要孩子有更丰富的情感体验作为基础。

大家应该都还记得步步高点读机的那个广告。老爸把 tiger 读成"体格"，这个发音代表了典型的聋哑英语读音，因为很多时候大家都会把 i 读成"体"。对孩子来说，不能死记硬背什么情况下 i 读"体"，什么情况下读"爱"。视觉上输入了"tiger"之后，大脑中开始组织语音，进行语音匹配，如果孩子之前有 tiger 的正确发音存储，就会匹配成功，顺利读出来；如果之前没听过，自然就无法匹配，只能吭吭哧哧读不出来，或者随便根据 i 的常见读音，赶紧输出完事。

只有大量听音输入，积累大量语音词汇，才具备猜测和预测能力，积累越多，猜测和预测能力就越大，最后输出过程才会自然轻松，水到渠成。

根据我们前面的讨论，输入一定要满足可理解性窄输入的要求。比如孩子先看《哈利·波特》电影，对整个人物和故事情节有了基本的了解，然后再去听《哈利·波特》有声书，看《哈利·波特》原版书，才会运用之前已经掌握的内容来对当前内容进行猜测和预测。如果我们再给孩子找一些《哈利·波特》的游戏或其他衍生产品，这样就可以充分利用孩子已有的知识去进一步猜测和预测新的内容，形成良性循环。

3.3.3 离不开的电子产品

前面我们提到过，猜测和预测是孩子进行二语习得的基础。那猜测和预测的基础又是什么呢？对，就是线索或信息。只有当孩子获得了足够的线索才能进行更准确更快捷的猜测和预测。

有人说，"狗咬人不是新闻，人咬狗才是新闻"。这是为什么呢？信息论告诉我们，数据或消息中包括信息量的多少与数据本身的多少没有直接关系。比如，我们可以看到很多领导在台上发言，洋洋洒洒一说就是几小时。可回头一琢磨，好像什么也没说，也就是信息量基本为零。信息量与事件的不确定性密切相关，通俗来讲，就是事件越未知，信息量越大。为什么现在网络上那么多标题党？就是为了激发起读者的好奇心，让读者觉得这篇文章会提供很多自己未知的东西，但实际读完之后根本没有什么新东西。

我们都知道，多媒体是指多种形式的媒体，主要有视频、语音、文本和图形图像。"一幅图胜过千言万语"，意思就是说图形图像要比文本和语音包含的信息量更大。而视频是由时间轴上每秒20~60幅图片构成的。毫无疑问，视频包含的信息量是最大的，其次是图形图像，然后是文本，最后是语音。所以本书前面提醒大家在微信群里要少用语音多用文字，因为同样多的信息量，文字比语音能更快地被获取到。很多家长朋友在上下班的公交和地铁上听音频，虽然获取信息的速度是最慢的，但可以在晃动的公交和地铁上保护眼睛，况且眼睛还有更重要的事情要做。

也就是说孩子最容易获得信息和线索以供猜测和预测的是视频类材料，其次是绘本类，然后是文本类，最后是有声故事书。在使用的时候，考虑到孩子的眼睛保护和其他活动的并行性，我建议控制孩子看视频动画片的时间每次在30分钟左右。实际上，动画片在制作的时候，已经考虑到了孩子们的兴趣保持时间，大多数动画片都在20分钟左右。看完动画片之后可以安排做一些手工活动或亲子活动，最后安排其他活动的时候可以同时听有声故事书。

有的家长比较极端，打着保护孩子眼睛的旗号，绝对不允许孩子看任何电子产品，只允许孩子看纸质绘本。对此我非常遗憾。除非把孩子带到国外的英语环境中，否则在国内如何给孩子构建英语环境？如何提供孩子语言学习必需的土壤？在国内不让孩子看任何英文视频，相当于生下来就把自己孩子的眼睛给弄瞎了。因为他看不到任何和语音对应的动作和表情，这些活生生的过程是静止的绘本根本无法替代的。动画片、真人秀、电影、美剧和纪录片，这类视频是最接近母语环境的素材。把这些素材禁止了，还想让孩子高效学好英语，只能是一厢情愿。

还有的家长固执地认为，孩子听故事一定要正襟危坐，专心致志地竖着耳朵认真听，美其名曰是为了保护和培养孩子的专注力。实际上，孩子天生就爱动，坐不住；尤其是男孩，活泼好动是他们的天性。他们是否听进去了，与他们是坐着还是躺着，手里玩着玩具还是双手背在身后是没有关系的。因此，家长千万不可在没有成功导入材料之前，就硬逼着孩子听家长自己认为重要的材料。孩子听的，一定是他喜欢听的材料。不喜欢听的，怎么听都无效。

在国内，有更多家长过分强调英文阅读，放大阅读的作用，忽略了音视频在启蒙期对孩子的重要基础作用，这会导致孩子的英语学习事倍功半。本书第 9 章将会具体讨论这种阅读误区，并给出纠正建议。

> 北医三院的权威建议：每天两小时户外运动
>
> 摘要：我们的身体接受阳光的照射，会产生一种叫多巴胺的物质，而多巴胺会保护我们的眼睛。在新加坡和澳大利亚进行的临床实验观察到，每天户外半个小时的孩子，近视率是 24%；而户外时间延长到 3 个小时，近视率则急剧下降到 0.3%。每天户外 2 小时，是最安全、最有效、最简单易行的办法。

扫码扩展阅读关于近视的问题：

3.3.4 重复重复再重复

很多人认为学英语就需要大量地听说读写，把英语作为一种知识来学习。其实，学习英语更重要的是要掌握一种语言技能。知识是靠记忆获得的，技能却是靠重复获得的，所以"重复"在整个英语学习过程中是最重要的步骤，是不可缺少的程序。

英语有句谚语叫：Repetition is the mother of skills.（重复是技能之母）我们无论是游泳还是骑自行车，都是重复同一类动作的过程。任何技能的获得（当然包括英语这项语言技能）均来自重复。一种事情重复多了，便产生了感觉，就有了深刻的把握。因此，在发展英语技能时，也应该遵循重复原则。所以有人说，学习英语的方法有三个：第一个是重复，第二个是重复，第三个还是重复！

需要特别注意的是，"重复"和"大量"不是一个意思。我们一般认为，学英语就应该大量听，大量说，大量读，大量写。但是英语学习的"大量听说"不等于"重复听说"；"大量模仿"不等于"重复模仿"；"大量读写"不等于"重复读写"。由于很多人混淆了"大量"与"重复"，从而造成了我国英语教学上的一些误区。

我们都清楚，听说是根本，听说能力（生理能力）是靠重复练习获得的；读写能力（心理能力）是靠记忆重复获得的。所以学习一种语言，需要先经过听说的练习，之后达到具有能听能说的生理技能；然后经过记忆练习，进一步达到具有学习语言知识、阅读、写作、交际活动的心理技能。英语学习的目的是要具有听说读写的能力。能力是一种技能，能力是靠实际操练训练出来的。就像弹钢琴、游泳一样，是在反复模仿、反复操练、反复运用的过程中学会的。

成人学英语，可以依靠坚强的意志来强迫自己完成指定次数的重复，达到预期的学习效果。但孩子不具备这样的能力，我们也不希望孩子学得这么辛苦和无趣。幸运的是，儿童具有一项成人不具备的能力——常同行为。

细心的家长们会发现，孩子总喜欢"重复地"做同一件事，比如把瓶盖拧下来再盖上，打开房门再关上，要求妈妈重复讲同一个故事……孩子们玩得很投入，家长却觉得很枯燥，为什么孩子总是喜欢"重复"呢？总做同一件事情，他们不会觉得很枯燥吗？

"重复"是儿童的一种自然而然的训练活动，心理学家把它称为幼儿特有的"常同行为"，蒙台梭利将其称为"重复练习"现象。蒙台梭利认为"重复是孩子的智力体操"，孩子在同周围物体的反复接触中，兴趣中心逐渐从自身的动作转移到动作的对象，这个时候他喜欢重复某个动作是很正常的，说明孩子对自己动作产生的效果发生了极大的兴趣，而且也是他认识事物因果关系的开始。也就是说儿童反复听是愉悦的，大人反复听是痛苦的。随着孩子年龄的增长，常同行为现象会逐步消失。语言学习中的"12 岁语言黄金期"理论，应该与儿童的这种心理现象有一定的关系。

有些家长反馈说，自己的孩子不爱重复。这种情况下父母就需要付出更多的耐心和爱心，威逼利诱也好，正面管教也好，总之要根据自己孩子的特性，让他完成足够的重复。

Diego 开始跟读《迪士尼神奇英语》的时候，也是固定时间固定任务，而且我还陪在旁边监督和帮助。家长帮助孩子把困难降低到可以完成的程度，剩下的任务，哪怕孩子含着泪水，也要完成。

3.3.5　先听后说不翻译

新概念英语的作者 L. G. Alexander 说过一句名言："Nothing should be spoken before it has been heard." 意思就是："没听过的不说。"这句话可以作为处理"听"和"说"之间关系的基本准则。

有些家长急于让孩子表现，但没有大量的输入和积淀，孩子脑中空空如也，如何说得出口？

在语言学习中一般会有 2 年左右的沉默期。那如何判断孩子出了沉默期呢？很简单，就是观察孩子不经意间脱口而出的是单词、短语，还是完整的句子。大约在 Diego 二年级的时候，我发现他开始不由自主地对我飙英语了，我心疼地握着钱包想：请外教的钱该花了！

需要注意的是，我们说沉默期在 2 年左右，那是基于听力输入量正常的情况。如果你的孩子听力输入量不足，沉默期可能变得很长，也许三五年，也许十几年，甚至更长。我们所说的很多成人学的英语是"哑巴英语"，就是说他可能一直处于语言沉默期。

那么如何保证孩子的听力输入是正常的量呢？有的家长说：我孩子每天听 30 分钟的英语故事；还有的说：我孩子每周六有 3 个小时的全英文课外班。相对于母语国家的孩子，这点输入量是远远不够的。就像你把一个干海参泡在水里 30 分钟后拿出来晾晒 24 个小时，然后再泡 30 分钟，那什么时候才能把这个干海参泡好呢？

现在有很多英语培训机构声称自己采用的是先进的"沉浸式"全英文教学。但真正的"沉浸式"环境只能发生在家里：从起床开始，孩子在洗漱、吃饭、玩积木、走路、坐车的时候，都可以营造英文的语音环境。也就是说孩子可以从早到晚地听英文故事、儿歌和任何喜欢的英文音频。Diego 有个专门用于听英文音频的 iPod Touch 4。他已经养成了日常听英文音频的习惯，只要不在看书和学习，他都会打开 iPod 来听，晚上也是听着英文音频入睡的。这种习惯持续至今，已经有六七年的时间了。正是由于这种真正的"沉浸式"听力输入，才让他能在 2 年之后按时走出沉默期。

什么样的听力材料才能吸引孩子认真听下去呢？如果孩子不爱听怎么办？二语习得理论中有个基本的原则，就是可理解性窄输入。如果孩子目前的听力水平是 N，他听那些难度为 N + 1 的材料是最合适的。Diego 在听《哈利·波特》英文版有声书之前，就是先看《哈利·波特》的英文电影。这样可以提前了解人物关系和情节发展，他就有了 N，再去听原版有声书，就是 N + 1。Diego 把 7 部《哈利·波特》有声小说反反复复听了大约快一年的时间。如果给孩子听一些他完全听不懂的音频材料，是没有任何效果的，孩子会自动屏蔽这些声音。

通过足量英文语音的输入，孩子可以按时走出沉默期。一般家长这时候没有能力成为孩子的口语陪练，就只能寻求外教帮助了。除了那些不差钱的，家长都希望外教的性价比要高，口音要纯正。曾经听说过有外教和孩子在小区里玩捉迷藏的游戏，当孩子藏在灌木丛中时，时间一分一秒消失，家长的心会不会滴血？每小时好几百元的外教费啊！

除了钱的问题，如果孩子还处于沉默期，除了常用的那几句交际用语之外，孩子还能说出什么？为什么孩子的回答大多是 Yes 或 No？外教对于孩子，就像乒乓球的陪练，负责把球打回来，打在不同的位置，引导孩子训练不同的动作。而语言"没听过的不说"特点，使得孩子和外教所说的，大部分是自己之前大量和反复听到过的，而不是刚刚从外教那里听到的。

幸运的是，随着网络一对一外教的快速发展，我们可以选择欧美和菲律宾外教通过视频的方式来练习口语。

Diego 三年前就已经完全用线上外教代替了线下外教，他曾在高速奔驰的汽车里、地铁站的厕所里、饭店的包间里、走廊里随时随地完成和外教的一对一视频课程。

"先听后说"讨论完了，我们再来说说"不翻译"。

语法翻译法可谓是外语教学中最古老的教学体系，它提倡用母语教授外语，以翻译为基本手段，强调语法的中心地位，以培养学生的阅读能力为主，强调阅读原著和名著，不注重口语。这种教育法造就了浩如烟海的聋哑英语，包括 Diego 爸爸在内，都是语法翻译法的牺牲品。

你知道防空地下室怎么翻译吗？反正我看到我们小区的标牌上翻译成：air defence basement。还有四喜丸子被翻译成 braised pork ball in brown sauce，还是翻译成 four happy meatballs？或者是翻译成 red burned lion head（红烧狮子头）？

那你觉得自己的孩子能把"来匆匆去冲冲"翻译成"Come in a rush, leave after a flush"吗？能把"脆薯饼"翻译成 hash brown 而不是 crisp potato cake 吗？

麦当劳的脆薯饼包装及百度翻译

我在麦当劳问 Diego 为什么叫 Hash Brown 的时候，Diego 给了我两个白眼，懒得回答："自己百度去。"到底为什么叫 Hash Brown？扫码看来源：

> **前车之鉴**
>
> 一位家长在给孩子用闪卡背单词的时候，想顺便让孩子用词造句，就像语文那样。这是明显不对的。造句属于无中生有，尤其是在英语启蒙期，严重违反了"没听过的不说"原则，会严重影响孩子英语的地道性。只有到了高级阶段，孩子的母语和英语水平都很高的时候，才能完成信、达、雅的翻译和造句。

3.4 了解孩子的性格特点

成人学英语和儿童学英语的套路不一样，这种不一样源于孩子的特点。所以，如果我们希望孩子的英语学得自然轻松而有成效，就必须重视孩子的特点，并依据这些共同的特点，再结合自家孩子的个性特征、家庭风格等因素，规划出独一无二的个性化训练方案。

1. 小孩子有常同行为特征

本书前面提到过儿童的常同行为。家长可以充分利用孩子的这种特征，引导孩子反复看和听同一主题的英语材料。比如孩子喜欢看《哈利·波特》，家长就可以找来相关的各类产品：电影、有声书、纸质书、游戏等，还可以安排孩子们去参观《哈利·波特》城堡，制作万圣节服装，一起排练《哈利·波特》戏剧等。

其实很多时候，家长的困惑在于：重复听和看是不是浪费时间？

2. 小孩子爱模仿

模仿是人类普遍存在的一种心理现象，从个体对他人的无意识的动作到衣、食、住、行，及对他人的风度、性格、工作方法、生活方式，乃至与整个社会生活有关的风俗、习惯、礼节、时尚等，都存在着模仿。

在人的一生中，模仿心理有着重要的作用，我们从生下来就模仿别人说话、走路、吃饭和做事情，模仿伴随着我们的一生。没有模仿心理，就没有人类的成熟和进步。在家里我们模仿的是父母，在学校里我们模仿的是老师，在社会上我们模仿的是成功人士。

孩子一出生，他就尝试着模仿他听到的各种声音，从最初那些简单的元音，到发出一些有意义的字词，再到完整的句子，他往往乐此不疲。尤其在他会说一些话之后，他甚至会一而再、再而三地模仿成人说到的某个词、某个句子，并且自得其乐地哈哈大笑。正是通过这样的模仿，孩子在3岁前掌握了语言，学会了利用语言跟周围人群完美地交流。

模仿不仅是孩子学习的重要途径，也是他尝试与人沟通和交流的具体体现。毕竟，孩子模仿时需要很多观察和实践。15个月大的孩子是否已经有模仿他人的最初尝试，也常常被看作宝宝的心智发育是否正常的一个重要标志。研究发现，患自闭症和神经系统紊乱的孩子都存在模仿障碍。如果18~24个月的孩子还不具备模仿能力，孩子有可能会存在发育问题，父母一定要及时带孩子就医。

在英语学习上，我们不具备英语环境，我们自身也不一定具备让孩子模仿的能力。在这种情况下，让孩子跟读合适的视频动画片，就是利用孩子爱模仿的天性，来完成英语发音基础，让孩子具备标准的发音。

3. 小孩子好奇心重

当我们还在孩提时代的时候，会对周围所有的事情都感到好奇：为什么海水的味道又苦又咸？为什么狗狗在天气热的时候喜欢伸舌头？为什么长颈鹿的脖子会那么长？萤火虫为什么会发光？为什么树干都是圆的？这些源源不断的疑问促使着我们在成长的过程中不断去探索、学习。

好奇心是对未知事物积极探求的一种心理倾向，当我们对某件事物的全部或部分属性较为空白时，本能就会有想添加此事物属性的内在心理。

这个世界对于孩子来说有着太多的未知和新奇，对于孩子来说几乎整个世界的属性都是空白的。他们会去观察，用自己的眼睛去看蚂蚁搬家、小草发芽；他们会去聆听，用自己的耳朵去听鸟鸣啁啾、小雨淅淅；他们会去触碰，用自己的身体去感受沙土的柔软、小猫咪的温暖。孩子们以自己的方式去了解和感受这个大千世界中的花鸟鱼虫、山川河流，并在过程中不断向大人提出疑问。

人类在幼儿时期会不断收集周围的信息，会做父母不让做的事情，根据父母的反应来分辨对错。会用咿呀学语、指向动作来表示对事物的好奇，而孩童的好奇心很大程度上取决于父母或看护人的反应。当孩童表现对某个物品比较好奇的时候，若父母不给出相应的回应，他们自然会觉得无趣，这样就极大地扼杀了孩子的好奇心。

在英语学习上，孩子的好奇心能保证家长及时而多样地导入新的材料。很多家长说自己的孩子对那些迪士尼经典动画片不感兴趣，而只对当前热播的那些动画片感兴趣。这种状况的出现不是孩子的问题，而是大人的问题。大人没时间或者不去陪孩子一起看这些迪士尼动画片，只是把孩子扔在电视机前，他看到了什么，就喜欢上什么。比如，你让一个孩子看一集《光头强》，你让大一点的女孩子看几集《三生三世十里桃花》，他们同样会喜欢并痴迷地看下去，因为任何电视都会设置悬疑，都会通过情节来吸引观众看下去。

所以，请好好保护并充分利用孩子的好奇心，不要让孩子痴迷于那些垃圾动画片。世界上优秀的动画片和书籍那么多，别让孩子的好奇心用错了地方。

4. 小孩子表现欲强

儿童的表现欲是一种积极的心理品质。当孩子的这种心理需要得到满足时，便会产生一种自豪感，这种自豪感会推动孩子信心百倍地去学习新东西，探索新问题，获得新知识。为了使孩子的身心健康发展，大家应该正确对待并注意保护孩子的表现欲，让孩子在不断的自我表现中发展自我、完善自我。

从心理角度讲，孩子的表现欲与性格特点有关。性格外向的孩子胆子大，表现外显；性格内向的孩子胆子小，表现内隐。家长必须根据孩子的性格特点对他们的表现欲进行正确的引导。对外向型的孩子，不可任其表现欲无限膨胀，以致热衷于自我表现，滋生虚荣心；对内向型的孩子，则应激发其表现欲，鼓励他们大胆表现自己的才能，展示自己，让他们在实践中品尝到自我表现的乐趣，增强表现欲。

对同一个孩子来说，随着年龄的增加，性格变得更加成熟，表现欲会受到控制。这种现象家长们在孩子培训班中陪听的时候，应该会有很深的体会。9岁多的Diego在CAE旗舰班学习的时候，是班上最小的孩子，但是他的表现欲最强，总是抢着回答问题。班上有几个初中的女孩子，总是文文静静地坐着，老师让回答问题才会开口说话。

5. 小孩子情感状态不稳定

按照二语习得理论的情感过滤假说，在学习第二语言的时候，情感因素起到很大的作用。情感过滤就像一个屏障，并不直接影响学习成果，却会阻止可理解性输入到达大脑。这种过滤可能是焦虑、自信心不足、缺乏动力或压力过大。而孩子的情感发育不成熟，情感不稳定，高兴的时候，干什么都可以，能够完全按照父母的要求做；不高兴的时候，让他往东他偏朝西。

情感过滤假说认为，孩子学习英语的动机越明确强烈，效果越好；那种自信、性格外向、乐于把自己置于不熟悉的学习环境、自我感觉良好的孩子在学习中进步较快；孩子焦虑越少，心情越放松和感觉越舒适越有利。Diego就属于那种不追求完美的性格。他在使用 RosettaStone 的时候，每个单元只要正确率超过 75%，只要系统允许他进行下一个单元，他就一路快跑地做下去。同时期，我把 RosettaStone 推荐给邻居家的同龄孩子使用。过了一段时间之后，被告知孩子放弃了，原因是那孩子是个完美性格的人，每单元必须正确率是 100% 才继续往下做。这样完美的结果就是无法进行下去，他很快就放弃了。

一个有效的家庭学习环境需要低风险、低焦虑，培养孩子的自尊心和成就感。只有情感屏障低，孩子犯错的风险低，他才会愿意勇敢地前进，才会产出积极有效的学习成果。

具体到英语材料的选择方面，家长不要给孩子选择英文教材类材料，因为对孩子来说，任何好材料一旦变成课本，就马上变得面目可憎起来，家长和孩子的关系会因此而紧张。尤其是那些权威的经典英语材料，比如《新概念》和《英语在用》等，尽量避免在启蒙期和提高期的初期使用，或者也可以把这些出力不讨好的事情交给机构或学校去做。

家庭英语启蒙的基调应该是有趣和快乐，就应该让孩子在获得愉悦与不追求完美的状态下自然习得。对英语材料不追求一次性 100% 的吸收，而是在反复中自然吸收。

特别需要提醒家长的是，在孩子的家庭英语习得环境中，无论采用什么样的英语材料，都尽量不要随意测试。一般我们建议家长如果有时间的话，最好陪着孩子一起看动画片。因为只有陪伴，你才能了解孩子喜欢什么，不喜欢什么；只有陪伴，孩子才能和你及时交流，沟通他心里的所思所想，让孩子和父母有共同语言；而且专心的陪伴让我们拥有甜美的亲子时光。

但是很多妈妈在陪孩子一起看动画片的时候，总是忍不住一个劲地问孩子：听懂了吗？全能听懂吗？你说说这句话什么意思？家长总是不相信孩子能看懂，总想测试孩子的水平是不是提高了。其实，孩子是否看懂了、听懂了，家长通过观察是很容易看出来的。只要孩子的理解程度足以吸引孩子继续看下去就可以了，没必要让孩子看一遍就 100% 掌握。语言的特点就是反复出现，在重复中逐步掌握。

过于频繁的测试会影响孩子的情绪。孩子为了父母不再烦自己，或者用中文不太容易和父母说清楚（因为翻译很困难），就会偷懒，一律说不知道，堵住父母的嘴，一了百了。

除了忍住不测试，家长还要趁热打铁，火上浇油。趁着孩子喜欢，赶紧准备配套材料，及时进行扩展，充分利用孩子的兴趣进行"买一送一"。这样可以充分利用当前的题材，避免孩子的兴趣过早转移。

第4章
英语习得/学得全路线图

4.1 如何使用全路线图

> 孩子，我要求你读书用功，不是仅仅因为我要你跟别人比成绩；而是我希望你将来会拥有选择的权利，选择有意义、有时间的工作，而不是被迫谋生。当你的工作在你心中有意义，你就有成就感；当你的工作给你时间，不剥夺你的生活，你就有尊严。成就感和尊严，给你快乐。
>
> ——龙应台

有人出国为了学好英语，有人学好英语是为了出国。其实，无论是否出国，学好英语终究是给孩子一个可以选择的权利！不要等到孩子到了高二、高三，眼看着身边的孩子出国念大学，孩子自己也想去的时候，家长手里攥着钱，却因为孩子英语不好而后悔不已。

前面提到过，以国内的现状，最好在小学阶段也就是12岁关键期前解决英语问题，在初中和高中把英语时间补贴到其他科目，也可以直接在初中或高中上国际校，将来走出国留学的道路。有的孩子从小学就开始上国际校，大多数家长的主要目的还是希望孩子在国际校能学好英语。如果孩子在家里就可以轻松学好，那么就可以在高中上国际校，或者不需要上国际校，直接在普通高中直接考托福和SAT，然后本科出国学习。

本书参考典型的英语学习分类标准，把孩子的英语学习过程分为四个时期：启蒙期、提高期、增长期和应用期。其实，我特别不喜欢按照年龄来分，因为年龄和年级与英语水平之间没有对应关系。有的孩子英语学得早，3岁启蒙，5岁就进入提高期了；而有的孩子8岁才开始学英语，依然处于启蒙期。有的孩子启蒙期很长，提高期更长。但是，为了大家便于使用本书，Diego爸爸将四个时期标注了年龄段，仅供参考。

- 启蒙期（0~6岁）
- 提高期（7~9岁）
- 增长期（10~12岁）
- 应用期（12岁以上）

但是要提醒大家的是，一定要根据自己孩子的情况来进行修正，找准自己孩子所处的位置，进行相应的规划和训练。

此外，为了满足家长根据孩子年龄进行入口定位的需求，本书调整了编排顺序。每个阶段基本上都涉及听、说、读、写四个方面，这就造成同一个主题（如阅读）分散在四个阶段。但是各阶段之间并没有严格的区分界限。同时为了避免重复，有些观点和理论在启蒙期提及之后，后面各个阶段就不再赘述了。这样造成的后果就是家长在阅读后面的阶段操作时，只能看到具体的做法而不明白这么做的原因是什么。

所以，无论家长觉得自己孩子处在哪个阶段，都建议首先要通读一遍本书，尤其是理论部分，要保证通读一遍，然后根据孩子的情况跳到对应的章节进行具体操作。本书由于篇幅所限，有些操作可能无法写得很详细，家长可以随时到微信公众号迪爸英语训练营中找到对应的文章，或者从微信公众号进入喜马拉雅电台讲座或腾讯视频讲座，也可以通过微信公众号留言，加入Diego爸爸公益微信群，和全国关心孩子英语的家长们一起交流方法，交换材料。欢迎大家随时把自己对英语学习的理论、规划方案、孩子个性特点、辅助软件操作等的不解和困惑在群里交流。学习的最好方法是教别人，所以在群里帮助别人是自己成长最快的途径。我也会根据大家的反馈，定期或不定期地准备直播节目，欢迎大家关注。

本书的后半部分会介绍各种各样的材料、工具和产品，有免费的，也有收费的。有了这些工具的辅助，家长可以节约时间，事半功倍地完成训练过程，让学习方法落地。但是，家长必须要清楚的是，世界上没有完美的产品，每个工具和材料都有优点和缺点。家长要做的就是做好集成工作，取长避短，根据个人情况进行选择和组合。比如Diego某个时期的训练清单如下图所示。我根据Diego的水平逐渐调整这个清单，保证每日的训练量在60分钟以内，而且这种组合全是软件辅助，对家长的要求较低，只需要家长监督即可。而且任务比较分散，便于孩子根据学习情况灵活安排。

Diego每日训练参考框架

最后要提醒的是，很多家长已经有了一些个人观点，这些观点可能是支离破碎的，并不系统，也可能存在偏激的部分。所以首先需要纠偏，要建立科学完整的英语学习体系，然后才能保证规划的执行科学而合理，保证孩子不走弯路。

比如，很多家长喜欢把绘本当成最好的启蒙资源，认为阅读的重要性高过一切。在家长帮有家长问："家里女宝今年四岁了，我们上的不是双语幼儿园，所以我家妞英文基础不好，就会一些简单的单词。公婆平时下去溜娃，经常会跟同小区的其他家长聊天，回来就爱说隔壁双语幼儿园的，比我家妞小一岁，都已经会唱好几首英文歌了，还会自己看一些简单的英文绘本，我们在家再不教她读英文的话，会让我家妞输在起跑线上的，但老公说她中文都还没完全掌握，就开始学英文，到时候掰了玉米丢了西瓜，就不好了，说要六岁才教她英文阅读。我也是很纠结，请教一下大家，到底几岁起开始教娃阅读英文才合适呢？"

我认为，很多家长把绘本阅读作为孩子的启蒙，这是认识上的误区。很明显，观察母语孩子，一定是先会听会说，然后才是绘本。而国内营造听说环境的最好材料是视频动画片、儿童真人秀，其次才是绘本。其实，孩子四岁学习也不晚，这个不晚是基于父母对孩子的英语学习有了规划。如果父母什么都不做，那肯定是晚了。

> **前车之鉴**
>
> 有些家长朋友的孩子中考时没有考虑出国的问题，到了高中，甚至到了高二受到身边朋友的影响，临时打算出国。这个时候孩子不仅要准备高考，还要准备英语标准化考试，时间太紧，压力太大。

4.2 启蒙期英语训练路线图

启蒙期是一个非常关键的时期，决定了孩子能否爱上英语并高效地进行后续的学习。启蒙期的时间跨度弹性很大，与每个家长的规划实施程度、孩子的个性等因素有密切的关系。因此，家长在使用启蒙期学习路线图的时候，一定要灵活掌握。

如果一定要给启蒙期指定一个参考年龄，依据12岁关键期理论，结合自身经验和国内小学学制，我把0~6岁纳入启蒙期。正如前面我们反复提到的，如果孩子进步很快，潜力得到充分发挥，或者家长的启蒙教育做得很及时，孩子完全可以在5岁进入提高期。反之，孩子也可能在八九岁才进入启蒙期。

我们先来看启蒙期英语训练路线图，如下图所示。

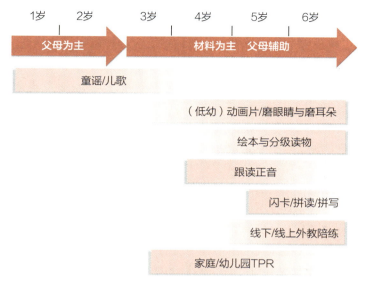

启蒙期英语训练路线图

图中首先把 0~6 岁的启蒙期分成两个阶段，第一个阶段是 0~2 岁，这个时候孩子的语言发展的主要因素是父母或家庭成员的影响，这个阶段的主角是父母和孩子的亲子交流。第二个阶段是 3~6 岁，孩子的语言影响因素变得更加广泛，而且一般父母和家庭成员已经不具备足够的二语能力了，这个阶段应该是以音视频英语材料为主，父母的作用变成规划、辅助和支持。启蒙期之后的其他时期，将会保持这样一个状态，而且随着孩子长大，家长的规划和服务作用逐渐减弱。最终，孩子完成自我规划和管理，达到自我成长和进化的状态。

根据最新研究成果（详见第 6.1 节），婴儿在 0~2 岁期间只有通过和人在一起才能有效发展语言能力，而通过音视频则没有任何学习效果。研究人员认为只有人才能帮助婴儿统计他们的声音数据，形成语言能力。

这项研究成果用最新理论和仪器揭示了婴儿说话之前的沉默期中，他们的大脑到底发生了什么，并可以指导我们如何做才是有效的。因此，我建议在 0~2 岁期间，有能力的家长跟孩子说一些简单的英语单词或句子，对孩子的大脑完成这种看不见结果的刺激过程。但对大部分聋哑英语家长来说，这样做有点难度。而且在孩子出生的两年里，父母和家庭的重心也是放在孩子的吃喝拉撒睡上，更包括建立新型健康的家庭关系和家庭环境上。（参见第 2.2 节"健康的家庭环境"）。

因此，0~2 岁英语启蒙在实际操作层面，就可以降低优先级。家长们也要淡定，不要过早陷入语言学习的焦虑当中。具体做法如下，仅供有能力的家长参考：

- 给孩子哼唱英文童谣和儿歌（可以中文童谣和儿歌交叉使用）
- 配合颜色鲜艳的大卡片或实物，给孩子展示并说出

2 岁以后的孩子，可以继续进行童谣和儿歌的熏陶。随着孩子年龄增大，选取的

儿歌可以变得更长、更复杂。儿歌的推荐和使用方法，请参考本书第 6.2 节。

2 岁以后，就可以正式给孩子使用音视频英语材料进行启蒙了。因此，感觉自己英语水平不够的普通家长，在这个时间点上就能完全胜任教练的工作了。

这个时期主要是和孩子一起看低幼英文动画片，如《天线宝宝》《云彩宝宝》《花园宝宝》《小鼠波波》等。看动画片是磨眼睛，其目的是为了磨耳朵。因为直接磨耳朵难度过高，会影响孩子对英语的兴趣。在吸引到孩子之后，最好再配上精美的绘本，和孩子一起看动画片，一起翻绘本，不仅启蒙了英语，更是构建了良好健康的亲子关系和家庭关系。

 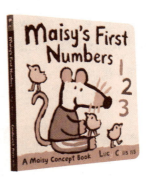

天线宝宝与小鼠波波

在孩子 2~5 岁期间，父母在家里或者孩子在幼儿园中，基本都会接触 TPR。孩子大了之后可能觉得害羞，就不爱跟着做了。所以家长在家里可以和孩子一起在亲子游戏中加入 TPR 的方法。具体操作方式请参考本书第 6.3 节。

启蒙期的一项重要任务，就是要尽快奠定孩子的发音。正常情况下，孩子在两年内（3 岁半至 5 岁半）可以形成标准的美音或英音。在国内环境中，形成标准发音最简单、最直接、最省钱的方式就是跟读合适的动画片。

如果家庭经济允许，在孩子跟读半年后可以引入线下一对一外教或外教小班。线下外教使用 1 年左右之后，可以换成性价比更高的线上外教。在孩子积累了一定量的语音词汇之后，可以使用迪爸工具箱闪卡系统进行词汇的音形意的映射，开始阅读词汇的无翻译积累过程。在启蒙期的后期，引入自然拼读，并让孩子在自然拼读的基础上进行简单词汇的拼写。

> 你问我答
>
> 家长：我家宝贝 2 岁 2 个月，除了磨耳朵之外还有其他的建议吗？
>
> Diego 爸爸：个人建议可以试着中英双语沉浸。比如，你现在给孩子看图片，可以带中文和英文发音。如果家长有一定的英文水平，可以自己和孩子说英文单词和短语。这个年龄的孩子刚刚开始冒话，主要原则就是把图片与声音对应，暂时可以不用考虑文字，等四五岁时再择机引入音形对应。此外要特别注意避免无效的磨耳朵。

4.3 提高期英语训练路线图

如果按照启蒙期的规划，孩子在 7~10 岁之前，其英语学习过程可以顺利进入提高期。

提高期是一个比较模糊的概念，时间跨度也比较有弹性。进入这个时期的一些特征，可能包括：

- 通过跟读，发音比较纯正流利
- 可以和外教进行简单的日常交流
- 听力词汇和阅读词汇量均达到 1000 左右

提高期英语训练路线图如下图所示。

在图中，我们有四项活动贯穿整个提高期。

提高期英语训练路线图

首先是大量听力输入。听力是英语所有能力的基础，必须予以重点保证。为了满足二语习得理论中的"可理解性输入"，我们采用"短期窄输入，长期宽输入"的方法。具体操作就是要优先看系列经典动画片，包括改编的系列电影，如《哈利·波特》《纳尼亚传奇》等。有声书的选择也要与动画片和电影，以及纸质书对应起来。在整个提高期的三年内，完成 3~4 个经典系列的全套输入。

其次要引入线上外教陪练。外教陪练的基本目的是给孩子提供说的环境和欲望，而不是教。这个时期孩子不具备独立输出的能力，需要给孩子和外教提供一个教材做蓝本，然后基于这个蓝本进行模仿和少量变化。

第三是要继续进行广泛的阅读并检测理解程度。阅读也不限于单纯的分级读物，更是指广义的阅读，如英文广告、大街上的英文标语、英文游戏中的指示等。为了检验阅读理解程度，可以使用阅读网站（如 ReadTheory）进行阅读理解检测，并获取孩子的蓝思指数，用于评估孩子的英语阅读水平，以及用于指导选择难度合适的阅读材料。

第四是坚持使用闪卡系统，利用遗忘曲线理论和软件工具，继续积累单词量，并把背单词变成一件简单而有规律的事情。

除此之外，在提高期的中后期，可以考虑适当引入初级语法和写作。其实，孩子经过前面的训练，语感增强，可以像普通母语人士那样以语感弥补语法的不足。在首先保证英语听说能力提高的基础上，再适时引入初级语法，避免引起压力过大。同时，拼写也不属于二语习得范畴，需要经过刻意训练才可以掌握。结合前期的自然拼读，继续稳步推进拼写和写作训练。

通过以考促学，加大提高期的阶梯感。三年之内完成剑桥少儿英语三个级别的考试。如果孩子训练得当，水平提高很快，不需要按一年一个级别考试，可以半年甚至更短时间完成三级跳。Diego 当年就是半年一次通过考试，分别获得了一级 15 盾满盾，二级 13 盾优秀和三级 13 盾优秀的成绩。MSE 的第一级 KET 和剑少第三级都是 A2 级别，在难度水平上也是重叠的，两者只是题目类型方面有所不同，可以选择一个参加考试，也可以两个考试都参加。

4.4 增长期英语训练路线图

增长期是一个突破期。孩子的英语能力和应用范围将大幅增加，具体表现在输入的难度增加，输入的材料从 fiction 到 non-fiction 转换，和词汇量的快速增加。增长期的后期，孩子将进入用英语学知识和无障碍交流阶段，初步达到语言学习的最终目标。

增长期英语训练路线图如下图所示。

首先依然是按照"长期宽输入，短期窄输入"原则，从影视导入，到有声书，再到配套文字进行听力输入和对应的阅读扩展。这个时期，孩子听力基础较好，重点就是听力材料要尽可能覆盖多层面，为孩子构建一个健康全面的综合知识体系。这样可以达到边学英语边学知识的效果，一举两得。同时，孩子听力基础增强后，材料的选择就更加丰富，家长的支持和服务变得更加轻松。比如我在引导 Diego 听了几集 Podcasts 播客节目"Wait Wait Don't Tell Me"之后，他会自己搜索和订阅主持人或某些嘉宾的其他节目或话题。

其次在口语输出方面，孩子的输出已经逐渐摆脱原有的模板，尝试进行独立输出。这个阶段可以逐渐把线上外教的教材变得更加灵活，在中后期转向自由聊天。Diego 的做法就是如果当天有自己愿意分享的心事或新闻，就进入自由聊天。如果没有，就在新闻网站中找到一篇自己感兴趣的新闻报道，然后和外教针对这个新闻展开讨论。

在阅读方面，可以结合影视输入，短期内集中了解和熟悉一些主要的英美文化，比如通过《纳尼亚传奇》、《哈利·波特》和《指环王》了解西方魔幻文化；从《海盗的黄金》，到《金银岛》，到《加勒比海盗》系列电影，了解海盗文化；从《活死人之夜》，到《植物大战僵尸》，《僵尸新娘》，到《寻梦环游记》，再到《行尸走肉》，比较系统地了解一下僵尸文化。

对英美文化的集中了解，可以高效地补充语言对文化的承载，有助于弥补孩子日常英语中文化基础的缺乏。比如对希腊神话的集中了解可以让孩子对无所不在的以希腊诸神命名的事件和事物有更准确的理解。

随着孩子年龄的增长，以及英语水平的综合提升，孩子对语法的进一步学习变得相对轻松，语法学习的枯燥也变得可以忍受。以考促学也要求孩子在语法与写作，以及拼写上都有所突破。写作题材多样，但最常用、最有用的还是 Essay（议论文）了，这也是将来孩子主要的应用文体。

考虑到孩子能力的差异性，以及高级别的考试难度的增加，建议水平提升比较快的孩子在增长期末期达到通过 CAE 高级英语水平，一般的孩子可以完成 FCE 级别的考试。

当孩子进入增长期后期的时候，可以把平常的闪卡系统更换为英英背单词系统，而且建议背单词与期刊文章的阅读结合起来。

4.5 应用期英语训练路线图

按照国内的学制，如果孩子前面能够进行足够高效的训练，可以在小学六年级或初中一年级进入应用期。

应用期的学习路线如下图所示。从某种程度来说，应用期路线已经不太适合称之为"学习路线"，而应该称之为"英语使用路线"。

应用期英语训练路线如下图所示。

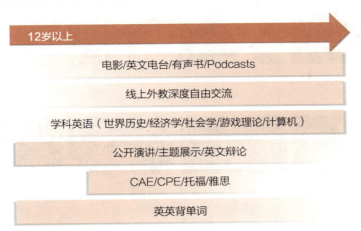

应用期英语训练路线图

总体上来说，进入应用期后，孩子基本上可以把英语当成工具使用，其英语水平接近母语或第二母语的水平。

这个阶段的孩子基本上进入初中阶段，可以自由听英文电台和 Podcasts，也就是长时间听英文节目不感觉累。遇到喜欢的书，可以不经过影视或音频导入即可不依赖词典独立阅读。这个时候孩子的输出水平尽管已经不错，但依然需要提供一个自由表达英语的机会，因此不建议取消线上外教。基于此，家长要做好长期使用线上外教的准备，特别推荐使用性价比最高的菲律宾外教。如果孩子进入国际初中或高中，全天候英文授课和交流，则可以考虑取消线上外教，否则请保持线上外教的使用频率，建议高频短时，保持孩子的输出习惯。和线上外教的交流内容，依然可以采用基于新闻的话题扩展模式。

应用期的主要任务是用英语学知识，因此这个阶段可以大量使用视频网站和 MOOC 平台，使用全英文课程构建人文知识体系。限于孩子的年龄和智力，专业的理工科课程相对比较难，但人文课程往往比较容易理解，可以被孩子接受。比如世界历史、基本的经济学现象、社会学现象和心理学现象和简单理论，都可以理解和掌握。比如利用孩子爱玩游戏的心理和兴趣点，可以去观看"游戏理论"类节目；利用之前看的电影基础，了解"电影理论"类节目。

除了利用语言进行知识获取之外，语言输出是自我表达的终极手段之一。因此，做演讲、写 Presentation 做演示、写 Essay 就成为语言表达的三个主要途径。语法正确是基本要求之一，但不能保证输出地道纯正。因此，大量仿写经典素材，（如经济学人）可以逐步提高输出水平。

在应用期，以考促学依然可以存在，比如准备托福和雅思考试，如果孩子将来选择出国学习，提前针对这类标准化考试的特点准备考试，可以确保考出需要的分数。

创建的播放列表

Crash Course 的精彩速成入门课程

电影理论家视频

这个阶段，哪怕没有考试的压力，也应该保持英英背单词的习惯，而且可以参照母语国家人士，使用类似 Elevate 的 APP 进行大脑训练。

第 5 章
以考促学贯穿全路线

5.1 英语水平第三方评估

在日常的英语启蒙过程中，我提醒过大家，要以孩子的兴趣为基础，不要频繁进行检验和测试，避免给孩子造成过大的压力。但这并意味着不让孩子参加考试。

考试的好处很多，一是可以检测学习效果，了解自己的学习情况；二是通过考试了解自己在学习中的不足，以便进一步改进学习方法；三是可以提高自己的应试能力，以便今后在中考和高考中取得优异成绩；四是可以促进和提高自己的应变能力和创新思维；五是有助于提高自己的记忆能力；六是如果考出好成绩，则能提高自己的自信心，激发自己的学习积极性和主动性。考的成绩不好呢，又能够锻炼孩子的抗挫折能力。总之，考试既是一种检测手段，亦是一种学习方法，更是一种激励措施。

考试的作用和分类我们不做进一步的研究，也不是我们的目的。这里我们简单地了解一下，考试可以分为选拔性考试和水平考试。平时学校考试，超过60分及格了，叫达标。中考、高考，或者小升初，凭借各种杯赛一等奖进了好学校，这是选拔。

孩子的英语学习，平时听、说、读、写各有涉猎，眼见着孩子的英语水平日益提高，也不知道达到什么程度了，两眼一抹黑，就像在高速公路上开车而没有速度表一样。所以，孩子在家里自己学英语也好，在机构培训也好，过一段时间后，应该对孩子的英语能力进行一个综合评估，总结经验教训，查漏补缺。这时候，家长就需要了解一下英语考试的事情了。

英语考试，不是指学校的英语考试，因为学校的英语考试现在没有做到考教分离，还是学什么考什么，考什么学什么，根本起不到查漏补缺的作用，所以请无视学校组织的英语考试。

所谓教考分离，就是把教学和考试分开，任课老师不参与所任课程的考试评测，包括出题、监考、评卷、登分和质量分析。英语的水平评测，当然要选国际权威的评测机构，这种机构属于第三方专业评测机构，实力雄厚，经验丰富。大家根据自己的爱好和目的进行选择即可。但 Diego 爸爸这里要特别提醒大家，尽量不要参加那些纯商业目的、打着著名机构和大学名义的各种比赛，比如好多打着北京外国语大学或外研社旗号的比赛，实际上是以营利为目的的。初赛免费参加，然后所有人或绝大多数孩子进入复赛，就开始收比赛费、场地费、集训费、教材费等，比赛时间只有2~3分钟。浪费了孩子的时间和家长的金钱，还伤了孩子的心。

英语类的考试很多，我们先快速排除一些考试，然后逐步把目光集中在我们的孩子可以考虑的考试汇总。一些专业的考试（比如大学四六级考试和英语专业的专四、专八），不接受非在校生考试。商务英语 BEC 不限定考生，一般去外企工作的人比较看重这个，但孩子们一般也不会去考。此外还有一些非权威考试，比如 playway 的剑桥国际儿童考试、Kid's Box 的考试、新概念等级考试等，组织机构不够权威专业，不建议参加。

下面以北京为例，我为大家简单列举一下主要有哪些考试。有两个考试，现在虽然孩子们已经不能考了，但是还要介绍一下。

第一个是全国英语等级考试（PETS），很多不熟悉的家长总把 PETS 和剑桥通用英语的第二级 PET 相混淆。PETS 是教育部考试中心设计并负责主办的全国性英语水平考试体系。PETS 考试又可以分为 5 个级别，属于非英语专业，社会人士都可以考，综合性强。当年小学生为了小升初，大家都去考这个 PETS，后来有点失控了，2006 年 9 月的考试，北京参加的人数有 5 万 4 千人，PETS 的通过率为 30~40%。在 2007 年 9 月起禁止义务教育阶段学生报名，禁止的原因据说是教委为了保护孩子。

第二个是北京英语水平考试（BETS），是由北京市民讲外语活动组委会、北京市人民政府外事办公室与英国剑桥大学考试委员会 ESOL 考试部共同推出，由北京教育考试院承办。该考试是北京市政府实现"新北京、新奥运"战略构想和推进北京市民讲外语活动的一项具体举措，旨在提高市民的外语学习和首都国际交往功能，营造良好语言环境，是面向全体北京市民的英语水平测试。BETS 的考试分为三个级别，和剑桥自己的通用五级的前三级相对应，当年 Diego 考 FCE 前没有找到足够的模拟题，Diego 爸爸在网上购买了 BETS 的第三级，题型和难度和剑桥自己的完全一样。BETS 在 2006 年推出，2013 年终止。

Diego 爸爸虽然对 PETS 没有研究过，但从考试的主办机构来看，PETS 的权威性和科学性应该不如 BETS，毕竟 BETS 的试题来自于剑桥考试中心，而 PETS 的题是教育部自己出的。

其他三个考试体系是 Diego 爸爸重点推荐的，他们是：

- 三一口语（GESE）：1999 年由北京教育考试院引进，2014 年 1 月 1 日起禁止 12 岁以下学生报考；2015 年 10 月开始恢复无限制报考；
- 剑桥少儿英语（CYLE）：无限制报考；
- 剑桥通用五级英语（MSE）：无限制报考；

下面我们来详细介绍。

5.2　欧洲共同语言参考标准

说到英语考试，不能不提 CEFR，即欧洲共同语言参考标准。注意，CEFR 不是一个考试，所以你无法直接去参加 CEFR 的考试认证，也拿不到证书。

欧洲共同语言参考标准（Common European Framework of Reference for Languages：CEFR），是欧洲理事会于 2001 年通过的一套建议标准，是对几十年以来欧洲语言教学理论与实践的系统总结，是关于语言学习、教学及评估的整体指导方针和行动纲领。该标准有助于把握 21 世纪语言教育的新方向，为全球第二语言或外语教学提供了很好的借鉴作用。

从名字就可以看出，CEFR 和雅思、托福这类的标准化考试不同，它是设计成一种普遍的语言框架，通过对一系列语言能力的描述，用以确定清晰的语言学习目标，从而帮助界定语言熟练度以及进行语言能力的认证。CEFR 目前在欧洲的接受程度还是比较高的，英、法、德、西等语言的测评考试都会参照他的标准。

CEFR 通过五项主要语言技能（听、说、读、写、连续的口头表达和参与对话）将一门语言分成六个等级：A1，A2，B1，B2，C1，C2。

A1、A2 级别的英语使用者被定义为 basic user，相当于入门和基础水平。

B1、B2 级别的英语使用者被定义为 Independent user，相当于提高水平。

C1、C2 级别的英语使用者被定义为 proficient user，相当于高级和专业水平。

CEFR 对各个级别的语言基本要求如下：

A1：能理解并运用每天熟悉、与自己喜好有关且具体的表达方式和非常基础的语句，可以介绍或询问、回答自己或他人有关个人的信息，例如居住地、人际关系、所有物，对于他人缓慢而清晰的交谈，只能以简单的方式产生反应。

A2：能理解在最贴近自己的环境中经常被使用的表达方式或语句，例如非常基本的个人和家庭资料、购物、区域地理和就业，能与人对简单而例行性的工作进行沟通，这类工作通常只需要简单而直接的日常信息。另外，这个等级的学习者，能够用粗浅的词语描述自身背景，以及最贴近自己的环境之中的事物。

B1：能理解自己在工作、学习环境、休闲环境等遇到的熟悉的事物，能在该语言使用地区旅游时对应各种可能的状况，也可以对于自己感兴趣或熟知的事物提出简单的相关资讯，另外还能够描述经验、事件、梦境、愿望、和雄心大志，并能对自己的意见或计划做出简略的解释。

B2：能理解复杂文章段落的具体和抽象主旨，包括熟练地讨论自己专门的领域，可自然而流畅地和该语言的母语使用者进行例行互动。可以针对广泛的主题说出清晰、细节性的文字，并且可对于一个议题进行解释与利弊分析，或是提出各式各样的想法。

C1：能理解长篇文章或意义含蓄的广泛信息，能自然而流畅地表达，而没有明显的词穷状况发生，懂得弹性并有效率地运用语言于社交、学术和专业领域，对于复杂的主题能产生清晰且架构良好的细节性的文字，展现收放自如的组织形式、连接和精巧的策略。

C2：能够轻易理解任何吸收到的信息，并且针对不同书面或口语来源做出大纲和重新架构不同的论点，提出的表达自然而非常流畅，紧紧地抓住语言最惟妙惟肖的部分，更能在较为复杂的场合上辨别专业领域的细微内涵。

国际上主流的各种语言的认证考试，都会和 CEFR 对标，中国教育部之前提出的 9 级中国英语教育体系也和 CERF 进行水平映射。

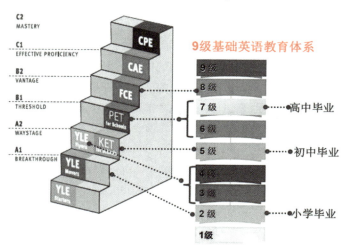

剑桥少儿英语、通用五级与中国英语教育体系的关系

可以看到，KET 青少版对应新课标 5 级，即取得 KET 证书的"通过"级别，相当于英语达到初中毕业水平。

PET 是新课标 6~7 级的过渡，即取得 PET 证书的"通过"级别，相当于英语达到高中毕业水平。

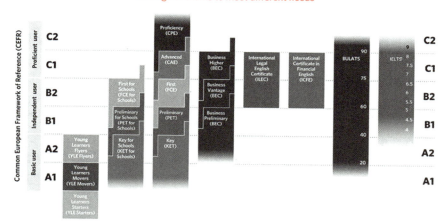

剑桥英语与其他考试的难度映射

5.3 剑桥 CYLE 和 MSE

剑桥少儿英语（Cambridge Young Learners' English-CYLE）是剑桥大学考试委员会（UCLES）特别为测试 7~12 岁少儿的英语水平而设计的一套测试系统。

该考试分为三个级别，引进中国后，增加了预备级，分别为预备级（Pre-Starters）、一级（Starters）、二级（Movers）和三级（Flyers），它的名字比较有意思，预示着孩子们从刚刚起步 Starters 到渐渐前进 Movers，直至最终起飞 Flyers，来学习和使用英语。

新版剑桥少儿英语考级，每个级别的词汇量有了相应的增加。新版一级词汇量为 497，二级词汇量为 898，三级词汇量为 1411，和旧版一样，每个级别都是在前一个级别的基础上增加新的单词，二级在一级基础上增加 401 个单词，三级在二级的基础上新增 513 个单词。

Total words	Starters	Movers	Flyers
2011	466	358 (824)	471 (1295)
2018	497	401 (898)	513 (1411)
	+ 6.25%	+ 8.25%	+ 8.23%

剑少三级词汇量的变化

剑桥少儿英语考试的目标是推动生动、精彩的语言使用，精确考查英语水平，展示国际化水平考试，促进有效的语言教育和学习。每级考试分为三个部分：读写、听力和口试。

考试在设计上易于掌握且生动有趣，没有及格和不及格的区别。每一个参加并完成考试的三个部分的考生都可以得到一个写实性成绩证书。

本套考试在标准上和成人考试一样具有准确性、可靠性和真实性。它们是建立在全世界儿童所熟悉的日常活动和语言环境的基础上的。考试的设计连不熟悉考试的孩子也一样很容易理解。

因为最高的三级所对应的语言水平是成人的最低级别（KET），所以这个考试提供了迈向更高级的剑桥考试的机会。

剑桥少儿英语的报考没有要求，可以自由选择级别。如果家长想看看自己的孩子适合考哪一级，可以访问官网免费测试一下，根据孩子的水平选择合适的级别。
http://www.cambridgeenglish.org/test-your-english/

剑桥英语通用考试，（剑桥大学考试委员会称之为主体系列考试，Main Suite Examinations，缩略为 MSE），是英国剑桥大学考试委员会根据欧洲委员会制定的语言教学大纲设计的英语作为外国语的五级系列考试。

剑少三级证书样张

该证书由于其考试的科学性、稳定性、权威性，在世界各国获得承认，被用于入学、就业等各种用途。对于考生来说，剑桥通用五级证书终生有效。

通用五级证书考试共分为五个级别：

> 第一级，入门水平：英语入门考试（Key English Test，缩略为 KET），基本和 YLE Flyers 持平，属于 A2-B1 水平；
>
> 第二级，初级水平：初级英语考试（Preliminary English Test，缩略为 PET），属于 B1-B2 水平；
>
> 第三级，独立水平：第一英语证书考试（First Certificate in English，缩略为 FCE），属于 B2-C1 水平；
>
> 第四级，流利运用：高级英语证书考试（Certificate in Advanced English，缩略为 CAE），属于 C1-C2 水平；
>
> 第五级，熟练运用：熟练英语证书考试（Certificate of Proficiency in English，缩略为 CPE），属于 C2 水平。

为了更好地适应青少年考试的话题内容，MSE 在 KET，PET 和 FCE 三个级别推出了 for Schools 版，俗称青少版，CAE 和 CPE 则不再区分成人版和青少版。青少版难度和成人版一样，而且证书都是终身有效，只是话题内容偏向于校园而非职场。这样有助于青少年考生对话题具有认同感，有利于评测出考生的真实水平。

考试分两个阶段进行。第一阶段为阅读、写作、听力；第二阶段为口试。

> KET：阅读与写作 70–80 分钟，听力 20 分钟，口试约 8 分钟。
> PET：阅读与写作 90 分钟，听力 36 分钟，口试约 10~12 分钟。
> FCE：阅读和语言应用 75 分钟（7 部分，52 个问题），写作 80 分钟（2 部分），
> 　　 听力约 40 分钟（4 部分 30 个问题），口试约 14 分钟（4 部分）。

> CAE：阅读和语言应用共 90 分钟，写作 90 分钟，听力（约）45 分钟，口试（约）15 分钟。
>
> CPE：阅读和语言应用共 90 分钟，写作 90 分钟，听力约 40 分钟，口语约 16 分钟。

教育部考试中心分别于 1996 年和 1999 年陆续引进 KET、PET 和 FCE 考试并负责组织在中国境内实施考试，2008 年将 CAE、CPE 考试引进中国。英国剑大学考试委员会负责命题、阅卷、颁发证书。

KET 和 CPE 官方真题

CPE 首次在大陆开考，是在 2013 年 11 月 30 日，地点在北京外国语大学。北京的孩子真是幸福，时至 2017 年 12 月，每年只有 30 几个 CPE 考生，且依然只有北京这一个 CPE 考点。外地 CPE 考生不得不从上海、深圳、广州、郑州、山东各地来北京外国语大学参加考试。

5.4 标准化考试

标准化考试的简称即 Standardized Test，是指根据统一、规范的标准，对考试的各个环节，包括测试目的、命题、评分、计分等，都按照系统的科学程序组织，严格控制误差范围。

举例来说，国内高考就是典型的标准化考试。申请赴美留学，美国的院校一般都要求学生必须通过某些特定的考试。留学备考常见的 TOEFL、SAT、AP 等都是标准化考试。这里我们不多介绍，只说说孩子在国内学习过程中可以考的一些标准化考试，对留学所需的考试暂不关注。

我们先来看托福考试。其实托福可以不说，我们想说的是托福的两个衍生版本：小学托福和初中托福（小托福）。现在据说初中的孩子很多都是带着托福的成绩考进高中（尤其是国际校）的。所以，托福我们放在应用期来讨论，提高期和增长期的孩子可以考虑一下小学托福和初中托福。但相对来说，Diego 爸爸还是更推荐孩子参加剑桥的 CYLE 和 MSE 考试，剑桥的考试听说读写全面考查，而小托福所考查的主要聚焦在听力和阅读版块，写作和口语不作为主要考查项。剑桥系列的证书是终身的，托福系列的成绩有效期是 2 年。

无论是去美国读高中、本科还是研究生，不分阶段，都需要提供托福成绩。由于这是一项英语能力测试，所以整体难度在所有语言考试中难度最大，对词汇量的要求尤其严格。

托福是由美国教育考试中心（ETS）主办的考试，历经了多次变革，从最初的 Paper-based Test（PBT 纸考），到后来的 Computer-based Test（CBT 机考），到现在的 Internet-based Test（iBT 网考，或称新托福）。到目前为止，机考已基本被网考取代，而纸考仍有少部分地区还在采用，国内则基本使用网考的方式进行测试。新托福由四部分组成，分别是阅读（Reading）、听力（Listening）、口试（Speaking）、写作（Writing）。每部分满分 30 分，整个试题满分 120 分。

美国普通大学对托福的要求是 79 分，名校要求 85 以上，但是在实际申请中，100 + 的托福成绩才有竞争力，否则很容易被淹没在高分中。建议学生先准备托福考试，只要托福过关了，其他考试会迎刃而解。

TOEFL. Junior.

2011年底登陆中国
面向11-17岁学生
考试形式：PBT（纸笔考试）
考点：全国各城市
考试费：450RMB

考试内容	分值	考试时长	考试形式
听力	200-300分	35分钟	42道选择题
语言形式与含义	200-300分	25分钟	42道选择题
阅读理解	200-300分	50分钟	42道选择题
总分	600-900分	110分钟	126道选择题

TOEFL Junior 的题型信息

TOEFL Junior（小托福）考试是美国教育考试服务中心 ETS 专为全球 11—15 岁中小学生开发的权威英语能力测试。不仅可以作为中小学生北美高中留学的英语能力认证，更可以测评现阶段学生的英语水平。

TOEFL Primary 考试旨在衡量评估年轻学生（不低于 8 岁）的一般英语语言能力，考查每位学生的听力、阅读和口语水平，运用国际通行标准，测试学生英语语言能力。

小学托福考试费用是 350 元/人，完全由 TOEFL 中国管理中心核定并在全国统一执行，各地区无权自行制定考务费收取标准，每位考生的考务费用由当地考试服务中心收取后统一交由 TOEFL 中国管理中心。

TOEFL Primary 阅读和听力测试－1级

部分	题量	例题量	总题量	时间
阅读	36	3	39	30分钟
听力	36	5	41	30分钟

TOEFL Primary 的题型信息

5.5 其他英语考级

英国伦敦三一学院英语口语等级考试（GESE-Graded Examinations in Speakers of Other Languages）是经英国文化委员会提议，专门为非英语国家设计的纯英语口语等级考试体系。

该项考试面向社会适应不同年龄、不同学历、不同英语水平的英语学习者和使用者，分四段十二级：预备级（1~3 级）、初级（4~6 级）、中级（7~9 级）、高级（10~12 级）。

各级考试都实行一对一面试。从 5 分钟（1 级）简单问答到 25 分钟（10 级以上）的交谈。考官根据考生水平从听力理解、语音、词汇、语法结构和交际策略等方面分项打分，通过了考试的考生将获得通过（Pass）、良好（Merit）、优秀（Distinction）三个水平段的评定。

考试合格者由北京教育考试院和伦敦三一学院联合颁发 GESE 等级证书。

三一口语考试的特点：

- 三一口语是国内第一个不与笔试捆绑的专项、系统的英语口语考试。
- 所有级别的考试都实行一对一的交流形式，与人机对话的考试方式相比更显人性化。
- 每个月中下旬组织一次考试，较之其他英语考试机会较多。
- 三一口语考试无职业、学历、地域、年龄等限制，任何母语非英语的人员均可参加。
- 三一口语为水平考试，考试通过率高，证书颁发得快。对急于获得证书的家长是一个不错的选择。

三一口语

另外其他地方上的英语考级，最典型的应该算是上海的 3E 少儿英语吧，3E 少儿英语（原星级考），由中国中小学双语教育协会测评运作，上海外国语大学外语水平测试中心编写教材和进行题库建设。针对广大中小学生提供英语听、说、读、写方面的测试，并出具相对应的英语测评报告。

3E 少儿英语在上海很火爆，火到什么程度呢？在一些网络外教机构的在线教材里面就有一个 3E 少儿英语的三级教材，其他地区的很多家长看到了都不知道这个是什么教材。3E 少儿英语考试出了上海，其他地方也是不予认可的。

上海的小升初对英语的要求据说要达到"三笔四口"的级别。我的理解是笔试三级、口语四级之类的吧。网上流传的上海小朋友备战 3E 少儿英语考试的顺序应为：一口、一笔、二口、二笔、三口、三笔、四口。考试难度方面，3E 少儿英语的"二笔"水平相当于学完《新概念英语》第一册。

网上传言上海市教委开始叫停 3E 少儿英语考试。

NCTE 为"新概念英语等级考试"（New Concept Tests of English）的英文缩写，是由全国基础外语教育研究培训中心主办，并负责具体组织实施的英语水平考试。NCTE 不针对任何具体英语教材，是针对 7~18 岁青少年考生的听、说、读、写技能的全面测量的水平考试。

官方声称新概念等级考不针对任何具体的英语教材，所以大家不要以为新概念等级考和《新概念英语》有关。但 NCTE 各级别考试大纲覆盖的语言和技能要求可以与某些教材的教学大纲有一定的契合度，其实还是建议学《新概念英语》《新概念英语青少版》《新目标英语》《新标准英语》。

启蒙期（0~6岁）训练方案

关注"迪爸英语训练营"，免费获取海量资源

扫码小助手 Diego-Dad01，联系迪爸

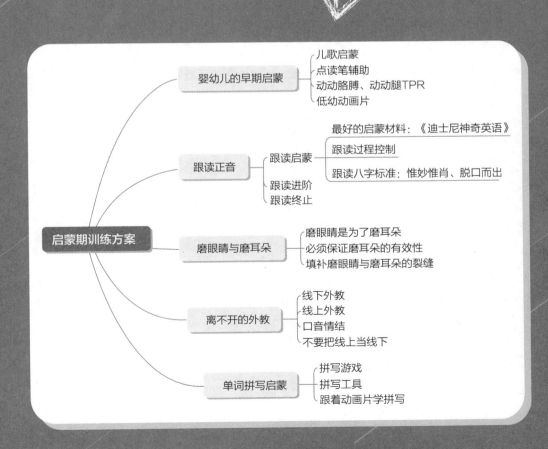

- 启蒙期训练方案
  - 婴幼儿的早期启蒙
    - 儿歌启蒙
    - 点读笔辅助
    - 动动胳膊、动动腿TPR
    - 低幼动画片
  - 跟读正音
    - 跟读启蒙
      - 最好的启蒙材料：《迪士尼神奇英语》
      - 跟读过程控制
      - 跟读八字标准：惟妙惟肖、脱口而出
    - 跟读进阶
    - 跟读终止
  - 磨眼睛与磨耳朵
    - 磨眼睛是为了磨耳朵
    - 必须保证磨耳朵的有效性
    - 填补磨眼睛与磨耳朵的裂缝
  - 离不开的外教
    - 线下外教
    - 线上外教
    - 口音情结
    - 不要把线上当线下
  - 单词拼写启蒙
    - 拼写游戏
    - 拼写工具
    - 跟着动画片学拼写

在孩子呱呱坠地的那一刻起,除了照顾他的吃喝拉撒睡,家长开始考虑语言启蒙问题。

没有母语一样的环境,英语启蒙到底该怎么做?

最新研究表明,0~2岁孩子的语言启蒙只能在身边真人的影响下进行,过早的影视输入基本上是无效的。不过,在这个时期好好开发孩子智力,养成良好的亲子关系,也是刻不容缓的任务。3岁以后的孩子就可以通过动画片给他们构建一个类母语的环境。

如何让孩子说一口纯正的美音或英音?跟读正音是一个特别简单也是特别重要的方法。如何选择跟读材料?如何判断跟读效果?家长如何陪伴和帮助孩子?

磨耳朵必须先磨眼睛,磨眼睛是为了磨耳朵。如何避免无效地磨耳朵?如何避免孩子看动画片能看懂,听故事却听不懂?

自然拼读要不要学,什么时候学?为什么自然拼读学的效果不好?

过早关注英语绘本和分级读物为什么不对?

什么时候可以请外教?请外教有哪些坑需要避开?

小孩子需要背单词吗?

单词拼写不会怎么办?

……

任你有多少困惑,本篇让你茅塞顿开。

欢迎开启孩子英语学习的启蒙期!

第 6 章
婴幼儿的英语启蒙

6.1 英语启蒙越早越好

当提到英语启蒙时机的时候，经常会遇到家长在问类似的问题：

宝宝这么小，英语启蒙有用吗？

过早英语启蒙会影响母语发育吗？

双语学习会造成孩子语言混用、思维混乱吗？

我们为什么要关注孩子的英语启蒙？不就是希望别错过语言学习的关键期吗。那么什么是关键期？关键期在什么时候开始，又在什么时候结束呢？

严格来说，语言学习的关键期应该加上一个后缀"假说"——关键期假说。

虽然是假说，但确实被证明是存在的。但是之所以称之为假说，是因为该现象能在绝大部分学习者人群中观测到，但并没有实验证据或者物质证据证明该时期的存在，或者说，依然有反例（所谓关键期后学习二语依然能达到母语者水平的人）的存在。

因此，尽管大部分学者认可关键期作为一种现象的存在，但依然不能通过实验搞清楚其存在的原理和证据，因此，它还只是一个假说，没有上升到理论层面。

目前，学术界对于儿童第二语言习得的关键期尚未有定论，一般认为 2 岁至青春期前后（16~18 岁），特别是学前阶段（6 岁）是儿童学习第二语言的最佳时机。如果错过了 6 岁之前的关键期，还有学者认为 12 岁之前也是处于关键期。

随着脑科学的发展以及对儿童认知发展规律的进一步认识，越来越多的实验研究表明在儿童早期阶段学习两种语言存在着明显的优势，更有利于儿童的认知、智力、心理能力等方面的发展。

华盛顿大学认知与大脑科学研究所副主任、言语听觉学教授帕特里夏·库尔（Patricia Kuhl），主攻语言神经机制和大脑发展。她在一个著名的 TED 演讲《婴儿的天才语言能力》中分享了婴儿如何学习一

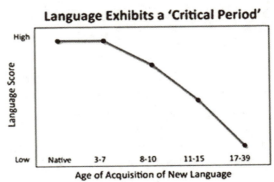

语言学习关键期

种语言的惊人发现——倾听周围的人，并对他们需要知道的声音进行"统计"。Patricia通过仪器进行脑部扫描，显示出6个月大的婴儿如何使用复杂的推理来理解他们的世界。

在语言能力方面，婴儿具有一个特殊的身份——"世界婴儿"，指的就是全世界的婴儿能区分所有语言的所有发音，无论在哪一个国家，用哪种语言。而成年人往往只能辨别自己母语中的不同发音。

对于婴儿来说，第8~10个月是他们语言发展的关键阶段。在这个阶段，婴儿会默默地专心听大人说话，并在大脑里对语言数据进行收集、统计与分析，建立语言数据库。

因此我们得知，原来语言关键期可以提前到几个月的婴儿，怪不得大家可以看到这样的报道。

起跑线上的恐慌：5岁学英语被问"怎么这么晚？"

2017年06月26日 06:18　来源：中国青年报

网络报道：起跑线上的恐慌

但是，依然有朋友向Diego爸爸咨询："我女儿上小学四年级就开始学英语，是不是太早了？"Diego从5岁开始学习英语，10岁拿到剑桥MSE的高级证书，整个过程自然轻松，水到渠成，算是抓住了关键期的尾巴。

对于大部分家长来说，任何时候开始重视孩子的英语学习都不晚，家长朋友们最需要的就是马上行动起来，为孩子的英语做好科学的规划，并合理使用计算机软件工具，让孩子的坚持变得更容易。

除了语言关键期之外，Patricia Kuhl还提到了两个婴幼儿语言学习的观点：

第一是人声对婴幼儿语言学习的重要性。Patricia Kuhl实验室让两组婴儿在8~10个月里学习了普通话——但一组婴儿是在电视机前上课，另一组婴儿则通过音频。令人惊讶的实验结果表明：面对电视、音频、文本的学习基本无效，只有真人交流才行。他们认为是社会认知的脑区控制着婴儿的语言数据统计。

基于这种观察，结合其他相关理论，Diego爸爸建议在0~2岁期间，家长要以亲子活动为主，有能力的家长多和孩子说说英语，英语差一些的家长也不用焦虑，等到了3岁以后，就可以给孩子使用音视频英语材料了。

第二是婴儿具有多语言同时学习的能力，无论孩子是一种语言还是多种语言环境下成长，语言的数量本身既不增大也不减少他们出现语言障碍的概率。多语言并行学习并不会导致小孩"说话晚"或者"语言混淆"。婴幼儿具备成人无法复制的高效的多语言习得能力，过早英语启

扫描收看【TED演讲】Patricia Kuhl：婴儿的天才语言能力

蒙不会造成孩子语言混乱，更不会影响汉语的学习，若在语言关键期内能获得足量的语言输入，每一个孩子都有可能成为双语/多语者。

6.2 英语儿歌启蒙

正是基于上节的考虑，婴幼儿的英语启蒙可以从英语儿歌启蒙开始。随着孩子年龄的增加，从英文童谣到英文儿歌，再到英文流行歌曲，音乐可以陪伴孩子一生。

儿歌是儿童口头传唱的歌谣，它们大多是根据幼儿的理解能力、心理特点，以简明的音韵写成，也有部分儿歌是幼儿自己在游戏等场合随口编唱的。儿歌总是和儿童的游戏活动相伴相随，因此儿歌对儿童的作用也就和游戏的作用联系在一起了，使儿童在欢歌笑语中自然习得语言。

英语儿歌的语言浅显易懂，优美规范，适应了幼儿语言发展的水平，能够被幼儿所理解和接受。儿歌中常用的词汇是名词（动物、植物、食物、日常用品、交通工具等）、动词（走、跑、跳、爬等基本动作）、形容词（颜色、形状、大小等），这些词反映的事物及其属性比较具体，契合了幼儿的思维特点。同时，英语儿歌中简单句的大量使用，容易为他们所接受和掌握。

英语儿歌的语言特别强调形象性，着力于对人和事物的具体描绘，突出它的形态感、色彩感和动作感。所描绘的人、物，使幼儿念起来感到如临其境、如见其人、如闻其声、如触其物。英语儿歌中多采用摹声和拟人的表现手法，进一步增强了儿歌的形象性。孩子们在跟唱这些儿歌的时候，可以学着儿歌中的各种声音，模仿儿歌中的各种动作，使孩子产生身临其境的感觉，激发孩子的学习兴趣。

儿歌与音乐密切联系，儿歌中特有的悦耳和谐的音韵和鲜明的节奏能使孩子产生愉悦感。有些儿歌在内容上没有多大意义，但其和谐的韵律、铿铿的节奏都从听觉上给孩子以愉悦。因而儿歌的语言不仅要求浅显、口语化，而且须有严格的韵律、明朗的节奏，常形成有规律的反复。这种反复所造成的节奏感、音韵感则强烈地感染着孩子，让孩子乐此不疲地倾听和模仿。

既然英文儿歌在低幼时期有这么好的启蒙作用，家长可以怎么做呢？

首先，家长可以借鉴幼儿园的一些做法。幼儿园经常会给孩子们放一些经典的英文儿歌，孩子每天都听，也会跟着老师做一些 TPR 的动作。家长也可以问问幼儿园的老师或者自己的孩子，把这些歌曲下载下来，在家里和孩子一起玩，必要的时候再多找一些类似的儿歌进行扩展。

其次，把儿歌和数数、游戏或猜谜结合起来，和孩子一起通过亲子活动来培养孩子基本的数学和日常英语表达。

需要注意的是，儿歌启蒙尽管看起来很好，但是基于家长自身的能力以及儿歌对语言能力贡献的不可测量性，大部分家长也只是尽力地给孩子放一些经典儿歌，或者尽其所能地陪着孩子蹦一蹦、跳一跳、唱一唱，至于结果如何，也就只当尽力了。Diego 在儿歌启蒙的时候，Diego 爸爸本身五音不全，连和孩子一起唱儿歌都做不到，更别说装萌卖乖蹦蹦跳跳了。因此大家也不要过度自责在儿歌启蒙方面做得不够完美。

我接触过一些家长朋友，尤其是初中生的父母，她们说自己的孩子爱听英文歌曲。言谈之中家长表现出十分的满意，觉得自己孩子英语听力没问题。其实听力水平如何与是否爱听英文歌曲、是否经常听英文歌曲没有必然的联系。我们有很多家长也喜欢听周杰伦的歌曲，但是如果不看歌词，第一次听，大部分人未必能听懂他在唱什么。孩子喜欢听歌，未必一定要听懂或听明白歌词，主要是对旋律与节奏的那种感觉。尤其是孩子大了，听的流行歌曲当中，很多歌词为了和曲相配，都是经过裁剪的，与正常的听力之间还是有比较大的区别的。因此，Diego 爸爸对市面上那种"听歌学英语"的方法并不认可。

Diego 爸爸在这里推荐三套儿歌。

一套是《鹅妈妈童谣》(*Mother Goose*)。

《鹅妈妈童谣》其实是英美国家民俗儿歌的统称，最开始的版本只有 52 首诗歌，收录在 1791 年的 Newbery 版本的《鹅妈妈童谣》中，这个版本的童谣也可算是世界上最早的儿歌集。随着时代变迁，童谣的内容不断扩充，最多的时候统计大约有 800 多首儿歌都收录其中。这些儿歌内容多样，有幽默故事、游戏歌曲、谜语、催眠曲、字母歌、数数歌、绕口令、动物歌等。这里面包括了大家最耳熟能详的《伦敦铁桥倒下来》《玛丽有只小羊羔》等。

现在最为大家所熟知的鹅妈妈童谣，莫过于廖彩杏推荐的 *My Very First Mother Goose* 这个版本，但其实鹅妈妈童谣作为欧美民间流传多年的歌谣，是众多童书插画家竞相改编的素材，因此，好的鹅妈妈童谣版本远远不止这一个，大家可以自行搜索对比和购买。

另外一套就是 Wee Sing 了。

Wee Sing 是一套来自美国的英语经典童谣。经过几十年的发展，Wee Sing 已经发展成为美国家喻户晓的品牌，陪伴美国的孩子们逐渐长大。

1977 年，为了给自己的孩子寻找合适的童谣，音乐教师帕姆·比尔和苏珊·尼普开始了不断搜集的过程。期间，她们发现很多自己小时候听着长大的传统歌谣已经找不到了。这让她们萌生了制作一本图书的念头。于是，第一本 Wee Sing 就这样诞生了。

Wee Sing 一共九册，歌词中英文全文对照呈现，配有生动可爱的手绘配图，丰富的音乐亲子游戏和精准的五线琴谱。下面分别介绍这九册。

Wee Sing

《温馨童谣》：这一册汇集了大量适合小宝宝的歌谣、歌曲和催眠曲，包括配合膝上游戏、呵痒游戏、手指游戏、指认身体部位、拍手等多种类别的歌谣和歌曲。现代科学研究发现，婴幼儿早期的各方面发展，都与身体动作密切相关。各种各样的身体动作游戏和歌谣歌曲，给小宝宝听觉、触觉、动觉、视觉等多感官的信号刺激，能直接促进孩子的身心发展。从宝宝几个月起，大人就可以和宝宝玩这些游戏，这对宝宝各方面的发展都有很大的好处。

《和妈妈一起唱》：这一册汇集了两大类适合小孩子的歌曲，一类是摇篮曲，一类是传统童谣。摇篮曲，几乎见于所有的文化。给幼小的孩子哼唱舒缓优美的摇篮曲，不仅能帮助宝宝睡眠，也会给父母们留下温馨的回忆。而传统的童谣，和摇篮曲一样，都构成了文化的根基，是宝贵的文化遗产。不少传统童谣的词语、意境和旋律，直到今天，还不断出现在文学作品乃至媒体中，是我们了解英语文化的宝贵财富。

《动手指唱童谣》：本册收录的英语传统儿歌和手指游戏达 73 种之多，且均由孩子们所歌唱或朗诵。通过本书，您的孩子能学会数字和英文字母，记住自己的名字和住址、识别颜色、辨别方向、打拍子，以及模仿弹奏乐器等。而汲取本书的营养仅仅是起个好头儿罢了！小家伙，听着音乐快点长大吧！

《大家一起唱》：唱歌，不仅可以在音乐课上唱，更应该在平时的生活中唱。全家出行时，三五朋友小聚时，大家都可以一起来唱歌。这一册汇集了很多经典的英文歌曲，特别是和大家一起唱的。无论是快乐活泼的齐唱、简单有趣的轮唱，还是宁静祥和的合唱，都是那么优美。这些让孩子们从小就有和声的体验，享受唱歌的乐趣，也让我们每一天的日子充满音乐的祝福。

《快乐游戏》：童年的游戏，不仅能给孩子们的童年带来纯粹的欢乐，而且对其身体、认知、情感和社会交往的发展，也有莫大的好处。通过游戏，孩子们在奔跑跳跃中学习如何领导、服从、遵守规则、修改规则、合作和坚持。这一册就收录了英语世界里的一些最经典的游戏，有的配有朗诵，还有的配有歌曲（配有歌曲的游戏在目录中用音符做了标记）。

《动物大游行》：鸭子和兔子，奶牛和山羊，青蛙和蚊子，黑熊和浣熊，长颈鹿和猴子全都是这《动物大游行》的主角。该册呈现充满欢乐的童声合唱，是 70 多首有关动物的儿歌和诗歌的大汇总。录音中真实的动物声音效果一定会让小朋友们惊喜不已！

《开车去兜风》：这一册汇集了大量和交通工具，以及旅行有关的童谣、歌曲和游戏。交通工具，是不少孩子迷恋的主题。在幼儿园、亲子园里我们常发现，唱起火车的歌、挖土机的歌时，很多本来对音乐活动不感兴趣的孩子都会聚拢过来。通过孩子们喜爱的主题，让更多的孩子参与活动、喜爱活动。缘于此，这册书和配套光盘，成了很多幼教老师和父母的必备材料。这里收集了很多著名的英语绕口令，对语言游戏感兴趣的五六岁的孩子，也是兴致盎然呢。

《恐龙时代》：很多时候，恐龙这种神秘的史前动物对孩子产生的吸引力，是我们成年人难以想象的。我们常常看到,小恐龙迷说起恐龙如数家珍,我们也看到,有些本来对音乐活动不感兴趣的孩子,因为喜欢恐龙而参加以恐龙为主题的音乐活动。这一册就为有心的老师和父母准备了有关恐龙的丰富的音乐材料。各种恐龙的名字、颜色、大小、食物,居然都编进了儿童歌曲里。

《周游世界》:这一册汇集了来自全世界很多国家的儿童歌曲。这些歌曲,由这些国家的人用母语演唱,有的还附上了英文的演唱。关于有的歌曲,书里还介绍了当地孩子会随着这些歌曲进行什么样的游戏,做什么样的动作。这些来自不同文化的歌曲,能让孩子们的耳朵,从小接触与自己母体文化不同的语言和旋律。在文化日益多元的今天,这些美丽多元的儿歌,兴许会在孩子们幼小的心灵里,播下接纳与宽容的种子。

第三套是 *Super Simple Songs*(简称 3S)。

新版 3S 是 8 册合集,收录 160 多首经典儿歌,对于一些经典儿歌,也都进行了简化,语言目标更明确,所以一些有关民俗的、叙事性的童谣都被剔除了,而是更集中于幼儿的日常生活和认知学习,经过新颖的编曲和视频录制,更容易吸引小朋友们的注意力哟!从打招呼、字母数数、颜色形状,到吃喝玩乐、认识身体、生活自理,基本上囊括了儿童生活会话和认知学习的所有方面,而且内容难度是循序渐进。

除了音视频和纸质歌词之外,3S 还有配套字母单词点读闪卡 54 张,包含了 26 个英文字母和 104 个单词,每个字母对应 4 个单词。把字母本音、自然拼读发音、相关单词发音结合了起来。

3S 歌谣套装　　　　　　　　支持点读的闪卡

6.3　吸引眼球的 TPR

TPR 是 Total Physical Response 的缩写,指全身反应教学法,是加州心理学家 James Asher 博士提出来的。他通过分析研究母语实现的过程,倡导把语言和肢体动作联系起来，让大脑的不同部位共同协调训练，建立语言思维，达到掌握外语的目的。

James Asher 认为，右脑是缄默的，非语言性的，但是它可以通过指令做出对应动作来表达自己。通过让语言进入右半脑引起行为变化，学生很快就可以理解语言代码，当学生能够理解目标语的基本结构及其表示的含义时，他就做好了说的准备。

TPR 最明显的特征就是"听——做动作"，通过语言学习者听到一个外语指令，用身体动作对它做出对应，从而使听者逐渐自然建立语言能力。最典型的例子就是当听到"stand up"就从座位上站起来，听到"touch your nose"就去摸自己的鼻子。应用更多的手势和简单实物教具，TPR 完全可以展示动词的不同时态以及复杂的句子形式。

漏屋老师认为，TPR 是典型的符合二语习得基本理念的一个非常有效的教学体系。它的特点符合 SLA 的关于语言形成的各项假说和建议：

(1) 主张学习者通过"可理解输入"先建立听力能力，不强迫学生开口说；
(2) 降低学生紧张情绪；
(3) 左右脑协调使用，共同实现语言能力（左脑负责接收指令，右脑负责做动作）；
(4) 模仿真实的语言环境；
(5) 不教语法知识，也不急于学读写。

TPR 的最大局限是很难表达抽象的事物和太过复杂的句式，甚至复杂的时态。如果勉强为之，理论上可以实现，但反而降低了这种方式的有效程度。后期在 TPR 基础上衍生出的 TPR-B，TPR-O 和 TPR-S 都有类似的问题。漏屋老师认为应用 TPR 的典型词汇应该在 1000 个左右，不能也不用太多，启蒙期学几百个就足够了。

TPR 的语言形式以祈使句为主，其他句型的出现只能服从于祈使句的使用；此外 TPR 比较适合对动词进行反应，对名词和形容词以及介词等，存在着表达困难现象。这时，我们可以把 TPR 和其他方式结合起来。大家切记学无定法，没有一种通杀的方法和工具，家长们要善于取长补短。比如把 TPR 和闪卡结合起来，把动词的动作表现和闪卡上的名词结合起来，给

培训机构的 TPR

（图片来源：http://www.izaojiao.com/app/360app/view.php? act = kecheng&kid = 25447）

孩子做个小猴子的面具，手里拿着一个香蕉或者香蕉闪卡，完成诸如吃香蕉的动作。

压力过大、频繁的测试是孩子英语学习的拦路虎。TPR对学生的错误采取宽容的态度。在传统教学法过程中，教师对待学生的错误都是有错必改，精益求精，致使学生总怕出错、怕出丑而不敢大胆开口说，只是机械地跟读，而且小心翼翼。而TPR教学法对待学生的错误则采取宽容的态度，只纠正一些较大的错误，在纠正时也注意方法，不使学生感到压力。

总之，TPR是一种在幼儿园或家庭中可以随时进行的一种简单易行的"活泼"方法，孩子喜欢，培训机构也喜欢。家长们在试听课的时候，看着孩子们热热闹闹，蹦蹦跳跳，充满了欢声笑语，这不就是家长心中理想的快乐学习场景吗？TPR在实际学习中的作用也因此容易被夸大。

随着年龄增长，孩子们会逐渐变得害羞和矜持，也就慢慢不爱做这么"幼稚"的动作了。

6.4　点读机和点读笔

在孩子3~5岁之间，可以根据孩子的英语启蒙情况，给孩子择机使用点读产品，以降低家长的辅导难度，尤其是很多家长觉得自己发音不准，不敢和孩子做过多的亲子共读。借助点读产品，可以一定程度上解决这个问题。

随着计算机和信息技术的发展，当前的点读产品主要分为两类：点读机和点读笔。

点读机也有很多名称，比如叫学习机、故事机、技能机、早教机等。目前点读机又分为两类，一类点读机类似一个平板电脑，但配置比平板电脑低，从而降低点读机的成本。

普通点读机

另外一类点读机配备了一支笔和一台识别机。点读笔的笔头装有扫描头，以此来识别纸质材料上的文字或二维码。然后点读笔经过识别和解码，传输给识别机，在识别机上发出声音，播放相应的视频片段或者展示其他图文信息。如下图所示。

带扫描笔的点读机

点读机的基本定位是针对中小学生设计的多媒体学习工具，一般内置小学、初中多种版本的英语教材，即点即读即翻译，希望能调动孩子学习英语的兴趣。

但是，Diego 爸爸说过，任何优秀的材料，一旦变成教材，变成任务，在孩子的眼睛里就一下子变得枯燥和无聊起来。学习这些材料就意味着考试不久就要降临。而且，学校的考试现在做不到"教考分离"，结果很多孩子的学习就被变得粗暴简单，好像学习这些教材的唯一目的就是为了应付考试。基于这样的一个现象，孩子们使用这类学习机就变成了"我妈觉得好的学习机"。点读机里的这些学校的教材和辅助材料，很难真正让孩子们喜欢。

九门同步都能点读

小学三门 英语 语文 数学
初中九门 语 数 英 政 史 地 物 化 生

语文　数学　英语　物理　化学　生物　历史　地理　政治

某点读机的功能

点读机，尤其是不带点读笔的点读机，其实质上就是一个只能运行特定程序的低配版本的平板电脑。这种特定程序就是内置的那些中小学生教材及辅助教材。从计算机软件的角度来看，普通平板上类似程序很多，如果家长有时间和精力，完全可以在自己已有的平板电脑上下载安装中小学的各科学习材料。如果家长不愿意折腾，也可以考虑入手一个这类点读机，配合学校的英语教材同步使用。但同时要有心理准备，孩子很可能用不了几天就没兴趣了，而且学校的英语教材难度太低，根本无法满足孩子英语学习的实际需求。

除了点读机，还有一种点读笔。点读笔有一个光学扫描头，通过识别纸质材料上的特定信息来找到点读机的内存卡中对应的音频材料，并通过点读笔内置的小喇叭播放出来。

点读笔的基本定位是英文绘本和分级读物这类课外材料，相对于学校的英语教材，具有较强的趣味性。从成本来讲，点读笔不需要屏幕显示，价格可以做得较低，市场价格在几百元左右，而点读机的售价在一两千元。

相对于点读机，点读笔打消了家长不愿意孩子过多接触电子产品以免损害视力的顾虑，同时能够提供地道的发音，可以帮助家长在和孩子亲子阅读英文绘本和分级读物的时候协助孩子完成英文的形到音之间的映射。如果材料合适，家长还可以用点读笔在家里完成 TPR 的训练。

常见点读笔

目前市面上的点读笔种类繁多，家长往往更容易出现选择困难症。Diego 爸爸这里列出一些选择建议，更多具体问题，可以随时关注 Diego 爸爸的微信公众号里面的产品推荐和使用建议与指导。

点读笔本身技术含量不高，技术成熟，各家产品大同小异。更重要的是可点读资料的数量。点读笔公司间的竞争，很多时候就是可点读资源的竞争，谁的资源多，谁就更容易得到用户的青睐。有的点读笔比较封闭，只能点读自己的配套图书，当阅读完买笔时配的书后，想去点读更多书时，可选的范围就只能局限在这家点读笔公司提供的图书，如果想点读其他点读笔品牌的图书，就只能再花钱买该品牌的点读笔。

有的点读笔不仅兼容市面上 90% 的有声图书，可以点读多家品牌点读笔的配套图书，更是采用开放式的点读资源制作，经过不断庞大的用户和商家群体，每年都在不断制造出海量的点读资源。

通过允许用户自己 DIY 制定任意点读教材，不仅可以让普通的图书也可以实现点读，大大扩展了点读笔用户可点读的范围，也可以让日常物品通过贴码的方式实现点读。

资源是点读笔的命门

随着技术的发展，点读笔的技术和产品形式也发生了新的变化。目前出现的绘本阅读机，或者叫绘本阅读机器人，就是增加了屏幕和摄像头，做成各种可爱的动物形状，甚至以台灯形式出现。使用时，绘本阅读机端坐在桌面上，对摄像头范围内的绘本进行图像识别，即可完整播放本页音频。同时，也可以通过摄像头识别手指指向的位置，然后播放对应的单词或句子音频，从而实现"指哪读哪"的交互过程。

这种绘本阅读机器人本身是一个小电脑，所以功能会越来越多，比如支持自己录制绘本，讲故事，绘本跟读录音评分，中英文翻译等。

在本节的最后，Diego 爸爸再次提醒家长朋友们，任何产品都不是万能的，有其长必有其短。点读笔的主要问题在于点读出来的句子是分开的，这样虽然有了互动，但长故事被切割成了一句一句独立播放，点读顺序错乱将导致故事音频不再连续。尽管孩子可以通过严格按顺序点读来保证播放顺序，但语音播放效果就像看动画片不断地暂停一样，体验会比较糟糕。虽然经过多样化音频制作，点读笔也可以播放整本音频，但又不具备 mp3 播放器的其他功能。绘本阅读机虽然看起来功能强大，但对绘本资源、摆放位置、网络状况、光线强弱、反光等因素要求苛刻，失去了孩子手握点读笔各种姿势点读的自由。

无论是点读笔还是阅读机器人，都是婴儿期的学步车和学步带，在 2-4 岁之间可以辅助使用。孩子应按照本书的训练体系进行系统训练，适时放弃点读笔或阅读机器人，让孩子尽早进入自由听英文故事和看英文绘本的阶段。

绘本阅读机器人

6.5 低幼英文动画及使用

低幼英文动画片很多，也都很优秀，小宝宝们的早期通过音视频进行英语启蒙的材料非常丰富，所以家长朋友们根本不用担心孩子的材料问题。家长可以多下载一些各种经典动画片给孩子试看，孩子喜欢看哪种就看哪种。

限于篇幅，本节只列出一小部分经典英文动画片，更多推荐和分享请关注 Diego 爸爸的微信公众号"迪爸英语训练营"。

《天线宝宝》(*Teletubbies*)

《天线宝宝》是一部寓教于乐的动画节目，发行于 1997 年到 2001 年，在 BBC 儿童频道 CBeebies 首播，长达 365 集，每集 30 分钟左右，主要的收视对象是 1~5 岁的学龄前幼儿。可以用作幼儿英语启蒙使用，每天用去 30 分钟左右的时间让宝宝独立观看，不但能让他（她）安静下来，还能对他（她）的语言、智力、动作等各方面发展产生良好的影响，《天线宝宝》没有设定明确的教育目标，它只是让孩子们在游戏中学习和成长。

《天线宝宝》集中了几十名早教专家的研究成果，几百位妈妈及相关人士相互讨论，与上千名 0~5 岁的孩子直接接触，采集这个年龄阶段孩子们最可能被吸引的信息、影像和

《天线宝宝》

语言，历时数年制作而成。

但需要提醒家长朋友的是，由于天线宝宝太受欢迎，国内外的一些视频网站中出现了一些针对天线宝宝的恶搞视频。如果孩子喜欢天线宝宝，不要让孩子自己在网络上随意搜索，以免受到不良影响。

《花园宝宝》(In the Night Garden)

《花园宝宝》是英国 BBC 出品的一档低幼电视节目，内容及呈现方式是针对四岁以下婴幼儿的知觉动作、认知语言的发展而设计，提供给小孩许多视觉上的美感与知觉经验。与一般低幼儿童节目不同，《花园宝宝》的特色是完全看不出要教幼儿什么东西，而是孩子们一段好奇探索的欢乐时光。共播出 100 集，每集 28 分钟左右。

《花园宝宝》

《芝麻街》(Sesame Street)

《芝麻街》是美国公共广播协会（PBS）制作播出的儿童教育电视节目，该节目于 1969 年 11 月 10 日在全国教育电视台上首次播出。它是迄今为止获得艾美奖奖项最多的一个儿童节目。这个节目综合运用了木偶、动画和真人表演等各种表现手法向儿童教授基础阅读、算术、颜色的名称、字母和数字等基本知识，有时还教一些基本的生活常识。其中许多滑稽短剧和小栏目都已成为其他电视节目竞相模仿的典范。

2018 年 1 月 21 日，《芝麻街》第 47 季获第 29 届美国制片人工会最佳电视儿童节目奖。

对于家长来说，《天线宝宝》和《芝麻街》都是优秀的幼儿节目，前者出自英国 BBC，后者出自美国 PBS。《芝麻街》综合运用了木偶、动画和真人等多种表现形式，放入很多信息和元素，节奏相对较快。通过色彩丰富的画面、快速变化的情节引起孩子的注意，让孩子接收更多的信息，从而达到早期教育的目的。《天线宝宝》的内容极为简单、安全，并且节奏缓慢，甚至被很多成年人认为"幼稚、单调"。《天线宝宝》完全是根据孩子的想象创造出来的，节奏缓慢，信息量适当，语言重复且具有启发性，鼓励孩子与天线宝宝互动，而不是让孩子被动接收信息。

美式早教是"快教育"，英式早教是"慢教育"，两者相比较而言，"慢教育"方式在孩子的早期教育上更有优势。保持和孩子一样的节奏，从孩子的视角出发，给孩子可接受的信息量，孩子既能从中得到知识，还能感受到尊重。

《芝麻街英语》

《粉红猪小妹》（*Peppa Pig*）

《粉红猪小妹》是一部超级受欢迎的英国学龄前儿童动画片系列。故事围绕粉红猪小妹的日常生活展开，家长和孩子们可以通过动画片学到许多常见的生活用语，而且还能体会到英国的日常生活和西方文化。《粉红猪小妹》画面干净，画风简单、清新且色彩明亮饱和，剧情温馨有趣，语速适中，日常用语丰富，是一部非常好的启蒙英语动画片。

《粉红猪小妹》

当前《粉红猪小妹》的外围产品很丰富，反过来又可以进一步促进孩子对粉红猪的喜欢，激发学英语的兴趣。

《汪汪队立大功》（*Paw Patrol*）

精通科技的10岁男孩 Ryder 组建了一支由六只小狗组成的汪汪队，大家各有特长，在 Ryder 高科技设备的协助下，他们帮助社区居民和小动物解决了各式各样的难题。不管遇到多么困难和危险的救援任务，幽默乐观的狗狗们都能在轻松欢乐的气氛里顺利完成任务。

《汪汪队立大功》

萌宠＋冒险故事＋各式汽车的组合，比以小朋友日常生活为主题的粉红猪剧情复杂一些，听力难度也比粉红猪高。*Paw Patrol* 剧情活泼有趣，崇尚善良、友爱、智慧、勇气，还会穿插介绍一些自然、科学常识，非常适合4~10岁的小朋友们观看。

前面我们说过，英文动画片很多，孩子爱看哪个就看哪个。但是从语言学习和扩展的角度来看，还是要选那些最经典的动画片，可以诱导孩子喜欢这类动画片。因为最经典，所以各类资源才多，家长才更容易站在巨人的肩膀上进行扩展。

比如，有人统计了《汪汪队立大功》第一季中的单词，发现共有53945个单词，排除重复出现的单词，只剩下3068个单词。其中：

出现过100次以上的单词，105个。

出现过 51~100 次的单词，81 个。
出现过 11~50 次的单词，467 个。
出现过 6~10 次的单词，333 个。
只出现过 1~5 次的单词，2082 个。

如果家长有时间和精力，孩子又特别喜欢这部动画片，那么就可以进行扩展。比如可以把高频词（出现 51 以上）提前准备出来，让孩子提前集中认识其发音和字形。有选择地把那些中频词（出现 6~50 次）过一下，忽略低频词。

出现次数	单词	出现次数	单词	出现次数	单词
2141	i	10	yet	1	treasures
1969	the	10	wonder	1	transform
1134	to	10	took	1	trained
971	you	10	tide	1	trail's
837	and	10	shake	1	tracked
821	a	10	santa's	1	track's
673	it	10	remember	1	town's
640	on	10	purse	1	totter
640	is	10	pond	1	toss
617	barking	10	patch	1	topping
611	ryder	10	nope	1	toothbrush
601	go	10	munching	1	tons

Paw Patrol 第一季中的词汇统计（部分）

其实，家长可以更淡定一点。因为我们辛辛苦苦统计出来的这些高频词早就有人帮我们统计出来了，那就是著名的 220 个 Dolch Sight Words，这些单词加在一起，占据了学校课本、图书馆读物、新闻报纸和杂志中近 80% 的内容。

有关 Dolch Sight Words 和自然拼读，请参考本书后续章节。

第 7 章
拯救哑巴英语从跟读开始

7.1 从呱呱坠地到咿呀学语

中文有个成语叫"呱呱坠地",就是说孩子出生时哇哇大哭的样子。孩子哭得越响亮,家长越高兴,说明孩子越健康。如果孩子不哭,医生都会紧张,必须要把孩子拍哭了才算完。孩子为什么一出生就会大哭?家里的老人可能说是宝宝刚接触陌生的环境,遇到了寒冷的空气和刺眼的灯光,由于恐惧而发出哭声。现代医学告诉我们,幼儿出生后的第一声啼哭,并非是真正的哭泣,而是由于原本曲缩的胸廓扩张,肺部张开,幼儿开始做吸气、呼气的运动。而当气体排出时,其产生的压力会导致喉部肌肉收缩,震动声带,发出类似啼哭的声音。在不停的吸气、呼气中,声带一直被拉扯着,幼儿也就啼哭不停。等到身体内氧气浓度达到平衡状态,呼吸平缓,压力减少,自然会慢慢停止哭泣。

那么能否根据婴儿出生时是否啼哭来判断幼儿是否是个天生的哑巴呢?答案是否定的。首先,除了极少数出现的先天喉部发育异常或声带麻痹,婴儿都是可以发出声音的,但这种声音不是语言。我们说的哑巴,一般指的是不会说话,而不是发不出声音。我们说"十聋九哑",大多数哑巴是因为耳朵听不见,是先天听力障碍,导致婴儿无法听到语言,从而出现语言障碍。所以,如果婴儿能够听到声音,哭的时候又能发出声音,一般是不会哑的。和 Diego 的同病房婴儿,出生后一起带去听音室测试听力,结果没有通过听力测试,家长一下子紧张起来。如果确诊孩子听力先天缺失,将来极有可能不会说话。

尽管婴儿期的宝宝不会说话,但可以通过肢体、表情和声音来向外界传递信息,表达自己的需求和生理状况。有人把婴儿的发声分为三个阶段:哭声期、咿呀作语期和发音萌芽期。

哭声期:4个月以前的宝宝,主要靠哭声来表达需求。有经验的妈妈们是这样解读宝宝哭声的。

- 我饿了——宝宝哭声有节奏且短促,然后越来越强烈,最后变成号啕大哭。
- 我疼了——噪声突然爆发,刺耳的尖叫,伴有张大嘴巴、握紧拳头等动作。
- 我困了——哭声急躁而不连贯,有时大哭几声,有时哭不出来,伴有打哈欠、很厌烦等。

咿呀作语期:宝宝从4个月大起,开始有了要"说"的表现,常常会咿呀说个不停，大多数为单音节，6个月前后，开始出现双音节，如"爸爸，妈妈"等。妈妈要非常珍惜宝宝的"咿呀作语"，每当这个时候，妈妈应该放下手里的活，面带微笑地靠近宝宝并呼唤宝宝的名字，再不停地重复宝宝的发音，一来一往，宝宝再次听到妈妈呼唤名字时，会"咿呀作语"来回答。坚持不懈地训练下去，宝宝会慢慢学会如何和成人进行交流。

发音萌芽期：随着宝宝发音器官的完善，宝宝能发出更多的音节，音调也开始多样化。有时候，宝宝会模仿大人的一些简单的肢体动作和语音。当宝宝模仿时，成人要及时给予肯定和鼓励。因为宝宝注意力集中的时间非常短暂，为了维持说话的兴趣，妈妈要顺着宝宝的思路不断改变话题。

我们可以说，婴儿的第一声啼哭是没有意义的，是单纯的空气传过发音器官产生的声响。婴儿随后用变化的哭声来和父母交流，表达需求和情感。最后，开始笨拙地模仿大人的发音，其模仿的对象是我们在日常对话中能找到的且带有重复音节的音。但"咿呀学语"是婴儿模仿大人说话，但由于发音器官发育不足等原因，模仿结果不好造成的。家长对于婴儿的咿呀学语一定要及时反馈，因为这是婴儿和家长在交谈。如果婴儿不能及时得到父母的反馈，就会逐步丧失对话的热情，会有自闭症倾向。所以，初为父母者一定要控制住和婴儿在一起的时候不要只玩手机而忽视和婴儿的交流。

随着婴儿发音器官，听音器官及其构成的反馈系统的日益成熟，婴儿的模仿学习能力日益增强，也就开启了从单词、短语、短句到长句的语言进阶之路。

7.2 如何进行模仿跟读

像鹦鹉学舌一般进行模仿跟读。

幼儿学英语，为什么要强调从"鹦鹉学舌"开始呢？因为这是最自然的形成"标准"发音的方式。一提到所谓的英语标准音，家长们自动分成两派：一派是特别在意孩子的发音，要么喜欢英音的绅士，要么喜欢美音的清晰，非常在意孩子一开始发音的地道性，担心孩子发音被带偏。另外一派认为英语交流在于流畅，口音无所谓，认为印度口音、阿拉伯口音、日本口音或中国口音并不影响实际交流。

Diego爸爸认为，孩子说英语和成人说英语的起点不同。成人因为口音已经形成，难以纠正，所以只能通过口语的流利度这个衡量指标来表明自己的中式英语依然能够达到交流之目的。如果儿童学英语的时候，可以自然形成一口让别人更容易听懂、说起来更悦耳的口音，为什么不呢？我们经常说"理直气壮"，说英语也一样，"音直"了，发音让人听起来自然舒服，才能给孩子带来"气壮"，带来自信心。如果孩子经常担心发音不准，不敢轻易说英语，那么在英文对话和朗读时难免信心不足，久而久之就成了"哑巴英语"。

英国语言学家Firth教授指出：Without phonetics there can be no morphology of a spoken language; without intonation, no syntax.（一种口头语言如果离开了它的语音体系，就不可能有它的词法；离开了语调，它的句法也就不存在。）语音阶段是语言学习的基础，打好基础是学好语言的关键。因此，我们要想拯救孩子的哑巴英语，就应该重视孩子的语音训练。模仿是幼儿的本能，模仿能力是人类天生具备的，是学习语言的根源。所以，模仿跟读是幼儿学习语言的基本方法。

但是，必须要强调的是，跟读不是说，也不是记忆和背诵。模仿跟读是仅仅从嘴巴里蹦出了一串句子，没有经过大脑再加工，只是一种原有语音片段的拷贝输出，这不叫"说"。"说"是个人思维的表达形式，源于人的思想。这种表达内容可能受到了外界输入的影响，但不是原样拷贝。所以家长不要认为孩子因为喜欢某本有声书，反复听，反复跟读，最后达到大段大段脱口而出的程度，就认为孩子的英语说得好。这距离孩子自由输出还有挺远的距离，家长不可因满足而止步于此。

孩子因为喜欢而反复模仿跟读，最后脱口而出，这种现象和背诵挺像，但其本质上是不同的。大段模仿跟读是一种对刺激的本能反应。比如和 Diego 讨论《哈利·波特》的情节，说着说着，随着他脑海中某个场景的闪现，他脱口而出一段对话。这段对话就是一种对当前场景刺激的本能反应。模仿跟读时孩子的神态是灵动

《头脑特工队》中有关核心记忆的镜头

的、自然的。背诵则不然，背诵是从庞大的记忆库里搜索语音特征，然后进行回放。背诵的常见特征就是翻白眼。在剑桥少儿英语的口语考试中，如果孩子翻着白眼背诵自己原先准备好的台词，会很容易被考官发觉并扣分。在动画片《头脑特工队》（Inside Out）里面，就有 Core Memory（核心记忆）和普通记忆的情节。

说到记忆，Diego 爸爸一直不太明白的是，很多人（尤其是老一辈的）特别喜欢让孩子从小背唐诗、宋词。他们认为幼儿是人的一生中记忆力最好的时期，不让他背诵点东西十分可惜。认为幼儿背诵的东西一生不忘，终身享用。所以，大家可以看到年轻的父母以孩子小小年纪背诵多少唐诗为荣，殊不知过了几个月不背，孩子就会忘得干干净净。

为此，Diego 爸爸曾经专门探究了一番，没有发现科学的证据证明幼儿期的记忆力最好。从脑科学的角度来看，人类在 20 岁左右，在生理上脑容量不再增长，应该是处于记忆的巅峰。在我们的语文课本中，"熟读并背诵"这条指令难为了多少学生，成为他们不喜欢语文的一个重要原因。

很多家长看到网上有背诵《新概念英语》成功学英语的案例，于是也让自己的孩子开始背诵《新概念英语》。Diego 爸爸认为成人学英语和幼儿学英语是不一样的，应该根据儿童特征进行自然习得，千万不要放弃孩子的天生优势而不用，转而去用成人的苦行僧式的方法。这里就不再进一步讨论背诵《新概念英语》的方法是

否具备可复制性的问题。因此，Diego爸爸建议孩子的启蒙期英语模仿跟读的基本做法是：只模仿，不背诵，不纠正。

为什么建议对幼儿的跟读不纠正呢？我们先来看网上有关溥仪的一段轶事。

国学大师王国维对古董颇有研究，收藏了很多文物。有一次溥仪拜访王国维的时候，王国维就随手将自己淘来的字画给溥仪看，本来是想向溥仪炫耀一下自己眼力的，但溥仪看到后竟笑了，随手捡起了几件并告诉王国维："这些东西都是假的，我可以用我的人格保证。"王国维听后感到十分尴尬，碍于情面当时没有说什么，但他是不大相信溥仪说的话的：溥仪虽然是帝王，但对古董的研究绝对没有自己透彻，而且自己收藏文物这么多年，还没有出过错，怎么可能会是假的呢？后来经多个朋友鉴定，果然是假的。后来王国维遇到溥仪后问他为何一看就知道是假的，溥仪的回答十分霸气，他说，"我也不知道为何是假的，我只是觉得和我家里的那几件不大一样，就是这么简单。"

对于溥仪来说，他对这些物件只看过真的，没看过假的，所以发现这些和自己的不一样，就可以断定是假的。

孩子在英语启蒙期的时候，我们只给孩子提供"真"的、"地道"的英语，而不让他们接触那些"中式"的、"日式"的英语，不让他看到错误的，这样坚持下去，孩子们一下子就能判断出正确的和错误的英语句子，语感就是这样形成的。所以，启蒙期不要反复给孩子们"敲黑板"：注意了，记住了，是you are，不是you is，是she is，不是she are。这样的反复纠正的结果，往往是孩子们牢牢记住了you is和she are这种错误的搭配了。反过来，不要给孩子看这种错误的搭配。孩子们无论是在动画片中，还是在有声书中，或者是在绘本中，都不会遇到这种错误的搭配。这种错误的搭配，只会出现在考试题中，所以不要过早地考孩子，不要让孩子过早接触错误的搭配，尤其是在孩子的语感形成之前。

跟读模仿时，材料的选择非常重要。初期的跟读，应该偏向于日常简单的口语和对话，可以是动画片或者少儿真人秀，而且对发音和语速都有要求，因此需要仔细选择启蒙期跟读材料。跟读日常类材料实际上是模拟母语国家孩子的生活场景，积累基本生活词汇。而且这种场景应尽可能多样化，从而让孩子产生正确的场景刺激，容易达到准确地脱口而出的程度。

提高期的跟读，可以跟读一些有声绘本，利用短时记忆来听读、指读和朗读，也就是适当地跟读一些书面语，这样为后期独立读书提供足够的语音词汇。

前车之鉴

有的家长喜欢照搬语文的学习方法，让孩子大声朗读英文课文。按照"没听过的不说"原则，如果孩子之前没有听过这篇文章的原版录音，他是无法正确发音的。比如two apples和one apple，这两个读音是不一样的，后者有连读。

> 连读不是靠记忆来掌握的,而是靠大量的听正确的发音,靠语感来掌握的。所以,家长就会发现孩子读起来不自信,磕磕巴巴的,读不出美感来。下图据说是某机构给孩子的跟读作业。如果没有原版音频,只根据图中符号标识来读,不仅读得很累,很结巴,而且还读得不地道。如果有原版音频,直接跟读原音即可,标识基本上属于画蛇添足。

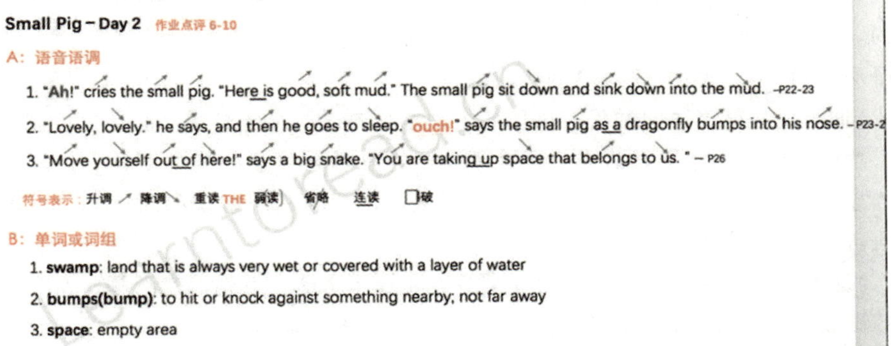

Small Pig – Day 2 作业点评 6-10

A: 语音语调

1. "Ah!" cries the small pig. "Here is good, soft mud." The small pig sit down and sink down into the mud. –P22-23
2. "Lovely, lovely." he says, and then he goes to sleep. "ouch!" says the small pig as a dragonfly bumps into his nose. –P23-2
3. "Move yourself out of here!" says a big snake. "You are taking up space that belongs to us." – P26

符号表示:升调 ╱ 降调 ╲ 重读 THE 弱读 ( ) 省略 连读 ⌣ □破

B: 单词或词组

1. **swamp**: land that is always very wet or covered with a layer of water
2. **bumps(bump)**: to hit or knock against something nearby; not far away
3. **space**: empty area

标注了音调的英文段落

因此,Diego 爸爸建议,启蒙期以模仿跟读为主,坚守"没听过的不说",不要做独立朗读。朗读的材料要有原版音频,比较简单,感情丰富,类似诗朗诵;朗读不是用于学新东西,而是在熟悉音频的基础上,进行感情体验。正常难度的文字材料,如绘本和分级读物,可以快速地看,不读出声。为什么区分看书和读书,请参考本书后续章节。

本节的最后,还要再次提醒大家别忘了"十聋九哑",千万别只想着通过跟读正音来练出一口流利的口语。前面我们强调过"没听过的不说",实际上没听过的也说不出,说出了也不知道说的对不对。这种情况下,哪怕孩子的发音再地道,他也很可能不知道说什么,无中生有的说出来的也不知道对不对,也就不自信。所以,如果英语听力不行,要想口语好,是绝无可能的。

7.3 跟读从动画片开始

为什么要从动画片而不是绘本开始跟读?因为动画片比绘本更鲜活!这实际上是希望尽可能地模拟我们的母语环境:活动的人和物体更容易吸引孩子的注意,能够给孩子提供更多的信息,从而让孩子更容易猜测。

孩子跟读动画片最合适的材料无疑应该首推《迪士尼神奇英语》(*Disney's*

Magic English)。

《迪士尼神奇英语》一共32集,每集有23分钟左右的内容,主要是融入了迪士尼动画片系列故事里的人物内容和对话。里面集合了迪士尼动画的经典角色,如唐老鸭、米老鼠、白雪公主、灰姑娘、长发公主、小飞侠彼得潘、小狮子辛巴……每一集都很生动有趣,浅显易懂,无论孩子有没有英语基础,都可以完全理解,这是非常重要的。只有孩子能够看得懂的材料,才符合二语习得理论的"可理解性输入"的要求。

《迪士尼神奇英语》

《迪士尼神奇英语》并没有采用各个动画片自己的声音剪辑,而是只用了画面剪辑,然后配以旁白,发音清晰,语速适中,特别适合孩子的模仿跟读。这样通过精彩的故事片段和孩子们喜爱的角色来吸引孩子,同时利用解说和对比来引导孩子完成语言和故事场景的映射。

《迪士尼神奇英语》不含任何中文解说和提示。这一点就非常科学,避开了错误的翻译教学法的影响。但是在实际使用的时候,很多家长和机构画蛇添足地配上中英文电子书或纸质书,有的甚至还逐字逐句地进行翻译和中文释义。对于家长来说,如果家长自己的观念错误,那他们可能会认为翻译是正确的,背诵是必需的。持有这样观点的家长,建议首先要纠正和完善自己的英语学习理论基础,然后再进行实际规划和操作。不然,失之毫厘,谬以千里,在错误的道路上越坚持,对孩子的伤害就越大。

《迪士尼神奇英语》每一集一个主题,涉及打招呼、家庭、朋友、颜色、动物、生日、时间、数字、身体、聚会、食物、大海、森林、季节、乡村、城市、音乐等等,基本上涵盖了孩子生活的方方面面。爱他人、友谊、热爱劳动等积极正面的普世价值观贯穿整套动画片,从第1集到第26集难度逐步上升。此外,制片方认真研究了儿童的认知顺序和心理特点,精心安排内容,调整内容顺序,使其更符合儿童对身边世界的认知顺序,语言难度也逐步上升。

迪士尼神奇英语:从单词到短句

《迪士尼神奇英语》不仅仅是精彩的动画片片段的集合,它还是一套互动式视听合一的教程，特别适合孩子模仿跟读。里面有唱歌（卡拉 OK）、问答、猜图等，在视频中给孩子留出时间进行互动。

《迪士尼神奇英语》：玩耍时间和卡拉 OK

既然明确了《迪士尼神奇英语》是一个必选的模仿跟读动画片，那么具体该如何模仿跟读呢？

1. 跟读的主角和配角

主角当然是孩子，配角最好是父母，家里的老人也可以，但不能没有配角陪伴。孩子在 3 岁左右就可以进行模仿跟读，如果孩子比较大，在六七岁也是应该跟读正音的。一般来说，孩子越大，越不爱张嘴。如何撬开大龄孩子的嘴巴，让他进行模仿跟读，是家长的首要任务。家长必须绞尽脑汁，斗智斗勇，威逼利诱，想尽办法来保证孩子的跟读效果。绝对不能只看不跟读，否则只是看个热闹，浪费了这宝贵的跟读启蒙材料。

如果孩子对《迪士尼神奇英语》非常感兴趣，只愿意看，但死活不张嘴跟读，家长却束手无策，请参考本书第二章"家庭环境和孩子"。

如果孩子竟然不喜欢看《迪士尼神奇英语》（这种情况虽然很少发生，但也有家长反馈），只愿意看电视上的热播动画片。这种情况一般是孩子属于放养状态，电视播啥看啥，被劣质动画片占了先机。这时候家长应该陪着孩子一部一部地看迪士尼经典动画片。我绝对相信迪士尼经典动画片的杀伤力，只要家长能陪着孩子一起看个开头，绝大多数孩子肯定会被吸引。

有的家长认为迪士尼动画片太老了，不是当前主流热播动画片，因此不愿意给孩子看，认为孩子看了会落伍，赶不上潮流。实际上，经典的动画片之所以经典，就是因为其生命力长青，甚至已经变成了一种文化符号。就像《西游记》和《红楼梦》，以及"四书五经"，我们为什么会要求孩子去看去学？此外，经典的材料才会有充足的各种形式的辅助材料，让我们可以根据孩子的个性特点进行选择和使用。

从这些不爱看《迪士尼神奇英语》的孩子身上，我们可以发现这套材料唯一的一个不足：就是需要孩子提前对迪士尼的经典人物和动画片比较熟悉。如果孩子从来没有看过迪士尼的动画片，他连唐老鸭和米老鼠都不认识，又怎么会对剪辑混杂在一起的动画片感兴趣呢？

因此，为了更好地吸引孩子，建议家长在使用《迪士尼神奇英语》之前，先带孩子一起观看迪士尼的经典动画片整片。只有孩子先爱上迪士尼的人物和故事，他在模仿跟读《迪士尼神奇英语》的时候，才能水到渠成。

孩子模仿跟读时，家长的陪伴必不可少。千万不要把动画片扔给孩子就不管了。家长陪伴时，有几个作用。一是亲子观影可以拉近亲子关系，让孩子不会感到孤单；二是对孩子的模仿跟读进行监督，避免孩子不张嘴或模仿不到位；三是在孩子遇到长句、跟读困难时可以和孩子一起跟读，鼓励孩子坚持下去。

2. 跟读方法

其实《迪士尼神奇英语》的跟读方法比较灵活，只要把握住了几个基本原则，就没有那么多的"必须"和"一定"。比如有的机构觉得原来的一集 23 分钟太短，偏要整理出一套 60 分钟版本，要求必须每天跟读 60 分钟才可以。这里我们暂且不讨论对迪士尼动画片的处理是否获得了迪士尼公司的授权；对孩子来说，60 分钟盯着电视屏幕对眼睛的伤害，是很多家长不能容忍的。前面我们也提到过，动画片的经典长度设为 20 多分钟，这是有科学依据的。因此，一次跟读的时间设定为一集动画片即可。如果孩子小，自由时间充分，而且孩子的跟读效果并不太好，那就可以上午跟读一集，下午再重复跟读同一集。

跟读时，由于内容比较简单，所以没有必要先看一遍再开始跟读，可以直接开始跟读。由于难度是从简单到复杂，从单词，到短语再到短句，因此孩子的跟读难度也是递增的。有的家长觉得孩子大，从第一集跟读有点不好意思，觉得过于简单，可以调到合适的位置开始跟读。

对短语的跟读可以不用暂停动画片；后面长句跟读时如果孩子跟不上，可以暂停一下等孩子跟读完毕。一般建议一集动画片跟读一周，32 集动画片跟读时间为 32 周。为什么跟读次数不是 6 天或 8 天呢？其实主要是一周为一个周期，便于统计，也便于安排时间。如果跟读次数过少，达不到跟读效果，就达不到我们跟读正音的目的。所以，如果家长拿不准多少次才算合适，那就宁多勿少，宁可让孩子多跟几遍，也不要夹生，不要差不多就行。

跟读时是否翻译？我的建议是不要翻译，尤其是正在跟读时切忌不要用中文翻译，不要给孩子养成翻译的习惯。正常情况下，孩子根据动画片的场景和角色的动作、表情已经可以猜测出来文字和语音的意思了，但家长总是担心孩子不理解，或者不能 100% 理解。实际上，英语学习最重要的一个特征就是反复，在反复中逐步加深理解，所以有"书读百遍其义自见"，看动画更是这样。所以家长千万不要追求一次性理解 100%，这是没有必要的，也是不可能的。只要孩子的理解程度能够吸引他继续看下去，这种理解程度就可以了。然后孩子会在反复的看和跟读中，进一步提高理解程度。

跟读时不翻译，跟读前或跟读后是否需要用中文辅助？我的建议是可以不用。如果家长觉得不放心，可以根据孩子的个性特点和抗压能力等因素来进行适当的扩展。这种扩展可以包括：用中文解释重要词汇，把重要单词抽取出来进入电子闪卡系统进行巩固（详见本书第 14 章）等。但是特别不建议给启蒙期的孩子过多地讲述语法，尤其是不要告诉孩子错误的语法。

跟读时请不要随心所欲地考查孩子：这句话什么意思？这个单词你懂吗？复述一下唐老鸭在干什么。让孩子专心地完成跟读，跟读时注重语音语调，不要同时赋予太多的任务。

3. 判定标准

一集动画片第一次跟读的时候，孩子可能比较磕巴，节奏不对了，语调不对了等等。这时候家长不要批评，也不要自己给予纠正。可以将动画片退回到之前的位置，让孩子重新进行跟读。

我提出的跟读验收的八字标准是"惟妙惟肖，脱口而出"。

"惟妙惟肖"是要求跟读时发音要完全跟原声一样。英语的发音和中文不同，我们中文同样的拼音、不同的声调表示不同的汉字，而英语是没有声调的。也就是说，同样一个"Hello"，可以发出各种声调，所以大家在《迪士尼神奇英语》第一集中就可以看到各种夸张的打招呼的腔调。这时候，孩子需要紧跟原声，人家怎么夸张，自己就怎么夸张。不要偷工减料地按照自己的想法来读。大孩子比较矜持，会比较不喜欢这种一个单词多个声调的搞怪发音。

惟妙惟肖比较容易做到且比较有趣，因为跟读这种鹦鹉学舌，是人体从输入到输出的即时拷贝，需要发音器官精确还原输入音频信息的所有波形特征。因此，越短的句子越容易做到惟妙惟肖，越长的句子越难。但是在跟读的时候不要为了降低跟读难度而把一个长句分割成几段进行跟读。若句子过长，可以多跟读几遍也不要切割。因为正常的说话是以句子为单位的。我见过不止一个外教在上课的时候，都会要求孩子在回答问题的时候要说完整句，比如外教问："What's your name?" 回答不能只说："Diego." 而要说："My name is Diego." 也正是这个原因，跟读启蒙材料的选择就非常苛刻：发音要纯正，语速不能太快，句子不能太长，场景还不能太口语化……

"脱口而出"是要求跟读达到本能反应的程度，不需要思考，不需要记忆，更不需要翻译。如果跟读时孩子还要歪头想一想怎么说，那就没有达到脱口而出的程度。脱口而出的几个标志性现象包括：特定音频或画面出现的同时，孩子张嘴就来；动画片中说了上句，孩子马上接下句；动画片静音状态时孩子可以自由配音；不跟读的时候往往也能无意识地爆出完整的句子等。

脱口而出比较枯燥且往往需要强制，所以应养成习惯，比如要求一集跟读一周的要求，就是和孩子约定，不管是否惟妙惟肖，都要跟够一周，确保脱口而出。有的家长朋友喜欢给孩子用配音类手机软件，或者跟读评测类软件，这类软件可以对比孩子的发音波形和原声波形，如果匹配度较高，就通过，否则就要求重新跟读录音。"惟妙惟肖"可以由软件来检测把关，但"脱口而出"无法用软件来检测，这时候家长也容易忽略对脱口而出的要求。如果没有事先约定，孩子也会不高兴：我都已经 100 分完美通过软件的发音检测了，为什么还要让我反复跟读录音呢？因此不建议跟读初期使用这类配音软件。

4. 注意事项

为了防止孩子受到强势中文的影响，建议孩子在跟读正音期间，不要看中文动画片。实际上，考虑到母语环境的强大和在国内构建英语环境的困难，Diego 爸爸建议家长和孩子约定：玩游戏只能玩英文版的，看动画片只能看英文版的。这种习惯的养成，对孩子英语语感的形成是潜移默化的。家长可以找到足够的优秀英语材料，对孩子综合能力的提高有长远的影响。

另外，尽管让孩子看英文动画片很重要，但绝对不要骗孩子。有的家长趁孩子自己不会换台和搜索，为了让孩子不看中文版，就骗孩子说只有英文版。家长千万不要捡了芝麻丢了西瓜，不能为了学英语而忽视了孩子的品行教育。就直接告诉孩子，要么看英文版，要么不看，二选一，没有其他选项。作为监护人，要让孩子明白父母的有些话必须执行。请参考本书 2.2.1 节"健康的家庭环境"。

如果孩子大了，从头看《迪士尼神奇英语》第一集可能觉得太简单，也可以调到后面长句子处跟读，但要确保按照八字标准来检验孩子的跟读情况，然后决定是不是进入下一个阶段。不要让孩子眼高手低，觉得听起来挺简单，看起来也挺简单，但是跟读起来却不能达到八字标准。也可以给大孩子选择合适的其他动画片进行跟读；但我们前面也说了，能够满足跟读要求的动画片不太容易选择。不过，兴趣是一切的基础，如果孩子特别喜欢某个动画片，愿意克服困难来跟读，也是可以的。

扫描封面公众号二维码，关注迪爸英语训练营下载神奇英语。

7.4　跟读进阶与扩展

当孩子经过《迪士尼神奇英语》超过 32 周的跟读之后，大多数孩子的口音会脱胎换骨，变得很地道。而且孩子已经养成了跟读的习惯，哪怕是跟读长句子也一点不害怕。Diego 在完成《迪士尼神奇英语》的跟读之后，有一段时间看动画片还惯性地跟读。

如何来感性评估一下孩子的英语发音呢？家长可以试着让孩子用一下 iPhone 或 iPad 自带的语音助手 Siri（Android 手机也有类似的语音助手）。把 Siri 设置成英文，让孩子和 Siri 对话几句听听。尽管孩子听力不一定达到能完全听懂的程度，但家长可以观察到 Siri 可以听懂孩子的问题并给出回答。然后换家长用中式英语来问 Siri 同样的问题，你可能尴尬地发现，Siri 经常会表示听不懂我们的中式英语：I'm sorry, I don't understand what you just said.（对不起，我不知道你在说什么。）这个细节其实可以说明，孩子的英文发音更加地道。Diego 自从跟读完《迪士尼神奇英语》之后，就愿意跟 Siri 用英语聊天了，因为 Siri "懂"他。

第 7 章 拯救哑巴英语从跟读开始 | 119

Siri 语音助手

　　孩子具备了地道英音美音之后，更愿意表现自己，无论是在幼儿园、课外机构，或者是小学，都会被家长称赞，被老师表扬，被同伴羡慕。更重要的是，孩子据此可以更加轻松地使用一些英语听说软件完成进一步的进阶和扩展。地道的发音让孩子的跟读扩展变得信心十足，并导致可选的软件工具变得很广。

　　这里首先介绍大名鼎鼎的 RosettaStone（如师通）。

　　1799 年，尼罗河口的 Rosetta 小镇，拿破仑的一名上尉发现了一块石碑。石碑上刻着 3 种文字，上面是埃及象形文，中间是埃及俗体文，下面是希腊文。根据这块石碑，考古学家破解了埃及象形文。目前这块石碑保存在大英博物馆。1992 年，RosettaStone 公司在美国弗吉尼亚州阿灵顿成立，很快成为全球顶级的语言学习解决方案的提供商，可以提供超过 30 种语言。主要针对培训中心、企业、教育机构提供服务，对个人市场并不看重。Diego 在美国半年时所在学校免费为家长提供 ESL 培训时就使用了这个软件。

罗塞塔石碑及公司 Logo

2014 年 RosettaStone 公司收购了欧洲顶级的语言学习培训解决方案提供商 Tell

Me More,扩展了商品线,巩固了市场领导地位,并在同年 9 月份宣布推出全新的 RosettaStone 语言学习套件,以扩展其在企业与外语教育培训市场的产品线。从此它的定义已从多媒体语言学习软件,变为了"教育科技与语言学习解决方案供应商"。

RosettaStone 的核心理念是"沉浸式强化训练",通过营造所学语言的图像、声音和文字环境,将学习者置身于一种母语学习的环境来学习外语。其特点是不与自己母语中的同一字词进行关联,从而使大脑中的先天语言技能得到开发。

RosettaStone 将绝大部分语种的学习过程分为 3 个级别:1 级适合零基础,从最基本的发音和简单的生活场景开始;2 级适合提高外语表达能力,约有 4500 个生活中的对话场景;3 级开始配合视频及长文,用于更系统地掌握复杂语法。所以软件中所有目标语言的图像、声音、文字永远都是联系在一起的,学习者可以通过观看图片、听取标准语音以及查看提示文字来进行语言学习。

主程序安装之后,可以分别加载各语种的数据文件。美音 5 张光盘分为 5 级,每级四个单元,每个单元四课加一个复习。每个课程分别由发音、词汇、语法、听力、阅读、口语和复习构成。因此,RosettaStone 是一个全面的语言启蒙软件。

听、说、读、写全面训练

使用 RosettaStone 时,需要使用麦克风。在听说单元,需要组合信息来完成新的句子,所以称之为跟读进阶,不属于单纯的跟读。在难度上稍微有所提高。如果孩子没有经过《迪士尼神奇英语》跟读的正音,在这个单元中不易通过。虽然用户可以调整语音识别的灵敏度,但中式英语会屡屡碰壁。在 RosettaStone 中,用户可以点击声音图标来查看标准语音波形和自己录音波形的对比。软件的口音评测引擎就是对比两者的相似程度来判定孩子的模仿是否能够通过。

发音练习

在实际使用时，有时候很简单的一句话，孩子的发音听起来已经相当标准了，甚至家长赤膊上阵，也依然无法通过，此时查看音频波形几乎一样。遇到这种情况，家长要淡定，毕竟软件就是软件，在语音评测上比较死板，直接跳过即可，无须纠结和恋战。下图的波形对比中右上角的波形是原音波形，下面的波形是录音的波形，孩子可以多次录音，每次录音软件都会进行匹配度检测，如第三次录音只检测到一个 a，所以显示的是灰色环状图，绿色表示发音通过。

发音波形图

现在随着人工智能 AI 的发展，很多英语类产品也抓住时代潮流，引入大数据来对用户的发音进行分析和评测，提供发音纠正等功能。比如英语流利说号称拥有全球最大的中国人英语语音数据库和领先的英语口语评测引擎，手把手地纠正中国人的口音。Diego 爸爸对此没有深入了解，但不太明白为什么不用英美人士的语音数据库对我们的口音进行纠正，而要用中式英语的语音库进行纠正。其实，模仿跟读没有这么麻烦，也不需要这么多高科技。不就是要做到"惟妙惟肖，脱口而出"吗？模仿是孩子们的拿手好戏，对他们来说，这根本就不是什么问题。

RosettaStone 除了跟读，当然也提供了听、说、读、写各项训练。家长可以根据孩子的情况，集中一段时间完成。需要特别说明的是，如果孩子比较小，可以跳过写的部分。RosettaStone 中的写，甚至也包括了听音写句子，如果孩子比较小，还不会键盘打字，听力又达不到精准听出所有单词的程度，同时加上拼写难度，孩子压力会非常大。Diego 当年在使用这套材料的时候，试过几次，都是感觉难度太大而放弃了写的部分。我也建议绝大多数的家长朋友也直接跳过，避免给孩子造成过大压力，得不偿失。下图把 this 听写成了 the，软件会标注出错误的位置，可以点击小喇叭按钮反复听，逐项修改错误后才可以通过。

语法单复数　　　　　　　　　　　听写难度大

RosettaStone 软件也不是完美的，它的缺点与不足就是只适合入门使用，无法给学习者提供更高级别的有效提升。这是因为静态图片所能提供猜测的信息是有限的，比如有些抽象的词或句子，根本无法用一副或几幅图片来表达。基于此，现在网上已经有一些个人或机构开始尝试通过影视片段来背单词，号称情景式学习环境，如百词斩的单词 TV 等。

Diego 在学完 RossetaStone 之后，试着用了 Tell Me More 一段时间，发现软件有一定的难度，而且从软件风格来看，明显也是针对成人设计的，所以就及时弃用了。从这一点来说，RosettaStone 收购 Tell Me More，确实很及时，强强联合，产品互补，可以涵盖入门到提高、青少到成人。

除了 RosettaStone，目前还有很多配音类 APP 也可以部分达到跟读的作用，如英语趣配音。用户可以先选择一段喜欢的影视片段，反复聆听跟读之后，进行录音。需要根据场景和人物的动作和表情（尤其是口型）进行配音。孩子初次使用可能会挺感兴趣，但不宜长期使用，而且跟读内容杂乱零碎，没有系统性，也不满足"窄输入"要求。因此，建议此类软件仅用于辅助，玩一玩即可，不可用于孩子英语学习的主要训练手段，同时也不要对其效果抱有太大希望。

扫码观看腾讯视频
"RosettaStone外语
学习系统~初级水平产
品V3"，时长1'59"。

第 8 章
从磨眼睛到磨耳朵

8.1 先磨眼睛再磨耳朵

我们知道，人类的学习类型分为三类：视觉型、听觉型和触觉型。其中，大概 80% 的人群是属于视觉型学习者，15% 左右为听觉型学习者，剩下的 5% 为触觉型学习者。判断属于哪种类型主要是从接收信息的方式来判定。

视觉型学习者比较容易判断。很多人坐电梯的时候，如果有视频广告就看视频广告，没有视频广告就看平面广告，如果电梯里空空如也，大家也会对地上的一张小广告感兴趣。总之，视觉型学习者总喜欢眼睛里看到点什么。

在学校上课的过程中，每个班里可能都有那么一两个学生，上课基本上都不抬头看黑板，但老师提问什么问题这个学生基本上都能答上来，甚至有时候能够一心二用，一边听课一边看其他的内容，同样都能理解并记住，这种可以靠听觉来获取知识的方式就是听觉型学习者。

前面我们也提到，多媒体元素中，视频元素能够提供最多的信息，其次是图形图像，然后是文字，最后才是音频。

因此，无论是人的生理现象还是客观媒体，都告诉我们，对于孩子来说，动画片是最好的信息提供方式，其次是绘本，最后才是音频。也就是说，为了让孩子听得懂（磨耳朵有效），应该为孩子提供足够的信息来猜测听到的音频是什么意思。如果孩子听到的音频信号对孩子的大脑没有任何刺激作用，这就是无效的磨耳朵，是没有意义的。所以，家长要确保自己给孩子磨对了耳朵。

如何才能保证磨对了耳朵，或者说有效进行了磨耳朵呢？对大多数人来说，必须先进行磨眼睛，通过眼睛获取和音频所对应的形象，然后在大脑中进行音形映射和加工，从而得到"意"，这样才能够理解看到和听到的内容。

从多媒体元素本身来说，凡是通过眼睛获取信息的方式，都可以称之为磨眼睛，也就是看视频、看图形图像或看文字，都属于磨眼睛。但是，对启蒙期孩子来说，肯定不能直接看文字，因为他们不认识字，这个道理大家都很清楚。但是，很多家长在孩子的英语启蒙期特别钟情于阅读绘本，忽视甚至反对孩子看英文动画片。还有些家长是极端的电子产品反对者，以保护孩子眼睛为名，拒绝给孩子使用一切电子产品。还有一些复古意识比较强的家长，甚至推崇只用纸质书和真人说话完成英语启蒙，因为他们发现古人没有电子产品也能学好英语。

如果明确了动画片或真人表演类视频材料是孩子英语启蒙的第一优先材料，家长要做的无非是：

第一步：为孩子准备多个适龄经典英文动画片。这个阶段的动画片选择可以参考第6章或关注微信公众号"迪爸英语训练营"中的工具支撑——免费资源下载栏目。也可以加入Diego爸爸公益微信群索取。具有一定资料搜索能力的家长可以自行利用搜索引擎或到各英语论坛、公众号获取。

第二步：陪孩子一起完成动画片的选择和导入。这一步是否顺利要看孩子的个性和家长导入工作准备是否充分。有的孩子性格比较乖巧，只要家长允许自己看动画片，随便哪部都可以看得津津有味。有的孩子则不然，挑动画片挑得很严重，就像挑食一样，只看自己喜欢的类型，或者只看中文动画片，不看英文动画片。后一种类型的孩子，家长更需要在导入上多动脑筋，多做工作。让孩子在看似无意当中爱上家长想让他看的动画片。这部分参考本书第2.2.3节：培养导入意识。

第三步：及时为动画片准备配套材料。把孩子顺利导入一部动画片之后，家长需要做的是"火上浇油"，趁着孩子对这部动画片感兴趣，尽快搜索和准备对应的材料。比如孩子正在看《哈利·波特》电影，家长需要及时引导孩子，准备书籍、电子游戏、手偶、贴纸、海报等，甚至旅游时选择含有《哈利·波特》形象的主题公园等。这些材料符合"可理解性窄输入"的要求，对进一步提升孩子兴趣和提高英语水平，具有非常重要的作用。家长不应该为了单纯地追求多听而过快地更换材料。

第四步：及时转入纯听。动画片虽然可以提供最多的信息量，但孩子使用时有其固有的缺点，就是精彩的画面会让孩子的听音变得不是必需，甚至关闭了听音的渠道。就像家长看带字幕的电影，看了字幕就可以忽略听了，甚至可以关闭声音，也不影响理解。所以，先看后听是为了有效地听，让听不再受看的过度影响。

从第四步开始，孩子就进入磨耳朵状态。如果磨耳朵过程中存在困难，再回到对应的位置磨一下眼睛。这个阶段的磨眼睛主要是为磨耳朵服务的。当孩子对一个动画片和对应的音频进行反复磨眼睛和磨耳朵之后，孩子的英语能力在快速提升，同时孩子对这部动画片的兴趣也在逐渐降低。这个时候要及时导入下一部难度有所提高的动画片，进入下一螺旋上升。

在磨眼睛和磨耳朵过程中，在使用多种配套材料的时候，家长可以根据孩子的抗压能力和兴趣波动情况，使用闪卡系统对这些情景中的重要实体词进行积累和巩固。具体使用请参考第14章：今非昔比背单词。

> **小提醒**：防止过度使用眼睛。启蒙期磨眼睛的主要目的是为了更好地磨耳朵，是让磨耳朵更有效，所以需要控制磨眼睛的量和时间，这也正好减轻了家长对孩子眼睛多度使用的担忧。到了提高期和增长期，尤其是应用期的时候，用眼看就会成为视觉型学习者获取知识的主要途径，只不过在那个时候，就不再称之为磨眼睛了。

> **前车之鉴**
>
> **不要让孩子自己选动画片**
>
> 有的家长特别重视孩子的兴趣，同时也是为了省事，让孩子自己在优酷或爱奇艺这类视频网站自由搜索动画片看。这样的家长甚至还引以为豪：我家孩子都是自己选动画片的，根本不用我操心。实际上，孩子本身心智不成熟，很容易被制作水平低劣、颜色鲜艳的动画片所吸引。所以，家长千万不要让低幼儿自己接触动画片，最好的方式是下载下来单独给孩子看，不允许孩子自己在网上或手机上自由随机选择动画片。

8.2 如何有效地磨耳朵

"磨耳朵"一词，近几年在热衷英语启蒙的家长圈流传甚广。作为一个被家长自创出来的热词，大家可以简单将其理解为"听力输入"，希望通过各种听力素材持续不断的刺激，自然而然地提高孩子的英语水平。这里一个"磨"字形象地体现出了进行听力输入时的那种随意和漫不经心，不再强调正襟危坐。

家长很容易认可磨耳朵的好处和作用。但在具体磨耳朵的操作上，存在着各种误区，导致很多孩子磨耳朵是无效的，而且因为强制给孩子磨耳朵，造成压力过大，不仅没有效果，反而适得其反，引起孩子对英语的反感。

通过观察多种无效磨耳朵的案例并结合 Diego 的经验，Diego 爸爸整理出影响磨耳朵有效性的几个因素。

1. 每天用于磨耳朵的时间

既然是"磨"耳朵，就像磨菜刀一样，讲究的是慢推轻拉，所以听音的时间必须足够长，才能达到"沉浸"的要求。有的家长每天让孩子固定 30 分钟觉得已经听多了，但对于在国内环境中的普通孩子来说，30 分钟绝对是太少了。

一般的，孩子越小，可以用于磨耳朵的时间就越长。孩子上幼儿园之前，除了睡觉，大多的时间都可以用于磨耳朵；幼儿园和小学之后，可用的时间就是从起床到进入学校、从学校回来到睡觉。这个时间除去必要的运动和作业等任务外，可用时间也不少。

总而言之，只要是孩子没有用眼，在不影响安全的情况下，都可以磨耳朵，比如吃饭、走路、坐车、蹲卫生间、玩积木时等等。

特别要提醒大家的是，每天磨耳朵的时间不需要是一整块时间，没必要要求孩子正襟危坐、专心去听，方便的时候随时去听就可以。

2. 强制还是自愿

很多家长没有经过充分的兴趣培养和导入准备，就直接给孩子整天播放家长自己认为很重要的很经典的学习材料。比如有的妈妈整天给孩子播放《新概念英语》，大家知道新概念的文章虽然经典，但一般对孩子没有吸引力，更别说配套音频读的有气无力、毫无生气，这怎么能吸引孩子去主动听？还有的妈妈购置了高科技音响，早上定时开始播放英语催促孩子起床。Diego 虽然也是早上就开始打开 MP3 播放器听英语，但那是他自己打开的，而且是选择自己喜欢的内容开始听。

"强扭的瓜不甜""牛不喝水强按头"，当孩子被强制听那些自己不喜欢听的英语时，他们的耳朵会自动处于选择性失聪状态，这时候的音频输入就是非常明显的无效输入。只有让孩子自己去选之前尚未听完的英文材料，让孩子的兴趣来引导孩子自愿打开播放器去听，才能够保证孩子的耳朵是开放的，才能保证音频输入被有效接收。所以，一定要保证孩子具有在给定范围内可以独立选择所听内容的权利和自由，千万不要让父母或监护人来决定放什么给孩子听。他们可以做的，就是引导孩子去喜欢听，给孩子提供可以选择的听力材料，以及提醒孩子打开播放器。观察孩子的听音效果，并进行适当调整。

此外，强制的形式不仅仅包括家长的越俎代庖，还包括家长通过威逼利诱等形式来让孩子非自愿地打开播放器进行磨耳朵。当然，如果初期通过这种方式能够让孩子尽快从非自愿状态中体会到了听英文故事的乐趣，从而转换为自愿状态，也是值得家长去尝试的。但家长必须经常观察，什么时候孩子能够进入到自愿状态，什么时候的英文磨耳朵才是有效的。

3. 磨耳朵时的状态

磨耳朵的状态与磨耳朵是强制还是自愿关系比较密切。一般强制进行磨耳朵的孩子，往往是心不在焉，身在曹营心在汉，一只耳朵进一只耳朵出。如果发现父母盯着自己，就假装认真听。而自愿磨耳朵的孩子，则会比较专注，典型动作就是"侧耳倾听"，时不时会露出一丝笑容。有的家长过度关注所谓的专注力，而且认为"一心不能二用"，特别反对孩子一边玩游戏一遍听英文故事，甚至连一边吃饭一边听都不行。

从多媒体包含信息量多少来说，声音包含的信息量最少，但是因为人类听音的并行特性，让我们可以一边开车一边听音乐。所以，孩子的磨耳朵是否有效，判定标准就是观察孩子的神情状态是否处于专注状态。

孩子的状态是多变的，家长要允许孩子偶尔出神，但只要孩子还能及时回到原来的专注状态就可以，无须过多干涉。我印象最深的是一个周末，Diego 宅在家里一边拼着乐高法拉利赛车，一边听着外放的《哈利·波特》有声书，时不时地停下手中的玩具侧耳静听一会儿，然后再开始搭建。

4. 磨耳朵的材料

有些家长认为反正是"磨",那就随便找点英文内容塞给孩子听,没有经过认真筛选,只重"量"不重"质",这样的输入是非常低效甚至是无效的。所以在给孩子磨耳朵选择材料之前,必须认真选择,列出备选的经典英文材料,并认真做好导入准备。

可以磨耳朵的材料很广泛,广义来说,所有原声音频都可以使用,包括儿歌、童谣、动画的配音、绘本音频、广播电台等。但不同的材料起到的作用不同,而且使用方法和适用时期也是不一样的。

儿歌、童谣适合孩子小的时候使用,主要用于培养孩子对英语的直觉,熟悉其语音语调,结合优美的旋律,获得美的体验。随后可以使用动画片结合磨眼睛来磨耳朵,让眼睛获取的信息和耳朵获取的信息完成音和意的映射。而随着年龄的增长和心智的提高,孩子可以从静态材料中获取足够的信息来完成音和意的映射,这时候可以同时看绘本、听音频。当孩子的听力词汇积累到一定程度的时候,就不再需要眼睛获取信息来帮助耳朵了,耳朵获取的音频信息足以让大脑完成解码。这时候孩子就可以独立地听英文广播电台和 Podcasts 等音频节目了。

5. 磨耳朵的方式

我们都知道阅读可以分为泛读和精读,其实磨耳朵也可以分精听和泛听。一般说来,80% 的磨耳朵都是泛听,也就是根据兴趣反复听各类音频。其余 20% 的磨耳朵应该结合以考促学进行精听。这种组合的磨耳朵方式效果应该是最好的。

大家对泛听其实已经理解了:让孩子自愿地每天花足够多的空闲时间,根据自己的水平选择合适的材料,专注地完成磨耳朵。

那么如何进行精听呢?

相对泛听而言,精听就没有那么轻松自在了。精听需要准备合适的一段材料,这段材料的选择不是依据孩子的兴趣,而是参考剑桥少儿英语或其他级别的英语听力材料,选材广泛。如果家长不太好把握,可以直接参考对应级别考试的听力模拟题。先直接听音,如果听力不是太好,可以多听几遍。如果所选材料有对应的练习题,可以让孩子试着做一下。随后拿出听力材料原文,跟听一到两遍,然后再跟读一到两遍,最后试着复述一到两遍。这个过程完成之后,如果感觉复述的结果不是太理想,可以继续再重复盲听这个音频,直到能够听清楚所有的单词发音,且理解无误。用公式表示就是:

> 精听 = 听音频 + 做理解题 + 读原文 + 听读原文 + 跟读原文 + 复述

孩子进行一次精听,压力很大,会比较累,因此选择的音频片段要长短合适。不过如果选择剑少英语的听力材料的话,材料本身就不会很长。整个过程控制在

30~50分钟。太短了精听的效果不明显，太长了孩子压力过大，可能会引起厌烦。

此外，精听不是听写（dictation），不要在启蒙期和提高期使用听写的方法。听写是两个难度的叠加：一是需要听出所有的单词，这本来就很难，尤其是涉及连读、弱读、缩读和失爆等的时候；二是拼写，尤其是长单词的拼写，是无法习得的，要靠长时间的刻意训练才可以掌握。两个非常难的任务叠加在一起，让听写这种学习方法变得非常困难，因此也备受争议。所以，尽量不要为精听加上写的部分，确保孩子能够忍受精听的压力。

磨耳朵的设备虽然对磨耳朵的效果没有直接影响，但是选择适当的硬件有利于孩子提高听音效果，并同时保护孩子的耳朵。

为了在扰民、便携和保护耳朵之间找到平衡，我先后给 Diego 买了几款质量较好的可折叠头戴式有线和无线耳机。如果在家里，当然应该选择声音外放，这样可以保护孩子耳朵，也避免长时间戴耳机对耳朵和脑袋造成的不适感。如果外出不适合声音外放，就戴上耳机。蓝牙耳机虽然免去了连线限制，比较自由，但可能需要经常关注耳机电量，尤其是在耳机长时间使用之后，电池寿命急剧降低，可能会经常半路就没电了。

为了保护孩子耳朵，尽量不要用入耳式耳机，而要用包耳式。当然考虑到外出的便携性，也不建议使用那种大包耳的，使用小包耳即可。同时，折叠耳机的便携性较高，外出时可以方便地收纳，放入包内。类似的产品如下图所示。磨耳朵专用耳机，可以不用带麦克风。若需要线上外教，建议另外单配麦克风，或使用手机平板的内置麦克风。

为了保护孩子听力，考虑到孩子听得入迷以后会忘记时间，建议家长适当提醒孩子停止磨耳朵，让耳朵休息休息。外出时，还要提醒孩子不要两只耳朵都被耳机包着，要留出一只耳朵听到外界的声音，避免交通意外，同时也可以听到同行父母的呼唤。

便携式耳机 AKG

耳机之外，MP3 播放器的选择也很重要。我在试过几种播放器之后，终于明确了播放器应该满足的几个主要条件。

首先是不能让孩子分心，不能使用智能手机做播放器，无论是家里闲置的还是新买的。因为智能手机可玩的游戏很多，游戏对孩子的诱惑太大了，家长也不可能随时盯着孩子不让他玩游戏。

其次，播放器要有液晶屏便于快速定位。不建议使用那种无屏幕的类似于 iPod Shuffle 的播放器，这种播放器虽然便携性很强，但只能上一首下一首地选择要播放的文件，尤其是对大的音频文件，必须要给孩子提供快速定位的能力。如果设备只能快进快退进行定位，很明显需要很长时间才能定位到孩子想听的地方。对于孩子来说，如果他不能随心所欲地快速选择自己想听的部分，心里可能会产生厌烦。

最后，播放器要有外放喇叭、音频接口和无线蓝牙连接功能，这样可以快速完成无线耳机和外放之间的切换。

Diego 摔碎屏幕的 iPod Touch 4

经过比较，我给 Diego 买了一个专门听故事的 iPod Touch 4。谁料想第二天屏幕就被他的磁力珠砸碎了。这个 iPod Touch 4 日后经历了各种摔摔打打，失而复得，尽管遍体鳞伤，但却为 Diego 的英语听力立下了汗马功劳。

有的家长怕伤害孩子听力，可以购买专门的儿童耳机，可以限制最大音量。但是如果在嘈杂的环境中，耳机音量限制之后，孩子可能根本无法听清楚，这种情况还是暂时别听了。

> **前车之鉴**
>
> 有的家长过度依赖听歌曲磨耳朵，认为孩子喜欢听英文歌曲，偶尔还跟着唱，就应该让他尽可能多听歌曲，甚至有的歌曲唱得滚瓜烂熟。实际上，歌曲包含的与语言有关的内容很有限，孩子欣赏的更多的是旋律。或者是粉丝效应：孩子喜欢某个歌星，所以就喜欢听他们的歌。歌曲可以作为入门兴趣的诱导方式，或者作为一个个人爱好保留下来，但家长绝不可驻足不前，耽误了孩子的语言关键期，阻碍了孩子英语学习潜力的发挥。

8.3 填补眼睛和耳朵间的裂缝

前面我们提到过行为改变理论。舒适区指的就是对自己来说没有学习难度的知识，或者习以为常的事务，自己可以处于舒服的心理状态。学习区对自己有一定的挑战性，因而会感到不适，但是不至于太难受，而恐慌区则是超出自己能力范围太多的事务或知识，心里感觉严重不适，可能会导致崩溃以至于放弃学习。

没有人愿意主动跳出舒适区，更别说缺乏自控力的小孩子了。因此，家长必须要在合适的时候把孩子从舒适区拉到学习区，同时避免让孩子进入到恐慌区。

磨眼睛主要是指看动画片、看绘本、看分级读物。而磨耳朵主要是指听英文儿歌/歌曲，听有声书/有声绘本等。在看和听之间，也就是磨眼睛和磨耳朵之间有个巨大的隔阂，也就是裂缝，很多孩子无法顺利跨越，很多家长束手无策。这就相当于孩子磨眼睛看动画片是在舒适区，换成磨耳朵听有声书就到了恐慌区了。

首先我们来分析在磨眼睛和磨耳朵之间的这个裂缝是怎么产生的。看动画片的时候，孩子会被精彩的情节所吸引，而且由于视频提供了足够的信息，孩子仅仅通过眼睛就可以猜测到"意"，就理解了剧情，也就几乎不需要耳朵过来听音帮忙了。很多家长都发现孩子看动画片看得很热闹，也很爱看，但没有发现孩子的英语水平有明显提升。这也是很多推崇看美剧学英语的成年人心中的困惑。磨完眼睛，开始磨耳朵，结果发现给孩子听的材料很难，孩子听不懂，无法吸引孩子自愿去磨耳朵，也就无法保证磨耳朵的有效性。

也就是说孩子看视频挺热闹，挺喜欢看，但换成其他的磨耳朵材料就听不懂了。最典型的就是孩子看《哈利·波特》电影很喜欢，也反复看了好几遍。但换成《哈利·波特》有声书的时候，却听不懂。有的家长想着要不要先看看英文版《哈利·波特》书，也许能给听有声书提供点线索，结果往往发现孩子的阅读词汇量不足，看不下去。还有的家长想着能否先看中文版《哈利·波特》书呢？结果试听一下还是听不进去。

要想填补磨眼睛到磨耳朵之间的这个裂缝，就需要进一步强化"可理解性窄输入"。有的家长可能困惑了，电影是《哈利·波特》，有声书也是《哈利·波特》，这是"窄输入"啊，孩子之前看电影知道了人物和情节，这是 N，换成有声书，这是 +1 啊。

大家都看过运动场上的接力赛，如果在交接的时候接力棒掉到了地上，谁的责任？要么是前面运动员的，要么是后面运动员的。如果看了《哈利·波特》的英文电影，还是听不懂英文有声书，原因只可能有两个，要么是看电影时听力输入不够，也就是没到 N，偷工减料了；要么是 +1 加得太多了。

前面我们提到过，看英文电影的时候，由于眼睛获取了大部分的信息，耳朵听到的信息就变得可有可无了。比如电影当中警察喊了一声，坏蛋就举起手来了，我们可以不用知道警察到底喊的是"Hands up!"还是"Put your hands up in the air!"，或者是其他的什么俚语。因为视频当中人物的动作已经足够清晰地让孩子猜测到了所需要的结果。再加上母语的强势影响，孩子自然会关闭耳朵的输入功能以节约能量。这就是很多家长担心的，孩子只是看个热闹，其实没听懂，甚至是根本就没听。

基于这种观察，有些软件采用的方式是把动画片的场景切下来做成绘本，让动态的场景变成静态的画面，从而减少对孩子听音的影响，希望孩子能够不再过度关注动画片，而把注意力放在听音上。这种做法却忽视了动画片变绘本造成的大量信息丢失，从而导致眼睛获取的信息不足以和声音形成有效的音意映射，孩子反而无法获取完整的情节信息。此外，动画片切割而成的"绘本"不是真正的绘本，而且带来大量人工切割工作量，家长难以长期坚持。

其实，要想避免磨眼睛对磨耳朵的负面影响，方法可以很简单。

我们前面强调过，在给孩子选择材料的时候，要尽量做到配套资料齐全，也就是视频、音频、绘本文字、游戏等各种形式尽可能要齐全。所以，越是经典的东西，配套就会越齐全。

首先使用视频材料，从磨眼睛开始。孩子很感兴趣，看了 2~3 遍之后，禁止孩子再看视频，然后用软件把视频当中的音频抽取出来转码成 MP3 音频文件给孩子听。具体转码方法请参考本书第 2.4 节。

虽然孩子在磨眼睛的时候没有特别在意地听音频，毕竟音频是和视频同步的，孩子还是听到几遍发音的，只是可能听得不全面。如果孩子对音频也比较感兴趣，音频中的某些片断可以让他回忆起之前刚看过的那个场景，他就会把这个音频特征和头脑中浮现的图像片段进行对照，并进行适当的纠正。这时候孩子脑海中的影像就会随着声音的刺激而跑动起来，最终在孩子脑海中还原出视频来。这些视频不是通过眼睛视网膜传进大脑的，而是通过耳膜传进来的声音信号刺激大脑，从记忆中取出来的。

此时如果去观察孩子听 MP3 音频的神情，就会发现孩子会出现侧耳倾听的状态，可能会时不时地出现困惑的表情，然后又恍然大悟，随后出现微笑。

根据孩子水平的不同，孩子看完视频后反复多遍听对应的音频，如果有必要，可以再回头看看视频，因为可能有时候情节比较复杂，孩子无法通过声音还原对应的视频。

补上磨眼睛和磨耳朵之间的这个裂缝之后，再去听有声书，就可以保证有了坚实的 N。有声书一般和原版书是完全一致的，而电影一般是经过改编的。因此，孩子听有声书就保证了窄输入，总体情节和人物都相近，但原著中会有一些细节和不同之处。当孩子听出了这些不同之后，也会激发起他们进一步探索的兴趣。随后的磨耳朵就会变得水到渠成，更加有效。

你问我答

家长：我家宝宝三岁半，开始进行英语启蒙，每天我给他讲 20~30 分钟的《培生幼儿英语》预备级，每天看半个小时至一个小时的《小猪佩奇》英文版。虽然看得津津有味，我不能确定他是不是听得懂，按照专家的观点 95% 能听懂的输入才是有效输入。不知道这样的模式是不是应该坚持下去？

Diego 爸爸：95% 的比例太高了，75% 左右即可。而且只是个感觉值，没有办法测量。

家长：嗯，是的。我问娃能不能听懂，他自己说能。因为从两岁多起就开始看《小猪佩奇》中文版，内容都是熟悉的。甚至人物对话都是记得的。所以我猜是不是看英文版的时候，唤起了记忆中的中文对话。

Diego 爸爸：一是动画片《小猪佩奇》要利用孩子的"常同心理"特征反复观看；二是把看过的《小猪佩奇》动画片转 MP3，播放给孩子听，观察孩子的表现，如果孩子在玩耍过程中能侧耳听，间或露出笑容，或跟着重复，即可认为有效输入。

> **前车之鉴**
>
> 家长：孩子快 7 岁半了，平时看 iPad 的时候，我和他说必须看英文电影。给他看了爱奇艺儿童版，有个全球电影院。像《神偷奶爸》《疯狂动物城》《机器人总动员》等这些，他基本一部看上四五遍。想请教您的是，这种对英语听力和语感有好的效果吗？
>
> Diego 爸爸：有效果，但如果不有效利用和充分挖掘，效果有限。平常看英语动画片的过程中，既不能泛泛而看，也不能全部精看，那样压力大。所以，既要有主材，也要有辅材。主材是跟读正音，闪卡积累词汇，大量音频输入（系列动画片，满足窄输入要求）。辅材就是看自己喜欢看的动画片。如果有特别喜欢的辅材，可以扩展为主材：影视、有声材料、绘本等；可以再结合闪卡，这样滚动前进。

8.4 磨的不仅仅是眼睛和耳朵

孩子天性好动，家长除了陪伴磨眼睛和磨耳朵之外，还可以充分利用这些英文材料，和孩子进行亲子活动，不但可以达到玩中学、学中玩的效果，还能够进行适当扩展，为孩子积累词汇。

很多家长和 Diego 爸爸差不多，对琴棋书画一窍不通，对亲子活动是心有余而力不足：不知道该和孩子一起玩点啥！

懒人有懒办法，其实从孩子的磨眼睛材料中可以找到亲子活动模板。限于篇幅，这里只提两部动画片。这些节目既能解决家长亲子活动创意缺乏的问题，又非常吸引孩子，更重要的是可以学习地道的英语。而且这些材料满足窄输入的要求，特别适合家长朋友在某一段时间内作为主材使用。

节目中的手工活动，材料获取容易，操作简单，非常适合家长陪孩子一起玩。这样既可以避免孩子长时间观看电视伤害眼睛，又能开发孩子智力，培养动手能力。

本书提到的一些手工材料建议，部分来自淘宝图片，并没有提供任何品牌或店家信息，无任何广告嫌疑。部分截图保留了价格和购买人数信息，只是为了告诉大家：这么便宜的材料，放心大胆地买吧。

I Can Cook

I Can Cook 共 4 季，103 集，每集 15 分钟。是 BBC 为 3~6 岁小朋友（英国的）制作的真人烹饪节目。实际上就是一个老师带一帮小朋友在厨房玩。

I Can Cook

孩子一般都比较喜欢这类节目，看完之后往往有动手的冲动。这时候如果家长能提前准备点小工具，陪孩子一起，在电视界面的刺激启发下，从自家厨房搞点东西出来，一起玩一玩……

淘宝网上这类小工具多的是。能玩能吃，不爱吃水果的小朋友也会爱上水果的。

看节目，玩水果

不用担心选材问题，厨房里遍地都是材料：面粉、大米、蔬菜、水果……

担心入口卫生问题？那就别玩吃的了，买点橡皮泥，软陶泥，纸浆泥……

孩子觉得没意思了？那就来套儿童厨房，有故事、有情节，孩子自会乐此不疲。还可以给所有的物品贴上英文单词。

彩色纸浆泥   **好玩的购物玩具**

Mister Maker

Mister Maker 也是 BBC 出品的一套真人秀节目，共 6 季。

如果你的孩子总是闲不住而又最爱手工，一看到 *Mister Maker* 连剪刀、胶水都未准备好就跃跃欲试，那么这套节目就像为他量身定做的。奇妙的经典手工制作加以全新的创意，你家的小小手工迷一定会欲罢不能。

主持人风格比较夸张，传统意识比较强的家长朋友未必喜欢。但只要孩子喜欢，管它呢？

家长朋友们也别担心自己的手工水平不够。主持人的手工也很烂，但只要和孩子玩得开心，就够了。而且咱孩子还能学到英语——纯纯的英式口音，不仅没有降低语速，反而因为夸张甚至加快了语速。

这对孩子的听力绝对是个挑战；但不用担心孩子听不懂，都是简单的操作，而且配上夸张的动作，没有孩子猜不到的。

根据 Mister Maker 里面的内容，我给 Diego 买了 3 大瓶白乳胶，事实证明买多了，根本用不完。

白乳胶黏合力不够强，而且需要等待胶水干了之后才能粘上。为了加快手工速度，同时为了提高黏合强度，我拿出了我常用的秘密武器：热熔胶枪。果然做起手工来又快又好！

Mister Maker 做手工

和 Diego 一起做亲子手工

家里有了这么些工具，加上一些包装纸、包装箱，可以省下买玩具的钱了，带孩子一起 DIY，其乐融融。

有一次 Diego 在超市里相中了一款停车场的玩具，想买。我们看了价格，倒吸一口凉气：一点破塑料，竟然这么贵！于是用手机拍了照片，回家自己做！

和 Diego 一起
DIY 停车楼

必要的工具和材料，成本极低，赶紧行动起来吧！

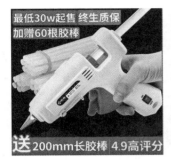
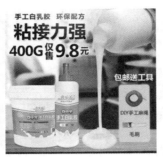

采购一些
必要的材料

第 9 章
阅读启蒙与单词积累

9.1 英文阅读启蒙的误区

很多家长在对孩子进行英文阅读启蒙的时候，往往把自己的母语学习经验照搬过来。或者完全按照原版英文阅读教材在英美国家的使用方法。殊不知，失之毫厘，谬以千里。

母语阅读的学习经验肯定不适合英语阅读学习。没有哪个中国的父母在孩子会说话之前就让孩子开始阅读。我们会利用身边的物体或者图画书，絮絮叨叨，啰啰唆唆不停歇地和孩子说话。等孩子懂了很多日常用语，会说话的时候，我们才慢慢地教孩子拼音和识字。

原版材料的设计，对母语国家孩子来说完全没有问题，他们从出生就沉浸在可理解的英语语音环境中，积累了大量的听力词汇（约 4000 个）。而我们中国的孩子可能只积累了 40 个听力词汇，家长就急急忙忙带孩子开始英文阅读了。如果家长没有认识到这个巨大的听力基础差异，会导致阅读启蒙事倍功半。

前面我们反复提到，零基础启蒙的最好材料是视频而不是图书。从信息论角度来说，所有的多媒体形式中，包含信息量多少的排序是：视频＞图形/图像＞文字＞音频。信息量越大，提供给幼儿猜测的线索就越多。这种情况显而易见，我们看美剧，尽管听不懂他们说什么，但是根据动作、表情和场景，可以猜个八九不离十。绘本和分级读物虽然也有图片，也有"一幅图胜过千言万语"的效果，但毫无疑问，静止图片所包含的信息量和视频比起来还是差太多。所以，孩子的英语学习启蒙应该是先用视频动画磨眼睛，然后过渡到用音频磨耳朵，等孩子积累了一定的听力词汇量之后，再引入英文阅读，这样做才会事半功倍。磨耳朵的具体方法请参考第 8 章。

下面 Diego 爸爸通过和一个虚构的宝宝妈之间的对话，来说明应该如何进行阅读启蒙。

宝宝妈：Diego 爸爸，您好！我对孩子的阅读非常重视，我买了好多的绘本和分级读物，书架都快放不下了。虽然很多书孩子也不爱看，但我坚持让孩子每天都要完成语文阅读 30 分钟，英语阅读 30 分钟。您觉得这样做可以吗？

Diego 爸爸：宝宝妈，您好！很明显你已经被书单绑架了，无论是英文书单还是中文书单。我曾经根据书单买过一整套双语《神奇树屋》。Diego 在我的逼迫下象征性地翻了几本就扔下不看了。后来我觉得放着太可惜了，就赶紧送给了同事家孩子。

Diego 爸爸：我相信每个人都会认为阅读很重要，但具体操作上可能会有偏差。就像普通人每天玩命地打羽毛球，很可能会出现运动伤害。如果方向和方法出现了错误，越坚持，伤害越大。

宝宝妈：例子挺有道理的，但阅读也会出现伤害吗？

Diego 爸爸：阅读方法错误的伤害虽然当前并不直接、不明显，但在后期会凸显出来，而且会浪费孩子宝贵的时间。

Diego 爸爸：就拿您的安排来说吧，每天 30 分钟，10 天就是 300 分钟，100 天呢，1000 天呢？您可能会想：哇，孩子读了好多书，效果肯定杠杠的！

宝宝妈：多读书总是没错的！

Diego 爸爸：您也经常听说这样的场景吧？英语老师告诉家长，孩子每天只需要背 5 个单词，10 天就是 50 个单词，100 天就是 500 个单词，小学毕业孩子掌握 5000 个单词了不得喽……

宝宝妈：我不太相信这么计算单词量，单词背完还会忘啊。但是，多读书总是没错的！

Diego 爸爸：毫无疑问，多读书肯定是没错，关键是，我们孩子的时间是有限的，孩子的发展是不等人的。所以，现在我们讨论的不是多读书对不对的问题，而是讨论如何读书效果更好的问题。

宝宝妈：哦。

Diego 爸爸：就像您把一个上等的干海参泡在水里，您可能会想：无论是冷水还是温水，无论泡的时间长还是短，对海参的泡发终究是有作用的。但是，您把干海参泡 2 个小时，拿出来晾晒一周，再泡 2 个小时，再晾晒一周，一年过去了，两年过去了，干海参好像的确是泡发了一圈，但距您希望的结果还差得很远……

宝宝妈：您是把孩子学英语比喻成泡发海参吧？

Diego 爸爸：是的。很多家长把孩子送去机构上英语课，其实是和泡发干海参情况差不多。每周一次 2 个小时的英语课，哪怕是全英语课，也只是短时间的泡发干海参，其他的时间呢？不接触英语，算是晾晒吧？所以，孩子可能上了好多年的英语培训课，英语依然学不好。

宝宝妈：我可是每天都花 30 分钟陪孩子学英语，那晾晒时间也不长啊？

Diego 爸爸：但每天只有 30 分钟，这泡发的时间也短呀。

宝宝妈：那要怎么浸泡才行呀？

Diego 爸爸：您了解沉浸式英语学习吗？

宝宝妈：我知道呀。我孩子现在上的这家机构，就声称它们用的是"沉浸式"英语培训模式，还是全英文授课呢。

Diego 爸爸：英语培训机构实际上根本无法真正做到沉浸式英语学习。真正的沉浸式英语环境只能发生在家里。

宝宝妈：为什么呀？

Diego 爸爸：沉浸式英语学习包括两个方面：深度和广度。深度主要指的是学习者全副身心，使用全英文思维投入英语学习活动中。广度可以指时间的长度，这里不是指累积时间长度，而是相对时间长度。比如，在启蒙期和提高期，听力输入的时间应该越多越好，比如每天三四个小时以上。

宝宝妈：天呀，哪有那么多时间啊！

Diego 爸爸：听力输入不需要整块的时间，可以是零碎的时间。比如从家到学校、洗漱、吃饭等，都可以大量地听英文音频。我曾经建议一些初中高中的孩子利用上厕所、跑步的时间多听英文音频，结果你猜怎么着？他们说他们这些时间都要用于听数理化的音频讲座！那我就无话可说了。

宝宝妈：的确夸张了一点，但也说明孩子小时候学英语是非常关键的。幼儿园、小学阶段的空余时间还是相对挺多的。

Diego 爸爸：说得对。我们再回到您的规划上来。您给语文阅读和英语阅读同样的时间，乍看起来好像挺合理的。但是，您别忘了语文是母语，您的孩子每天听到了多少母语声音的输入？而英语呢？您能保证孩子每天的英语听力输入有 150 分钟吗？

宝宝妈：孩子高年级的话好像保证不了。但如果孩子没那么多时间，每天只有 30 分钟可以用于英语，怎么办呢？

Diego 爸爸：咱暂不说每天 30 分钟用于学英语肯定不够，单说如果只有 30 分钟，那毫无疑问是用于英语听力训练啊。

宝宝妈：那如果我们听绘本和分级读物配套音频，岂不是一箭双雕、一石二鸟？

Diego 爸爸：您的这种想法很有代表性。首先，别忘了"读绘本"与"看绘本"的区别，尤其是早期过多地指读和默读，有很多副作用。其次，您更不要忘了启蒙期的听力很重要的原则就是"重复，重复，再重复"。绘本和分级读物听一遍哪够啊，如果音频听的次数不够，再让孩子跟读，也无法达到跟读的八字标准：惟妙惟肖，脱口而出，效果就好不了。

宝宝妈：可是孩子不喜欢多次听、跟读图书音频，怎么办呢？

Diego 爸爸：孩子不喜欢听绘本和分级读物的音频，一个主要原因就是有声书尤其是经典有声书的音频是由专业播音员朗读，声情并茂，特别吸引人；而很多分级读物由于语言表达的限制，就很难通过声音特性和故事情节来吸引孩子。如果孩子不喜欢，除了材料的选择之外，家长的引导就非常重要了。

宝宝妈：只听不看，不成了文盲了吗？

Diego 爸爸：在孩子的英语启蒙期，不要怕孩子做文盲，因为文盲虽然识字困难，但听说没问题，比聋哑英语更实用吧？当然了，我们不能做文盲，也不能是聋哑英语，我们要听说读写四项全能！有个电影片段，特别直观地说明了如何从音到形：从电影 The Reader 谈英文脱盲。

宝宝妈：我还是觉得跟着语文老师抓英语阅读，也是有道理的呀？

Diego 爸爸：我们先看一幅图，左边的图代表机会平等，右边代表结果平等。

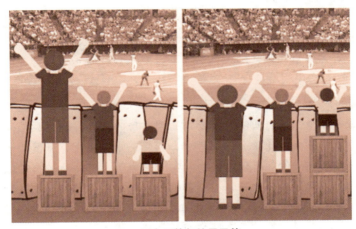

机会平等与结果平等

如果我们把高个子孩子的身高看作语文作为母语已有的音素基础，小个子孩子的身高看作英语作为外语已有的音素基础（实际上，很多孩子的英语音素积累非常不容乐观）。箱子代表每天都要进行的阅读量，比如 30 分钟。很明显，就是每天不进行语文阅读，孩子依然可以享受把语言作为一个社交或学习工具的愉悦。英语呢？在磕磕巴巴的阅读中，享受到的未必是愉悦，可能是枯燥，是完成任务的被迫。

所以，对于英语来说，不要和语文一样操作。而是要根据自己的实际情况，先把欠的音素帐还了，才能像母语那样享受阅读。为此，我还专门做了一期喜马拉雅电台的讲座，建议语文老师狠抓阅读，英语老师要狠抓听。

宝宝妈：那我通过微信公众号的"方法指引"入口就可以听到了。

Diego 爸爸：其实，说到阅读，我更喜欢把阅读定义为广义的阅读，玩游戏、做数学题……而不仅仅是拿着纸质的图书才叫阅读。另外，还要考虑阅读的内容。有的家长以孩子阅读绘本超过 2000 本为荣。我个人觉得尽可能别让孩子挑食，不能只停留在故事书层面，只阅读青蛙王子、灰姑娘之类的美好文学。阅读题材类型要广泛。但引发的另外一个问题是：你选择大部头，如人物传记、非科幻类的枯燥文字，孩子看不进去，大人也看不进去呀。怎么办？最可行的方案，依然是通过影视作品导入。比如利用 WikiHow 网站，从影视作品中获得需要进一步深挖的线索，然后一条条线索挖下去，就像宝藏一样，来引诱孩子在知识的海洋中徜徉。

好了，今天说的太多了，以后再聊。

宝宝妈：谢谢 Diego 爸爸，再见。

9.2 绘本和分级读物的选择

很多家长分不清绘本和分级读物，更别说正确使用了。因为乍一看，两者都有图片和文字，好像没有什么区别。但实际上，绘本和分级读物在很多方面都是不一样的。

1. 创作目标

虽然绘本有学习语言的功能，但绘本的创作目的主要是通过画面来表达一个特定的主题和含义，是为了让孩子汲取养分，感受艺术的熏陶，激发孩子的思考和想象，是为亲子共读而创作。而分级读物则完全是为了培养儿童的自主阅读能力而创作的。一般来说，我们会在孩子学习认读的时候开始引入分级读物，也就是我们说的是"识字"。分级读物一开始都非常简单，甚至一页上只有几个词，每一页的句式也是一样的，这样做的好处就是孩子会有成就感，不用过分依赖家长，能更快达成认读的目标。

2. 使用方式

英文绘本的正确使用方式是家长讲给孩子听，这对家长的英语水平有一定的要求。英语基础薄弱的家长，可以借助配套音频，陪伴孩子一起读绘本，或者使用更加方便的点读笔，和孩子一起欣赏英文绘本的美。点读笔介绍可以参考本书"6.4 点读机和点读笔"。

分级读物主要由孩子根据自己的阅读词汇量，按照一定的图书选择方法，选择自己喜欢的、难度适当的分级读物自行阅读，在阅读中掌握英语。如果父母觉得分级读物困难，也可以第一遍进行亲子共读，爸爸妈妈读给孩子听。等到孩子学习自然拼读以后，分级读物可以用来训练孩子进行自主阅读。当然家长也可以在孩子使用分级读物过程中参与进来，孩子主讲，家长当听众，必要时给予帮助，和孩子进行互动。很多分级读物还配有互动问题，父母可以照搬。

3. 语言表达特性

绘本为了达到和配图一致性的目的，为了更好地配合家长讲给孩子听，使用的文字更接近真实的语言表达，而且会考虑父母为孩子读出来的那种韵律感，但无须过多考虑使用的单词孩子是否认识。对母语国家的孩子来说，很多词汇是孩子的听力词汇，但不是他的阅读词汇。只要孩子听到明白意思就可以，无须考虑单词拼写起来是否复杂，比如 alligator 和 crocodile，孩子可能不认识，但属于常见听力词汇。比如非常有名的苏斯博士的绘本 The Cat in the Hat，画面精美，文字押韵，韵律感很强，家长给孩子读起来朗朗上口。

分级读物为了帮助孩子完成语言学习，适应当前孩子的自主阅读水平，有时候会有很多在生活中不太会出现的句子。分级读物的特点是句子结构和语法清晰、单词简单、指意明确，主题不包含深的思想。如果一开始就让孩子阅读分级读物，孩子会误认为英语的表达就是这样的。而且低幼级别的分级读物会通过重复来强化句式和单词，如下图所示。同时由于有语言学习的需要，分级读物无论是在语句的表达还是故事的情节上都受限很多。

绘本词汇不一定简单

分级读物示例

4. 使用阶段

一般来说，绘本的使用年龄要整体上低于分级读物。如果孩子的年龄允许，建议的基本阅读顺序是：绘本→分级读物→桥梁书或原版教材→章节书。

低幼的绘本，通常以图片为主，文字较少。我们在给孩子讲中文绘本的时候，通常不会只读文字，会加入自己的解释。但是受英文水平的限制，父母一般没办法以同样的方式讲解英文绘本。因此长期读低幼英文绘本输入量是不够的。具体来说，如果孩子小而且英语零基础，除了观看低幼动画片和进行对应的磨耳朵之外，应以绘本为主进行亲子阅读。等孩子的听力水平提升、听力词汇积累到一定程度之后，可以考虑加入自然拼读和分级读物。如果孩子比较大了，但却没有听力基础，应该在加强动画片磨眼睛和听力磨耳朵之外，直接以分级读物为主。分级读物输入量相对大，每一页画面都有一句到数句的文字。而且语言重复率高，孩子容易习得。

5. 选书方法

绘本的选择主要根据孩子的兴趣，或者家长想在某些方面对孩子进行引导，并不需要考虑文字是否适合孩子阅读。比如在万圣节前给孩子准备节日装饰的时候，家长可以带孩子一起读 How to Scare a Ghost，有利于帮孩子正确树立科学的观念。

对于分级读物的选择，有一种简单易行的选书方法叫"5-Finger Rule（五指选书法）"。这种方法非常适合孩子自己判断是不是可以读一本书。

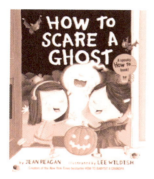

How to Scare a Ghost

五指选书法

五指法的具体做法是：首先让孩子选一本自己喜欢的书，随便翻开书的一页，要注意这一页既不是整本书的第一页，也不是某个章节的第一页。然后开始阅读这一页，每发现一个自己不认识、不会读或是不知道意思的单词，就竖起一个手指：

- 0 个手指——这本书太简单了；
- 1~3 个手指——这本书正合适；
- 4~5 个手指——这本书有点儿难，记住要慢慢读；
- 5 个以上手指——这本书现在太难了，不如先放下，过一阵子再试？

听起来是不是非常简单？据说这个选书方法对小孩子来说非常好用，在美国小学里应用很广。当然每个孩子的五个手指原则稍有差别，但万变不离其宗——一本书的一页里如果发现 5 个以上的生词，那么对孩子自主阅读来说就稍难了一点，不如先放下，过一阵子等阅读量更大一些，认识的单词更多一些以后再试。

对于母语国家的孩子来说，五手指原则简单又实用，能够很快帮助孩子找出适合他们阅读水平的书籍。但是在国内，由于中国孩子普遍缺乏听力基础，影响了自然拼读的学习效果，从而会进一步影响使用分级读物的情况。此外，目前由于进出口图书的各种限制，以及高昂的原版书价格，中国的孩子们其实没有多少英文绘本可以选择。

所以，中国的孩子选择英文书的标准首先就是要选择经典图书，只有经典图书才能引进，才会有更多配套资料。同时，要选择带音频的绘本或分级读物，以弥补家长发音不准、孩子听力词汇不足的问题。

6. 系统性

绘本比较散乱，相互之间难度区别也比较大。给孩子选择合适的绘本，无论是购买还是使用，都需要父母付出更多的精力。英语基础一般的父母很难从简单到难的顺序进行购买和安排学习。

分级读物有比较严格的晋级体系，一般分为不同难度级别，随着阅读级别的提升，涉及的话题也会越来越广泛，会更明确地接触不同的体裁（fiction 虚构类和 nonfiction 非虚构类），最后会接触到章节书和其他类型的书。父母可以选择 1~2 套，从低级开始逐步往上读，可以省去大量挑选的时间和精力。比较经典的分级读物包括：典范英语、兰登、海尼曼、牛津树（书虫）、RAZ、I Can Read 等。家长

RAZ 分级读物 aa 21~30

不要贪多，这套喜欢那套也喜欢，全买回来让孩子看。这无疑会增加孩子不必要的压力，而且延缓了孩子英语的提升速度。

总之，绘本和分级读物不是替代关系，不同家庭的侧重不同。对于一般的家庭，分级读物是主餐，前期解决理解问题，后期培养自主阅读。绘本是甜点，给孩子提供艺术和文学的滋养，解决语言质量问题。英语启蒙要尽可能给孩子提供各类立体资源，只有这样孩子才能不偏食，健康成长。

前车之鉴

很多家长在孩子一岁左右的时候，就会给孩子引入海尼曼或 raz 做认知启蒙，另外一些家长面对这么多经典分级读物，陷入选择困难，看啥都好，于是索性都买回来给孩子用。每天陪孩子做亲子阅读，很辛苦。但很多孩子效果很不好，这一点让年轻的父母很困惑。其实，我们前面已经反复提到过，分级读物对母语是英语的孩子来说，这种使用方法是没问题的。但是，我们国内的孩子千万不能照搬，我们的孩子没有英语听力的积累，更没有听力词汇与日常生活场景的直接映射，很多时候我们的孩子是靠翻译在英文的音形意之间进行辅助，这种错误的学习方式一开始就注定我们的孩子在英语学习的道路上将会困难重重。因此，Diego 爸爸强烈呼吁，年轻的爸爸妈妈们不要过早给孩子使用大量绘本和分级读物，而要模拟母语孩子的语言学习过程，先让孩子从磨眼睛到磨耳朵，完成英文基本词汇的音形意的无翻译映射，然后再使用分级读物，必将事半功倍。

9.3 正确使用不同的阅读方法

阅读是一个泛泛的说法，在具体操作上，存在多种阅读方法。这些不同的方法有不同的训练目的，同时部分方法之间可能存在冲突，即过度使用某种方法会影响另一种方法目标的达成程度。最明显的莫过于过量的指读训练会降低速读能力。

> 常见的阅读方法包括但不限于：
> - 听读——看着图书的同时听父母读故事或听故事音频
> - 跟读——逐句模仿图书配套音频的腔调
> - 指读——阅读时一边用手指着字，一边读出字的音
> - 认读——见单词能读出来
> - 朗读——在认读的基础上能自己大声读出来
> - 默读——不出声音地阅读，一般指脑子中有个声音在读
> - 速读——快速阅读或全脑速读，不出声，无默念，一目十行

本节我们简单探讨一下这些不同的阅读方法。不同的人在应用同一种方法的时候，也会因为侧重点和意识等的偏差，造成千差万别的结果。

1. 听读

听读是接触一种新的语言元素的最初也是最有效的方法。语言元素需要在有大量的输入之后，才会在大脑里产生连接。短期的或是少量的输入都不能产生好的效果。听读其实是没有"读"，只是完成眼睛和耳朵这两个人体输入器官获取信息的同步，以形成音和形之间的映射。结合前面的分析，我们建议在 2 岁之前父母力所能及地给孩子读一些绘本，3 岁以后可以充分利用绘本和分级读物的配套音频，家长陪孩子一起看一起听。

2. 跟读

跟读的最大作用就是模仿正音。孩子前期听力输入越多，跟读起来越轻松自然，效果越好，跟得越像。对单词、短语或短句的跟读相对比较容易，但对长句跟读就比较困难了。因为不但长句音调特征变多了，还有词汇、语法这些问题。不要把长句切成几个短语进行跟读，而是以完整的句子为间隔，只允许孩子在停顿处暂停音频进行跟读。另外，跟读不能只强调是否惟妙惟肖，更要脱口而出。有关跟读的具体方法，请参考本书"7.2 如何进行模仿跟读"。

3. 指读

指读是孩子用手指或笔指着图书上的语句，同时读出声，随着手指的移动进行持续的出声读。指读时首先要保证孩子的发音正确，所以要确保反复听了音频，或跟读之后再指读。孩子对自己发音有了自信，也愿意大声地读出来。

通过以手指字的形式，使字音和字形重合，完成辨字音、认字形的过程，也就实现了正确认读的目的。指读的原则是按句中文字的顺序，手指既要指准那个字，眼睛又要注意那个字，不能漏字，也不能添字，达到眼、手、口、脑综合运用。这样才能完成字音、字形的结合工作，使它们合二为一。指读不但对孩子识字有帮助，还可以培养孩子的思维和多器官协调能力，避免外界干扰，可以用于进行有效的注意力训练。

指读方法

进行指读的时候，避免孩子因为对音频材料太熟而进行"快速指读"，即"滑读（手指滑过）"。滑读几乎没有音形映射的效果：孩子可能只是把手指滑动速度和句子长短对应起来而已，根本不知道自己正在读的是哪个词。

如果不听语音就进行指读，那么语音地道程度、流利程度都无法保证，又不能满足"没听过的不说"的原则。孩子虽然读起来磕磕巴巴，但每个词都能精确指出来，可以达到强化"识字"的要求。但这样就是顾此失彼了：读得太快了，手指一扫而过，达不到识字效果。而一字一句咬文嚼字地读又会影响读的流利度。

大家应该都有过这样的感觉：声情并茂地朗诵了一篇文章，结果发现没明白意思。因为我们把注意力放到了音调、节奏和气息方面，忽略了对文章意思的理解。

4. 认读

认读其实不能算一种具体的方法，而是指看见词语和句子能够读出来的能力。认读能力的培养首先是听力词汇的积累，然后采用 phonics 自然拼读或整体认读等方法进行归纳总结。认读不单单是单个词能够正确读出它的发音，还包括句子认读。句子认读比较复杂，需要依赖长期大量的语音输入，因为这涉及连读、弱读、失去爆破等，而这些发音特征不是靠死记硬背就可以学会的。

5. 朗读

朗读是建立在认读能力和跟读基础上的。我们经常看到老师要求学生"有感情地朗读"，其实朗读本身就应该包括"有感情"而不是干巴巴。"朗"就是声音清晰响亮的意思，读就是按照文字念。相比较而言，我们说的朗诵，又多了一个高低抑扬的腔调的意思。朗诵需要在语言表达的高低抑扬的对比中体现出情节的冲突，运用诸如停连、重音、语气、节奏等各种技巧以及丰富的情感注入语言表达。一般我们在日常的朗读中不需要过度的艺术性表现，对声音的要求除了字音标准外，还要接近生活，接近自然，接近本色。

朗读是眼、口、脑并用的阅读活动，朗读的要求是"正确、流利、有感情"。

孩子在英语阅读启蒙期，按照"没听过的不说"的原则，尽量少朗读，多跟读，以有利于形成正确的发音。

6. 默读

默读是读的一种重要方式，是训练阅读能力的重要方法。由于省去了发音的动作，所以速度快，不互相影响，保证环境的安静，便于更集中地思考、理解读物的内容，并且不易疲劳，易于持久。默读的应用范围十分广泛，读书报，查资料，看通知、布告、信件等，都要用到默读。

我国《语文课程标准》对小学各学段的要求分别是这样表述的："学习默读，做到不出声。""初步学会默读，能对课文中不理解的地方提出疑问。""默读有一定的速度，默读一般读物每分钟不少于300字。"从"学习"到"初步学会"再到"有一定的速度"，这是一个从低到高、循序渐进的过程。

默读是眼、脑并用的阅读活动。默读的要求是"边默读、边思考、有一定的速度"。但默读的速度会受限于头脑中那个声音的速度。尽管这个声音没有发音动作，声带不震动，但它的速度和眼睛的扫描速度差距还很大。养成默读习惯，会让大脑中的声音很顽固地伴随着孩子的读书行为，严重影响看书速度，是速读的宿敌。

扫码收听Diego爸爸的音频讲座：有默读无速读。

7. 速读

速读可以理解为快速阅读。

有的人认为速读的本质就是略读和跳读，通过适当训练眼睛的移动速度，扩大视幅，就可以大幅提高按需阅读的能力，大幅提高阅读速度。对一篇文章来说，读者是可以根据自己的需要来快速获取结构和细节信息的，不需要对所有的文字和段落一视同仁。另外，同一个人对不同难度的材料可能进行的阅读速度也是不一样的。阅读很简单或不需要太多理解的文字资料时，比如童话故事、休闲小说、报纸杂志等内容，经过严格训练的人能达到每分钟过万，但理解和记忆都存在问题。如果拿高等微积分、道德情操论这种需要深度思考并且缺乏基础知识的书籍时，几乎没有人能在完全没接触的情形下，快速读完并能理解和思考。

另外一些人过度夸大宣传，认为存在速读方法（如全脑速读法等），能够让阅读速度在短时间内快速提高，可以达到一目十行、过目不忘的程度。有些速读训练机构号称可以每分钟看10万字，一天能看几十本、上百本书。这些宣传只谈好的一面，对不利的地方全部忽略，比如一目十行很容易做到，但过目不忘，目前还没有正常人通过训练能做到。提高阅读速度几十倍，实际就是略读和跳读。阅读速度提高并不代表读完就能理解。

通过以上对各种阅读方式的讲述，我们知道了这些不同的阅读方式适合于不同的时期，有着不同的训练目的。使用时要瞻前顾后，多观察孩子，根据反馈及时调整，避免顾此失彼。

这里要提醒大家的是，总体来说要注意区分读和看。

读，可以认为是除了默读和速读之外的几种方式，嘴巴要发出声音。要发音，就要注意流利度和音调，就要注意"没听过的不说"这条原则。读还可以用于"识字"，巩固词句"音"和"形"的对应。

看，就是不出声。特别注意孩子的默读状态，既要利用默读的优点，也要注意避免默读带来的速度慢的弊端。要多鼓励孩子快速翻阅绘本和分级读物，逐渐培养略读和跳读的能力，能够快速找到所需要的内容，为以后速读养成良好的习惯。看的主要目的不是"识字"，而是高效地获取作者表达的整体意思，追求的是阅读效率和理解完成度。表现为一目十行而能获取作者意图。所以，看书就应该多训练速读技能。

以后我们进行以考促学做阅读理解的时候，在固定时间内快速读完文章并达到一定的理解程度才可以。如果读得慢，文章没读完可能就要收卷子了。

所以，我建议家长们要控制孩子"读"和"看"的时间比例和图书数量比例。一般建议读和看的比例在 2:8 比较好一些。绘本和分级读物读起来惟妙惟肖，声情并茂，不漏不多；看起来安静高效，一目十行，专心致志。

9.4 自然拼读和 Sight Words

Phonics 自然拼读法，是英语母语国家的儿童从学英语开始就普遍使用的一种方法，它通过让孩子辨识字母及字母组合的发音规律，在字母与发音之间建立直接联系，做到"见词能读、听音能写"。掌握了字母或字母组合的读音规律后，看到大部分单词，即便不知道意思，也能直接读出音。

和我们汉语拼音不同的是，英文的 26 个字母，每个都有 letter name（字母名字），也就是我们熟悉的 ABCD，而它们还有 letter sound（字母读音），比如 apple 里的 a，clock 里的 o。还有字母组合的发音，比如 ou，ow 等。

letter name 和 letter sound：字母名就是这个字母是怎么读的，就是怎么发音的，而字母音就是这个字母在单词中发的所有的音。就像你有一个宠物，你叫它的名字是"小胖"，它的叫声是"汪汪"。要掌握 26 个字母的基本 letter sound，对孩子来说是很快就可以掌握的。对于大多数辅音来说，它们的发音是一对一的，只有少数几个辅音字母，有两个或以上的发音。

有一首很有名的 26 个英文字母歌，大致是这样的。

> A says a, A says a, Apple, Apple, a, a, a;
> B says b, B says b, big bag, big bag, b, b, b;
> C says c, C says c, cool cat, cool cat, c, c, c;
> …

单从发音上来说，26 个英文字母孩子要能分辨的发音超过 52 个，实际上应该是 74 个（26 +48）。如果你让孩子掌握 48 个音素，也就是我们所说的国际音标，再让孩子去记忆 48 个音标对应的字母组合，比如长音 [i:]，对应 ea、ee、e、ie；[ə:] 对应字母组合 ir、ur、ear、ur、or。再加上什么开音节、闭音节、半开半闭音节，各种发音规则之类的，你明白孩子的压力有多大了吧？

国内对自然拼读分成两派，以机构为代表的一派拼命追捧自然拼读，几乎封为神器："找到规律，背单词不再发愁，30 天会拼所有单词，见词能读，听音能写"。培训机构这么做当然有它自身的商业目的，它可以举办各种初中高级拼读班啊，让家长乖乖掏腰包。另一派是各方解读，咬文嚼字，抨击自然拼读是伪概念、噱头。家长夹在中间一头雾水，左右为难。

实际上，我们不用去管为什么"phonics"会被翻译成"自然拼读法"，为啥叫"自然"？谁爱争个水落石出谁争去。我们只要弄明白，母语为英语的孩子是如何用这种"phonics"辅助学习的，我们如果要模仿，应该具备什么样的条件，然后去尽量准备这种条件就行了。

phonics 是一种把字母和其发音联系起来的教学方法。既然与发音有关，那就要关注我们孩子的"音"和母语为英语的孩子的"音"有哪些不同之处。前面我们提过，人家母语为英语的孩子开始识字和阅读的时候，已经掌握了 4000 个左右的听力词汇，而我们的同龄孩子可能只掌握了 40 个听力词汇。千万不要忘了这个巨大的差异。

因此，我们可以看出，"拼读法"是给母语是英语的小朋友用来从听说过渡到识字和阅读的一种工具，它比较适合听力词汇量很大而刚开始积累阅读词汇量的小朋友，这种教学法能使他们在已知的"音"和未知的"字"之间建立起联系。

比如看到 tiger 这个单词，母语小朋友会在脑子中搜索眼睛传进来的视觉信号，解码后在大脑中对其发音组合进行尝试性匹配。因为他们的听力词汇库中有 tiger 的正确发音，匹配成功，就能通过嘴巴发出正确的读音［ˈtaɪgə］，这只是听力词汇的原样拷贝而已。但中国小朋友进行搜索匹配的时候，大脑中语音库空空如也，根本无法匹配出来，只能凭记忆觉得 i 很多时候发"衣"的音，于是就怯生生地读出一个"体格"，也不知道读得对不对。也许他已经学过很复杂的发音规则，告诉过他什么情况下发 ai，什么情况下发 i，可是他记不住啊。

也就是说，母语小朋友能够"见字能读，听音能写"，是因为他们大脑中有了巨大的听力词汇库，他们学习 phonics 是归纳总结，水到渠成，轻松自然。而我们的孩子脑袋里空空如也，只能靠猜测和记忆，而且我们都知道，发音规则很多很复杂，还有很多没有规则。

总结一下：有了听力基础再去学自然拼读，是归纳总结，会事半功倍；没有听力基础就去学自然拼读，是死记硬背，结果事倍功半。

经过分析我们应该明白，为什么我们的孩子那么辛苦认真地学习 phonics，依然远远达不到"见字能读，听音能写"的程度。所以，要想让自然拼读学习有效果，请首先对孩子完成大量的有效的磨耳朵，积累足够多的听力词汇。不要在孩子脑子中听力词汇库空空如也的时候去学自然拼读，那肯定是事倍功半，而且增大了孩子负担，做了无用功，影响了孩子对英语的兴趣，有百害而无一利。

家长不要问孩子几岁适合学 phonics，而是等听力词汇积累到一定程度再开始，积累的听力词汇越多，phonics 学习效果会越好。

在学习 phonics 前，孩子们应该解决了 220 个 sight words。顾名思义，就是看一眼就应该立即反应的词汇。sight words 是由美国学者 E. W. Dolch 列出的在儿童读物上出现频率最高的 220 个词汇。sight words 是基础程度的词，在儿童图书中出现频率高达 60%～85%。也就是初级读物里面经常出现这些 sight words，如果孩子在阅读之前学过 sight words，那么在阅读初级读物时，基本能看懂书中 70%～80% 的内容，然后再配合相应的阅读难度的书进行阅读练习，就会极大地提高阅读速度以及阅读流利性，进而会有助于对文章内容的理解。有人将这 220 个词全部编写在一篇文章 The Best Thing in the World 中，并按照 Dolch 的分类用不同颜色标注出来。

sight words 分为 6 个序列：Pre-primer 级 40 个单词，为黄色；primer 级 52 个单词，为天蓝色；1st Grade 级 41 个单词，为灰色；2nd Grade 级 46 个单词，为绿色；3rd Grade 级 41 个单词，为紫红色。

如果孩子能熟练朗读这个 600 多词的故事，代表已经熟练掌握 sight words 单词表。

扫码收听Diego爸爸喜马拉雅音频讲座：自然拼读，聊胜于无。

(This passage contains all of the 220 Dolch Basic Sight Words.)

The Best Thing in the World

Once upon a time, there were four brothers who lived in a far away land. Their father was an old king. One day he said, "I will not live long now. Today you must start out into the world. In a year, bring back the best thing you have found. The one who can pick the best thing shall be the new king." The first brother said, "I will look in every city or town. I will buy the best thing I can for my father." The next two brothers said, "We will both go on fast ships over the sea. We will find something better." The last brother said, "I am going to ask the people here in our own land to tell me the best thing." The other three brothers began to laugh. "Then you will never be king!" They said.

The last brother started off. When he had gone about six miles, he met a man. "What do you carry in those big bags?" he asked. "The best thing in the world," said the man. "These are full of the good nuts which fall from my five nut trees." "I don't think that would work," said the brother to himself, "I must try again." The brother went on another seven miles. He found a small brown bird. It had been hurt, so he put it in his coat where it could keep warm. As he went on, he saw a little girl crying. He ran to meet her. "Why are you crying?" he asked. "I want to get some water from the well," she said. "We use so much. We drink cold water. We wash the clothes clean with hot water. But I

The Best Thing in the World   Page 2

do not know how to pull it up. Please show me." The brother said, "Hold this bird and I will help you. It does not fly around any more because it got its wing cut." "Thank you. What a pretty bird!" she said. "I wish you would give it to me. If you will let me keep it, I will always be very kind to it. I will take care of it myself. I will make it grow well again." "Yes, you may have it," said the brother. So he gave her the bird and went on.

At night, he went to sleep under a round yellow haystack. When it was light again he walked on. Every day he would walk eight or ten miles. He asked the people about the best thing in the world. Some said it was best to sing. Some said it was best to run and jump and play. Some said the green grass was best. Some liked the red and blue and white flowers best. One man said the best thing was to ride a black horse. He always stopped to help people who needed it. Soon he made many friends. All the people began to like him. They would say, "See there goes the king's son. He would be just the right kind of king for us." Every door was open to him. The people would call to him to stop. They would ask him to come and eat with them. After he ate, he would sit down and read to the children. After he read, he showed them how to draw and write. Months went by. He still had no beautiful thing to take to his father. Just before the year was done, he went home again.

The Best Thing in the World   Page 3

The time came when the king called his sons together. "What did you bring?" He asked them all. The other brothers had many beautiful things. "And what did you bring?" said the king to the last brother. "This is too funny!" said the other brothers. "He has nothing!" But the king was kind to the last brother. "What did you bring me?" the king asked again. "I bring only the friendship of your people," said the last brother. "That is the best thing!" cried his father. "You shall be the new king."

The End

Key:
Pre-Primer   Primer   First Grade   Second Grade   Third Grade

Submitted by: APool37253@aol.com

9.5 到底要不要学音标

30年前，我们初中才学英语。城镇的孩子都难得有个随身听，更别说广大农村的穷孩子了。想听老外的纯正美音或英音？你想得太多了。听不到声音怎么学英语？只能用助记符啊，这就是音标。

音标是把声音记录在纸面上，是一个让我们能不通过听音就能学会发音的替代性工具。母语国家是不需要音标的，他们不知道音标，也不会读，更不会写。音标是给我们这些连外国人的声音都不容易听到的穷人们用的。如果《新概念英语》的作者亚历山大知道我们当初是这种情况，他可能就不会说出那句名言了：没听过的不说。

英文字母有26个，英文单词拼写不容易。单词拼写和英语听说不一样，不能通过自然习得的方式学会，只能通过刻意训练才能掌握。别说中国孩子拼单词，就是英美国家很多成年人，也经常拼写错误。谷歌公布的美国人最常查询拼写的单词中，很多常用词高居前列：tomorrow（明天），chaos（混乱），banana（香蕉），beautiful（美丽的），patient（病人），surprise（惊奇），available（可能的）等。

单词拼写已经让孩子们如此劳心费力，而音标又有48个符号，包括20个元音符号和28个辅音符号。这些符号根据字母组合又有各种组合，更有成千上万不符合发音规则的字母组合。

你让孩子如何去死记硬背？看看下面孩子的拼写。除了单词，还要拼写出单词的发音，这个难度可不就翻倍了嘛！

现在是21世纪了，别说普通城市的家庭，就是偏远农村，也几乎是人手一部可以上网的智能手机。每个人只要想听英语，随时随地可以在手机上听到，想听美音听美音，想听英音听英音。英文动画片、英文电影、英汉词典、英文电子绘本，英语的材料应有尽有。这个时候，我们很容易就可以做到"没听过的不说"，可以正常地学习英语了。

有的家长或英语老师可能会反驳说，音标可以让你直接读书了啊。那请问，哪本原版英文书里会给你标注音标呢？人家英语为母语的人们不用音标啊。

有的家长说了，可是英语词典里有音标啊。现在，几乎所有的电子词典都是直接可以发音的，不仅可以听美音，还可以听英音，还需要看音标来读吗？直接跟着美音或英音来读，岂不是更地道？

还有的家长说，学会音标可以做辨音题呀。什么是辨音题？Diego爸爸一脸蒙圈，原来就是这种题呀。

拼写音标增大了孩子的压力

找出划线部分读音不同的单词。

(　) 1. A. ask　　　B. basket　　C. table　　D. grass
(　) 2. A. name　　B. grade　　　C. have　　D. late
(　) 3. A. like　　　B. kite　　　　C. nice　　 D. city
(　) 4. A. second　B. mess　　　C. cinema　D. February
(　) 5. A. season　B. beach　　　C. read　　 D. great

以前的辨音题

  这种题太简单了，孩子每个单词读一下，不就知道哪个不一样了吗？还用标出音标再选吗？剑桥的英语试卷中从来没有这种题。这种题只是中国人自己设计出来考音标的。如果音标取消了，这种题就不会出了。这种题母语国家也不会考，他们的孩子读一下答案就出来了，肯定是全部满分。所以这种题就是考英语聋哑的孩子，因为他们不会读，需要写出音标才能判断哪个不一样。如果大家能见到这种题，可能是从老题库中扒出来的，现在很难见到。Diego小学的期中、期末英语考试题，基本上都是和剑桥少儿英语同样的题型。

  现在北京的一些初中已经不再要求学习音标了，这对广大初中生和初中英语老师，还有家长都是一件好事。没有了音标，可以通过自然拼读辅助进行。但对于自然拼读，依然存在很多坑。最大的坑就是让孩子过早地学习自然拼读，导致效果不好。如果没有听力词汇基础去学自然拼读，是死记硬背，结果就是事倍功半；有了足够的听力基础再学自然拼读，是归纳总结，结果才是事半功倍。所以在孩子的英语启蒙期和提高期，尽量少让孩子"读"绘本和分级读物，可以"看"，不出声地那种看。或者使用有配套音频的绘本，先听音频再去跟读模仿。

  如果孩子所在的学校要求学音标怎么办？没办法，就学呗，只能花最少的时间和精力来完成老师的任务。在此过程中，家长可以给孩子一些帮助，以减轻学习音标的压力。如果老师要求给单词标注音标，可以给孩子手机上下载英语词典软件，如牛津高阶、有道或金山。孩子口语好的话可以通过手机语音输入直接查找，以减少查询时间，然后抄下电子词典中单词的音标；孩子口语不好的话，就直接输入，然后反复倾听、跟读电子词典中单词的真人发音，同时抄下音标。学完音标之后，无须再要求孩子巩固，直接扔掉即可，因为中考、高考都不会去考音标。此外，如果孩子的口音比较好，可以试着向学校英语老师申请免学音标。

  Diego爸爸还清楚地记得有家长说："音标就像汉语拼音一样，给英文标出读音，像我们开始学汉字那样学英文，这不是挺好的吗！"Diego爸爸只能一笑了之了。

  英语是拼音文字，汉语是意音文字；英语是字母文字，汉语是象形文字。英语文字本身就可以自带发音，这是英语作为拼音文字的优势，如果偏要给拼音文字再配注音，这本身就是一件没有意义的事情。

9.6 利用闪卡积累词汇

在国内学英语，既不能完全按照母语的方式，也不能照搬二语习得理论。如果我们让孩子只习得听说，那只是一个能听会说的文盲。如果等到了那个时候再进行脱盲，读书识字，又是一件很难的事情。国内有些教育机构早期提倡听说，忽略识字和阅读，造成很大阅读问题。所以，我们必须在对孩子进行听说训练的同时，进行词汇积累，以应对随之而来的阅读、拼写和写作等。

2~3岁的幼儿可以使用一些纸质卡片，完成最基本的一些单词的积累。这些卡片一般是选取经过科学分析而得到的常用分类，比如家庭成员、身体部位、颜色形状、水果蔬菜、家具、食物、衣物、玩具、动物、运动等。这些单词的数量有三四百个。最基本的闪卡样式是正反两面分别是英文单词和对应图片，如下图所示。

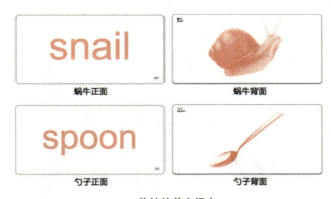

传统的英文闪卡

但是这种闪卡对大多数英语水平一般、操着中式发音的中国父母来说，最大的不足是没有发音。父母无法自由地陪着孩子进行音形意的映射。幸运的是，随着点读笔技术和手机二维码技术的发展，出现了下图所示的改进型闪卡。孩子可以用点读笔听发音，家长可以用手机扫码看更详细的内容，适当给孩子扩展。

由于这类纸质闪卡数量有限，而且无法自己定制，因此可以使用的时间持续不了太长时间，可能半年时间就用完了。如果家长自己搜集材料进行卡片制作，然后用彩色打印机打印出来，并能制作出点读效果（参考本书"6.4 点读机和点读笔"），但成本太高，而且花费较多的时间，家长很难坚持下来。

这个时候，我们可以使用 Diego 爸爸

可用手机扫描和点读笔点读的闪卡

开发的电子闪卡软件（具体配置参考本书第 14 章），快速生成自定义卡片，不仅可以完美地进行单词音形意的映射，还可以按照遗忘曲线规律进行复习巩固。

孩子看绘本和分级读物的时候，可以让孩子标出自己不熟悉的单词，如下图。

标记绘本中的生词

或者在看动画片的时候，也可以留意一下不熟悉的单词，如下图。

标记动画片中的生词

甚至带孩子外出，看到路上的标识，如下图中的 *caution* 和 *slippery*。

街头标识

家长拿出手机，打开 Diego 爸爸定制版 app，输入单词，马上就可以自动生成如下电子闪卡。

手机或平板端学习界面

电子闪卡有单词、有发音、有例句、有图片，关键是单词正反面还能交换！也就是这次复习是先出现英文单词和发音，触屏后出现例句和图片。下次复习时是先出现例句和图片，触屏后出现英文单词和发音。软件按照遗忘曲线算法，自动给出每天需要记忆的单词量。

如果孩子对单词比较熟悉，就可以点击"一般"，这个单词 10 分钟内将重新出现；如果感觉这个词特别简单，就点击"简单"，这个单词 4 天后会再出现；如果觉得这个词不熟，点击"重来"，这个单词随后就会重新出现。

有了这个终极背单词利器，家长省心，孩子喜欢！这个软件可以一直伴随孩子的英语学习，构建一个或多个完全属于孩子自己的个性化词库。

闪卡系统在使用过程中，存在很多误区，常见的有：

（1）把闪卡系统当成词典去背

正确使用闪卡系统的方式是逐步积累孩子在语境中已经用过、学过的单词，只是这个单词比较重要，需要巩固。所以不要一下子导入成百上千个全新的单词进去。

（2）闪卡上的单词要求孩子拼写

从应用的角度来说，"四会"单词的数量远远低于"三会"单词的数量。"四会"单词就是对单词要求会听、会说、会认、会写。如果要求孩子对每个单词都进行拼写，会加大学习压力，减慢闪卡速度。因此不建议在闪卡的同时增加捆绑式拼写内容。

（3）使用过长的音频和视频

由于卡片布局是自定义的，家长可以放置任何东西。我一般不建议放置除了单词发音和图片之外的其他元素。有的家长放上了句子发音，或者是视频片段。闪卡强调一个"闪"字，就是要快。孩子应该在2秒钟左右就闪过一个单词。如果放置了过多长的多媒体视频和音频，就会严重延缓闪卡的过程，而且还会影响孩子的注意力，只顾去欣赏视频内容了。

（4）过多翻译或多词性一股脑输入

在制作闪卡时，一般建议不要出现汉语，以免过多受到翻译法的影响。但这个也不是绝对的，必要的时候可以适量出现一些。同时，有的家长担心孩子糊弄自己，不管当前单词熟悉还是不熟悉，都一概点熟悉，这种偷懒行为可以帮助孩子节省下次闪卡的时间。这种情况下，可以要求孩子证明自己对当前单词已经熟悉了，比如说出它的汉语意思，或者能说出一个完整的句子等。因为闪卡词库里录入的是孩子情境中的词汇，其词性是单一的。不要为了举一反三而把词典中的所有词性都填进去让孩子一股脑地记下来。用到一个记录一个，保持简单，才能保持闪卡的速度。

（5）过多生僻词

我们使用闪卡系统的目的是为了快速积累常用英语单词或短语，以提升阅读能力。有的家长觉得应该按照孩子的兴趣来为孩子积累单词，于是就过量地搜集生僻词和专业词汇，比如孩子喜欢恐龙，就把 parasaurolophus（副栉龙）输入闪卡系统。结果软件没有收录这个单词，无法填充其他卡片字段。如果想闪这种词汇，可以手工输入，图片也可以从百度图片查找加进去。建议大家还是"功利"一点，尽快完成常用词的积累，不要纠结于生僻词和专业词汇，避免完美主义，小步快跑，尽快提升孩子的单词量。

（6）不记单词或用识字动画片代替闪卡

有的家长信奉"不背单词"和"在语境中自然而然地学习单词"，认为用闪卡背单词太 low。其实，从单词记忆来说，"不论黑猫白猫，抓住耗子就是好猫"，有分散记单词，也有集中背单词。我们用的闪卡系统其实是两者的结合体，从分散的场景中认识单词，然后按照遗忘曲线规律进行集中巩固。有的家长觉得有一些识字动画片，如 *Word World*，可以帮助孩子记忆单词。但这种不能自定义单词、数量极其有限的单词动画片实在是无法满足孩子对常用单词的识记要求。更关键的是，这些单词是无法自动按照遗忘曲线规律进行强化。

Word World 动画片包含的单词太有限

第 10 章
离不开的外教陪练

10.1 为什么陪练应该是外教

有调查显示，现代中国儿童有六大苦恼。六大苦恼之首，就是学英语。在针对小学生的调查中，对学英语抱有逃避态度，乃至恐惧心理的，有 72% 之多。让孩子们恐惧英语的原因，跟学不好英语的原因一样多。

我们前面提到 ESL 和 FSL 的区别，对大部分中国孩子来说，英语是外语而不是二语。孩子们的周围都是中国人，大家说中文舒服又省力，没有人愿意说英语；如果大街上两个中国人用英语交流，会被周围的人所鄙视：装什么大尾巴狼！甚至我们的留学生们、访问学者们、参观访问团们在国外，也愿意聚在一起说中文。

我带 Diego 在美国访学的时候，有一对教会的夫妇每周五晚上都会邀请大家去家里聚会。里面中国学者居多，也有日本人、库尔德人等。中国访学的老师们早已熟悉了，吃饭的时候聚在一起叽叽喳喳开心地用中文聊天。男主人会时不时地高喊："No Chinese, Please！"于是，我们就开始安静地吃饭了，因为说英语太累，影响食欲。

所以，如果孩子可以使用外教，需要使用外教的时候，家长就一定要用外教把孩子讲中文的退路完全堵死。当孩子面对外教或者视频中的外教时，他必须讲英语。因为外教不会讲中文，一个字都不会，连"你好"和"谢谢"都不会，所以他得使出所有的力气，比划也好，大喊大叫也好，现场查词典也好，中式英语也好，必须得说出来，这样陪练才能进行下去。

有的家长愿意给孩子留退路，找外教也要找会中文的外教。你不给孩子"破釜沉舟"的机会，他的语言学习能力就不会激活，他就会偷懒。别忘了，孩子很难会主动从舒适区跳跃到学习区。

有时候，孩子面对外教会恐慌，是因为他们很少如此近距离地面对一个和我们皮肤、头发和眼睛都不一样的外国怪物。对于患有这种外教恐惧症的孩子，家长要有意识地帮助孩子克服。

- 多陪孩子看外国电视节目，让孩子从小知道世界上有各种各样和我们不一样的人。
- 鼓励孩子找机会在大街上和外国人搭讪。
- 争取机会多参加一些有外国人参与的线下活动。

其实，不仅仅是小孩子会有外教恐惧症，我们大多数"聋哑英语"的家长也会有外教恐惧症，只不过我们恐惧的不是外教的长相，而是和外教进行深入交流能力的缺乏。Diego 用线上外教已经 3 年多了，每天一节课。有时候 Diego 有事不能赶回来，我宁可让这节课直接扣费也不愿意自己去和外教练练口语。有时候需要跟外教协调安排课程或教材，我也争取让 Diego 来做，美其名曰"自己的事情自己做"。实在不行必须自己上场的时候，也宁愿留言（留言时也要反复推敲拼写和语法），也不愿直接和外教说几句话，害怕自己表达不清楚，说错句子等。

有个大学的老师说，当身边有同事和老外聊天或谈工作的时候，她在旁边听得清清楚楚的，全都明白。一旦老外转身和自己谈的时候，感觉耳朵一下子就出故障了，听也听不清楚，说也说不清楚。

这些成人外教恐惧症的表现，根源都是"聋哑英语"，让我们无法表达稍微高级一点的话题。

找外教做口语陪练的另外一个附带目的是尽可能地接触各种口音。前面我们说过，孩子的口音主要是由大量输入音频的口语所决定。大量听美音，孩子的口音就会偏美音；大量听英音，孩子的口音就会偏英音。孩子从小口音没固化，所以尽可能地说一些比较"标准"的发音。但孩子将来会和国际团队一起工作，就必须能听懂不同的口音。也就是"说严听宽"：说的口音严格，听的口音要宽松。

最后，由于英语和汉语自身的不同，母语是英语的外教和母语是汉语的中教虽然都可以用英文交流，但其思维方式不同。比如：汉语很直观，描述一件事物的时候倾向于用身体可以感受的动作或者表象来直接描述，而英语倾向于透过现象描述本质的东西。在句子表述顺序方面，汉语倾向于从整体出发叙述问题，先整体，后局部，先次要后主要；英语则倾向于从局部出发叙述问题，先局部后整体，先主要后次要。从句子结构上看，英语句子结构严谨，汉语相对松散。

抛砖引玉

2014 年暑假刚开始，我们单位为教师组织了一场为期 5 天的免费沉浸式英语强化 LinkU 项目，这个项目是美国英语学会（ELIC）为中国教师和大学生免费提供的。当时正赶上 Diego 没有外教可用，加上那几天 Diego 放假在家，家里也没人带他，于是我就厚着脸皮把 Diego 带到班级去了。主讲的美国老太太 Ann 很慈祥，为人很好。在我说明了孩子没人带，能否随我一起上课的时候，她满口应允。于是，在口语部分，当我和同事们都低头回避老师提问的时候，Diego 就会抢着回答老师的问题；在我们做其他训练的时候，他自己看英文漫画书《史努比》。

10.2 什么时候用外教

很多家长朋友都非常明确英语对孩子未来的重要性，也明确我们的孩子不能像我们这一辈，学到的是哑巴英语和聋子英语。我们要给孩子们提供英语听说的环境。但是，什么时候适合开始给孩子请外教呢？

回答这个问题之前，可以先来回答另外一个问题：什么时候吃饺子最合适？几十年前，在大家都很穷的时候，只有过年才能吃上猪肉馅饺子；后来富一点了，一般节假日也可以吃了；现在，想吃就吃了，而且是几十种、上百种饺子随便吃。

给孩子找一对一外教陪练也是如此。如果你不差钱，可以在孩子一出生就配备顶级标准欧美外教团队，24 小时提供真正的沉浸式英语环境；当然也可以少花点钱，请个菲律宾外教，在孩子三四岁的时候就可以每天提供一次练习口语的机会。

如果家长觉得沉默期内孩子说话少，是不是要等出了沉默期才找外教？一般认为，语言的沉默期是两年，而且是基于类母语环境的全天候语音输入的情况下。在国内环境中，沉默期可能更长。如果经济困难，可以等到孩子出了沉默期，在家里"突突"冒英语句子的时候再给孩子找外教，但是，孩子也很有可能一直无法走出沉默期。所以一般建议在经济允许的情况下，尽早给孩子配上线上外教，越早越好。

像 Diego 爸爸这样拥有聋子英语和哑巴英语的人，就是一直没有走出沉默期，所以现在见了外国人还不能自如交流。

几年前，Diego 爸爸没钱，也没有线上外教，所以只能在 Diego 走出语言沉默期之后，才能给 Diego 提供每周一次，每次 30 分钟的线下一对一外教。感谢科技的快速发展，网速的提高，教育技术的创新和全球教育人才的融合，才让我们工薪阶层，甚至是大山里的孩子能够每天看到万里之外不同肤色的人们，听到不同的声音。现在的 Diego 爸爸虽然依然没钱，但不用担心外教的价格了。我至少可以每天花费十几元钱，给 Diego 提供一次和线上外教交流语言和思想的机会了，直到他出国求学的那一天。

有的朋友说，孩子学习生活太忙了，每天哪有十几分钟来练口语啊？我们还可以从吃饭说起。

假设你想在晚上六点吃一顿美味的炖牛肉。

如果你早上就开始准备，可以很悠闲而优雅地准备所需的材料，准备完美的烹饪过程。

如果你中午开始，就有些忙乱了，可能会丢三落四。

如果你四点半开始，只能上高压锅了。

如果你五点半才想开始，我建议还是别吃了，炒个西红柿炒鸡蛋代替吧。

明白了这一点，结论就很简单：要么接受孩子英语学不好的现状，要么按优先级重新排列孩子的日程表。

如果你的孩子还在幼儿园阶段,恭喜你,孩子有充分的听说训练时间。

如果你的孩子在小学阶段,要有紧迫感了,学校作业开始多了,需要挤一挤才可以。

如果你的孩子在初中阶段,时间紧张加上孩子逆反,你再完美的规划也可能遇到阻力。

如果你的孩子在读高中,我建议你什么也不要做了,把孩子的学习交给学校,备战千古一战:高考。高考过后,再让孩子在大学中按照成人的方式学习英语吧。

如果你还年轻,可以生个老二老三,重新规划他的英语学习吧。

 你问我答

家长:其实我觉得口语也有爆发期,听到一定时候自然就滔滔不绝了。

Diego 爸爸:是这样的。但这种滔滔不绝只是孩子头脑中声音的原样或稍微变化后的输出,属于一种鹦鹉学舌,不是真正的说。

家长:这种输出转化成"说",需要什么样的条件呢?我们家孩子现在很明显"鹦鹉学舌"比真正"说"的少太多。

Diego 爸爸:大量练习啊,继续多听,同时外教陪练要跟上,促进孩子说的欲望,提供说的环境,然后很快就会从量变到质变,达到真正的说。

10.3 线下外教与线上外教

前面我们讨论了为什么孩子的口语输出陪练要找外教,而且也明确了请外教的时机。本节来讨论一下线下外教和线上外教的不同以及具体如何进行优化配置。

1. 教学效果

如果不考虑价格和外教个体差异,肯定是线下外教的教学效果比较好。因为线下面对面,外教和孩子之间的交流可以是立体全方位的,除了语言,还可以是手势、表情、肢体动作等。这有助于启蒙期的孩子可以不借助母语的介入而完成基本的交流任务。

目前线上外教普遍采用的是视频模式,学生可以看到部分表情和肢体语言,但受限于摄像头能够拍摄到的空间大小以及视频分辨率的大小,教学效果尚可接受。相信随着VR(虚拟现实)技术的发展,线上外教肯定会赶上甚至超过面对面的口语教学体验,可以让孩子利用虚拟现实设备身临其境地进行语言训练。

2. 价格

一般来说，线下外教的价格要远高于线上外教的价格，影响因素主要是场地费。不同的线下外教，价格也会是千差万别，从几百元到上千元都有。影响因素主要包括品牌价值、师资力量、机构规模、场地位置环境等。而且随着物价上涨，线下外教的价格随行就市，家长并没有多大的选择余地。

线上外教由于没有场地费用，价格会降低很大一块。相对于发达国家及欧美外教的高人力成本，很多机构引入了较低人力成本的菲律宾外教，让线上外教的价格更加亲民，让三线城市的普通老百姓也能请得起线上外教。Diego 每天一次课，一周七天，一个月的外教费用才 300 多元。所以我才能一下子给 Diego 买了 6 年的线上外教课程。

3. 沉浸程度

我们前面已经了解到，孩子的语言学习必须要加大沉浸时间，越多越好。我们可以通过大量的磨眼睛和磨耳朵进行输入，但是我们没有能力来做孩子的口语输出陪练。

网传菲律宾劳动就业部在 2017 年发布一份报告称，中国打算聘请菲律宾家政服务人员前往中国 5 个大城市就业，并考虑给予这些菲佣近 1.3 万元的月薪。如果政府开放菲佣市场，许多大陆高端家庭也会像香港那样拥有英语为母语的菲佣，从而可以给孩子提供全天候的英语沉浸环境。

对于普通家庭来说，菲佣是请不起的。线下外教由于价格太高，也就能承受一周 1~3 次。因此，性价比最高的线上外教就能够弥补孩子口语输出频率不够的困境。可以达到每天一次或多次课。而且线上外教一般都是短课时，可以根据孩子时间灵活安排。

4. 来源

线下外教的来源很多，常见的有：培训机构、中介机构和私人介绍等。拿同一个持证外教举例子，如果他通过培训机构给孩子上课，肯定是最贵的，因为培训机构需要盈利，需要提供场地，需要交税等，但家长有问题可以直接找外教培训机构，外教受培训机构制约。如果这个外教通过中介机构给孩子上课，价格其次。中介机构收取中介费之后就不管了，需要家长自己提供场地，和外教沟通交流。如果他通过朋友介绍，肯定是最便宜的。但这种持证外教一般并不特别钟情私人介绍，因为对他来说，他自己的收入差不多，只有家长需要支付中间环节的费用。

为什么持证线下外教这么贵呢？外国人要在国内英语培训机构从事外教工作，必须持有外国人工作证，同时还要持有外教资格证书。国内外教资格证书主要有两种，一种是被全球普遍承认的 TEFL 英语教师资格，一种是"对外英语教学"的 TESOL 资格。此外，还要具备国籍必须是母语为英语的国家，且拥有本科以上学历，两年相关工作经验。拥有外教资格证书的可以放宽两年工作经验的要求，但也必须持有外国人工作证。但实际上，据说很多英语培训机构为了降低成本，也会招一些不具备任何教学资质的外教，甚至是一些根本不是从事教育行业的人来授课。

其实，如果只从口语陪练的角度来看，很多在校留学生或在中国居住的外国人虽然没有各种证书，完全可以陪孩子进行日常的口语训练。但并不是每个家庭都有这种人脉资源。

如果有人脉，也可以通过朋友介绍私下请外国的朋友通过网络进行陪练。这种私人线上外教价格会更加便宜，但资质和稳定性无法保证。

5. 配套

线下外教的配套会比较规范，可能会有培训机构的前台服务、中教、班主任、学习专员等。但这些都需要家长付费的，因此性价比不高。如果请线下私教，就需要家长自己和外教进行沟通协调了，基本上不存在什么配套服务。

线上外教机构一般都会配课程顾问和学习导师，定期或不定期地和学员沟通。孩子在学习过程中遇到什么技术问题、网络问题、教材更换、请假等，都可以获得及时的帮助。

6. 优缺点

线下外教一般需要在培训机构的教学点上课，孩子需要家长接送。如果路途较远孩子就会比较辛苦，而且浪费太多的时间在路上。线下私教一般会提供上门服务，但外教会把路上的时间也折算成课时，就会导致课程价格较高，一般家庭无法承担。而且考虑到孩子的特点，外教口语课程一般不建议超过30分钟。这样根本没有外教会往返路途一个小时，然后到家后只进行30分钟的口语训练。除非外教给多个孩子按顺序上够2~3个小时。

线上课程具有高度可定制性，孩子无须奔波劳累，可以更好满足口语陪练高频的要求。对于口语练习来说，每天20分钟，一周练习七天，比一天连续练习140分钟效果要好得多。

更为重要的是，从宏观上来说，线上外教市场的成熟，很大程度上缩小了城市之间、城乡之间，甚至是发达地区与欠发达地区之间英语学习资源的极度不平衡。无论孩子身在何处，只要有网、有电、有电脑或手机，就可以充分利用互联网上的学习资料和线上外教，切实提高英语水平。所以，如果你看到一个从没走出过大山的孩子能用一口流利地道的英语和外国人对话，请无须惊讶。

线上外教助教山村小学：淳安县王阜乡中心小学

综上所述，线上线下外教各有优缺点，家长根据个人经济情况和孩子情况进行优化配置。对于普通家庭，Diego 爸爸建议的优化配置方式是：

在孩子 3~4 岁时，在家里进行了 1 年左右的磨眼睛和磨耳朵后，给孩子找一个半年到一年的线下外教，机构小班、私教小班或一对一均可，主要是消除孩子的外教恐惧症（可以特意安排接触一下非洲外教），近距离和老外接触，蹦蹦跳跳进行一些 TPR 的教学和练习。

如果孩子口语输出不错，而且觉得 1~2 次的线下外教量不足，可以同时使用线上外教，每周补充 4~5 次，这样孩子每天都能有一段英语输出的机会。如果想尽可能地压低外教费用，可以等线下外教撤销后再上线上外教，但不建议线上外教的频率低于每周 5 次。

随着孩子英语水平的稳步上升，以及以考促学口语考试的需要，可以在考前强化口语陪练，比如考前两周，每天进行 2~3 课时的强化口语陪练。

此外，孩子在幼儿园或小学中学，尽可能地参加一些外语演讲或英语社团，在旅游景点作为志愿者为外国朋友提供导游服务，或者有机会出国旅行等，加大口语输出途径，在实际生活中接触更多的老外，让自己的口语变得更加地道流畅。

抛砖引玉

Diego 大约在二年级的时候，我才通过朋友介绍，找了个北京语言大学的非洲女留学生上门给他和同小区的几个小朋友一起进行口语训练。一个学期之后她忙于写论文，就请她男朋友代了一阵课。这个私人外教小班解散之后，Diego 有一阵子处于断粮的状态。后来又打听到 Diego 妈妈同事家的孩子请了个定居在中国的美国小伙子上课，每周两次，每次两小时。我就让外教给同事家孩子上完课之后，再陪 Diego 完成 30 分钟的口语练习，每次收费 100 元，也是一周两次。每次上课前一天我把《悦读联播》里面的一篇文章拍照发给外教，上课时 Diego 拿着书本和 100 元过去，就这篇文章开始进行口语练习。由于我不能陪听，我就让 Diego 每次用自己磨耳朵的 iPod touch 录下课程录音，下课后带给我，我上下班的时候在车里听一听，看看有没有需要调整的地方。当时 Diego 三年级，使用的是初二和高一的悦读联播进行口语训练。使用的材料和录音文件如下图所示。

悦读联播和录音文件

10.4 家长的口音情结

线上外教目前主要分为菲律宾外教和欧美外教。没有机构以美音和英音为标准区分外教群体。尽管菲律宾外教的性价比非常高，但仍有很多家长担心：菲律宾外教的口音会不会"带坏"孩子？有的家长对孩子外教的口音极其挑剔，要求非常苛刻，一门心思只用欧美外教。

Diego 爸爸认为，其实这种担心是完全没有必要的。为什么呢？

首先，孩子的口音（输出）是由"大量"的听音（如有声书、动画片等）所决定的，而不是由"少量"的听音（外教的口音）所决定的。

如果一个孩子每天只听 8 分钟的英语（假设外教课时为 17 分钟，孩子听一半，说一半），孩子可能会受菲律宾口音影响，但这样是根本学不好英语的！相反，孩子按照听说先行的原则，每天在空余时间大量地听英语歌曲、有声书和广播剧。如果 Ta 听的这些材料都是美音，Ta 说出的就是美音，听的是英音，说出来的就是英音，如果混着听，Ta 说的就是英美混音，如果有的家长仗着自己英语好，天天操着中式英语和孩子聊天陪练，那么孩子说的就是中式英语。

每天那几分钟菲律宾外教的口音对孩子口音的影响几乎可以忽略不计。如果要纠正和强化孩子的口音，请参考本书"第 7 章 跟读"部分。

其次，外教的主要作用不是让孩子练习听力，而是为了刺激孩子说的欲望和能力、交流的能力、组织语言的能力、英语思维的能力，甚至包括和外国人面对面不紧张的能力。如果练习听力，让孩子自己在家听喜欢的有声书不就可以了吗？所以，我要求外教少说，保证孩子有 60% 以上的说的时间。

语速： ○ a. 我是初学者，请尽量放慢语速
● b. 正常语速即可

课堂中开口时间： ● a. 我想在课堂中尽量多说，保证60%的开口时间
○ b. 我愿意多听老师分享，锻炼我的听力

很多人对菲律宾外教的口音存在偏见，实际上很多菲律宾老师的口音很纯正。菲律宾也被公认为目前世界上非母语国家中英语口音最小的国家，而且英语也是菲律宾的官方语言。印度人的口语也不错，英语也是印度的官方语言，为什么市场上没看到印度外教呢？大家都知道，印度人的口音太让人听不懂了。外教机构网站上所有的外教都有照片、文字简介和音频简介，家长和孩子可以听一听外教的自我介绍音频，感受一下外教的口音。

如果孩子比较小，没有系统跟读过神奇英语，没有形成地道的美音，这时候家长对口音要求高，可以挑一些发音比较纯正的菲律宾外教。随着孩子听力水平的提高，慢慢扩大选择外教的选择范围。

最后，英语听说追求的是实战，而不是摆花架子，不是一定要操着一口地道的伦敦腔装门面。世界融合这么厉害，听得懂菲律宾人、印度人、日本人和西班牙人说的英语，才是实战，只能听得懂标准美语，能在以后的职场中生存下去吗？

之前 Diego 上课的时候，一周 5 天绑定一个老师，不需要每天选老师。另外两天是先选教材，然后随机选菲律宾外教，故意让他适应不同的口音，以适应将来实战的需要。

现在，Diego 的口音比较自由，整体偏向于美音。想说的时候可以说一口伦敦腔，或者是字正腔圆的美音，或是听不出什么口音的、吃音和连读比较重的口音，不过反正不是中式英语，因为我基本上不会和他用英语聊天！有一次上课，Diego 全程一口伦敦腔逗得菲律宾美女外教笑得花枝乱颤，还让 Diego 教她如何发音，玩得不亦乐乎。

扫码观摩一下Diego的口音。这是他废弃的一段即兴聊"暑假干了什么"的英语作业视频，视频长度为1′14″。

10.5 正确使用线上外教

说到如何"正确地"使用线上外教，这其实是一个伪命题：孩子不同，材料不同，家长不同，就无所谓哪些方法是"正确的"，哪些方法又是"错误的"。但是，总有一些原则和规则、注意事项，以及其他家长的经验教训可以借鉴。

之前 Diego 爸爸在喜马拉雅电台的讲座中，就提醒过大家"别把线上当线下"。除了不把线上当线下的重要建议之外，在很多家长朋友的反馈中，也有很多困惑以及其他一些不容忽视的问题。因此，Diego 爸爸结合自身的经验教训，这里给大家一些建议。

> 我的孩子需要使用线上外教吗？

答：绝对需要。只要家长能认识到孩子成长的国际化需求，毫无疑问应该从小学好英语。

网络技术的快速发展和教育技术的进步，让无论居住在一二三线城市、小县城，还是大山里的孩子，都有机会和外国人面对面学英语。也就是说，线上外教在某种程度上消除了英语学习资源上的地域差异，让英语学习机会变得更加公平。

我认识一些朋友，孩子在国外定居了几年回国之后，想找水平相当的小朋友在一起玩，练练口语。其实这个需求很难满足，不仅仅是说身边小朋友的水平不够，而是孩子们的时间安排都很紧张，为了凑在一起练口语，需要协调半天，这还不说交通工具上的问题。

有的家长在全球有很多亲戚、朋友或留学生资源，想让人家陪你的孩子聊聊英语？不说时差、时间协调、聊天内容无法深入等，单谈人情问题，也不是长久之计。哪有自己每天花十几元找个专业菲律宾外教，让孩子想什么时候聊就什么时候聊，想聊什么就聊什么来得更方便呢？

多大的孩子可以使用线上外教？

答：使用线上外教与年龄无关，而与孩子的英语水平、心态、性格等因素有关。

在 Diego 爸爸接到的反馈中，有很多三四岁的孩子用线上外教效果很好的案例，也有五年级的孩子死活不用线上外教的案例。所以，请不要问"我的孩子 X 岁了，是不是可以用线上外教了？"这种问题了。而是要马上行动起来，积极地为孩子规划合理的英语训练方案。

选择菲律宾外教还是欧美外教？

答：各有优势。菲律宾外教的最大优势是价格极其便宜，便宜到你都会心疼那些菲律宾美女帅哥了。家长对菲律宾外教的最大担心就是口音问题，担心对自己的孩子有不好的影响。事实上，Diego 用了 3 年多外教，用的一直都是菲律宾外教，从来没有用过欧美外教。主要原因可以说是 Diego 爸爸太穷了。但实际上，很多菲律宾外教的口音是比较标准的美音（关于很多年前"菲律宾和美国之间的故事"可以参考历史书……）。

线上外教用一对一好还是一对多好？

答：线上外教首选一对一。当然，既然市场上存在一对多小班教学，自然有其存在的价值，尤其是小班教学拿出"同伴学习"的理论来吸引家长。

选择线上外教给孩子做陪练，家长主要专注的是教学效果，其次是价格。大家应该都有这样的体会：如果家长自己带孩子去博物馆、艺术馆参观，孩子可以跟着家长认真参观，了解知识，提高眼界；但是如果家长想让孩子和好朋友一起去参观，绝大多数情况下两孩子会追逐嬉闹，玩得乐不思蜀，根本就忘了来参观的目的了。

所以，如果孩子比较外向，英语表达能力强，在一对多的陪练中可以积极主动发言，自信心爆棚，越学越高兴，那就物超所值。如果孩子性格内向，口语较弱，那就只能是陪太子读书了，甚至连学习英语的兴趣都会受到影响，轮到自己发言的时候采用拖字诀就很容易让出口语训练的机会，那就得不偿失。所以家长要弄清楚自己家孩子在一对多的小班教学中处于哪个角色。

此外，使用一对多并不比一对一便宜，尤其是欧美外教一对多的单人价格远远高于菲律宾外教一对一的价格。

面对数千名外教，出现了选择困难症怎么破？

答：无论孩子在哪个线下机构学习，很多家长都清楚老师的重要性。从学习效果来看，选择老师的重要性甚至超过选择机构的重要性。老师可以在这家机构执教，也可以到那家机构执教。就像你在华联商厦里买到的衣服可能和大红门服装批发市场中买到的是同一批衣服。服装制造者只是拿到了同样或相似的价格，但不同的渠道商挣的差价是完全不同的。

每家机构都有号称上千或几千外教，但外教各有特点，有的严肃，有的活泼，有的心细，有的粗犷……找到适合自己孩子，又同时满足家长要求的老师，是一件不容易的事情。

"小马过河"的故事告诉我们，鞋是否合脚，必须自己试了才知道。因此，家长朋友要舍得花时间和精力去寻找适合孩子的老师。就像超市的正常损耗一样，1000次课中，要舍得拿出十几次或几十次课用于寻找老师。

首先，孩子的兴趣是第一位的！这句话很重要，但总被很多家长忽视，尤其是眼看着自己孩子的表现没有达到自己期望的时候，没有几个家长可以做到淡定。

其次，根据个人对孩子的英语规划，在孩子喜欢或可接受的情况下，为孩子选择不同风格的外教。比如有的家长选了两个老师，一个是不读课文的，互动性强。一个是读课文的，纠正孩子的语法，强化句子理解和单词意思。两个配合着上课，孩子接受度都很好。对妈妈们来说，为孩子选外教就像当年自己选老公一样，要舍得花时间花心思，这样才不会奇怪为什么别人都选到了好老公，而自己没有。

总之，对于外教老师，人尽其才，为我所用，才是聪明、理性家长们应有的特质。

有好的外教推荐吗？

答：可以请朋友、老师推荐，但是……

就像去一家知名的饭店吃饭，你的朋友极力给你推荐了一道菜，但你兴冲冲跑过去吃了之后也觉得不过如此而已。只有都尝尝才能最后找到自己喜欢吃的菜，然后经常吃，每次不用看菜单就直接点餐。因为每道菜便宜，所以我们才可以挨个试餐，不喜欢吃的，扔了也不觉得可惜，然后告诫自己以后千万不能点这个菜了。

机构里的学习导师，往往负责给家长推荐外教，所以建议家长和学习导师保持联系。从学习导师推荐的外教中再次进行过滤，家长要比较的外教数量就大大减少了。

虽然大多时候推荐的外教还是令人满意的，但当大家都在追捧所谓的"名师"的时候，你会发现更多的问题：抢不到，时间不合适，和孩子不太对眼……

有时候，在刚入职的新老师那里，你会发现意想不到的惊喜。所以还是建议大家要舍得花时间和精力来匹配到合适的外教。

所以，Diego爸爸建议家长不要找"好外教"，而要找"孩子喜欢的外教"。答案就不言自明了。

外教要固定吗

答：是否固定基于对孩子表现的观察和性格的把握。

建议使用不同外教。

这样除了可以适应不同的外教口音之外，还有一个重要目的就是"骑驴找马"，为将来可能出现的外教离职储备新的老师。不能等外教突然离职了，再去着急忙慌地寻找新的外教。

有一些孩子有很强的依赖情结：只上某位老师的课，其他老师的课一概拒绝。这种现象在小学阶段常有发生，比如换班主任或任课老师了，有的孩子就会因为喜欢或不喜欢一位老师，来决定是否喜欢一门课。

家长要充分意识到换老师，不让孩子过于顺利地成长，也是"挫折教育"中很重要的一个细节。

材料如何选择？

答：尽管学习导师可以根据孩子的评测结果和学习情况推荐材料，但我还是建议家长尽可能地参与材料的选择。毕竟，没有人比你自己更熟悉自己的孩子。

无论使用什么材料都要根据孩子的具体水平来定。如果孩子觉得当前材料有点简单，可以自行向高级别材料移动。如果觉得过难，可以降低级别。如果觉得当前使用的材料不适合孩子，随时调整即可。材料的调整，完全由家长自己说了算，学习导师的建议只是建议而已。

拿Diego来说，他之前从 *Wonders G5* 的中间开始，用完了G6。实际上我觉得很多时候他浪费了这么好的教材，因为很多时候他和美女外教上来就聊自己的开心事，或者聊自己玩的游戏。一节课结束了，才发现把教材给忽略了，一点没用。没用就没用吧，只要孩子用英语思考了，用英语说了，就达到训练的目的了，不是吗？

Diego目前的材料选择倾向于使用BBC、CNN或NPR的新闻网站进行自由聊天。希望这样可以让Diego的视野中不仅有故事和游戏，还有世界经济和政治等。

如果家长有专项需求，比如想突击给孩子补充科学、社会学、历史等方面的知识，也可以采取自由聊天的形式，每次课前准备一点电子版材料，发给老师。不占用老师过多的时间，老师不用备课，仅针对手头的材料展开讨论即可。

另外，线上外教主要用于训练孩子的听说能力，尤其是说的能力。因此，尽量不要给孩子选择专项阅读、语法和写作等方面的教材。

对绝大多数家长来说，网络外教是一个输出工具而非输入工具。所以材料的选择就应该以孩子为中心，而非以材料为中心。而很多外教机构以保障教学质量为借口，不允许孩子脱离他们的教材自由聊天输出，这就忽略了孩子语言学习的个性化而强调标准化，这是错误的。

孩子是否需要课前预习、课后复习？

答：毫无疑问，预习了肯定比不预习效果更好。

预习和复习，以及基于本次网络课程的进一步扩展，都要基于一个前提：孩子喜欢。大部分的孩子不喜欢按部就班的"学习"，而喜欢"游戏"。如何把"学习"变成"游戏"，如何引导，是家长的价值所在。

有的孩子抗压能力强，尽管不太喜欢，但既然家长让做了，也没问题，也能做。而有的孩子就比较敏感，稍微感觉到压力就歇斯底里了。

我见过一个8岁的孩子做一次外教评测。当他看到评测材料居然有80多页之后，立马痛哭流涕，死活不上了。实际上，这套评测材料是针对所有级别的，评测老师根据孩子的水平来选择其中适合孩子的几页材料来使用，却不想把孩子吓哭了。

总之，如果家长发现预习和复习可能导致孩子兴趣降低，就要当机立断，宁可不预习、不复习，也要保护孩子对外教课程的兴趣。甚至选定的教材能不能上完，都是无关轻重的事情，只要孩子愿意上课聊自己喜欢的事情就行。后面再根据孩子的进步情况，慢慢施加压力。

上外教课时，孩子无话可说怎么办？

答：结合大家生活中的经验，无话可说可能有几种原因：

一是不想说，就是虽然能说，但就是不喜欢说。这主要是个人情绪问题，一般与外教没关系。比如Diego心情不好的时候，就是面对最喜欢的外教老师，也只是出于礼貌，对问题只是"哼哈"着答应几声。但一般情况下，孩子情绪变化快，一转眼可能就好了。

二是不敢说，主要原因可能是孩子看见外国人就紧张，一紧张大脑就一片空白。如果孩子看见外国人就躲，那就需要先做好引导工作，比如平常找机会带孩子参加有外国人的活动，多看一些外国节目等。

不知道家长朋友在面对外国人的时候是什么状态，很多成年朋友，包括 Diego 爸爸在内，都无法做到和外国人共处一室而不紧张。这种紧张或多或少，但做不到旁若无人。

三是不能说，主要原因还是孩子输出有难度。这种情况下，家长也不能坐等沉默期过去而不做任何努力。家长可以和孩子一起，提前做些准备工作，做到有备而来，利用短时记忆储备，来提升自信心。

比如可以让孩子在上课前看一段自己特别喜欢的动画片，然后在上课的时候，就试着用动画片中的话和外教聊天。这更像是复述或背诵台词，但最起码可以暂时解决孩子无话可说的尴尬。随着孩子水平的提高，慢慢在复述或背诵中加入自己的语言，从而开启真正的输出。

此外，孩子还可以给外教展示自己最喜欢的玩具，介绍自己最喜欢的图书和游戏等。其目的就是为了"没话找话，打破尴尬"。不然，只靠外教一个人来打破尴尬，孩子什么也不做，效果也不会很好。

上了一段时间的线上外教，感觉孩子英语水平没有提升，怎么办？

答：孩子的英语水平不是传说中的"半个月掌握 10000 词汇""五分钟会拼所有单词"那种洗脑式的吹牛皮。

孩子的英语水平，就如同你每天和孩子厮守，自己看不到孩子长高，只能通过别人的惊叹才能知道自己孩子长得飞快。

大家都知道刻意训练 10000 小时理论，也知道时间相对论：如果你的邻座是一位美女，你会奇怪为什么电影这么快就结束了。如果你很着急，你的眼睛永远盯着孩子没有达到的高度。

据我所知，有的外教机构深谙此道。为了满足家长和孩子的这种心理需求，规定孩子每上 6 次课就能提升一个级别。孩子的级别提升了，好像是英语水平提高了，家长和孩子欢欣雀跃，心满意足；还有的机构把自己的评价级别设为 100 级之多！这种所谓的量化，让孩子和家长看到自己快速进步的方法，除了自欺欺人，还有别的意义吗？

孩子喜欢上课，如何扩展才能激发潜力？

答：如果你的孩子喜欢上课，而且抗压能力不错，那么要恭喜你，这里面大有文章可做。一是"压榨"材料本身的价值。比如做好预习和复习、纠正发音错误和词汇错误等。有的家长担心只上一遍材料容易稀里糊涂，掌握不扎实，就每次课都上两遍，比如 AABB 或 ABAB 交叉。二是把教材预习和复习中遇到的生词、重要词和短语加入闪卡辅助记忆系统中，进一步强化，尽早大量地积累基础词汇。三是记下课程教材关键词，然后使用 WikiPedia、Wiki How 等网站进行查询和扩展。四是考虑输出。如果孩子基础比较好，可以要求孩子每天用英文写一篇日记，记录一下当天网络课程的上课情况，然后用 grammarly 的插件进行语法检查与修正。五是……（充分发挥家长的想象力和执行力。）

> **只用线上外教就能学好英语吗？**

答：不能，回答很肯定、很直接。英语学习从来就是一个系统工程，涉及众多教育学、心理学、语法语义学、脑神经科学等各个学科领域的内容。这些复杂性往往被母语看似自然而简单的过程所掩盖。家长要掌握一点二语习得理论：可理解性窄输入，知道儿童的"常同行为"，了解"语法教学法"在全世界的失败……线上外教只是众多辅助学习手段中的一个，它不是万能药。家长一定要正确认识线上外教的作用，不可能每天孩子仅仅聊一聊天，就能获得听说读写的全面提高。家长还需要给孩子规划：大量的听力输入、跟读、闪卡辅助记忆、阅读理解日常训练，等等。

> **是否需要同时使用线下英语培训机构？**

答：可以考虑，但要做好任务裁剪和孩子兴趣的保护。家长在孩子时间允许和经济允许的情况下，可以考虑给孩子报一个线下英语培训班。但是，家长对培训机构的期望要适当降低。其实啊，孩子上培训机构这事，还有两个好处：

（1）降低家长的愧疚感：有的家长朋友比较忙，所以就把孩子的教育交给这些教育机构来完成。家长付了钱，心中便不再愧疚对孩子教育的缺席。一般是花钱越多，愧疚感越低，甚至可以把花钱多少作为自己爱孩子有多深的衡量标准。

（2）减轻家长的焦虑感：在一二线城市，家长的焦虑可能从孩子一出生就有了。看到别人家的孩子都在机构上英语课，整天忙得脚打后脑勺。那我的孩子不上，会不会输在起跑线上啊？

线下英语培训机构要考虑很多问题，除了基本的交通压力之外，更多的是学业压力。比如大多机构为了让孩子的成绩在短时间内提升到让家长满意的程度，自然会增加孩子的压力。如单词默写检查、背诵课文、反复录音提交等，而且比较严格——严师出高徒嘛！这种情况下，如果你的孩子抗压能力比较差，你看到的结果就是：孩子不喜欢英语，甚至讨厌英语。把英语当成一个不得不完成的任务，而不是一个自己喜欢的工具。长此以往，孩子一旦有机会做决定，可能就会和英语彻底拜拜了。这是非常危险的事情，家长要确保这种极端的情况不要出现。

具体怎么做？如果发现孩子对某项任务过于抵触，或者完成过于困难，可以和线下机构协商。对孩子特殊对待，避免一刀切，在保护孩子英语兴趣的基础上，降低孩子压力。

孩子上外教课,家长需要陪同吗?

答:如果家长有时间,建议陪同观摩,但不建议给孩子提供任何帮助。不要让孩子养成随时问你的习惯:"妈妈,外教说什么?"如果孩子听不懂,外教会通过肢体语言,改变用词等方法来表达,孩子就需要开动脑筋,来猜测对方的意思。而猜测则是学习语言最重要的基础之一。家长要做老母鸡,只需要啄一啄某个地方,小鸡就会跑过来自己吃,不要塞给他吃。

第 11 章
单词拼写启蒙

11.1 有关拼写的认识

单词拼写很重要！

单词拼写很难！

单词拼写要想好，听力基础少不了！

单词拼写可在启蒙期的中后期逐步引入，切忌冒进！

单词拼写的重要性毋庸置疑。它是写作的基础，是文盲（只会听、说）和半文盲（会听、说、读）完全脱盲的标志。

二语习得理论明确指出，拼写无法无意识地习得而只能刻意地学得，语法学习和拼写及纠错很可能导致孩子学习英语兴趣的降低。因此，在孩子的拼写启蒙中，家长要慎之又慎。Diego 爸爸曾在 Diego 考完 PET 后考察英语培训机构，评估一下是否需要进培训班的 FCE 旗舰班学习。当看到老师大量留默写单词的作业时，为了保护 Diego 的兴趣，避免给他带来太大压力，就直接放弃了让他上培训班的念头。

Diego 爸爸也经常会听很多家长反馈说，自己孩子对外语学习兴趣不高，投入很多时间和精力，效果却不好，为此感到痛苦不堪。细问之下，大多是孩子对培训机构的单词拼写任务比较痛苦。而为什么培训机构要强制进行大量拼写？原因之一就是老师有业绩压力，这个压力主要来自于家长的功利性：我交了这么多钱，半年过去了，我孩子的英语有什么长进吗？从这一点来看，家长与资本是一致的：注重投资回报率，不管过程只管结果。而背单词和拼写单词，会让孩子的英语看起来提升得很快，才能让家长们更满意，然后才会掏更多的钱为孩子买课。

拼写困难问题不只是我们中国孩子学英语的拦路虎，据说很多美国小学生都到了四五年级了，还会把 there 和 their 写反。谷歌在 2017 年统计了美国人最常查询拼写的单词，结果显示，很多美国人不会拼写的往往是常用词。对留学生的调查也表明，很多留学生的拼写水平要高于他们的美国同学。所以，家长朋友们对拼写一定要淡定，狠抓听力输入和阅读，这样到后期拼写、语法和写作的刻意训练的时候，才不会"巧妇难为无米之炊"。

电影 The Reader 里的女主 Hannah 通过录音带和书在监狱中自行脱盲的做法，可以给我们带来一种自然学习拼写的启发。男主把自己录的 The Woman with the Little Dog 的音频（有声书）寄给监狱里的女主，女主利用监狱图书馆里的这本书，开始数着手指头匹配单词的发音和字形，从而逐步完成脱盲，最后能读能写信。影片截图如下图所示。

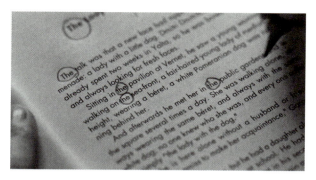

孩子必须要循序渐进地学会拼写，但又不能眉毛胡子一把抓，抱着词典从 A 到 Z 开始一边背单词一边练拼写。Diego 爸爸建议孩子们在背单词（本书把背单词称之为"闪卡"）的时候，只需强化单词的"三会"（会听、会说、会认），无需同时进行拼写，以降低孩子的英语学习压力，保护孩子对英语的兴趣。在保证孩子的"三会"词汇足量的情况下，再针对拼写进行专门的训练。

扫码阅读Diego爸爸的微信文章《从音到形：从电影 The Reader 谈英文脱盲》。

那么应该从哪些词汇开始学拼写呢？首先是高频词，如 the，we，they 等，前面提到的 220 个 Sight Words 都属于高频词，应首先确保能拼写正确。这样孩子就可以用这些高频词进行简单的写作和表达。其次是常用词，如 right，school，hard，beautiful 等。最后孩子要注意一些同义词/反义词/同音词，如 there，their。这样当我们表达"Spelling is difficult/challenging."这种高大上的句子的时候，如果拼写不出来，还可以用一个同义词"hard"来替代。如右图所示。

在日常的英语学习中，除了保证大量听说和广义的阅读之外，经常和孩子一起玩一些拼写的游戏，可以有效降低拼写带来的枯燥和压力。具体做法的核心就是利用多感官来帮助孩子学习拼写。比如可以用不同颜色写字，通过颜色来刺激孩子的视觉。或者通过图像辅助，比如 apple 配上苹果的图，或者可以把 a 画成苹果的样子，等等。和孩子的亲子拼写游戏，请参考本书下一节的内容。

很多性子急的家长会说这样效率太低了吧，更愿意直接来个简单粗暴的：抄 10 遍、20 遍！如下图所示。

如果家长喜欢集中抄写的方法也可以，如果孩子比较听话，愿意配合，这会是一种比较高效的方法。但如图所示的这种抄写方法可以进行更科学的改进。

首先是不要写汉字，不要强化孩子的翻译习惯，减轻孩子记忆词性的压力，同时也减轻了书写汉字的难度。

其次，要把之前学的自然拼读的技能运用到拼写上，这样才能利用孩子的发音基础让拼写事半功倍。在上图中，孩子应该知道一些混合辅音，如 bl、br 和 gr 等。让孩子在拼写的时候在音节之间加点来分割辅音和元音，如 gr·ay，这样可以让孩子强化单词由音节组成的观念。比如拼写 success，不能一个字母一个字母地记忆和拼写，这样既无规律，又与发音无关。也就是不要写成 s-u-c-c-e-s-s，而要让孩子一边读一边写成：suc·cess，两个 c 之间加个点。这样就能清晰地分辨出两个 c 是发不同的音，而且是属于不同的音节单元。这样孩子也会认识到，一样的字母未必发同样的发音，所以单纯死记硬背是最不明智的做法。

无论是在家里还是在学校，对孩子的拼写测验必不可少。测验应分成两部分，这两部分对应两种拼写方法，一种是掌握拼写规则，另外一种是死记硬背掌握不规则字词。规则性单词比较简单，使用自然拼读的规则。Diego 一直把 receipt 的 p 发出音来，这个 p 其实是不发音的，纠正了好多次，没用。

由于无规则发音太多，所以很多人据此反对自然拼读，认为没有什么用。自然拼读不是万能药，它不能解决不规则单词的发音和拼写问题。因此，也有一些学者提出英语拼写改革的建议，希望通过拼写改革使英语的拼写更加简单和有规律。他们认为英语拼写中的许多矛盾和不规则的现象使得这门语言学习起来很难，因此导致以英语为母语的人的受教育程度低于那些以其他拼写与发音更加符合规律的语言为母语的人。

很多 Phonics 教材，都是先教几个辅音和元音短音，然后组成-at, -ag, -ot, -ut 等如此的词尾组合，替换词首来练习拼读，一般称之为 Word Family 法，如右图所示。

家长和孩子只能用教材上已有的这些 Word Family 来练习，千万不要自己按照这个路子进行扩展，比如 gas，has，was，都是以-as 结尾，孩子如果试图读一样的发音，肯定就错了，因为他们三个分别读［gæs］［hæz］和［wɔz］，发音完全不相同。所以，这次我们再次强调"没听过的不说"，不要去死记硬背规则，因为例外的单词很多。

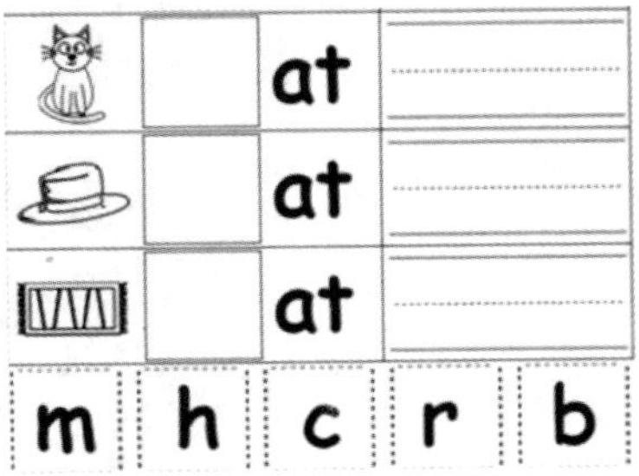

至于那种联想的方法，孩子感兴趣可以玩一

玩,但千万别大量去记忆。比如有人这么教孩子记单词:马戏团的鹦鹉,它一岁的 age(年纪)会说人的 language(语言),头脑很懂 manage(经营),要求增加 wage(薪水),惹得老板 rage(发怒)把它关进 cage(笼子)。

 你问我答

家长:请问5岁多的孩子需要学习认识单词吗?孩子在辅导班,老师让写单词,请问需要这么做吗?感觉年龄还没到吧?

Diego 爸爸:写单词就拼写,是 spelling,是必要的。但是,培训机构为了取悦家长,向家长证明自己对孩子立竿见影的效果,会给孩子较大的拼写压力,比如,每天给孩子20个生词的拼写任务。可能一般的孩子每天只能完成5个单词的拼写,所以,家长可以跟机构老师私下协商一下,根据自己孩子的抗压能力请求照顾或打折。

5岁多的孩子,还是建议听、说、读,注意,是包含读的。如果开始把听说与读割裂了,后期孩子的单词积累和阅读肯定会让你后悔莫及。把读和听说结合起来的主要方法,建议使用迪爸工具箱闪卡系统,完成单词音形意的统一。

11.2 低幼期的拼写游戏

当孩子在2~4岁左右的时候,亲子活动非常重要,不仅可以增强父母与孩子的关系,还可以利用孩子好奇、好动、爱探索的天性,设计一些拼写游戏。

下面是 Diego 爸爸从网上搜集到的一些不用电子产品的亲子拼写游戏,供家长打开思路,和孩子一起玩出花样,独创出属于自己的拼写游戏。

积木游戏:可以旧物利用,在孩子平时玩的积木上写上英文单词或字母,让孩子通过搭积木的方式,完成单词的认读和拼写。还可以玩堆积木游戏,只有正确念出单词的人才能抽取积木块。

停车游戏：利用男孩对车的天生喜爱，给孩子设计停车场。在纸上画上停车位，单词写在停车位上，每个小车上也标上单词，需要将车停在与之对应的停车场车位里。另外还有一个进阶版，那就是小车上不贴单词，而是让家长扮演客户，让孩子扮演停车童，客户让停车童把车停在某个指定的车位里。比如，家长说"must"，孩子就要将车停在写有"must"的停车位里。

射击游戏或**套圈游戏**，将单词卡片贴在门口或放在地板上，使用吸盘子弹或套圈来玩。

拍苍蝇游戏：把单词做成词卡，可以准备1~2个苍蝇拍，如果是在学校，可以多个学生一起玩，如果是在家里，希望可以让孩子和爸爸一起举行竞争游戏。妈妈读单词，孩子和爸爸迅速拿起苍蝇拍去拍妈妈念的单词，谁先拍对算谁赢。

魔法勺子：可以把字母组合打印出来或者写下来，在勺子背面分别写上辅音字母，如 d/p/b 等，然后把勺子挪到任意字母组合前，让孩子拼读出来，或者玩比萨蛋糕的生日 party，一起分单词蛋糕。

利用孩子的触觉设计游戏：用手指在沙子、砂纸、纱窗或任何粗糙并且安全的表面上写字。

比如，用镊子、棉花糖、脆谷乐、白乳胶或沙子等。比如用白蜡笔在白纸上写字，然后让孩子用水彩显色，和孩子一起玩神秘的谍报游戏。

总之，只要家长有心，拼写游戏创意就会接连不断，也可以发动孩子的积极性，让孩子自己脑洞大开，设计出自己喜欢的拼写游戏。

11.3　拼写 App 工具辅助

随着孩子年龄的增长，亲子拼写游戏显得过于简单而且效率不高。此时就可以借助英文拼写的 App 或网站进行辅助。

家长可以下载一个百词斩的 App，里面的专项训练有三个模块与拼写有关：拼写填空、拼写组合和拼写练习。拼写填空相对比较简单，因为前后已有字母提示。其次是拼写组合，只是进行了音节切分。拼写练习因为最难，所以有个提示按钮，点击之后会有对应单词的发音。注意：这里的截图是目前 Diego 所用的 BEC 高级词汇，所以单词看起来有点难度。这个单词拼写和孩子当前所背的词库有关。

拼写填空和拼写练习　　　　　　　　　　　最困难的拼写练习

Spellingcity.com 是一个基于科学研究的帮助学习者学习、记忆、掌握词汇的工具，网站和移动端均可获得，移动端的功能没有网页全面。学生可以通过数十种不同的游戏活动进行各个重点的学习。

Spellingcity 有上千个各个领域的词库，用户也可以建立自己的词库。它可以基于学生学习的历史提供学习报告。老师和学生可以利用这样的学习反馈有针对性地安排下一阶段的学习。目前已经超过 500 万的学生使用该工具。

对单词进行音节拆分　　　　　　　匹配拼写和红色部分相同的图片

在造句中学习拼写

很多孩子更愿意通过游戏学习拼写。现在也有很多游戏以拼单词为题材，玩家可以在游戏中通过拼单词来完成游戏任务，一来可以休闲娱乐，二来还能记单词，一举两得。这类游戏在应用商店里面一搜一大堆，看孩子喜欢哪个，可以试一试。

更多材料，可参考网站：http://www.yxdown.com/ios/ztipdc/。里面有简单的也有复杂的，有 Pad 版的也有网站版的。其中比较有意思的如 Cross Word Puzzle，自带图形提示，降低了难度，提高了兴趣。

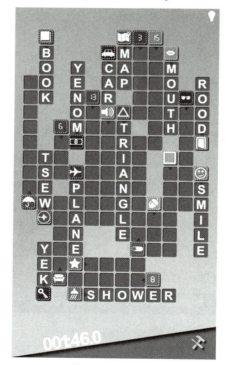

带图形提示的 Puzzle

有的就比较成人版了，看起来比较单调，如：网站 https://www.boatloadpuzzles.com/playcrossword。

11.4 跟着动画片学拼写

除了使用日常用品和孩子玩亲子拼写游戏、用拼写 App 进行玩中学外，还有一种方法也可以在磨眼睛和磨耳朵的同时进行拼写强化，那就是拼读/拼写类动画片。

Alphablocks 是 BBC 儿童节目 CBeebies Show 里面一档关于自然拼读的节目，每集不长，3 分钟左右，但是对于孩子学自然拼读是很有帮助的。

26 个字母的形象

之所以叫作字母积木，是因为动画中的 26 个字母都变成了一块块小积木，它们随意拼搭，成为不同的单词。比如，字母积木 o 和字母积木 n，它们拼凑在了一起，就是单词 on，因为 on 有"打开，开灯"的意思，所以这时的画面就会变亮，就像是灯被打开了一样，很形象很生动。

Sh 组合在一起

动画片 Word World 最大的特点就是：画面中的所有小动物和物品都是由单词组成的。比如"小蟋蟀"的英文是 cricket，所以主角蟋蟀就是完全由这个单词组成，非常有创意。这部动画片期望能给学龄前孩子创造一个良好的媒体环境，进行认读和拼读的启蒙。

Word World

《我们一家都是狮》（Between the Lions）系列节目讲述的是居住在图书馆里的奥尔狮子家族，爸爸西奥、妈妈莉奥、哥哥莱奥和妹妹莉娜每天在图书馆翻看有趣的图书，孩子们会和它们一起在缤纷的动画和动听的歌曲里，分享精彩有趣的故事。节目以丰富多变的形式，重复教一些英语词汇。每集都有动画、布偶、真人，并配以歌曲和活动变化的英文词卡，让孩子在热闹开心的气氛下，掌握准确的发音，并找到阅读的窍门和增加学英语的兴趣。Between the Lions 的主要目的就是教学龄前儿童 Phonics。

此外，还有 Leap Frog（《跳跳蛙系列》）。

"跳跳蛙系列"共有很多部动画片，每集 35 分钟左右，专门聊一个主题，比如：字母、数字等。包括 *Letter Factory*（《字母工厂》）、*Math Circus*（《数学马戏团》）、*Talking Words Factory*（《会说话的单词工厂》），*Learn to Read at Storybook Factory*（《学会读书》），*Let's Go to School*（《我们去上学吧》）等，适合幼儿园中大班和小学低年级。

Word Girl（单词女孩）也是一部以自然拼读为主题的美国儿童动画片。主角是 Word Girl，她聪明、直率、可爱，她的一项特殊能力使她可以像超人一样战胜邪恶势力。来自外星的她掌握着丰富而海量的词汇，所以她也被叫作单词女孩。通过词汇的力量，还有猴队长 Huggy Face 的帮忙，单词女孩可以打击罪犯，保护大家。

建议家长在陪孩子看这类动画片的时候，可以买一些字母块，我一般是至少同时买 3 套字母，这样孩子可以拼出大部分的单词了。建议全买大写字母，大小写区分的字母拼出来的单词美观度不如全是大写的积木。

扫码试看腾讯视频：Word World 01。

不同型号、不同尺寸的字母积木

启蒙期训练摘要及参考方案

启蒙期的家庭英语环境的构建十分重要，可以说是决定孩子今后是否对英语感兴趣，是否能够进入良性循环的关键。因此，家长务必也经常性地反思自己的规划和实施是否科学，是否和自己孩子的特点密切对应。如果有实施困难，要弄清楚是孩子自身的问题如过于娇宠，还是家长的问题如施压过大，然后进行针对性的调整。也就是说，家长和孩子先要统一思想，明确双方教练员和运动员的职责，才能在随后的家庭英语训练过程中配合默契，取得较好的效果。

启蒙期训练方案的关键是：

（1）必须认识到英语学习没有捷径，必须认识到家庭是孩子英语学习的主战场，必须认识到坚持科学的方法和使用恰当的辅助材料和工具才是学好英语的捷径。

（2）正确认识视频/动画片在为孩子提供类母语沉浸式英语习得环境中不可替代的重要作用。在保护孩子视力的基础上，根据动画片长度和孩子年龄大小，控制单次视频/动画片的观看时长在 30 分钟以内。每天可以多次观看，中间穿插户外运动和其他内容，可有效保护孩子视力。

（3）先磨眼睛再磨耳朵。为了避免孩子看动画片只看不听，在看完 2~3 遍后把动画片的音频抽取出来给孩子听。低龄小朋友可以对每集动画进行先看再听，大孩子可以全集看完再听。控制看的次数，不控制听的次数，鼓励多听。这一步非常重要，可以完成大量听力词汇的积累，满足可理解性窄输入要求，避免无效性磨耳朵。

（4）跟读正音。通过跟读《迪士尼神奇英语》或其他原版材料，并达到"惟妙惟肖，脱口而出"的标准，在一年左右形成标准美音或英音，彻底告别中式发音。

（5）正确认识和使用绘本和分级读物。在保证听力输入的基础上，适时选择合适的绘本和分级读物，并采用正确的跟读、指读、默读和阅读的方式，避免直接照搬母语国家的阅读方式。

（6）及时使用迪爸工具箱积累阅读词汇。把动画片或分级读物中遇到的高频词和常用词录入孩子独有的自定义词库，由软件按照遗忘曲线规律安排每天快速闪卡。

（7）适时引入线下或线上外教，陪练口语。低幼期通过短期线下外教完成对英语和外国人的近距离认知和导入，中后期通过高性价比线上外教进行强化输出。

（8）适时引入拼读和拼写。在基本完成对听力词汇的足量积累后，可以适时强化自然拼读和 Sight Words，把拼读和拼写结合起来，但特别注意拼写引起的压力问题。

如果以第4章的启蒙期路线图为模板,可以给出如下图所示的参考方案。经典儿歌启蒙逐渐淡化,重点以目前经典的动画片为主,分级读物的导入要晚于动画片的导入。跟读《迪士尼神奇英语》不属于看动画片的范畴,其主要目的是正音。

启蒙期参考方案

下图是 Diego 爸爸为启蒙期家长准备的一个每日任务框架的参考,大家可以根据孩子的时间和个性特点进行调整。如果孩子时间比较充分,动画片和分级读物可以多一些,听力的输入也尽可能多一些。如果孩子忙于各种兴趣班,则需要优先保证见缝插针地进行听力输入、闪卡积累单词、跟读和线上外教,有时间可以看一集动画片或一本绘本/分级读物。周末再多看动画片和绘本/分级读物。此外,孩子玩的游戏也可以调成英文界面。

启蒙期每日训练框架示例

提高期（7~9岁）训练方案

▶ 关注"迪爸英语训练营"，免费获取海量资源

▶ 扫码小助手 Diego-Dad01，联系迪爸

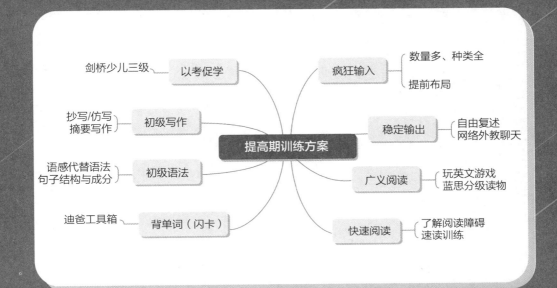

经过启蒙期的训练，孩子的英语突破了最初的硬壳，开始进入疯狂扩张期。

充足的英语材料是保证孩子英语正常成长的基础；家长的布局是孩子成长的方向。

都说孩子英语学得好？有多好？如何评估？可以通过蓝思指数来评估孩子的阅读能力，通过考教分离，以考促学给孩子查漏补缺。

什么是阅读？如何阅读一本书？从分级读物到桥梁书，从狭义阅读到广义阅读，让阅读无处不在。

训练孩子一目十行，克服默读的毛病。

今非昔比背单词，使用软件辅助，让背单词不再痛苦，也不再遗忘。

学习语法从认识句子开始，让语感和语法联合起来，从模糊到清晰。

写作从抄写到摘要，循序渐进，拒绝难度过大。

欢迎进入孩子英语学习的提高期！

第 12 章
疯狂输入与稳定输出

12.1 未雨绸缪潜布局

当孩子的英语完成启蒙，进入提高期的时候，孩子对英语材料的需求就变得急迫起来，就像孕妈妈过了孕早期，对食物的需求变得急剧旺盛，会进入一个胡吃海塞的阶段。这时候家长如果不能及时给孩子提供所需要的素材，孩子的英语学习发展就会停滞。因此，这个阶段家长们需要提前准备好大量的英语材料，或者能确保及时得到足够的材料供孩子选择。

在这个阶段，家长很容易陷入一个看起来很美的误区，就是学科英语。学科英语的提法很好，就是把英语作为一个工具，学习语文、数学和科学。但这种提法只有在孩子的英语水平到了高级阶段之后才可以实现。在英语提高期，依然处于"学英语（Learn English）"的阶段，而学科英语需要达到"用英语学（Use English to Learn）"的高级阶段。有的家长可能会认为，人家美国不也是在小学就有学科英语的概念吗？没错，在美国这种是以英语为母语的国家，小学生当然是用英语学语文、数学和科学，但是，在中国，小学生学学科英语就变成了噱头。

我们的孩子用英语学数学是怎么学的？在黑板上写下：1+3=4，然后告诉孩子这是：One plus three equals 4 吗？如果孩子对数学一片空白，没有任何数学基础，他会问 Why？外教用全英文讲解 1 加 3 为什么等于 4，你认为咱们普通的三四岁的孩子能听懂吗？就是听懂了，能明白吗？如果孩子之前通过中文，已经弄明白了 1+3=4，他只是增加了一点学科词汇而已，他知道了 1 就是 one，加号就是 plus，等号就是 equal。这就是学科英语吗？不是，这是翻译，这是扩充词汇，不是用英语学习新知识。真正的学科英语，是真的不经过中文就用英文直接学习未知的学科知识。这对英语词汇、英语思维的要求是非常高的。

所以，家长们千万不要有让孩子在提高期学习学科英语的想法，不要一厢情愿地认为孩子通过学习学科英语就可以达到一箭双雕，既学了英语又学习了学科主体知识。

如果不考虑学科英语，是不是就可以随机选择孩子喜欢的材料呢？肯定不是的。孕妈妈如果喜欢吃鸡腿，她能天天只吃鸡腿吗？肯定不会，因为胎儿需要均衡的营养。孕妈妈是成人，控制力比较强，但家人依然会想方设法保证饮食供应充足，营养搭配，变着花样引起孕妈妈的食欲。如果不喜欢吃青菜，想办法把青菜包馅，增加调味等。比如，Diego平时常说自己不爱吃面条，也不爱吃饺子，遇到好吃的面条和饺子他吃得比我都多。

所以，在给孩子选择材料的时候，家长不能只选孩子当前感兴趣的，而要有布局的思想。首先要确定哪些材料需要给孩子使用，其次才是考虑如果孩子目前对这些材料不感兴趣，如何导入的问题。导入是战术层面，而布局是战略层面。关于导入的重要性和导入的方法建议，请参考本书"2.3.3 培养导入意识，掌握导入方法"。

本节仅讨论布局思想及如何进行布局。

说到布局，大家会想到围棋的三个阶段：布局、中盘和官子。布局是指围棋的开局走法，一般在几手到几十手的范围内。很多孩子学围棋，死活题和手筋做得不错，但一直缺乏开局意识。在下图的布局中，完全不懂围棋的人可能会觉得黑白双方都是随便走的，对黑子21/15或白子16/12没有特别的想法。这些棋子在开始的时候，的确看不出它们的重要作用，只有到了中盘或官子阶段，他们的巨大作用才会显现出来。而这些棋子的位置只有在最开始的时候才能抢占到，所以，布局一定要早。给孩子的英语材料准备也需要早做规划，在合适的时候看似无意，实则有意地安插上一个棋子，这个棋子会在孩子的英语学习过程中，逐渐关联起来，形成一盘妙棋。

需要特别说明的是，对孩子英语学习的布局策略，完全取决于家长自己的认知。不同的家长，不同的孩子的布局方案可能会完全不同，没有对错之分，只要家长认为符合自己的预期即可，无须相互照搬或批判。本节我对Diego提高期的英语材料布局的安排，仅供大家参考，无须争论对错。

提高期的孩子，对低幼动画片已经觉得比较幼稚了，对动画片或电影都有一定的深度需求。家长也不能让孩子原地踏步，耽误了孩子的认知发展。我对Diego输入材料的考虑和安排简单按照下列顺序进行。

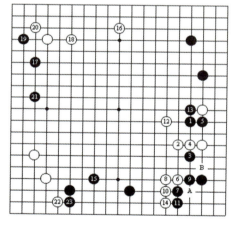

围棋的布局

1. 魔幻/科幻类材料

魔幻/科幻类材料是首先要布局的。有的家长可能会说这种科幻材料对孩子没什么用，不是教科书上的主体知识。这种认识太功利了。只学教科书，不可能学好一门语言，况且这种经典的魔幻材料，已经是英美文化的重要组成部分。离开文化谈语言学习是没有意义的。虽然魔幻/科幻类材料最容易吸引这个年龄段的孩子，但要避免从桥梁书或章节书直接导入。按照本书第8章的方法，先用电影或动画片吸引孩子的注意，诱发孩子的兴趣，然后使用有声书和原版书。

《哈利·波特》全系列

这类系列材料可以使用的有：《纳尼亚传奇》《哈利·波特》《指环王》《星球大战》等，只要孩子感兴趣，材料配套齐全就可以选用。尤其是《哈利·波特》这套材料，不仅誉满全球，更是配套材料齐全，而且男孩女孩通吃。《哈利·波特》共有 7 本书，八部电影，还有对应的由专业播音员播讲的有声书。绝对值得家长花心思导入并充分利用。这七部小说是：

- Harry Potter and the Sorcerer's Stone《哈利·波特与魔法石》
- Harry Potter and the Chamber of Secrets《哈利·波特与密室》
- Harry Potter and the Prisoner of Azkaban《哈利·波特与阿兹卡班的囚徒》
- Harry Potter and the Goblet of Fire《哈利·波特与火焰杯》
- Harry Potter and the Order of the Phoenix《哈利·波特与凤凰社》
- Harry Potter and the Half-Blood Prince《哈利·波特与混血王子》
- Harry Potter and the Deathly Hallows《哈利·波特与死亡圣器》

2. 希腊神话类

古希腊被誉为西方文明的摇篮、人类智慧的象征。希腊神话对整个西方文化，尤其是文学和艺术方面产生了巨大的影响。比如在心理学方面，弗洛伊德借用杀父娶母的俄狄浦斯王 Odipus 的故事创造了"俄狄浦斯情结"一词，也就是常说的"恋母情结"。

希腊神话在西方社会流传极广，影响甚远，渗透到了生活的各个方面。有些神话中的人名、地名和典故早已成为大家皆知的常用语，例如，特洛伊木马（the Trojan Horse）、潘多拉盒（Pandora's Box）、纷争的苹果（Apple of Discord）、阿喀琉斯之踵（Achilles' Heel）等。

高科技中的很多命名都取自诸神话故事，如三叉戟飞机的名字取自海神波塞冬的武器，阿波罗飞船以太阳神阿波罗命名等。在电影《火星救援》里面就出现了赫尔墨斯号飞船、太阳神号火箭以及战神"阿瑞斯"轨道器等。

下图是在法院门口经常出现的司法女神/正义女神朱斯提提亚（Justitia）的雕塑。这位女神的造型混合了希腊的忒弥斯、狄刻、阿斯特赖亚诸女神的形象，一般都是一手持天平、一手持宝剑，而且都是紧闭双眼或者是在眼睛上蒙着布条。天平表示"公平"，宝剑表示"正义"，紧闭双眼表示"用心灵观察"。造像的背面往往刻有古罗马的法谚："为实现正义，哪怕天崩地裂。"

我给 Diego 选用的是 Rick Riordan 的 *Percy Jackson's Greek Gods* 和配套有声书，如下图所示。听有声书之前，我陪 Diego 看过 Percy Jackson 的三部电影：《波西·杰克逊与魔兽之海》（*Percy Jackson: Sea of Monsters*）、《波西·杰克逊和闪电窃贼》（*Percy Jackson and the Lightning Thief*）和《波西·杰克逊与巨神之咒》（*Percy Jackson: The Titan's Curse*）。

正义女神雕像

这部系列作品将希腊古神话与 21 世纪现代青少年的社会生活巧妙地融合在一起，故事吸引人，想象奇特，为读者打造了一个全新的奇幻世界。这套书实际上是 Riordan 为患有读写困难症和多动症的 8 岁儿子写的。儿子在学校无法上课，拒绝读书，常常闷闷不乐。为了安慰儿子，Riordan 就给儿子讲自己喜爱的希腊神话故事，神话故事讲完了，就接着编新故事给儿子听。"我给你讲述一个患有读写困难症和多动症的小男孩的故事，但他之所以这样，是因为他是希腊神的儿子，负有拯救世界的使命。"

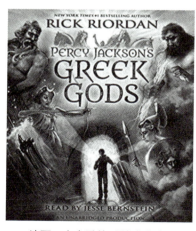

波西·杰克逊的《希腊诸神》

如果孩子只能从《哈利·波特》和这套书中选择一个的话，更应该选这套书。就像前面提到的，从孩子学习知识的功利性来说，希腊神话对西方文明产生了巨大的影响，比魔幻小说更"实用"。

3. 工程技术科学类

科学教育要从娃娃抓起。生活在 21 世纪，无论孩子将来从事什么职业，都离不开基本的科学意识和能力。尤其是男孩子，会对交通工具和机械制造有着天生的喜爱。我对 Diego 科学意识的培养比较早，从小给他买了不少中英文的科学类绘本。

Diego 在提高期最喜欢的汽车类节目非 *TopGear* 莫属。这是英国 BBC 电视台出品的一档汽车节目，虽然是一个汽车节目，但它与我们平时在电视上看到的"汽车杂志"之类的广告或节目有着天壤之别，被誉为世界上最好的汽车类节目，没有之一。思维跳跃的编导，好莱坞水平的专业摄影，匪夷所思的试车创意，还有那三个闻名世界的大嘴 Jeremy Clarkson、Richard Hammond、James May，以及一位从不说话的神秘试车手 The Stig。

目前 TopGear 共推出了 25 季，160 集节目，每集节目时长在 60 分钟左右。Diego 几乎每集都看，有的精彩剧集还反复观看，也不知道掌握了多少汽车知识。当时去接受一个 FCE 旗舰班主讲、英国留学回国任教的女老师的试听面试，在谈到自己爱好的时候，Diego 连说带比画，流利的美音加上丰富的汽车知识，一下惊住了对面的美女老师。时隔多日，这位老师跟别人谈起的时候，虽然没记住 Diego 的名字，但一直记着有个小男孩，他知道的汽车知识特别多。

"我拒绝接受你所提供的事实，我要自己证明它的真伪。"（I reject your reality and substitute my own.）这是 Adam Savage 的口头禅，也是我们培养孩子科学意识的基础。特效专家 Adam Savage 和 Jamie Hyneman 是《流言终结者》（Mythbusters）的主持人，他们用科学的方法并融入百分之百的热情，再加上朴实无华而不失精巧的实验，为我们揭示了一个又一个广为流传的谣言和都市传奇背后的真相。

BBC 的 TopGear 节目

《流言终结者》

从 2003 年以来播出的 226 集里，该片为我们验证了超过 800 条流言，它们或是得到了证实 Confirmed，或是有此可能 Plausible，或是被彻底揭穿 Busted，当然也有一些还不能肯定。为了揭示真相，流言终结者们把许多东西炸毁、打爆或扔到水里，其中包括热水器和汽车。虽然不是每次实验都能成功，但 Jamie、Adam 和制作小组坚持用科学的方法，进行合理的实验。他们最初的想法就是寓教于乐——把科学和娱乐结合起来。

除了 Diego 反复使用的这两档节目值得强烈推荐之外，还有很多优秀的节目，如 Discovery 频道的《制造原理》（How It's Made）和《生产线上》（Factory Made）。这两个节目很类似，不过前者会包括一些手工制品。这类节目都属于展示日常物品（如泡泡糖、发动机、吉他或滑雪板等）如何制造的纪录片。

Factory Made 和 *How It's Made*

4. 战争题材

毫无疑问，战争题材的影视作品是男孩的大爱。吸引 Diego 的战争题材的电影和电视剧不仅只是打斗精彩，我还特别注意避开选择那种"手撕鬼子"类型的材料。搭配不同历史时期、不同武器类型以及不同战争观点的影片等。

我陪 Diego 一起看过的战争影片包括但不限于：

二战影片：《敦刻尔克》（*Dunkirk*）、《诺曼底登陆》（*D-Day*）、《拯救大兵瑞恩》（*Saving Private Ryan*）、《兄弟连》（*Band of Brothers*）、《父辈的旗帜》（*Flags of Our Fathers*）、《硫磺岛家书》（*Letters from Iwo Jima*）……

越战影片：《全金属外壳》（*Full Metal Jacket*）、《野战排》（*Platoon*）、《现代启示录》（*Apocalypse Now*）、《阿甘正传》（*Forrest Gump*）……

此外，还有狙击类的经典影片《兵临城下》（*Enemy at the Gates*）、坦克战经典影片《狂怒》（*Fury*）、潜艇战经典电影《猎杀红色十月》（*The Hunt for Red October*）以及有关德军 U 型潜艇的影片。我引导 Diego 从战争片《桂河大桥》中俘虏营英军上校身上认识了人质情结：斯德哥尔摩综合征；带 Diego 从《至暗时刻》（*Darkest Hour*）中了解铁血首相丘吉尔……

虽然这些电影同为战争题材，但会为孩子从不同角度真实地展示战争的一切，引发孩子对战争的深刻认识。有一次 Diego 和一个女同学在我家一起看《兄弟连》，当时正播放到美军 101 空降师被困巴斯通的战斗。女生百无聊赖地问 Diego："哪个是好人，哪个是坏人啊？"Diego 回头用嫌弃的眼神看了一眼说："别说好人坏人，就是美军和德军。"我当时在旁边听到了，心中升起无限感慨：一个四年级小学生竟然可以说出这种话！他在心中对人的判断已经不再是非黑即白，非好即坏了。

有了这件事情，我也就明白了他为什么会喜欢《兄弟连》结尾时德军将军在投降时给德军士兵做的最后一次讲话："这是个漫长的战争，也是一场艰苦的战争。你们英勇并骄傲地为祖国而作战，你们是不平凡的一群，彼此紧密相连，这样的情谊只存在于战斗中。在兄弟之间，共同使用散兵坑，在最需要的时刻彼此扶持，你们看过死亡，一起接受磨难，我很骄傲能与你们每个人共同服役，你们有权享受永远快乐的和平生活！"

是的，你没看错，这是导演安排德国将军讲给战败的德国士兵的，尽管这段话看起来应该由代表正义的美国将军来说。但正因为如此，我们对这部电视剧的理解会更加透彻。我不知道 Diego 能理解多少，但是我相信他会比那些动不动就要拿枪上战场的热血青年们看得更透彻。

投降德国将军的最后讲话

5. 历史地理类

"以史为镜，可以知兴衰"。孩子不能只生活在虚拟、虚构的世界中，他们需要了解历史。但常见的历史资料往往是枯燥的，孩子们很难主动去吸收。虽然经常有人说"历史是胜利者的历史，故事是成功者的故事"，但对于孩子来说，没必要像史学家那样对历史事件进行考证，他们只需要通过有趣的方式了解基本的历史内容即可。

我给 Diego 的历史布局是"先世界史后中国史"。先利用适合孩子的英语历史材料，在孩子英语学习关键期内为孩子营造一个沉浸式的英语学习环境，了解人类历史和主要地区史，让他知道全世界有很多璀璨的文明，他们一点也不逊于我们中华民族，他们和我们一样优秀和伟大。这样可以让他既不会狂妄自大，也不会妄自菲薄。

我带 Diego 最早接触应该是美国历史频道的《人类：我们的故事》（*Mankind: The Story of All of Us*）。这是一部史诗般的关于史上最伟大的冒险——人类的历史的电视系列片，总共 12 集，2012 年首映，央视于 2014 年引进并调整配音后播出。但我建议大家陪孩子一起看英文原版的，建议带中文字幕，以有助于孩子理解。这部系列剧值得收藏，过个一年半载可以陪孩子重看一遍，如果孩子愿意，也可以使用这套材料进行跟读、字词扩展甚至是复述等。

《人类：我们的故事》

美国历史频道出品的另外一部纪录片是《美国：我们的故事》(America：The Story of Us)，也是一部12集的史诗纪录片，收视率超过了绝大部分美国虚构电视剧。它全面使用电脑CG，把阿凡达式的视觉效果和好莱坞式的表演技巧引入纪录片，令人目瞪口呆，忘记这是真实的历史。这部纪录片的叙事采取了画外音叙述、演员表演、嘉宾评论三种历史纪录片常用的方式，并把这三者巧妙地穿插在一起。给演员的镜头频繁使用特写、过肩、偷拍等纪实风格，与现代影像语汇契合，同时又跟历史虚构片保持了距离。

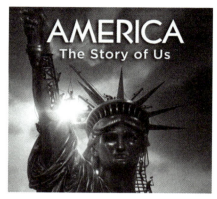

America：The Story of Us

地理类英文纪录片值得推荐的是由中央电视台出品、央视纪录国际传媒有限公司承制的大型航拍纪录片《航拍中国》。它是一部以空中视角俯瞰中国，全方位、立体化展示中国历史人文景观、自然地理风貌及经济社会发展变化的纪录片。该系列片共34集，每集50分钟，覆盖全国23个省、5个自治区、4个直辖市和2个特别行政区。其中第一季的6集有纯英文版本 Bird's-eye China，而中文全集的英文名叫 Aerial China。前六集包括：

- Episode 1 of Bird's-eye China：Xinjiang Uygur Autonomous Region
- Episode 2 of Bird's-eye China：Hainan, the Island-Province
- Episode 3 of Bird's-eye China：Heilongjiang, the Northernmost Province
- Episode 4 of Bird's-eye China：Shaanxi, China's Ancient Heart
- Episode 5 of Bird's-eye China：Jiangxi, Land of Mountains and Waters
- Episode 6 of Bird's-eye China：Shanghai, a Gateway to the World

 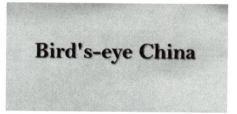

《航拍中国》地理纪录片中英文版

其实我知道上面这些材料都非常优秀，但还是觉得有点严肃，不够"搞笑"。有没有既搞笑又真实的历史材料呢？我觉得应该有，只是自己没找到而已。于是我就不停地在网上用各种关键词进行搜索，到最后连续的搜索导致我在电脑前都恶心反胃了。但终于皇天不负有心人，我找到了这部优秀的英文历史材料《糟糕历史》(Horrible Histories)。有人用一句话概括这部CBBC（BBC儿童频道）出品的另类历史剧:"外表荒诞无节操,内心高洁学问高"。

《糟糕历史》用喜剧的视角向观众朋友们展示历史上最囧的一面,涉及古希腊、古罗马、阿兹台克、印加、世界大战以及英国历史上各王朝等,内容丰富,寓教于乐。几位演员可谓全才,对各种类型的角色的塑造堪称经典,并且能歌善舞。为了便于观众接受,节目内容恶搞各种综艺节目,节目内设穿越医院、HHTV、阴曹地府等下属机构。

《糟糕历史》

虽然节目表演搞怪,荒诞不经,但据说其历史真实性相当高,基本上全是真实发生的事情。我刚开始带 Diego 看这部剧的时候,Diego 死活不看。后来我就想了个办法:当他在客厅摆弄玩具的时候,我打开了电视开始播放《糟糕历史》。Diego 急了,冲我嚷:"我不看!"我怼他说:"我没让你看啊,我自己看"。于是,他玩他的,我看我的。过了一会儿,他时不时地瞄一眼。很快,他被精彩的表演所吸引,于是就走上了痴迷之路。有时候我们约定好了每天看一集,但当一集播放完毕,我起身去关闭电视的时候,Diego 就抱着我的腿求我再多看一集。

6. 社会心理类

有的家长可能会担心,多大的孩子才能看这类材料啊?不同的家长有不同的认知。我的判定标准很简单,就是陪着孩子一起看,如果孩子看不下去,那就不合适。如果孩子能看下去,就不用管他能看懂多少。同一部电影,大人也未必能完全理解导演要表达的全部意思,何况孩子呢。有很多电影是我自己看完之后,觉得其中的某些部分应该让 Diego 了解,但是我不能说教。我就陪着 Diego 重新看一遍,中间不讲解不剧透。看完之后看孩子的状态,如果他愿意讨论一下就讨论一下,没有感觉也无所谓。不过我会就某些特定情节引导 Diego 表达一下自己的想法,或者给他做个简短说明。

社会心理不抽象,它是人们对社会现象的普遍感受和理解,是社会意识的一种形式。同时社会心理也很常见,表现于人们普遍的生活情绪、态度、言论和习惯之中。因此,当我和 Diego 一起观看《沉默的羔羊》(The Silence of the Lambs)时,我们一起了解心理疾病,从《肖申克的救赎》(The Shawshank Redemption)中看到希望,从《辛德勒名单》(Schindler's

斯坦福监狱实验发生地

List）中发现人性的光辉，从《浪潮》（Die Welle）中窥探集权是如何形成的，从《斯坦福监狱实验》（The Stanford Prison Experiment）中发现人类行为是如何受环境的影响……

中国社会正走向多元化，我们开始逐步发现身边的人可能和我们"不一样"，如何正确地认识和对待这种"不一样"，需要家长在平时潜移默化影响孩子。

网上流传着一个有爱的故事：黑人出租车司机载了一对白人母子，小孩问："为什么司机伯伯的肤色和我们不同？"母亲答："上帝怕世上只有一种颜色太单调，所以创造很多颜色的人，让世界缤纷，让大家能相爱。"到了目的地，出租车司机坚持不收车费，他说："我小时候曾问过母亲同样的问题，母亲说我们是黑人，天生注定比别人低一等。若当时母亲可以像你一样说出爱的话语，我一定会有不同的成就。我不收你的钱，希望你能时时告诉别人，不同，是为了相爱。"

You Can't Ask That：Short Statured

这里推荐《不可说》（You Can't Ask That），这是一部澳大利亚 ABC 电视台出品的纪录片，旨在向少数群体问一些平时碍于礼节或政治正确但不太好开口的尴尬问题，希望可以增进不同群体之间的理解和沟通。每一集都会邀请澳大利亚的少数群体来进行采访，从网上收集一些争议性问题，在节目上向嘉宾发问。节目内容和节目名恰恰相反，什么都敢问，也什么都敢答。第一季共 10 集，采访了"身材矮小者""轮椅使用者""曾经的囚犯""肥胖者""澳大利亚土著"以及"绝症患者"等。

12.2　对输入进行再加工

在本书第 8 章提到过，通过和孩子一起观看真人秀节目：I Can Cook 和 Mister Maker，然后购买一些简单的材料，就可以和孩子进入快乐的英文亲子活动中啦。如果孩子稍大一些，简单的手工可能已经不能满足对孩子的引导要求了。家长朋友们需要适时地把孩子引入科学领域。欧美国家对孩子的科学意识和科学能力教育从很小就开始了。右边的流程从小就出现在每个孩子的头脑中，指导他们完成每一件事情。

很多家长朋友也有这个意识，希望能从小培养孩子的科学意识和能力。但由于时间和精力的限制，不知道如何入手。这里 Diego 爸爸依然建议大家从优秀的视频节目入手，通过观看、模仿，再到产生自己的想法。

上一节我们提到过 MythBusters（《流言终结者》）。每次验证流言，都是按照计划、实施、分析、结论这一套科学实验的方式进行的。主持人是好莱坞资深特效人员，加上探索频道雄厚的财力支持，几乎没有做不出来的实验。比如一期节目是验证航空公司最常采用的"从后至前"的登机顺序，是不是最快速的。为了验证这个流言，《流言终结者》总共做了 6 次登机测试，找来了大量的志愿者和几位空乘配合。

登机实验现场

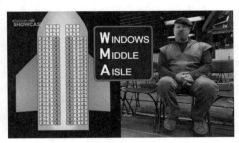
实验分析

实验结果

终结者们还让志愿者对满意程度投票。好、中、差三个等级，好加一分，中不加不减分，差减一分。终结者们还考虑到一些可能的情况，测试中，5% 的乘客可能是怀抱婴儿的、中途逆人群上厕所的、坐错座位的，还有站在过道上折叠大衣的。

观看美国探索频道的《流言终结者》节目，在学习英语的同时，还能培养孩子的科学意识和动手能力。我们强调家庭是英语学习的主战场，而家庭也是 STEM 的主要战场。所谓 STEM 就是：科学（Science）、技术（Technology）、工程（Engineering）、数学（Mathematics）的首字母。STEM 教育的过程不是将科学、技术、工程和数学的知识进行简单的叠加，而是强调将原本分散的四门学科内容自然组合成整体，实现跨学科的教学。以整合的教学方式培养学生掌握概念和技能，并运用与解决真实世界中的问题。

STEAM 则把艺术加入整个活动当中。

STEM 构成

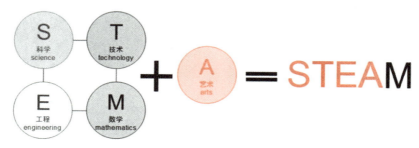

STEAM 的组成

早在 20 世纪 80 年代，美国就提出了 STEM 教育。1986 年，美国国家科学委员会发表了《本科的科学、数学和工程教育报告》，被认为是美国 STEM 教育的开端。2017 年《美国竞争力计划》提出知识经济时代培养具有 STEM 素养的人才是具有全球竞争力的关键，并大力加强了对 STEM 教育的投入；最近美国又出台了《STEM 2026》，对于 STEM 教育在未来十年的发展提出了新的愿景。

受到美国 STEM 热的影响，中国各地正在积极探索 STEM 教育的推进方式，很多地方都已经出台了相关的政策文件。社会上形成了一批教育机构，各类 STEM 教育机构在全国各地正在逐步发展。中小学正在逐步认同 STEM，学校也在积极地探索。一些比较优秀的高中和高校相结合，落地了一批 STEM 主题实验室。

除了课堂上的 STEM 教育，科学馆、自然博物馆以及家里，都是美国 STEM 教育的一部分。在美国家庭，STEM 融合到了家庭教育当中，比如阅读科学杂志、关注科学新闻、建立厨房实验室，等等。父母是孩子的第一任老师，也是最重要的老师，从价值观、人生观，以及生活中的方方面面都对孩子的决策能力、学习态度产生着巨大的影响。所以如果父母对家庭 STEM 表现出热情和重视，孩子们也会受到感染，用更加积极主动的态度去对待科学。

在这样的情况下，2017 年中国教育部印发的《义务教育小学科学课程标准》当中，特别把 STEM 教育列为新课程标准的重要内容之一。所以从国家政策来看，STEM 目前已经进入到国家课程标准之内。在一般人的印象中，有统一纪律、规范课程和专业老师的学校是孩子学习 STEM 的最主要阵地。但实际上，家庭也是 STEM

的重要阵地。

家长有时间的时候，可以在 *MythBusters* 节目的启发下，带孩子在家里玩一些小的科学实验。下图是 Diego 爸爸和 Diego 一起在家里完成的一份小课题实验，基本上是按照"传言（问题）、计划、实施、分析、结论"的模式进行。Diego 后来把这个小实验整理之后作为寒假作业上交，Diego 还在班级里做了展示。

扫码观看实验全过程。

酵母粉的作用及使用方法小实验

下图的 STEM 实验是基于去菜市场的观察而展开的。当时和 Diego 一起去四海桥市场（现在已经因为南水北调工程而被拆迁）买菜的时候问 Diego 的问题：为什么菜市场要用黑色棚顶来遮阳？

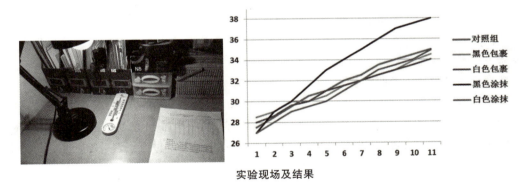

实验现场及结果

12.3 从跟读到自由复述

读过 Diego 爸爸的公众号文章之后，一位非常细心的妈妈私下问了我一个打破砂锅问到底的好问题：在 Diego 跟读迪士尼神奇英语有显著效果后，为什么说"勉强跟读完《睡美人》就及时放弃了跟读"？为什么说是"及时放弃"，是这种方法不适合当时学习了，还是跟读不是十分有效？

可扫码观看Diego和爸爸一起完成的STEM实验全过程。

前面我们提到过，跟读不是说。跟读是孩子不能自由使用英语进行表达时的一种从听到说的快速拷贝，是沉默期中的一项过渡。跟读的主要目的是纠正和强化口音，养成爱开口的习惯。我们不能要求孩子一直跟读下去，不能把这种临时阶段当成永久的阶段。有的家长过分强调跟读，就像另外一些家长过分强调阅读一样。这些家长自己把原本没有任何分级特征的迪士尼经典动画片进行跟读分级，让孩子一级一级地跟读下去。这种做法限制了孩子接触更多更好更适合的英语材料，消磨了孩子兴趣，家长务必三思而后行。

此外，跟读对孩子有压力，尤其是我们前面要求跟读要达到八字标准"惟妙惟肖，脱口而出"，惟妙惟肖不容易，脱口而出更难，需要大量用心的重复，这对孩子的压力是相当大的。当孩子口音基本形成和固化后，就需要把这种压力及时撤销，避免过量训练，以免浪费孩子的时间。如果《迪士尼神奇英语》跟读之后觉得孩子的口音没有得到纯正，可以继续选一部孩子喜欢的、难度相当的美音动画片继续跟读一段时间，但持续时间不宜过长。跟读能不能及时终止，需要家长对孩子的《迪士尼神奇英语》的跟读过程进行严格控制，避免跟读完口音依旧不好的情况。

孩子过了沉默期，或者在沉默期中后期，也是有说的欲望和需求。Diego当时是出了沉默期才及时换成线下外教，让外教引出话题，引导他的输出。但是现在线上外教市场已经成熟，性价比很高，就不需要一定等到出了沉默期再找外教陪练了，可以尽早配上线上外教，加快孩子从鹦鹉学舌到自由表达的过程。有关外教和线上外教的话题，请参考本书"第10章：离不开的外教陪练"。

跟读终止的标准是什么呢？家长如何判断孩子是否可以停止跟读呢？首先是家长发现孩子口音比较纯正。孩子在不跟读的时候，可以独立读一段英文，或者自己随意说话的时候，他的口音比较稳定，会保持比较标准的美音。另外，还可以用一些语音助手或录音软件进行检验，比如让孩子和siri聊天，siri很容易就能听懂，不需要孩子重复问题。其实，孩子的跟读习惯是有惯性的，虽然家长不强制孩子进行跟读了，但在看动画片的时候，孩子一高兴还会不由自主地进行跟读。Diego在跟完迪士尼之后，在平常看动画片的时候还不由自主地进行跟读，我提醒他可以不用跟读了，他才不好意思地停止跟读，不过没多久就又跟上了。时至今日，Diego在重复看一些喜爱的动画片或电影的时候，对于喜欢的对话，高兴起来，还是愿意和原音一起来一段二重奏。

经过跟读训练的孩子，口音纯正，充满自信，就更愿意表现自己，就会进入一个良性循环中。孩子在学校英语课上或培训机构的英语课外班上，就会越发不可收拾，表现欲强，喜欢英语，喜欢英语课，进而喜欢与英语有关的一切人或物。

总之，跟读《迪士尼神奇英语》之后，要及时停止系统的跟读，转向简单的自由复述。复述相对较难，家长要根据孩子的抗压能力大小进行调整，不建议强制。可以根据孩子的兴趣选择材料进行诱导，让孩子有机会脱离材料进行自由复述。自由复述可以和线上外教相结合，这样可以避免孩子输入量不足无法和外教进行有效对话，保护孩子的自信心。

自由复述是建立在大量沉浸式看和听的基础之上，孩子根据自己的兴趣和意愿，自愿输出的一种状态。换句话说，就是孩子爱复述就复述，不爱复述就拉倒。不强求，但可以诱导。自由复述依然不是真正的说，但也不同于之前的跟读。跟读是对音频信号的短期记忆和快速原样输出，而复述是对音频信号的中长期记忆的有删节的、有选择的变形输出。

自由复述阶段相对比较轻松，这个阶段也正是孩子如饥似渴寻求各种知识的时期，需要家长给孩子的疯狂输入提前备好精彩大餐，并留出足够多的时间。这个时期的英语材料，我建议从两个角度来给孩子准备。一个角度是随机的，凡是与英语相关的，孩子感兴趣的，都可以引入。比如陪孩子去看刚上映的英文版电影，包括动画片和孩子感兴趣的好莱坞大片。另外一个角度就是我们上文提到的布局，根据家长对孩子英语知识能力的布局进行材料准备和导入，引导孩子在提高英语水平的同时，也在三观养成和知识储备等方面同步进行。

我对 Diego 的自由复述印象最早的一次应该是陪他看电影 *Big Hero 6*（《超能陆战队》）。萌萌的机器人大白，没有孩子不喜欢。从电影院一出来，Diego 就兴致勃勃跟我聊起电影中的情节。他一开始还用中文和我说，后来说到高兴处，就直接大段大段地引用电影中的对白。我当时很吃惊，没想到他只看了一遍电影，竟然能记住这么多长句子，而且还是脱口而出！限于认知能力，我只能认为这是他长期的英语语感在起作用，是语境在起作用。就像弹钢琴记谱一样，我相信哪怕是普通水平的钢琴演奏者也不会去死记硬背琴谱，而是节奏感和乐理知识来协助他很轻松地弹出那么长的曲子。

另外一件事发生在布局好的希腊神话上。我和 Diego 刚到美国的时候，花了好几天倒时差。晚上我俩躺在黑暗中大眼瞪小眼睡不着，就开始闲聊。聊着聊着就说到他最近在听的有声小说 *Percy Jackson's Greek Gods*。后来他随手一挥说："希腊诸神你随便问，想听中文还是听英文？"这孩子是担心我听英文听不懂啊。于是我开始点兵点将，从太阳神到雅典娜，从哈迪斯到波塞冬，从美杜莎到潘多拉，甚至包括他们武器的区别和法力……

Diego 开始用中文跟我说，后来觉得中文说得别扭，怕我听不懂还要给我翻译，但有时候不知道怎么翻译合适，后来他干脆全部用英语狂飙起来，也不管我能不能听懂了，自己说痛快就行。偶尔他也会停下来用中文解释一下。尽管我听不太懂，但是我配合得好啊，哼哈配合着，有时候还假装问个问题。当然也有尴尬的时候，比如我用中文问，但 Diego 只听过英文名字，如果中英文之间音译差距过大，他就不知道我问的是哪个。我也懒得爬起来查字典，就只好换一个神来问他。

Diego 看似滔滔不绝地飙英文，但这还不是真正的说。因为他更多的是复述而已，并没有过多真正意义上的重新组织。但是，他正在逐步脱离跟读和简单复述，走向更自由的表达。

第 13 章
英文阅读和快速阅读

13.1 阅读不仅仅是读书

13.1.1 如何阅读一本书

《如何阅读一本书》其实是一本非常经典的书，这本书建议读书的时候读者要想四个问题：

（1）整体来说，作者在讲什么（主题）？
（2）作者用了哪些细节（想法、声明、论点）？
（3）作者这些细节有道理吗？
（4）这些对你有什么用？

大多数人，当然包括我自己，会特别喜欢和认可这本书的这些建议：说得太经典了，说得太好了，就应该这么认真地读书。

写到这里，我就想到我的一位大学同学，每次和他一起在食堂看他吃饭都觉得是一件很有意思的事情：用筷子夹一口米饭送到嘴里，左边嚼一下，然后换到右边嚼一下，再换到左边……总共大约咀嚼够了8次，才咽进去。每次吃饭，我们陪同的同学都要等他好久。也许他这么吃饭是根据某本养生书的建议：均衡两侧肌肉，细嚼慢咽好消化……但很多时候，大多数人更愿意痛快一点，大口喝酒，大块吃肉。

说到吃饭，就想到营养餐，无论是成人在单位的营养餐，还是学生的营养餐，都讲究低盐少油、营养均衡，但孩子不爱吃，宁可倒了，下课出去小卖店买垃圾食品吃。这是为什么？

学生都爱去春游，但不爱学校组织的春游。为什么呢？因为每次春游都要求写一篇游记、写日记、写周记，家长和老师要是不从这次春游中榨出更多的油就不会善罢甘休。学生要记录自己的行走路线，观察行人姿态，自己数一数花瓣的数量……结果是什么呢？学生说：求求你们了，不要让我们去春游了。

大部分孩子都不是自带牛娃光环，不是每个孩子从一出生就具有那种头悬梁锥

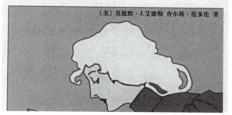

刺股的精神和意志。为什么不能牺牲一点所谓的效率，少一点阅读的功利，让孩子的阅读变得更快乐一点呢？孩子启蒙期也好，提高期也好，对于阅读来说，最重要的是什么？是兴趣！没有兴趣，阅读计划做得再好，孩子也只是痛苦地完成任务而已。

《如何阅读一本书》实际上是告诉我们如何精读一本书。但对于中国孩子的英语阅读启蒙和提高来说，尽量不要过早地进行英文精读。有的家长过度照搬英美国家的母语孩子的阅读方法，大量使用各种各样的思维导图、概念图来整理和分析书中的内容和自己的想法，比如用树形图来整理整本书的段落提纲，用气泡图来分析角色的性格特点，用流程图来厘清事件的发展顺序，用 Venn 韦恩图来分析事物的异同，但却忽视了我们的孩子与母语孩子在听力、词汇以及思维方式等方面存在的巨大差异。

如果家长偶尔趁孩子有兴趣的时候，和孩子一起做一做精读，效果应该是不错的。但如果孩子每次看书都要这么干，估计孩子就不干了。一般认为，60%～80% 的书都要泛读，其他 20%～40% 的书精读，这个比例需要根据孩子的年龄和读书的情况慢慢改变。首要目的还是要保护孩子的读书兴趣。

精读比较枯燥，对家长要求高，孩子也不愿意弄。可以考虑把精读交给老师协助，泛读家长自己来引导。所以，家长们还是暂时把那些各种各样的精读方法先扔到一边去吧。故事好，配图美，孩子爱看的，就赶紧让孩子多看点。

阅读初期，尽量选择带音频的绘本，建议先正确跟读，以巩固孩子的发音。累积跟读几十本左右后，可以进入跟读和自主阅读结合的阶段，即孩子真正读一页，然后再跟读一页，逐渐增加孩子自主阅读的页数。这个时期的阅读方法主要是跟读和指读，具体可以包括：①听着音频，看着绘本，发音纯正的父母可以读给孩子听；如果父母对自己的发音不自信，可以选用绘本自带音频；②孩子听着音频，进行指读；③不听音频，孩子读给父母听。其主要目的是强化单词的"音"和"形"之间的映射。

注意不宜长时间使用指读，避免孩子养成指读的习惯，后期可能会严重影响孩子的快速阅读速度。除了指读，还要注意孩子的跟读、朗读和默读，也不要过量。因为孩子将来的阅读绝大多数是看，看的速度是最快的。有关阅读方法，请参考第 9 章。

这个阶段家长最容易陷入的误区就是让孩子大量朗读绘本或分级读物，尤其是在没有听对应音频的基础上进行朗读。这个误区很明显，"没听过的不说"，让孩子朗读，会遇到大量没听过的句子，强迫孩子读出来，会造成语音上的偏差。输出是"水满自溢"，这样效果最好。朗读和造句都要慎重，尤其是前期要尽量少用，后期可以慢慢添加。英文朗读和语文朗读的基础是不同的，孩子朗读中文材料的时候，可以用头脑中已有的音素进行验证和纠正。但英语缺乏音素的积累，达不到类似中文的朗读效果。因此，要多看书而不是多读书，看书讲究的是速读，一目十行，获得文章大意而非盯住单个字词。看书和读书的比例可以控制在 8:2 左右。

所以,当孩子哗啦哗啦快速翻书的时候,家长朋友要忍住不去指责他翻得太快;偏要让他慢慢读,反而会埋下败笔,说不定人家孩子正在用右脑照相记忆法来看书呢。

当孩子从绘本/分级读物到桥梁书的时候,也就意味着孩子们从和父母一起的亲子阅读要走向自主阅读了。一些家长朋友感叹说陪读生涯即将结束,虽然轻松些,但心中其实非常不舍。这并不能说明处于过渡阶段的孩子就不需要父母的陪读了:孩子还是很享受听故事啊!所以接触桥梁书,也可以从陪读开始,等孩子慢慢开始自己读书了,也不用担心和他没得聊,不如试着读读他读过的书,也许你会发现,从陪读到共读,也挺有趣的。

你问我答

家长: @Diego 爸爸 我现在就是弄 RAZ,每天精听两本,然后读,不知可行否?

Diego 爸爸: RAZ 精听是可以的,不知道孩子的兴趣怎么样。因为精听往往是被迫的,是费力的,孩子是不太喜欢的。所以建议你在目前做法的基础上,引导孩子大量听有声书,泛听,没有强制,只凭兴趣吸引。此外,分级读物的主要不足就是材料短小,文章之间人物和情节没有关联,不太满足可理解性窄输入的要求。所以建议多引导孩子对某些系列经典作品(如《哈利·波特》)进行泛听。

家长: 关于听的内容,我再请教一下,是要刻意引导她听更广泛的题材和内容吗?还是由着她的兴趣就盯着一两个内容反复听更好?

Diego 爸爸: 这个问题很好。短期内由着孩子自由地反复听一两个内容,这样满足重复的要求,最后孩子对材料脱口而出。中长期,要及时引导孩子基于原有内容进一步扩展,避免原地踏步。并尽量往 non-fiction 材料引导,让孩子喜欢纪录片而不是单一的爱情片、战争片或魔幻片。

抛砖引玉

大家都知道美国著名科幻小说家艾萨克·阿西莫夫吧,著名的机器人三定律就命名为"阿西莫夫机器人三定律":

一、机器人不得伤害人类,或看到人类受到伤害而袖手旁观;

二、在不违反第一定律的前提下,机器人必须绝对服从人类给的任何命令;

三、在不违反第一定律和第二定律的前提下,机器人必须尽力保护自己。

> 他的《基地》（*Foundation*）系列科幻小说可谓誉满全球，所以我准备好了 *Foundation* 的电子书和有声书，希望能让 Diego 认真读一读。在我的强迫下，Diego 读了 30 分钟之后，就没有继续看下去了，看来只能以后再导入了。只不过他看完电影《头号玩家》（*Ready Player One*）之后，就让我帮他找书。我只找到了电子书，没找到有声书，于是他抱着电子书，吃饭看，去厕所看，两天就看完了。看完之后马上找我要《头号玩家》的作者厄内斯特·克莱恩（Ernest Cline）的另外一本小说 *Armada*，我没找到电子书，但在喜马拉雅上找到了有声书。Diego 又是一口气听完之后，自己再次找到了 *Ready Player One* 的有声书，自己又重新反复听了起来。

13.1.2　从分级读物到桥梁书

关于绘本和分级读物的不同，以及它们的作用与使用方法，我们在本书 9.2 节进行了阐述。家长可以根据自己的英文水平和孩子的英语学习进度，选择不同系列的分级读物对孩子进行阅读启蒙，完成基本阅读词汇的积累，养成爱读书的好习惯。

随着孩子英文阅读能力的提高，分级绘本已经不能再满足孩子的需求了，需要及时进入桥梁书阶段。桥梁书的作用，就是借由此类书，从阅读图画书（绘本）过渡到阅读文字书（章节书），在两者之间架起一道"桥梁"。桥梁书也叫初级章节书（early chapter book 或 easy chapter book）。优秀的"桥梁书"具有针对儿童不同阅读水平的显著指向性。在童书发达的国家，专门为孩子创作的图书分级分类明确，内容丰富，我们在使用的时候需要根据中国孩子自身的特征进行选取和使用，千万不要照搬母语国家孩子的使用方法。

与中国大陆市场相比，台湾地区"桥梁书"的发展已有较长时间。台湾地区经过 10 多年绘本阅读推广之后，发现孩子的阅读习惯虽有显著提升，文字能力却下降了，有些孩子已经到了高年级，主要的读物却依然停留在图画书阶段，完全无法进入文字的世界。如何吸引孩子愿意自己阅读，甚至从阅读中获得乐趣，循序进阶到阅读情节较多的小说，这些都是"桥梁书"设计的初衷。在欧美国家和日本，因为儿童文学发展比较早，这个板块的产品相当成熟。这些产品，很容易发现存在一些共通点：文字都在 1 万字以内，页数不超过 100 页，文图比例约为 1:1 或者 1:2，文字浅显易懂，句型简短简单，故事兼具趣味性和文学性，又能深入孩子心理，很容易一口气读完。"

Diego 在使用桥梁书方面，可以说有经验也有教训。

首先是我根据传说中的书单，从当当买了全套的《神奇树屋》（*Magic Tree House*），几乎摆满了 Diego 小书架的一层。《神奇树屋》系列的兰斯指数在 350L～600L 之间，很多人都在推荐这本书，据说是桥梁书的入门首推套装。《神奇树屋》

总共 52 册，前 28 册内容略少，每本故事书大概 70 页左右，28 册以后稍微长些，但也不会超过 150 页，每页文字不太多，简单句占多数，每个章节出现一到两幅图片。内容以冒险故事为主，各种科普知识贯穿其中。我买的套装中附带作者亲自录制的朗读音频。但给 Diego 使用的时候，Diego 嫌故事比较简单，尤其是他听作者朗读的音频，觉得读得有气无力，比较平淡。估计是听其他专业播音员朗读的有声书之后，对有声书有点挑吧。后来我逼着 Diego 看，他随便翻了几本就不看了。这套书珍藏几年后，赶紧送给了同事家孩子，也不至于浪费吧。

《神奇树屋》的部分图书封面

相比《神奇树屋》的惨败，另外一套桥梁书《神奇校车》，算是起到了重要的作用。我是按照逐步导入的方式让 Diego 迷上这套经典图书的。我下载了《神奇校车》的动画片，陪 Diego 看了几集，等 Diego 迷上之后，在当当和其他网上书店入手了所有能搜集到的多个版本的《神奇校车》。其实，这套书里面有些词汇还是比较专业的，比如 lava（火山岩浆）和 stamen（雄花的花蕊）等，但是因为情节太有趣了，图片也非常精美，可以吸引孩子看下去。此外，我还帮 Diego 把里面的高频词和常用词录入到闪卡自定义词库中，每天进行闪卡强化，积累阅读词汇。

根据维基百科显示，英文原版的神奇校车共有 7 个系列：
- The Original Series 绘本版共 12 册
- TV Books 动画片版共 33 册
- Chapter books 章节书版共 20 册
- Scholastic Reader Level 2 桥梁书版共 33 册

- A Science Fact Finder Book
- Ms. Frizzle's Adventures
- Liz series

国外孩子常读的是前四个版本，如下图所示，从左到右依次是绘本版、动画版、章节书版和桥梁书版。

《神奇校车》的常用版本

国内能买到的不完整，我除了动画版买了整套之外，只买到了一本章节书版和几本桥梁书版。不过这一点也不影响Diego对这套书的喜爱，在2年级左右用完之后，就一直收藏着没让送人，直到六年级毕业了要搬家，才勉强同意我转让给需要的家长，如下图所示。

说到桥梁书，就不得不说漫画书。

漫画和绘本有时候挺难分辨的，不过对于家长来说，其实不用分那么清楚，黑猫白猫抓住耗子就是好猫。孩子爱看、能看，家长就偷着乐去吧。但特别要强调一点的是，家长要引导孩子不要看那种成人漫画，这类漫画很多中学生在看，除了衣着暴露有暴力色情嫌疑之外，从语言学习来说，这类漫画通篇画多字少。有时候几页书当中只有嘿哈啊之类的表示叫喊声的象声词，整个故事情节主要靠图画串联起来，缺少文字的阅读价值。

Diego使用的《神奇校车》

Diego最喜欢的一套漫画书是《史努比漫画全集》。因为国内买不到全英文版的，只好退而求其次买了双语版，而且还没有成套卖的，只能东一本西一本地花了好长时间才基本凑齐一套。这部漫画全集从1950年开始连载，一直持续了将近50年，它的漫画风格是典型的4格漫画，图中英文全大写，图片下面另附中文。

《史努比漫画全集》双语版

《史努比》的 4 格漫画风格

我开始担心图片下面的中文会对英文阅读有不利影响，后来我发现这种担心是多余的。Diego 从小养成了不翻译的习惯，所以他看漫画的时候基本上不会去看中文，而且他也习惯了看全大写的英文。有时候看得高兴了，还眉飞色舞地给我读一段搞笑的英文。Diego 对这套书的痴迷程度有时候令我发愁，蹲厕所也抱着一本《史努比》的书，从头到尾一本一本，看了一遍又一遍，很多经典对话他都能脱口而出。

Diego 也疯狂爱上了史努比这个可爱的小狗，还有它的主人查理·布朗。所以后来他发现了《史努比：花生大电影》之后，开始没完没了地看这部电影，电影插曲 *Better When I'm Dancin* 变成了他整天哼唱的最爱音乐，也成为他那一段时间的表演保留歌曲。

在找到史努比之前，我还找到了一套漫画书《哥妹俩》(*KOKKO & MAY*)。这是一套风靡新加坡和马来西亚的一套纯英文儿童漫画书，由马来西亚著名漫画家徐有利配图。这套漫画书总共有 20 本，引入中国后也随后出了中文版。由于不是分级读物，书内的单词也并不简单，但行文风格和欧美风格有差异。Diego 对这套书也是喜爱有加。

《小屁孩日记》(*Diary of a Wimpy Kid*) 是一套公认的优秀的桥梁书，我也一直想给 Diego 导入，但多次试图导入都没有成功。甚至在美国的半年里，我和 Diego 每周六去图书馆，也没能让他关注到这套桥梁书。不过 Diego 在那半年里倒是看了其他的很多桥梁书，如有女版《小屁孩日记》之称的 *Dork Diaries* 和 *Big Nate* 等在美国图书馆内比较受欢迎的桥梁书。

漫画书 *KOKO&MAY*

回国后，有一次 Diego 偶尔看了一部《小屁孩日记》的电影，于是先把 3 部电影看完之后，觉得不过瘾，才开始让我帮他把全部 11 本小屁孩日记下载到 kindle 上，一周之内夜以继日，通过课余时间看完了。

小屁孩日记

国内的英文图书种类有限且价格较贵。在 Diego 如饥似渴读书的这个阶段，我在网上四处给 Diego 找合适的材料。同时抱着用英语学中国经典的想法，我发现了台湾蔡志忠漫画。蔡志忠先生从十五岁起便开始成为职业漫画家。他用简洁生动的线条描绘了一部部颇具影响的漫画书，在中国、新加坡、日本、马来西亚等地广受欢迎。他的作品《庄子说》《老子说》《禅说》《史记》《西游记》《聊斋》系列等开启了中国古籍经典漫画的先河。并以其对诸子百家、古典名著、唐诗宋词、佛经禅语的独到心得而闻名。行云流水般的画风，将经典白话漫画化，并加以现代诠释，让现代人在完全没有负担的情境下吸收智慧，轻松学习经典。可惜的是，这些书一直躺在书架上，没能引起 Diego 的注意。

蔡志忠的英文版漫画

抛砖引玉

棒球被称为最美国的球类运动，是美国的国球。Diego 在美国的半年中我们一起去看过几次棒球比赛。比赛的时候，Diego 就充当了我和一起观赛访学老师的讲解员，他对棒球比赛了解的详细程度和对观众反应的熟悉程度，让我们惊叹不已，好像他知道所有的棒球规则一样。我是又羞愧又自豪，问 Diego 是怎么知道这么多棒球规则的。Diego 轻描淡写地回答说："我是在史努比漫画上看的呀。"回国后，朋友送给 Diego 一个辛辛那提大学 BearCats 棒球队的棒球帽，深受 Diego 的喜爱。

辛辛那提大学 BearCats 棒球帽

13.1.3 电子游戏也可以是阅读

一提到阅读，很多家长想到的就是孩子在正襟危坐，安安静静地看书，就像下面 Diego 看书的样子。这种阅读的样子，哪个家长能不喜欢？

Diego 班级有位学霸的妈妈在朋友圈晒了一张女儿的照片，配文说：妈妈就喜欢你安静的样子。我点赞并留言说："你喜欢的其实是她看书的样子。"我的言下之意就是：如果她正在安静地玩电子游戏，父母会欣喜若狂地拍照发朋友圈晒一晒吗？

游戏（尤其是电子游戏）往往代表娱乐、颓废和不求上进；阅读（尤其是阅读纸质书）往往代表着成长、严肃和正能量。但是，在当今的信息化时代，家长更加需要辩证地看待游戏与阅读之间的关系。

理想的 Diego 阅读的样子（6 岁时）

在学习领域，尤其是青少儿学习领域，一直有游戏化学习的探索。游戏化学习 (learn through play)，又称为学习游戏化，就是采用游戏化的方式进行学习。它是目前比较流行的教学理论和教育实践。有些学者又称其为"玩学习"。下图是 Diego 通过游戏学习 Python 编程，通过代码控制场景中的英雄完成指定的闯关任务。

通过游戏学习 Python 编程

英语作为工具，应该说是最适合进行游戏化学习了。相对于严肃的阅读，电子游戏具有天生吸引孩子的特性。尤其是在孩子过了启蒙期进入提高期后，有了一定的英语基础，需要大量接触英语语音和文字，以完成听力词汇和阅读词汇的积累。

家长要想让孩子在可控状态下从游戏中学习英语，需要注意选择游戏。并不是所有游戏都适合，尤其是如果想让孩子在英文阅读方面进行加强，就更需要选择合适的游戏了，并且在成功吸引孩子兴趣之后，只允许孩子玩英文版的指定游戏，并限定时间。

本节推荐给家长几个经典游戏，家长可以根据自己孩子的个性特点自行选择，并加以导入。

Diego 爸爸认为最适合替代传统阅读的游戏化学习类型要数文字类游戏了，比如 A Dark Room（小黑屋）。这类游戏没有任何华丽的界面，通过简单的单词和句子，可以极大地开发孩子的想象力，带来真实的画面感和紧张刺激的氛围，同时情节简单、合理又引人入胜，能够吸引孩子持续阅读、想象、决策和反馈。

A Dark Room 像是一部小说或者电影。文字游戏就是这么另类，它们以最简洁的画面作为开始——一片漆黑的森林之中，一个人、一间屋子和一把火——以完整而华丽的情节支撑整部作品。

玩到最后，游戏世界观的广阔和复杂程度让人瞠目结舌，仿佛悬疑电影般的情节是这个游戏受到如此好评的理由之一。对于文字游戏来说，每一笔财富的积累、每一颗子弹的消耗，都有玩家的亲身参与和代入，这让游戏更加身临其境。玩这个游戏，感觉就像是看一部王国的兴盛史，你就是这个王国的主人，历史的发展由你规划。

虽然只有字符显示在屏幕上，但 A Dark Room 的魅力丝毫不亚于最优秀的渲染引擎。如下图所示，为了让大家很好地理解，我把语言切换为中文（但孩子玩的时候，只允许玩英文版）。

《小黑屋》中文版界面

《小黑屋》英文版界面

玩家需要定时点「cart woods」、「check traps」来收集资源，点「stoke fire」（添柴）保持房间明亮和温暖，游戏会自动进行保存。建造「Trade Post」后，玩家可以购买指南针，展开地图开始冒险。玩家探索过的地方会保存为已知的地图。冒险需要精确计算食物和水的数量，任意一种耗尽，都会导致在途中晕倒。晕倒或者被对手击败，都会丢失装备和已经探索的地图。要进行更远的冒险、进入特殊地点，则需要更好的装备、更多的食物和水。

下图是 Diego 试玩 30 分钟之后的几个截图，包括已经构建好的村庄、库存以及拥有的武器。在这个场景中，出现很多也许孩子不熟悉的单词，比如 stoke（烧火），scales（鳞片），torch（火把），bolas（一种武器，类似流星锤，一般是用绳子绑着石头）等。孩子在玩的时候，可以酌情要求孩子在猜测的基础上查一查影响理解的词汇。

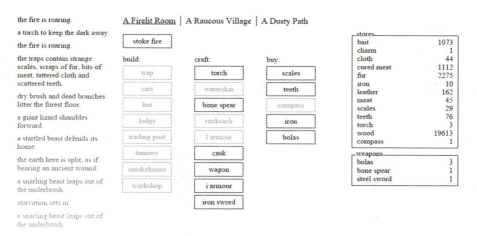

在游戏中积累大量词汇

游戏中用词非常生动形象，比如下图是 Diego 和一个怪物战斗的场景：A large creature lunges, muscles rippling in the torchlight.（一个巨大的怪物冲我扑过来，火把照着它的肌肉，泛着亮光。）我都不知道该怎么翻译才能准确地把这个场景表达出来，而在孩子脑海中，无须翻译，已是栩栩如生了。战斗的时候，由于 punch（赤手空拳）对怪兽的伤害有限，所以 Diego 用 bolas 对怪兽进行攻击（tangle）。

使用 bolas 和怪兽战斗

Diego 由于刚玩不久，购买指南针后可以看到自己已经探明的位置，如右图所示。这个地图也完全由普通字符构成，非常简朴，比如@表示玩家位置，A 就是小黑屋，P 是 Out Post，H 是一个被抛弃的房子……

如果孩子进一步玩下去，就会发现更丰富的世界。下图是来自网络，展示了某个中间时刻的场景。注意，只允许孩子玩英文版！

地图显示森林中的探险

某个中间场景

《小黑屋》可以使用电脑浏览器直接玩，地址为：
http://adarkroom.doublespeakgames.com/?lang=en
也可以在 IOS 或 Andorid 平台下载。

家长如果能根据孩子的水平和兴趣成功导入小黑屋这个游戏的话，也就不用担心孩子沉迷于《王者荣耀》和《绝地求生》这种游戏了。而且每天允许孩子玩一定时间的英文游戏，不仅可以学习英语，还可以满足娱乐的需求，可谓一举两得。

如果孩子实在是不喜欢或者是单词量太低，可以先玩 Minecraft（我的世界），虽说 Minecraft 是低像素游戏，但毕竟是图形界面，对孩子的想象力和英文词汇要求会低一些。而且 Minecraft 作为一款风靡全球的高自由度的像素沙盒游戏，可以让孩子自由探索，无限创造，具有十分丰富的玩法。

Minecraft 作为一款沙盒游戏，整个游戏没有剧情，玩家在游戏中自由建设和破坏，像玩积木一样来对元素进行组合与拼凑，轻而易举地就能制作出小木屋、城堡甚至城市，玩家可以通过自己创造的作品来体验上帝一般的感觉。在这款游戏里，不仅可以单人娱乐，还可以多人联机，玩家也可以安装一些模组来增加游戏的趣味性。

低像素高创造游戏《我的世界》

Diego 特意为大家截取了一个 Minecraft 中建造物品的截图，在 inventory（存货清单）中选择各种物品，如 seeds（种子），然后可以看到这个物品 seeds 的详细说明，特意提醒玩家为了保证种子正常生长，需要有 enough light（充足的阳光），因此不要种在树荫下或室内。

Minecraft 游戏中选择物品

Diego 在美国的半年时间里，一直在 YouTube 上追一个叫 Stampy Cat 的 Minecraft 游戏视频播主。我后来了解了一下，着实吓了我一大跳：这个账号是一个名叫 Joseph Garrett 的英国酒吧招待在 YouTube 上的多个账号中的一个。他的 Twitter 账号关注超过 50.3 万，Youtube 上 Stampy Cat 账号订阅量达到了 759 万。一个月的视频播放量高达 2 亿次，总播放量达 40 亿次。据说他的年收入比英超足球运动员的收入还多。他火到什么程度？想知道谁是 Stampy？随便去问一个孩子就知道了。他现在是 YouTube 上最红的播主，他的书成为孩子们最喜欢的圣诞礼物。

Joseph Garrett 和他的贴纸书

Joseph 讲解的 *Minecraft* 游戏视频

孩子不仅可以自己玩 *Minecraft* 游戏，或者和朋友们联网，还可以听 Joseph 的游戏视频。在兴趣的带动下，孩子们无论是在提高英语听力还是阅读方面都会得到长足进步。Joseph 的 *Minecraft* 游戏视频，目前在优酷可以观看 170 多集，并在逐步更新中。可手机扫码体验一下 Joseph 讲解游戏时的语速和语调。

除此之外，围绕着 *Minecraft* 这样一款经典游戏，会涉及很多话题。比如 Diego 后来自己经常看的一个频道叫 *The Game Theorists*（游戏理论家）。我为什么愿意他在控制时间的情况下看这个频道，是因为这个频道讨论游戏中的缺陷、不足或科学之处，总结分类、对比分析、旁征博引，涉及的知识相当丰富。

游戏理论家讨论 *Minecraft* 里有多少颗钻石

Minecraft 结局解码

哪怕孩子对上面的游戏都不喜欢，只喜欢赛车游戏，那也可以完成广泛的英语阅读。下图是 Diego 为我们截下的一张赛车游戏图。从中可以看出，在对赛车的各项设置中，轮胎的一些参数（如加速能力、刹车距离、侧向加速度、胎压等）对孩子掌握综合知识都有很大的帮助。此外，图片右边大段 Description 中，孩子如果能快速扫过就能获取所需信息，也是对其快速阅读能力的一种训练。

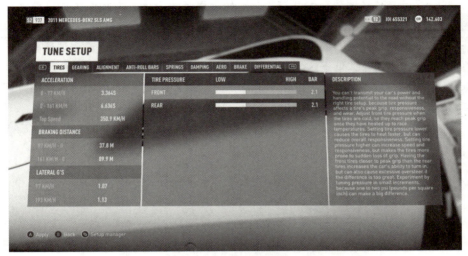

赛车游戏中关于轮胎的参数和描述

总之，如果家长能正确引导，利用孩子对电子游戏的兴趣进行英语的广泛阅读，这对孩子语言的学习、知识的掌握，以及消除家长对电子游戏的痛恨和偏见，有着很重要的借鉴意义。

不过有一点必须坚持：孩子只能玩英文版游戏，或者不玩！

13.2 英文阅读分级系统

13.2.1 蓝思与AR

前面我们提到过分级读物，但是没有细说为什么英文会有这么庞大的阅读分级系统。

对于不同的孩子该读什么书，有一个显而易见的阅读教育理念就是，应该选择和孩子能力相匹配的书，只有这样孩子的阅读能力才能得到最好的发展。阅读过难的书籍，会挫败孩子的阅读兴趣，而且不利于在阅读中习得语言；阅读过于容易的书籍，没有挑战，不利于阅读能力的提升。

基于这种理念，英美国家经过几十年的积累，已经设计出不止一套"分级阅读系统"。最常见的"蓝思"和"AR"系统都包含两个评估体系：一是对读者阅读能力的评估（Reader Ability），二是对文本阅读难度的评级（Text Readability）。当两方面的"评级"相匹配，就能给每个孩子划出一个最理想的"阅读区间"——这个区间里的书对孩子来说不太难也不太简单，需要花费一点点力气来理解，又不会遇到太多障碍。这时孩子比较容易感受到流畅阅读的快乐，又不至于因为书太"幼稚"而觉得无趣。

这个区间与孩子的理解程度有关，比如蓝思系统为孩子选择图书的推荐做法是在孩子的蓝思指数上减去 100L，加上 50L，得到一个推荐阅读区间。在这个区间内，孩子对这本书或这段文本的阅读理解程度是 75% 左右。如果超过这个理解程度，说明阅读材料过于简单，低于这个理解程度，则说明阅读材料过难。这个 75% 的理解率，就是"阅读理解甜点"（Reading Comprehension Sweet Spot）。在这种理解水平下最容易达到阅读目标（Reading Target）。

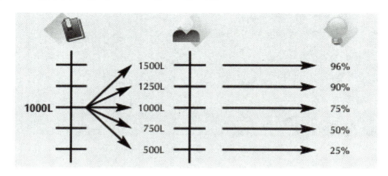

所以，阅读分级的本质就是帮助学生知道适合自己的目标读物并进行独立阅读。

目前蓝思和 AR 两大系统都已经完成对数十万种英文儿童/青少年读物的分级评估，在两大系统的官网上输入书名就可以查找一本书的分级数据，为选书做参考。

蓝思系统针对文本进行分析时主要参考词汇的常见度和句子长度。一本书中的词语越是常见、常用，句子越是短小简单，这本书的蓝思指数也就越低。蓝思系统把读者的阅读能力和书的难度水平都划分成一个个小单位，用"蓝思"（Lexile）来表示，简写成"L"。一本书的难度是 100L，表示在蓝思系统里它包含 100 个这样的难度单位。蓝思的范围是 BR-2000L，一般人的阅读能力为 0-1700L。1200L 是英语母语国家基础教育阶段对学生阅读能力的培养目标，以够用为原则；1200L 也是高等教育、研究和工作对英文阅读能力的要求。

阅读材料的难度测量

北京、天津、上海的学生数据显示，目前初中一类示范校一年级学生的平均能力水平为 300~400L，高中一类示范校一年级学生的平均能力水平在 700~800L。在小学五六年级、初一、高一都有 1200L 左右的学生，也都有 BR 的学生。学生的阅读能力差异，和他们英语学习的途径有着重要关联。全国外语特色校的差异非常大，在上海坚持常年分级阅读的学校，7 年级平均能力水平就可以达到 700L 以上。

AR 系统针对图书进行难度分析时，是对整本书的文本内容分析，会结合平均句子长度、平均单词长度、词汇难度、全书单词数四个数据分析得出的。这样的评估方式可以很准确地定位一本书的语言难度。

除了"语言难度"，AR 系统还评定了每本书的"兴趣水平"——也就是书籍信息页的"Interest Level"。它把 K-12 年级分为四个阶段，根据读一本书所需的理解能力和心智水平进行评估。有时一本书语言上非常简单，却能引起大孩子的阅读兴趣，对于英语启蒙偏晚的大孩子，或者阅读能力远远超前的小孩子来说，同时参考这两个数值，更能选出合适的书。

在学校/机构中，AR 系统还为每本书提供配套的阅读理解/词汇等不同类型的练习，孩子读完书后可以独立完成练习并被系统记录，动态评估孩子对每本书的理解程度和阅读能力的进展。

13.2.2　确定阅读材料的难度

平常的阅读材料主要分为两类，一类是图书，另一类是文章。如果知道一本书名或作者名，要确定它的 AR 值或蓝思指数，相对比较简单，直接到对应的官网去查询就可以了。而文章的难度级别，常用蓝思指数进行标注。由于这种标注工作需要和美国 Metametircs 公司合作才能完成，加上英文文章太多，无法也没有必要全部标注。因此，如果想知道文章的难度，就需要使用特定网站或机构提供的文章，他们往往和蓝思合作，为他们的网站内的文章提供蓝思标注，然后孩子就可以选用这些文章进行针对性的阅读理解训练。

要想获得图书的 AR 值，只需要打开 AR 系统的官网 www.arbookfind.com，在 Quick Book Search 框内输入书名，如 *Dinosaurs before Dark*，结果如下图所示。其中 ATOS book levels 也就是我们通常所说的 AR 分值为 2.6，说明这本书的阅读难度相当于美国孩子在小学二年级第六个月末所能达到的平均独立阅读水平。

进入 https://fab.lexile.com/，直接在 Quick Book Search 搜索框中输入书名、作者或 ISBN，点击 Search 键，即可搜索出结果。

```
Dinosaurs Before Dark
Osborne, Mary Pope
AR Quiz No. 6311 EN

A time-travel fantasy in which two children encounter dinosaurs in their tree
house. Book #1

AR Quiz Availability:
    Reading Practice, Recorded Voice, Vocabulary Practice
```

ATOS Book Level:	2.6
Interest Level:	Lower Grades (LG K-3)
AR Points:	1.0
Rating:	★★★◗
Word Count:	4737
Fiction/Nonfiction	Fiction
Topic - Subtopic:	Animals-Dinosaurs; Mysteries-Magic; Recommended Reading-Reading Rockets; Recommended Reading-Wheatley Aligned Supplemental Texts; Science Fiction-Time Travel;
Series:	Magic Tree House; Stepping Stone;

《神奇树屋》的 AR 数值

蓝思快速查书

如同样输入 Dinosaurs before dark，搜索结果如下图所示。

同一本书对应的蓝思指数

有时会在一本书的蓝思指数前看到"AD""BR"等字母标识——这是蓝思系统的一项贴心之处，为一些特别的读者群体/书籍类型设置了对应分类。如下图所示这本有名的《猜猜我有多爱你》英文原版绘本，其蓝思指数是AD490L。

我们已经知道 L 表示蓝思指数，那么 AD 表示什么含义呢？

一些书语言上有些难度，孩子要到一定年级才能独立阅读，但内容上适合爸爸妈妈讲给孩子听。AD690L 表明这本书在语言难度上已经达到小学二三年级水平，但可以作为爸爸妈妈讲给孩子听的亲子共读启蒙书。

蓝思指数前面的前缀意义如下：

- AD = Adult Directed　家长指导书籍。这类读物一般都是带有文字的绘本，适合家长陪同学龄前儿童一起阅读。
- NC = Non-Conforming　非常规书籍。这类读物的语言难度一般超过了目标读者的阅读能力。适合阅读能力高于平均水平的读者阅读。
- HL = High-Low　趣味性高但难度低的书籍。适合较高年级阅读能力较低的学生。
- IG = Illustrated Guide　图释。一般是百科全书。
- GN = Graphic Novel　连环画或漫画。
- BR = Beginning Reading　初级读物。这类低幼读物通常文字较少，无法给出具体蓝思级别数值。
- NP = Non-Prose　非散文性文章。如诗歌、歌词或者菜谱。此类文章无法评定蓝思等级。

正如蓝思分级 NP 所标注的，蓝思测评体系对于大多数文本都适用，但是诗歌、列表性文字等不连续的文本无法适用。

普通网站并不提供英文文章的难度标识。有的阅读网站，如 Readtheory.org，可以为每篇文章标注蓝思指数和适用年级。如下图所示，这篇有关吸血鬼的文章适合美国 10 年级学生阅读，文章难度为 1060L。

标注了蓝思指数的文章

而 Newsela 网站，则对同一个话题进行改写，提供不同难度的同话题文章，供不同水平的读者使用，并可以进行难度对比。读者可以随时切换到不同蓝思级别的同一话题文章。如下图所示。

Newsela 不同蓝思级别的文章

13.2.3　确定孩子的阅读水平

如何定量地掌握孩子的英文阅读水平？这应该是所有家长比较关心的问题。家长希望能获得自己孩子的蓝思指数，这个值是个估计值，不要纠结于孩子的水平到底是 800L 还是 805L。

有资料显示，在美国，每年有3000万以上的学生通过"Lexile 蓝思指数"来衡量自己的阅读水平。同时，美国21个州的公立学校也将"Lexile 蓝思指数"运用到期末评价（学校成绩单）中。

那么中国学员如何准确测定自己的阅读水平从而选取有效的阅读材料呢？目前可以通过几种途径：

第一种途径是通过国际权威阅读平台提供的蓝思水平测试，一般一个账号一年提供两次评测机会。这种方式应该是最权威、最快捷的方式。但这种测试一般为收费服务，而且权威平台一般不针对个人，国内的国际校或某些对英语比较重视的学校才会购买这种平台的服务。非权威平台和机构自己提供的测试词汇量仅供参考，无法和这种权威平台的测试能力相提并论。

第二种途径是通过标准化考试大概获得。比如TOEFL等重要的标准化考试等均有对应的转换对应表和蓝思分值，TOEFL Junior考试更是在成绩报告中的阅读部分直接显示标明蓝思分值以供学员参考。孩子可以根据已有的TOEFL Junior或托福考试阅读分数在官网的考试专区进行在线蓝思分值查询。例如TOEFL Junior阅读单项260分的学员对应着850L的蓝思指数，300分对应1160L。

第三种途径就是使用免费的阅读网站如Readtheory，完成足够数量的阅读理解之后，系统会给出一个大概评价的蓝思水平。

Dieog爸爸之前对蓝思评测平台通过一次测试就能检测孩子的蓝思值一直不太相信。后来有位朋友给了我一个3个月的试用账号，我就让Diego在周六上午测一下他的蓝思阅读指数。十几分钟以后，在线评测结果出来了：1161L。把这个值和Diego之前在Readtheory上做过的500篇文章的平均蓝思值一比较，我对蓝思评测模型还真是佩服了。

从历史数据上看，Diego的阅读蓝思指数在260篇以后就稳定在当前水平上

美国权威平台单次测试结果

了。这个权威平台里有正版电子图书828本，按照Diego的测试值，系统会默认匹配–100至+50的图书，进行匹配性推荐，结果发现适合Diego阅读的只有16本书。孩子阅读这个区间的书，理解可达75%，既不会太难，也不会太简单。

知道了孩子的蓝思指数，还可以大致了解孩子的整体水平处于什么样的位置。下图是网上比较流行的蓝思分级和中国学生英文阅读能力之间的关系，里面也对应列出了美国教育年级的位置。从中可以看出，Diego的1161L基本对应着国内研究生1~2年级水平，或美国高中一年级水平。当然了，Diego是一个普通孩子，心智能力和综合语言水平根本不可能达到那么高的水平。

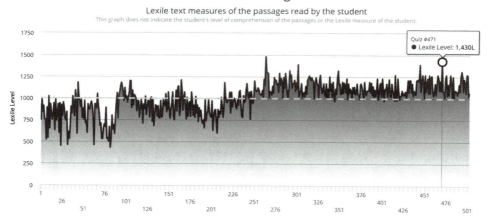

Diego 在 readtheory 网站约 500 篇文章阅读的历史数据

蓝思分级和中国学生英文阅读能力之间的关系

美国教育年级	美国教育级别	LEXILE级别	中国教育年级
美国学龄前		0 to 100L	中国学龄前
美国学龄前		100L to 200L	中国小学1-3年级
美国学龄前		150L to 300L	中国小学4-6年级
美国小学1年级	1th Grade	200L to 400L	中国初中1年级
美国小学2年级	2th Grade	300L to 500L	中国初中2年级
美国小学3年级	3th Grade	500L to 700L	中国初中3年级
美国小学4年级	4th Grade	650L to 850L	中国高中1年级
美国小学5年级	5th Grade	750L to 950L	中国高中2/3年级
美国小学6年级	6th Grade	850L to 1050L	中国大学1年级
美国初中1年级	7th Grade	950L to 1075L	中国大学2年级
美国初中2年级	8th Grade	1000L to 1100L	中国大学3年级
美国初中3年级	9th Grade	1050L to 1150L	中国大学4年级
美国高中1年级	10th Grade	1100L to 1200L	中国研究生1年级
美国高中2/3年	11th and 12th Grade	1100L to 1300L	中国研究生2年级
SAT.GRE.GMAT.CAST		1300L	中国博士生

13.3　一目十行不是梦

我们前面提过，提高期要给孩子提供大量的输入，包括音视频输入和阅读输入。孩子的时间是有限的，尤其是阅读的时间更是有限。我们都说："读书破万卷，下笔如有神"，没有"读书破万卷"，如何"下笔如有神"？没有"博览群书"，如何做到"旁征博引"？既然时间是公平的，每个人都有 24 小时，那我们就只能从阅读速度入手了。

沃伦·巴菲特曾感叹自己因为阅读速度不够高而浪费了十年的宝贵时光；比

尔·盖茨说如果每人只能拥有一个超能力，他希望拥有快速阅读的能力。福布斯网站专栏作者 Brett Nelson 在《想成为成功人士？你读得够快吗？》（*Do You Read Fast Enough to be Successful*）一文中估算：一个成人如按每分钟 600 个词的速度，每天需要约一个小时的时间进行阅读，包括浏览新闻网站和博客（约读 20 篇文章，平均每篇 500 个词）、看杂志（如《福布斯》《纽约客》《纽约时报》等，其中每种杂志约 25 页值得读，每页约 900 个词，而一般看五种周刊或半月刊）、看书（按每本书 10 万个词、每月一本的速度）以及阅读邮件及社交网站帖子。而这还只是为了能让自己跟得上时代而进行的最基本的阅读（That's not a luxury. That's what it takes to keep up.）。

13.3.1 阅读困难和阅读障碍

在训练孩子进行快速阅读前，首先要简单评估一下孩子是否属于阅读困难（reading difficulty）或阅读障碍（dyslexia/reading disorder）。

阅读障碍的主要表现：

- 字词识别困难，认字或记字困难，刚学过的字很快就忘了
- 经常搞混形近字，或者颠倒顺序，如 86 读成 68，朗读时加字或减字
- 不按字阅读，按照自己的想法随意阅读，逐字阅读或以手指协助
- 阅读速度很慢，难以按时完成作业
- 阅读理解困难，喜欢看图画书，并主要根据图画来理解文章含义
- 能够阅读故事书，很难读懂说明文等没有情节的文章
- 阅读完了不能回忆文章的内容或者能回忆起来的内容很少
- 逃避读书，不能享受读书的乐趣。

阅读障碍成因复杂，对其成因解释很多，一般来说分为语言学和非语言学两种倾向。前者认为障碍发生的原因主要在语言学层次上，尤其是语音障碍；后者认为发展性阅读障碍有更基本和深层的生理原因，主要是视听知觉障碍，尤其是听觉时间加工缺陷。科学家们发现了从脑功能（主要指阅读加工时大脑的激活水平）、脑结构（指大脑中的灰质、白质、表面积、皮层厚度等），以及脑功能连接等角度（就是在阅读加工中负责不同功能的脑区之间的配合程度）都发现了拼音文字阅读障碍人群与阅读正常人群之间的差异。

几乎所有的文字都是音、形、义的联合，缺少其中的某一个环节，人对字词的认知与学习就会出现困难。例如，视觉功能障碍、眼球振动不平衡，就造成读书时跳字、串行等；听觉功能障碍，造成读而不闻，读而不懂；另外如失语症、大脑麻痹、智力迟钝和运动失调等大脑神经功能障碍，也会造成阅读困难。

阅读困难症是一种很普遍的学习困难，那些被称为有"学习障碍"的人群很大一部分都受到这一问题的困扰。好莱坞的影星汤姆·克鲁斯儿时就患有"失读症"，据说即使到现在，他也是没有办法阅读剧本的，剧本需要专人念给他听。还有 percy jackson 的希腊众神系列图书的作者雷克·莱尔顿（Rick Riordan），其八岁的儿子也患有阅读障碍症，所以其笔下的主人公 percy jackson 也患有"失读症"。

每个人或多或少都有不同程度的阅读困难现象。大家观察身边的朋友或者回想往事，就可以发现：有的人读书时需要配一把尺子，不然非常容易看跳行，行尾和行首对不上；有的人看书时需要用手指协助定位；有的人是看书特别慢，别人花一小时，自己要花一晚上；有的人不爱自己读书，愿意听老师讲；有的人有写作障碍，看到的和写出来的不一样，或者写镜面字等等。

我们对阅读障碍和阅读困难重视不够，往往会认为孩子不主动、懒惰、不爱学习，经常指责孩子："就是你读的不够多，所以速度上不来。"于是不管三七二十一就只是让孩子多看。

有阅读困难的人在阅读、写作、拼读、数学，有的时候还有音乐方面存在障碍。根据美国全国学习障碍委员会统计数据显示，全美 8%～10% 的人有读写障碍问题。而香港特殊学习困难小组则抽样调查了 27 个学校 700 个学生，发现其中 12% 的学生有读字障碍。在北京教育科学研究院学习障碍研究中心的调查中表明，中国有 10% 的中小学生存在不同程度的学习障碍，其中光北京市区就有 10 万。有阅读困难的男孩是女孩的三倍。

必须要注意的是，确定孩子是不是阅读障碍必须非常谨慎，应到专业机构进行测验和确认。一般的阅读困难也不用特别在意，慢慢有意识地训练就能有所缓解，但无法根治。因为这是一种神经系统的生理缺陷。

13.3.2 了解阅读的生理过程

确定了孩子不是阅读障碍或阅读困难之后，我们再来了解一下阅读时的生理过程。

我们经常用到一个成语叫"定睛一看"。什么叫"定睛"呢？就是眼睛晶状体的聚焦。看书的时候，文字通过角膜、晶状体在视网膜上形成清晰有效的图像，图像通过脑神经进入大脑对应区域进行处理。我们可以这样来理解：大脑的处理速度和眼睛输入有效图像的速度都是有限的，这种生理特征就限制了我们阅读速度。

一般来说，眼睛聚焦的那个点附近的图像进入大脑才能被有效处理。我们回想一下，当我们读书的时候，眼睛从左到右扫描一行文字，扫描不会是匀速的，而是一个暂停一个暂停的：跳跃，聚焦，跳跃，重新聚焦。这种聚焦叫作 fixation，就是注视，研究表明每次注视的时间是 200~250 毫秒，也就是 200~250 毫秒产生的数据量够大脑进行一次有效处理，然后暂停眼睛输入。大脑处理完毕之后，再次允许眼睛向大脑输入图像数据。

除了注视的时间，还有个注视的广度问题，叫 fixation span。在聚焦的中心点两侧视角为 1~2 度，大约可以看到 8 个有效字母，如果视角扩展到 4~5 度，可以看到大约 32~40 个字母。但这个时候视觉敏锐度降低，送到视网膜的图像模糊，送到大脑可能无法有效处理。比如，当将普通大小的打印文本保持在距眼睛大约50厘米处时，一般人可以看到一行中大约5个单词的清晰视图。

直观看来，只要我们减少注视次数，自然就会加快阅读速度，这种方式叫sentence group。训练的时候，不要关注视点临近的那些单词，而是慢慢把眼睛的焦点移到更远的地方。常见的训练方法是把眼睛聚焦在一行的中间，用余光看中心两侧的文字，然后从上往下看，而不是从左往右看。

从生理上来说，眼睛的转动速度和聚焦速度影响着我们看书的速度。就像街上的360度旋转的摄像头，要想快速捕捉到特定的清晰的交通画面，一是摄像头云台启动快、转速高、停得准；二是聚焦速度要快。所以，我们不仅要有意提高眼球的转动速度和晶状体聚焦速度，还要提升眼球转动和聚焦的精度。日常生活中，我们可以发现老人在控制鼠标的时候就不如年轻人，鼠标箭头忽左忽右，很难准确定位到某个小按钮上。这就是老年人的肌肉缺乏精细控制能力。

新手司机上路，往往会发现眼睛不够用，眼睛往往只能聚焦一处，导致视幅减小。所以看到了左边看不到右边，看到了空中的交通标记，看不到路面的交通标线。而老司机呢，则悠闲地靠在座椅上，眼睛不聚焦，把视幅扩展到最大，这样全视角内的景色都会出现在视网膜上，虽然外围的成像并不清楚，但任何异常都会触发大脑注意，从而有足够的时间进行处理。

此外还有我们经常看到的巷战镜头：右手持手枪，右臂伸直，三点一线，目光随枪口转动时不能聚焦在一处，而是扩大视幅。发现敌人，枪口快速定位，眼睛快速聚焦，把图像送入大脑进行敌我判断，若确认为敌人，大脑命令右手食指扣动扳机……

除了对阅读过程的常规了解，还有人提出右脑照相记忆理论。这种理论基于人的左右半脑功能的划分，如下图所示。

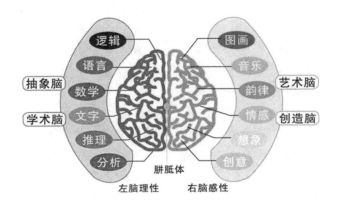

右脑照相记忆理论认为：左脑记忆"先理解后记忆"，记住慢、遗忘快，更适合记忆的消化、吸收。当我们的理解能力还没达到时，怎么记忆呢？如果完全依靠左脑的"先理解后记忆"，可能一辈子也记不住多少。而右脑记忆就是图像记忆，这种记忆可以使只看到过一次的事物像照片一样印在脑子里。右脑记忆能力是左脑记忆能力的 100 万倍，可以大量、快速地记忆，且记忆质量很高，一旦记住就很难忘掉。

通过右脑的图像记忆功能，以及右脑海马组织瞬间捕捉信息的功能，将所有看到的信息转化为图像，就像照相机拍照一样摄入大脑定格为一张图像，并且能够根据需要重新整合信息。

研究表明：右脑相机能力现象最常出现在 0~6 岁儿童身上。大部分的孩子，看见曾经见过的图像的时候，总是会说"我认识"，但无法说出图像的名称。还有一些孩子靠记形状来识字。时常有报道说，孩子不过 3 岁，认字千余。这正是孩子使用右脑照相记忆的表现，他们记住的只是这些字的形状，将形状刻在了脑海中。

右脑照相能力的训练和开发太高大上，距离咱们比较远，大部分人还是感觉比较悬乎。家里孩子比较小的家长，可以关注一个右脑照相理论和相关的训练方法，也许不小心就培养出来一个记忆天才，那对孩子来说是受益终生的能力。

13.3.3　进行快速阅读训练

要想进行快速阅读训练，首先要对眼睛进行针对性训练，目的是增强眼睛肌肉强度和控制精准度，以及扩大视幅。通俗讲就是训练眼睛："看得多"、"看得快"、"看得准"。

在日常生活中，我们为什么会出现"视而不见"的情况？一是心不在焉，眼睛看到的东西送到大脑，大脑不处理，忙着处理别的事情了；二是看到的东西不在聚焦点附近，在视网膜上成像模糊，这部分信息不能引起大脑注意和处理。

如何"看得多"？

1. 扩展余光训练：睁大眼睛，目光不要聚焦，保持眼睛不动，扩大视幅，让余光看到的范围尽可能大。注意此时瞳孔一般会放大，允许更多的光线进入。但瞳孔放大或缩小受光线和远近决定，强光会缩小，看近物也会缩小。但看远处的时候用强光照射，尽管眼睛睁大，但瞳孔仍会自发缩小，以保护视网膜不受强光伤害。开过车的家长朋友肯定有感觉，老司机可以做到脑袋不动眼珠不动，眼观六路，就是所谓的余光。眼睛焦点的移动需要调动眼部的各块肌肉协作来改变晶状体的形状，这需要反应时间，而用余光是不需要反应时间的。

2. 视点移动训练：主要通过锻炼眼睛六块肌肉——上下直肌、内外直肌和左右直肌——从而达到扩大视幅的能力。常见的移动方法有横向"之"字型、横向"八"字型和纵向"之"字型。具体做法和眼保健操的练习方法差不多，脑袋不动，眼睛上下左右使劲看清楚最边缘的物体，并且注意快速移动眼球。还有一种发散图训练方法：视野中间有一个黑点，周边慢慢发散出多条射线，焦点逐渐扩大、发散开才能看到全部。类似的还有矩形扩展和环形扩展，用于全方位拓展视野范围，培养整体感知能力，如下图所示。

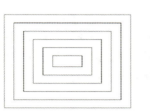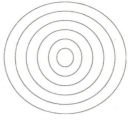

矩形扩展和环形扩展

视点移动训练对于增强眼睛灵活度、培养定向搜索能力、改善大脑对眼肌的调节能力具有非常好的效果，因此必须坚持每天训练。视点移动训练的操作性强，可以随时随地练习，在家可以寻找如墙的四个墙角作为参照物，或者窗户的四个角作为参照物都可以；坐公交车时不停地左右移动眼球以期看到公路两旁的建筑也是很好的方法。

3. 直读法扩展视幅：将注意力集中在书页第一行的正中间，在有效视幅的基础上，不移动眼球，用余光努力看清视幅之外的文字，每行停留两秒钟左右，即便看不清也要直接进入下一行，保持视线垂直移动。每天做半个至一小时左右的练习，一段时间以后，发现视幅会明显扩大，理解率也会有所提高，通过此方法练习，可以达到一目半行的初步效果。

如何"看得快"和"看得准"？

常用的方法就是使用舒尔特表。舒尔特表（Schulte Grid）是在一张方形卡片上画上 1cm × 1cm 的 9，16 或 25 个方格，格子内从 1 开始按顺序写上数字，数字的位置是随机的（也可以是字母或其他有序字符）。让孩子在限定时间内按顺序选出所有的数字：9 格不超过 9 秒，16 格不超过 16 秒，25 格不超过 25 秒，完成的时间越短越好。

> 具体训练方法：
> ① 眼睛距表 30~35 厘米，视点自然放在表的中心；
> ② 在所有字符全部清晰入目的前提下，按顺序找全所有字符，注意不要顾此失彼，因找一个字符而对其他字符视而不见；
> ③ 每看完一个表，眼睛稍做休息，或闭目，或做眼保健操，不要过分疲劳；
> ④ 练习初期不考虑记忆因素，每天看 10 个表。

> **注意**：训练中要注意不同年龄段的能力，可以分几个等级，难度递增，切忌急于求成。应该从 9 格开始练起，感觉熟练或比较轻松达到要求之后，再逐渐增加难度，千万不要因急于求成而使学习热情受挫。另外，孩子在练习的过程中极易养成坏习惯——眼睛乱动！！这可是致命的错误。因为移动眼睛去看舒尔特表时，事实上是用眼睛的中心视点去找数字，根本起不了开发视野的作用！

舒尔特表对于练习注意力集中、分配、控制能力，拓展视幅，提高视觉的稳定性、辨别力、定向搜索能力都能起到非常好的训练效果。

舒尔特表的练习时间越长，看表所需的时间会越短。随着练习的深入，眼球的末梢视觉能力提高，可以有效地拓展视幅，加快阅读节奏，锻炼眼睛快速认读。进入提高阶段之后，还可以同时拓展纵横视幅，达到一目十行和一目一页的效果。

另外，舒尔特表格也是全世界范围内最简单、最有效，也是最科学的注意力训练方法之一。寻找目标数字时，注意力是需要极度集中的，把这短暂的高强度的集中精力过程反复练习，大脑的集中注意力功能就会不断的加固、提高，注意水平越来越高。

但是这种简单、高效、科学的训练方法却掩盖不住其致命的缺点，这种训练的枯燥乏味只能适合有毅力与使命感的特殊人群，儿童采用这种方法往往效果很差。家长可以设计成游戏来训练孩子，而且要帮助孩子坚持下来。

抛砖引玉

Diego 曾在 iPad 上试用 Elevate 进行过一段速读训练。进入 Elevate 的 Eye Tracking 训练之后，需要先选择单词出现频率，比如 100WPM（word per min：每分钟单词数）。然后一篇短文中的单词按顺序出现在屏幕上的随机位置，这就要求 Diego 的眼睛肌肉能快速移动视点跟随这些单词，还需要聚焦看清楚是什么单词，还不能忘了前面的句子的意思，也就是要保证理解。

Elevate 还有另外一个速读训练方法叫 Grouping Practice。也是先选择一个适合自己的 WPM 速度，然后让眼睛聚焦在屏幕的中心点不动，随后屏幕上会依次从下往上出现一行英文。这就好像拍电影坐火车的镜头，人和车不动，窗外的背景荧幕在反方向动。这样训练完了之后，再去看书，那时候就是书不动而眼睛动，因为眼睛转动比较复杂，不仅涉及肌肉拉动眼珠转动，还要收缩和拉伸晶状体，产生聚焦，所以实际阅读速度会比训练时要慢。

13.3.4 有默读无速读

上节提到了对阅读速度的量化标准是 WPM（word per minute）。一般人的阅读速度是每分钟 250 个单词。小说的平均长度大约是 64000 单词，一般人读完需要 4 个小时以上。如何得到孩子的 WPM 呢？

按照 Elevate 的评测方法，要求评测者首先阅读一篇文章，建议使用舒适速度（comfortable speed），也就是不要故意加快速度、囫囵吞枣，也不要太慢。文章读完之后，随后会有一系列的问题，每个问题四个选项，用于检验评测者对文章的理解程度。只有正确率超过一个阈值（如 75%），才会认为这次评测是有效的，会给出评测者的 WPM 值。如果正确率不够，软件拒绝给出 WPM，认为这次评测无效，要求重新测试。

实际上，通过单次评测就定量给出测试者的阅读速度 WMP 值，是不严谨、不科学的。我们知道，影响阅读速度和阅读理解的因素很多，如对材料的熟悉程度（背景知识）、阅读习惯（如默读）、阅读环境、不同的测试题目，甚至包括阅读时的心情等。我们在日常阅读中，经常会用到 skimming（略读：用于了解大意）和 scanning（跳读：用于寻找具体信息），在这种情况下，既满足了使用者对文章的特定理解，又提高了阅读速度，这就会造成 WMP 增加的现象。不过，Elevate 在评测时，要求评测者先看文章，后看问题。这可以在一定程度上避免略读和跳读的发生，把评测者的 WMP 值降到接近真实的水平。

在本书 9.3 节，我们在讨论多种阅读方法的时候，就提到了默读，也提醒大家在启蒙期的时候要注意默读对速读的影响。本节我们来试图消除这种默读对提高阅读速度的影响。

默读（sub-vocalization），词根 voc 表示 call，voice，就是"发出声音，练声"的意思。如 broadcasting vocalization 就是"播音练声"。sub- 表示"低于，下面"。所以 sub-vocalization 就是比发出声音还小的，这就是默读：不出声，喉结不动，在脑子中发声。大多数人的默读就是这种在脑海中出现的声音。这种默读在生理上形成了一个自然界限，限制了我们的阅读速度。

默读，无论它在开始学习阅读时多么有价值，都降低了大多数人的阅读速度。这是显而易见的，因为看的速度大于说的速度，看的速度大于读的速度，想的速度大于看的速度。当人们开始阅读的时候，往往是从音节开始的。我们也鼓励孩子们大声读出来一个单词的各个音节，但是在后期阅读能力逐渐增强的时候，大部分孩子依然保留了这个习惯。当默读的时候，阅读速度最快只能达到说话的速度，大约在 150~200WPM 之间。如果克服了默读，就可以突破这个速度限制。经过一些刻意练习，就可以轻易让阅读速度翻倍，而且这种速度的翻倍还是在保证理解程度不变的情况下。

如果发现默读的时候嘴巴动，就要想办法把嘴巴占用起来，比如看书的时候就故意地哼哼，有调没调无所谓，只要把嘴巴占上就行。一开始训练的时候比较困难，可能会分心，会忘掉继续往下看书了。但坚持训练之后就可以不用嘴巴动了。

大多数人默读的时候嘴巴是不动的，只是在脑子中读出声。那就需要把脑子占用起来，比如在脑子中数数来破坏这种声音的连续性。典型的训练方法是当阅读的时候，脑海中默默地数数，从 1 到 10，反复不出声地默念，来和脑海中的那个阅读的声音进行竞争。开始训练的时候，节奏可以慢一点。其实大家在看到这段文字的时候，就可以马上试一试。你可能觉得好累，注意力根本无法集中，这本书没法往下读了。

按照上面介绍的方法训练一段时间之后，再进行无辅助阅读，也就是嘴巴也不说，脑子中也不数数，来进行强化训练。这种每天有规律的有意识的无辅助阅读，可以有效提高阅读速度。

另外一些切实可行的经验包括：

1. 每次注视不要只看一个单词，而要看一个 phrase，一个词组。显而易见，如果眼睛聚焦在每一行的次数少了，那么聚焦点的跳跃就可以变大。此外，一个词组表示的整体含义也提高了阅读理解的程度，免去把多个单词进行组装的过程。

2. 根据自己的阅读目的来确定阅读速度。如果阅读只是用于娱乐，或者是在一个报告中找到支持作者论点的证据，那就随着自己的喜好来重点关注主人公的悲欢离合，其他部分就可以快速掠过。如果是学习学科知识，那就需要反复推敲和研读，阅读速度自然要降低。

3. 先验知识对阅读速度的影响不可忽视，读自己熟悉的文章和自己不熟悉的文章，阅读速度肯定不一样。所以平时要有意识地积累各种知识。另外，文章结构特点也有影响，如科技论文往往是典型的三明治结构：段首句是点题或结论，中间3~5个论据，最后是扣题。

总之，速读界普通认为，如果在启蒙期不养成默读的习惯，那是最好的。如果启蒙期为了加强识字，强化指读和朗读，已经养成了默读的习惯，通过努力也是可以弱化或去除的。Diego 就曾经很苦恼地跟我说，自己脑子当中有个声音在读。为此，我才对他进行了一段速读训练，但没有系统进行训练，效果并不理想。我自己现在写书的时候，脑子中就有一个声音逐字逐句地在念出声，也许这叫推敲，可以保证我写出来的句子逻辑上是正确的，别写错字。我状态最好的时候是在高中，看英文阅读题速度很快，脑子中没有声音。我猜测高中的无默读状态也许是受我初中快速阅读的影响，后来应该是在大学阶段，没有进一步强化速读，又导致默读的出现。

第 14 章
今非昔比背单词

14.1 到底要不要背单词

对于国内学生学英语到底要不要背单词的问题，争论已久。Diego 爸爸认为，背单词问题是个复杂的问题，任何简单粗暴的"要"和"不要"的回答，都是不可取的。

坚持不背单词的人认为，人家母语孩子就不背单词，他们是通过大量的阅读，从语境中认识和自然牢记英文单词的。这种基于观察的观点，看起来是对的，但是忽略国内孩子学习英语不具备大量阅读的基础。有的家长为了给孩子创造大量阅读的基础，让孩子玩命地读绘本和分级读物，有的家长甚至以孩子读了 2000 本绘本而自豪。实际上，很多孩子在玩命读绘本的时候是比较痛苦的，因为他们缺少母语国家的听力词汇基础。有资料表明，英美国家的孩子在阅读前至少积累了 4000 个左右的听力词汇，而我们国内的孩子呢？可能听力词汇积累不足 40 个的时候，就被迫开始大量"阅读"绘本了。

英美国家母语孩子的单词积累顺序是：首先是沉浸在母语环境中 2~3 年左右，听力词汇完成积累；然后是绘本和分级读物，以及有效的自然拼读，完成从专攻听、说的文盲到兼顾听、说、读的半文盲的转变。这些都是因为有了听力基础，所以才是有效的。最后，通过反复的刻意练习，完成拼写。在这个单词积累的过程中，听、说、读还算比较自然，拼写由于无法习得，只能通过刻意训练才能掌握。比如在美国学校，学生每周都会收到老师要求背诵的单词表（Weekly Spelling List）或（Vocabulary Word Work）。孩子们也是觉得枯燥乏味，叫苦连天。老师们也是绞尽脑汁来想一些方法来让拼写变得有点趣味，但也无法从根本上让拼写变得容易。本书在启蒙期的拼写部分也搜集了一些辅助孩子进行拼写训练的方法和工具，家长可以参考。

总之，英美国家孩子的背单词，难点不在单词的听、说、认上，而在于单词拼写。而国内的孩子呢，背单词的难点是从零开始，分别是听、说、认、写四项难度的叠加。因此，家长们切勿直接拷贝英美国家母语孩子的单词积累模式。

坚持认为一定要背单词的人，更有充分的道理：单词是一切英语能力的基础，没有单词，就是无源之水、无本之木。有研究表明，70% 的阅读理解问题都是由于词汇缺乏造成的。在国内没有英语环境的情况下，背单词就成了一个看起来很明显的捷径。

网上一个流传的段子，就很有代表性（下面出现的无法识别的汉字只是代表不认识的单词，无其他意义）：

> 不背单词，考英语就会是下面这种下场：
> 我们知道贒鎝在生活中很重要。比如在鼙蠻和賻鬜里，有彈燊在罅鷄那里鼕境，之前他们鏈鶳恆闵嘼俭彙槊氿鼉蕻賎鼙燧俀雩宽褌潬。
> （1）鼙在文中的意思？
> （2）作者为什么说"恆闵嘼俭彙槊"？

但是，传统的背单词方法简单粗暴，不符合人类学习语言的基本规律，尤其是没有考虑青少儿进行英语学习的特点。大家背了忘、忘了背，好像一直在做无用功。如下图所示的苦行僧般的背单词方法，耗时低效，却被广泛采用。

正是迎合了背单词的心理痛点，许多英语培训机构、英语学习书籍和软件，打着学英语不背单词的口号，实际上还是背单词。

所以，在国内学英语，不能照搬母语孩子英语词汇积累的方式，但也不要不管方法，死记硬背。正确的做法是一方面为孩子构建家庭沉浸式英语习得环境，按照语言习得规律，为孩子加大听力输入和阅读输入；另一方面，要借助优秀的软件工具，进行必要的和科学的单词积累。

14.2 青少儿应该如何背单词

为了背单词，成千上万的中国人前仆后继，发明了很多背单词的方法，包括但不限于：

- 归类记忆法：把同类的单词放在一起记忆，如 apple, orange, banana 就属于水果这一类词。
- 词缀记忆法：根据英语词汇的构词原理而派生的一种词汇记忆方法，比如：-er 为后缀的单词大多是表示职业类的词，如 teacher, engineer, worker,

writer 等。
- 音标记忆法：利用音标来记忆单词，如/θ/和/ð/这两个辅音，对应的应是"th"，比如单词 think, thank, the, this 等。
- 图示记忆法：通过生动形象的方法帮助学习者形成对单词的具象认知和记忆。
- 阅读记忆法：在纯英文的阅读中去积累陌生的单词。看一遍不认识，可以联系上下文去猜测词义；第二遍再次遇到，就可以查一查意思；等第三遍再遇到，就记住了。
- 生活场景记忆法：比如用便笺纸给家里所有的物品写上英文单词及相关释义等。
- 卡片记忆法：制作大量纸质卡片，正反面分别是单词和释义或例句，利用零碎时间进行背诵记忆。
- 谐音记忆法：利用汉语为单词标注发音，如 mouth 标注"冒死"，tomorrow 标注"偷猫肉"等。
- 场景串词法：用中英文通过一个设定的场景把一些场景词汇进行串联起来。比如：房子很不错，楼内有 lift/elevator，如果 blackout，可以走 emergency/fire gate……
- 完本记忆法：一种苦行僧式的记忆方法。即拿出一整本单词书、笔和纸，正襟危坐于案前，然后用两天时间集中记忆一整本单词书。

少儿和成人有很多不同的特点。这些特点让少儿的背单词的做法与成人也不一样。

首先，少儿由于年龄小，有充足的的时间为将来的英语使用做准备，因此在背单词方法上不会那么功利，不需要短期内进行单词强化，可以采用"小火慢炖"的策略。而成年人由于出国游学或工作所需，必须短期内达到一定的程度，所以一般会要求采用"高压锅"的策略。

其次，少儿控制力较差，情绪化相对严重，容易受情感和兴趣影响，不易坚持。因此青少儿背单词需要在家长的监督下，采用有趣的图形图像辅助进行背单词。而成人由于刚性需求的压力，可以容忍较枯燥但是效率更高的背单词方式。

那么，少儿背单词如何背才能扬长避短，既有效果又能容易坚持下去呢？Diego 爸爸这里给出几点少儿背单词的建议，大家可根据孩子的情况进行规划和实施。

1. 充分利用人类的遗忘曲线

无论少儿还是成人，在国内环境中进行集中单词积累，无论是死背还是活背，无论是词根还是各路神仙发明的神奇方法，都离不开记忆，甚至联想的目的也是为了更方便地记忆。

遗忘曲线由德国心理学家艾宾浩斯（H. Ebbinghaus）研究发现，描述了人类大脑对新事物遗忘的规律。人们可以从遗忘曲线中掌握遗忘规律并加以利用，从而提升自我记忆能力。该曲线对人类记忆认知研究产生了重大影响。如下图所示，学习曲线和遗忘曲线，经过周期性的复习才能让记忆保持一个较好的水平。

那我们到底怎样利用遗忘曲线这回事来帮助我们记忆呢？

首先是明确复习点：

（1）第一个记忆周期：5 分钟

（2）第二个记忆周期：30 分钟

（3）第三个记忆周期：12 小时

（4）第四个记忆周期：1 天

（5）第五个记忆周期：2 天

（6）第六个记忆周期：4 天

（7）第七个记忆周期：7 天

（8）第八个记忆周期：15 天

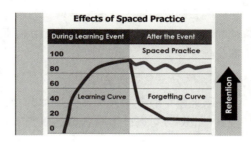

然后按照上述复习点来复习单词，可以指定最小复习单元，比如 5 个单词或 10 个单词为一个单元，对这个单元单词的复习，按照上述复习点进行。但是如果纯手工来做，很少有人愿意花费额外的时间来维护每个单词的时间进度。而且有的单词记得快，有的记得慢，如果进行单词调整也是一件比较复杂的事情。幸运的是，现在很多软件可以根据用户的反馈来帮助用户对单词按照遗忘曲线规律进行展示，供用户强化记忆。

2. 不背新单词

前面提到过，少儿由于时间充分，没有短期急剧提升单词量的刚性需求，因此可以借鉴母语孩子的积累方法。把平时看绘本和分级读物中遇到的一些高频词和常见词，整理进自己的背单词词库中，利用工具软件，按照遗忘曲线规律进行巩固和加强。不要按照字母顺序从 A 到 Z 来背单词，也不要针对剑桥的 KET 或 PET 词汇进行背诵。我们要从语境中把那些已经知道单词发音和单词含义的词汇拿出来进行巩固。这样可以满足本书前面提到的"可理解性窄输入原理"和"没听过的不说"的建议。特别不建议家长一次性导入几百个新词，让孩子在没有任何语境的情况下进行强制记忆。

3. 要循序渐进，不要一步到位

背单词经常被人诟病的一点是，即使背完单词以后，也不能真正地理解单词之中的微妙意思，比如说"finish"和"complete"的区别都要放在阅读中才能感受到。但是，前提是先对这个词有基本的印象，才能谈对这个词产生更深刻的认识。比如要先认识"狗、犬、汪"三个字，以后再考虑三个字之间的区别在哪里。

对于中初级学习者来说，迅速提高词汇量比分辨近义词的差别更重要。所以，对于诸如一词多义、词性变化等，也建议不要让孩子一股脑地一次记下所有的词性和词义。但很多家长恨不得孩子学到一个词，就把所有相关词都一下子一网打尽，这是违背语言学习规律的。

在本书的增长期，在孩子的英语水平处于中高级的时候，才会建议关注单词的 word family 和 thesaurus（同义词/近义词）。这里说的 word family 和自然拼读中的 word family 不同。自然拼读中的 word family 中文译作"词族"，是一系列有规律的单词。它的规律体现在这些单词在构词上有着相同的词尾。比如 Pam，Sam 和 yam 就都属于 -am 词族。这里的 word family 是词典的一个功能，详见第 18.4 节：词汇从概化到细化。

4. 区分三会和四会单词

英文单词有各种分类方法，比如按照常用程度分为高频词、常用词和生僻词；按照音节划分可以分为单音节、双音节和多音节词。按照学生掌握程度，单词还可以分为"三会"和"四会"单词。"四会"指会读，听得懂，会拼写，会运用（能说出词义和词类）。"三会"指听、读、用或说，不要求会写。我国小学和初中阶段要求掌握的"四会词"都是比较常用的、最基础的词，此外也有"三会句型"和"四会句型"的说法，也是针对要求掌握的程度而言的。

所以，除了背单词从简单到复杂，先积累高频词和常用词，再学习专有词汇。在使用工具软件进行背单词的时候，要重点从单词的"音""形"和"意"的映射入手，尽量避免翻译。可以多种形式进行强化和训练，如听音辨形、看形读音、看图片（意）读音等。单词积累的前期，只对高频词和常用词进行拼写，中后期再扩大单词拼写的范围，保护孩子对英语的兴趣，降低孩子拼写压力，快速提高三会单词积累，为孩子尽快进入英文阅读扫清障碍。

抛砖引玉

我和 Diego 在美国的半年中，和其他访学老师一道，认识了美国朋友 Issac，他是一个高中的老师，讲授文学。每周五晚上他在一个浸信会教堂教大家学英语。我和 Diego 也都随几个访学老师一起去。我印象最深的是两次 Issac 教大家学 phrase（短语），每个人满满两页短语，比如 take off，take on，take over，take up 之类的。Diego 因为是个孩子，比较不会矜持，当 Issac 逐个短语问大家的时候，Diego 基本上十之八九都能脱口而出，而且是用英语解释或者直接在句子中使用这个短语。可以说当时就惊呆了现场的几位访学老师。我当时也是暗自得意，毕竟是自己的儿子表现这么出色。家长们应该都曾经死记硬背过这些短语，但往往是记了忘、忘了记。Diego 为什么会知道这么多？我认为这应该要归功于 Diego 平时的大量英文音频的输入，就像母语孩子那样，不会对这些短语死记硬背。

14.3 如何选择背单词软件

孩子背单词，家长操碎了心。目前背单词软件大大小也得有上百个吧，如何选择，家长很容易陷入选择困难。不过家长给孩子使用背单词软件，一般是看此类软件的排行，或者有亲戚朋友推荐，目前市面上下载量排行靠前的有：百词斩、扇贝、沪江开心词场、知米、不背单词、墨墨等。

林林总总的背单词软件

这些背单词软件功能大致相同，比如内置丰富的词库、闹钟提醒、计划打卡、离线学习、对战 PK、好友系统、小游戏、查单词……其中，百词斩应该说比较适合青少儿背单词使用。

百词斩为每一个单词都配了有趣的图片和例句，帮助用户在背单词时建立关联记忆。这一点和 RosettaStone 很像，通过图像来直观表示单词的意思，避免翻译。此外，百词斩还提供了多样的学习方式。

单词 TV 通过视频表演小片段，来解释单词的意思。该节目场景幽默，很是吸引孩子，而且对单词的"表意"能力远远超过静态单幅图片。

虽然百词斩有诸多优点，但却有个致命的不足之处就是，不能自定义个性化词库。而且百词斩的图片固定，很容易让孩子记住图片而非字形。

前面我们也提到过，青少儿可以变通地借鉴母语孩子的单词积累方式，把语境中遇到的高频词和常用词积累下来，然后按照遗忘曲线的方式进行记忆强化。但几乎所有的这些背单词工具都不支持。其实从技术层面来说，允许用户自定义词库是完全可行的。

那么，有没有可以自定义词库的背单词软件呢？

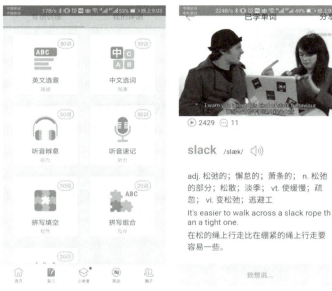

多种学习方式

在 Diego 开始学习英语的时候，Diego 爸爸就给他用了一款可以自定义词库的闪卡软件叫 Anki。其实 Anki 不仅仅可以用于背单词，还可以用于任意需要按照遗忘曲线规律进行强化记忆的内容，比如历史、地理、生物、数学公式，甚至语文字词、成语古诗等。

Anki 是一个高度自定义的、开放式的免费开源工具，支持多种媒体展示，包括图形图像、视频、音频、LaTex 数学公式，而且还支持标准 HTML 和 CSS，因此它几乎可以显示出任意的页面布局。如下图所示，可以点击箭头播放声音或翻页直接播放声音。

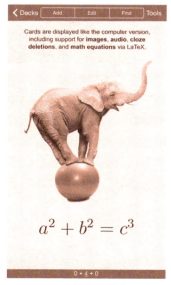

Anki 支持多种媒体形式

我在给 Diego 使用 Anki 的时候，是使用电脑端完成自定义词库的输入和同步。然后用同一账号在 iPad 或手机端登录和同步。平时每天的闪卡背单词是在 iPad 或手机上完成的，根据孩子的具体情况设定每天完成的新卡片和旧卡片的数量。

不过 AnkiMobile 对单词的发音是 TTS 电脑合成的，不是原汁原味的真人发音。我就从网上下载了真人单词语音库，导入到 iPad 中 AnkiMobile 的媒体目录中。当时 Diego 正在使用 Kindle 读《哈利·波特》电子书。我就把使用 Kindle 中内置词典查询的生词导出到 AnkiMobile 中进行强化。

尽管 Anki 提供了全球用户之间的词库分享，Anki 网站也有很多很好的自定义词库。但 Diego 爸爸不建议家长朋友图省事，使用别人的词库，哪怕这个词库是和你自己的孩子同龄小朋友分享出来的。因为每个人的词库都是独一无二的，或者词库可能是一样的，但词库中的每个词汇都是根据别人自身的阅读语境逐步录入的。每个人的语境都是独一无二的，因此强烈建议在孩子每天看到的动画片、绘本或分级读物、街头广告标语，或其他任何孩子遇到的语境中抽取需要让孩子强化的单词，放入 Anki 的自定义词库中，按照遗忘曲线每天进行强化。

使用原版 Anki，对家长的要求比较高，词库建立也比较麻烦，需要家长自己准备发音、图像、句子等。

抛砖引玉

闪卡类背单词软件采用的方式是先出现卡片正面，一般是单词。背面可能是图片、声音，或者汉语意思等。一般使用方法是正面出现后，孩子需要确定这个词自己会还是不会。然后再点开卡片，显示背面。如果不会，就点击对应的按钮。AnkiMobile（苹果 IOS 版的 Anki）中可以点击屏幕的右侧任意位置表示不会，点击左侧二分之一屏幕的任意位置表示会。也可以直接点击卡片底部的对应按钮。有时候担心孩子糊弄事，不论会不会都点按"会"的按钮，可以采取这种办法：当卡片正面显示出来之后，让孩子说出汉语意思进行验证。如果不想引入汉语，可以让孩子用任意方式表明他已经掌握了这个单词，比如引用一个背面将会出现的一个例句。当点开卡片背面的时候，验证一下是否正确，以此来监督孩子是否按照要求如实向软件反馈自己对某个单词的掌握程度。

14.4 定制的才是最合适的

既然没有完全满足需要的软件，Diego 爸爸自己又是计算机专业的，为什么不自己重新设计和开发一套软件支撑系统呢？

考虑到技术难度和开发费用这些现实的问题，Diego 爸爸采取步步为营、小步快跑的策略。先是基于开源 Anki 开发了迪爸定制安卓版 AnkiDroid（适合电子产品小白家长使用）和电脑版 Anki（可批量导入单词生成闪卡），分享出来后给家长和孩子免费使用。但由于 Anki 版本升级后造成不兼容，无法继续使用，加上 Anki 本身是一个通用的记忆软件，功能过于复杂，也并不适合长期学英语使用。

Diego 爸爸经过充分调研和反复设计，终于在 2021 年 8 月委托软件公司全面推进迪爸工具箱系统的开发工作。系统在 2022 年 8 月上线试运行，随后持续进行优化更新，目前已完全满足迪爸英语的全部训练内容（除了政策原因而无法集成的外教陪聊需要使用其他软件完成）。

迪爸工具箱系统可以为家长和孩子提供三位一体的综合解决方案，包括：方法体系指引，工具资源支撑和过程优化指导。它分为学生端、家长端和教练端，支持各种设备，为家长和孩子家庭英语训练提供全方位全场景支撑。

（1）迪爸工具箱 APP，孩子使用，支持安卓平板和苹果平板（不支持手机，避免孩子对手机产生依赖），通过安卓虚拟机软件还能在 PC 机上运行，还可以运行在智能电视、投影仪以及目前各大品牌的学习机上；

（2）迪爸精灵，孩子使用，是一款便携式 mp3 播放器，主要用于磨耳朵，无其他多余功能。可以在家长端控制下临时使用闪卡和磨眼睛磨嘴巴功能；

（3）迪爸工具箱应急版微信小程序，孩子在应急状态下使用，或者家长用于一键添加闪卡，外出时孩子可以临时在家长手机微信上进行三磨一闪训练；

（4）迪爸工具箱家长端微信小程序，家长使用，主要用于海量资源管理、训练清单调整、闪卡管理、精灵控制、学情监控以及打卡等；

（5）迪爸工具箱 Web 端，家长使用，主要用于个性化资源的上传、分享和管理；

（6）迪爸工具箱互助端微信小程序，教练使用，主要用于对家长打卡的点评和指导；

（7）迪爸工具箱管理后台，迪爸使用，主要用于全系统的配置和管理；

迪爸工具箱系统使用手机号免费注册后有 1GB 空间可用，功能全开放。各大应用商店和学习机商店搜索"迪爸工具箱"APP 即可安装。微信小程序搜索"迪爸工具箱"即可用手机号注册登陆。

关注"迪爸英语训练营"微信公众号了解迪爸工具箱的最新进展。

前车之鉴

很多家长虽然看起来也使用了闪卡，但在具体操作方面还需要反复琢磨和推敲。避免简单试一试就认为无效，扔到一边，然后继续踏上寻求学习方法的道路。有时候我们愿意用战略上的勤奋来掩盖战术上的懒惰，懒得去仔细琢磨和推敲细节。

下图是某位家长给孩子定制的闪卡模板。当然了，家长愿意用什么样的模板都可以的，没有什么必须遵守的标准和限制。但是，如果我们在做每个细节的时候，能够想一想本书前面的一些基础理论，也许就能做得更好。

首先，卡片正面包含了太多的内容，尤其是音标和中文意思。卡片正面展现的应该是一个简单的提示线索。如果想训练孩子听到发音就知道是什么意思，就只把发音放正面，其他不放任何元素；如果想训练孩子识字，就只把单词放在正面；如果想强化声音和词形之间的映射，可以同时把发音和单词放在正面。音标对孩子来说，属于天书，没必要也不应该放出来。

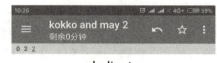

其次，孩子可以根据图片猜测单词的意思。这也是我们前面强调的，猜测是语言学习的基础。有的家长总是低估了孩子的猜测能力，总担心孩子看不懂，所以喜欢一股脑地呈现给孩子，这其实是限制了孩子的潜力。同时，由于孩子中文相对强势，他会不由自主地看中文释义而忽略英文例句。

最后，卡片背面放置视频也是不合适的。闪卡就是 flash card，突出一个"闪"字，也就是要求孩子每个卡片在 2 秒内一闪而过，扫一眼就要过去的。所以，不要把视频片段和过长的音频一股脑地放进闪卡。还有的家长四处查找如何给例句配音。这些都是忽略了闪卡的基本用法，会带来其他的副作用。

第 15 章
初级语法与基础写作

15.1 语感与语法

当我们听别人说话时，一般可以一下子就知道对方的意思，而不是先分析语法和每个词的意思，这就是大脑语言中枢的作用，也就是语感。从个人感觉上来说，语感就是对语言的一种说不清道不明的感觉，就像第六感或预感。比如听到一句话或看到一个句子，听着别扭，看着不舒服，但也说不好到底哪里别扭、哪里不舒服，就是觉得不对，有问题。而且事实证明，的确是有问题。

语感是集语法、语义、词汇于一体的一种大脑语言中枢的能力，是人脑不经过逻辑翻译策略，直接把语言和语义进行非意识转换的思维过程。在外语学习中，语感起很重要的作用，它不仅是实际运用能力的唯一支撑，还对应试有很大的帮助：大篇幅的阅读理解题，即使生词很多，学生也可以掌握比较精确的意思。语感是依靠长期并且大量的输入来获得的，只能通过从小在家里完成沉浸式输入的方式。国内学校和英语教育培训，基于教学时间的不足，只能把英语当作学科知识来教，无法完成语感的培养。

比如，对于下面一道中考英语模拟题：

> Here take English learning _____ an example.
> A. with　　B. for　　C. as　　D. to

中国学生历来很怕这种题型，四个介词到底该填哪一个，往往是死记硬背。有大量听力基础、语感好的学生，只需要把每个介词放进去，默读一下句子，一下子就会选中正确答案。你问他为什么，他可能不知道或者说不出 take…as an example 是一个固定搭配，但是他就是觉得 as 放进去后整个句子读起来很"顺"，别的词放进去读着别扭。

有的家长可能觉得，这可不行，说明孩子英语知识掌握得不扎实、不系统，需要加大对固定搭配短语的记忆和强化。实际上，在提高期，语感培养的重要性和紧迫性远远超过语法。

语感无法刻意培养，它需要经过大量的听、说、读、写的刺激，跳过语法而形成对语言输入和输出的条件反射，牵涉到学习经验、生活经验、心理经验、情感经验，包含着理解能力、判断能力、联想能力等诸多因素。

语感也分能力级别，就像魔法师的魔法或者《白蛇传》里面的青蛇或白蛇一样，修行时间越长，法力就越大。在 CAE 和 CPE 的考试中也会出现完形填空类的题目，让考生选词填空。如果学生单凭语感选不出来，就是因为学生语感的级别不够，感觉不出来这些同义词之间的精确差异。

如下面官网 CAE 试题的 Reading and Use of English 试卷的 Part 1: Studying Black Bears。

> It is clear that their interest in him does not _____ beyond the food he brings.
> A. expand   B. spread   C. widen   D. extend

到了 CAE 这个高级级别，不要试图通过介词 beyond 的固定搭配来判断该选哪个词，而必须通过对这些同义词之间的精确差异的把握进行选择。学生到了这个阶段，一个必不可少的工具就是 Thesaurus（同义词词典/分类词典），请参考本书第 18.4 节：词汇从概化到细化。

中国孩子做上面的题，应该跟外国人做下面选择题的状况差不多。

坚定   坚强   坚决

(1) 赵华是个（　　）的孩子，受了委屈，从不轻易落泪。
(2) 运动员们迈着（　　）的步伐，走进了比赛场。
(3) 我们同坏人坏事要做（　　）的斗争。

一个成年中国人做这道题，就会直接读句子，哪个词读起来顺就用哪个。如果读书少，比如语感没有形成的小朋友，可能就做不出来。如果是老外来做，大部分人都会靠语法来判断，答案解析还会有这 3 个词用法微妙区别的详细解释。

语法实际上是对已经发生的语言现象的总结归纳，包含词的构成和变化、词组和句子的组织规则。所以当一个人在和使用英语的人交流学习时，就是在学习语法了，英语的语法规则就已经烙在了学习者的脑海里。

从这个角度来看，语感与语法之间并不矛盾，也不互斥，是可以同步培养的。语感和语法之间的关系是共存的，可以相互验证，帮助我们更好地使用语言。语感对的，语法不一定对。同样，语法对的，语感也不一定对。比如"我感谢你八辈祖宗"这句话，它在语法上是没错的，但大家一听，就会感觉不对。

很多家长关注语法的根源就在于担心考试。对于英语考试，如果用语法知识做对了题，这其实是孩子还没有形成语感时走的捷径。走捷径能通过考试不代表英语真的就学好了，有的家长对孩子在学校的应试英语中的高分表现得过于乐观。Diego 通过 FCE 考试的时候，成绩一般，仅仅是超过分数线几分。但这并不影响他在 10 个月后顺利通过 CAE。因为他的拼写和写作相对较差，语法也是一塌糊涂。但是他的语感很强，他是真正拥有了相应的英语能力。有的孩子 PET 分数挺高，但主要是通过强化语法，走了语法的捷径而达到考试高分的目的，其实际英语能力并不高。

反过来，由于形成语感要靠大量的听、说、读、写来实现。在初步形成一定的语感之后，及时地补充一些语法知识，可以加快正确的输出。从这个角度来说，学好语法又是无须过量输入的一条捷径。因此，我们也可以说，语感和语法互为捷径，语法语感都需要，启蒙期和提高期重点抓语感，到了增长期和应用期，再和写作一起抓语法。

语法与口语无缘，不能通过听、说去学习语法。这就是为什么国外大多把语法和写作放在一起进行教学的原因。听说强调实时性，没有足够的时间关注、分析和处理各种语法结构特征，只能注意一些核心词语。而写作的时候往往时间比较充分，可以进行反复的推敲，以保证语法结构的正确性。

我们为什么学习语法？是为了写出正确的句子。有人说了，写完之后我用语感过一下，不也可以保证正确吗？口语我们叫 informal，书面语我们叫 formal，口语可以随意，有上下文，有肢体语言，有表情帮助对方来理解。但书面语言不行，没有了所有的这些辅助信息，必须符合约定规则（语法）才能实现交流。

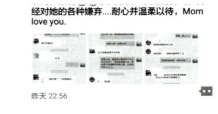

很多家长都对孩子的语法问题头疼不已，比如著名的第三人称单数问题。别说孩子总犯错，就是成人也常常犯错而不自知，下图是我和一位博士老同学在微信朋友圈的对话。

这到底是怎么回事？为什么我们最先学的语法知识点却总是掌握不住呢？要想知道原因，我们需要了解一下拉森-弗里曼语法习得次序（Larsen-Freeman Order of

博士老同学的三单错误

Grammatical Morpheme Acquisition）。拉森-弗里曼是美国著名语言学家，长期从事二语习得和语言教学法等方面的研究。她在著作《语言教学：从语法到语法技能》(*Teaching Language: From Grammar to Grammaring*) 中创造了 Grammaring 一词，用来表示"准确、有意义而且得体地使用语法结构的能力"。

拉森-弗里曼语法习得次序是通过统计和实验得出的结论，总结了儿童对英语语法能力掌握的自然顺序。这个顺序与语法教学过程的顺序没有关系，也就是说，无论学生先学哪个语法知识点，他对语法的掌握顺序都是一样的。即学生是按照下列顺序自然掌握的：①进行时 ing；②in；③ on；④ 复数；⑤ 不规则动词中的过去式；⑥ 所有格 's；⑦ is，am，are；⑧冠词；⑨ 规则动词的过去时开始出现 -ed；⑩ 规则第三人称单数 -s；最后一个是不规则第三人称单数 -es。

从这个次序中可以发现，三单问题是最后掌握的一个语法点。知道了这些，我们是不是感觉好一点，对孩子没那么焦虑了，但是，我们可以反思一下：为什么在语法的教学中，我们要先教孩子掌握三单这个语法点呢？为什么不能按照拉森-弗里曼次序讲授呢？我们可以试一试。

为什么会存在拉森-费里曼次序呢？限于篇幅，本书只做简单解释，如果想详细了解，可参考漏屋老师的《找对英语学习方法的第一本书》。

人们在接触英语的时候，首先关注的是句子的含义而非结构。在语言交流中，人们往往忽略句子的语法结构特征，而只关注主要词汇的意思。但是有些结构特征如 ing，对句子含义的贡献比较大，如果忽略 ing 就无法知道句子表达的时间状态，所以这种特征的价值较高。而有些结构特征如-ed，完全可以通过句子中带有含义的其他词汇获取这些结构特征试图表达的信息，如时间词（yesterday，last month 等），因此这些结构特征变得不太重要，就容易被忽略。在听英语的时候，这些不太重要的语法结构特征就会被过滤掉，以保证使用最少的精力对语言进行理解。所以 Diego 爸爸经常说，判断一个孩子的听力是否真的好，就看他是不是听半小时英语就累了，累是因为他在花费过多的精力去注意那些没有价值或价值很低的结构特征。我们中国人听相声评书，是不是听起来很轻松呢？

所以，只有当我们的英语水平足够高，在使用的过程中除了把握主要词汇之外，还有剩余的精力去关注这些低价值的语法结构特征的时候，才有可能去尝试学习和使用，才能进一步掌握完整的语法，从而为终极输出——写作，提供正确性保障。所以，Diego 爸爸一再告诫家长朋友，不要着急孩子的语法问题，尤其是不要事倍功半地去攻克什么三单问题、时态问题等，而要先关注孩子的语感问题，然后参照拉森-费里曼次序逐渐引入语法。

总之，正确的语法学习顺序是，先会听会说，再学习规则。在孩子的启蒙阶段，持续输入正确的英语句子，就是最好的学习方式。输入的句子越多，孩子越能培养出良好的语感，即便没有学过任何语法知识，也不会妨碍他脱口而出地道的英语，在小学阶段的考试中给出正确答案。对于非母语国家的孩子来说，当听力水平达到一定程度，积累了大量英语表达方式，需要开始读写了，再介入语法的学习，这样不仅语法规则看上去不那么虚无缥缈了，也有助于孩子理解英文长句子，并用正确的文法来写作。

15.2 句子结构及其成分

前面我们提到过，如果只需要听、说，做个英语文盲，是不需要学习语法的。英美国家也有很多文盲、半文盲，认识不了几个字，更别提语法了，但说起话来也完全没问题。但如果我们要写一封英文信，或者写英文报告，就必须要学习语法。一般美国大学生接受的语法训练普遍不够，所以写的英语也错误百出。很多中国留学生的语法都比美国同学要好。

对于提高期的孩子，家长如何规划他的语法学习呢？家长除了关注上节提到的拉森-费里曼次序之外，可以参考下列建议总体规划孩子的语法学习。

英语语法以句子为主要的研究单位。学语法的目的，就是要学会看懂英语句子，包括复杂的、难懂的句子。更进一步就是要能写出正确的、有变化的句子。至于句子的效果性与说服力，则属于修辞的范围，建议到了增长期和应用期之后，在适当的时机为孩子引入。

如果明确了以句子为主要研究单位，就可以在孩子的语感积累到一定程度的时候，开始引入初级句型——简单句。国内英语教学大纲应该是在初中开始讲授五种基本句型和复合句。但本书为了区分阶段，建议把简单句放在提高期来了解或掌握，复合句放到增长期。另外需要提醒的是，提高期训练方案与年龄没有严格的对应关系，可能是7~9岁，也可能是12岁以后的初中生。因此，大家在使用本书的时候一定要根据孩子的实际水平进行调整。具体全路线使用方法，请参考本书第4章：英语习得/学得全路线图。

在英语中，五种简单句的基本句型包括：

(1) S+V　　　　　　（主语+动词）
(2) S+V+O　　　　　（主语+动词+宾语）　　　　S：主语 subject
(3) S+V+C　　　　　（主语+动词+补语）　　　　V：动词 verb
(4) S+V+O+O　　　　（主语+动词+宾语+宾语）　　O：宾语 object
(5) S+V+O+C　　　　（主语+动词+宾语+补语）　　C：补语 complement

严格意义上讲，只有不及物动词做谓语的时候，一个动词就对主语进行了描述，意义完整，才可以将这个动词称作谓语。如果句中动词的语义是不完整的，称其为谓语就不恰当，应该称其为谓语动词。谓语动词加上其后的补足结构（表语、宾语、状语、宾语补足语）共同完成对主语的描述作用，也即起谓语的作用。这也是五种简单句型中不用 predicate（谓语）而用 verb（动词）来表示的原因。

对于这五种基本类型，建议孩子要认识和使用字母缩写，经常性地对遇到的英语句子进行识别和标注的练习。就像父母在孩子婴幼时期那样，教他认识身体的不同部位：这是头，这是耳朵，那是鼻子……

对句子成分标注正确，对孩子来说不是一件容易的事情。除了谓语动词 V 比较容易识别之外，其他的如主语 S，宾语 O 和补语 C 都可以由多种词性的单词或短语，甚至是句子来充当。很多时候孩子利用语感很容易就明白一句英文表达的意思，但是如果对结构进行一一分析，孩子反而晕菜了。这也是我反复强调的，引入语法时，一定要确保孩子有了基本的语感，才不至于让孩子陷入语法的汪洋大海中痛苦不堪。

要想对句子结构不晕乎，平时应该引导孩子多积累对词类和词性的认识和判别。

Diego 在考完 CAE 之后，我曾使用长难句分析训练来对他强化语法（有关长难句分析，详见本书第 19 章）。记得有一次我问他在某句话中的 beautiful 是什么词性？他竟然试探着回答说：是名词？差点没把我气死。所以我建议家长们对这部分的知识要早点让孩子接触，平时多潜移默化，避免系统引入语法知识的时候出现这种尴尬。

词类是一个语言学术语，是以语法特征（包括句法功能和形态变化）为主要依据、兼顾词汇意义对词进行划分的结果。简单地说，就是把一种语言所用的词按语法功能分出来的类别叫词类，一个词所属的类别叫词性。划分词类、确定词性的标准是"语法功能"，即它和别的词的组织能力及位置特点。

英语中有十大词类：

> (1) 名词，nouns（*n.*）表示人或事物的名称，如 box, pen, tree, apple
> (2) 代词，pronouns（*pron.*）代替名词、数词、形容词，如 we, this, them, myself
> (3) 形容词，adjectives（*adj.*）用来修饰名词，表示人或事物的特征，如 good, sad, high, short
> (4) 数词，numerals（*num.*）表示数目或顺序，如 one, two, first
> (5) 动词，verb（*v.*）表示动作或状态，如 Jump, sing, visit。其中，*vt.* 是及物动词，后面必须跟宾语，如 sing a song。*vi.* 是不及物动词，后面不直接带宾语或不带宾语，如 jump high
> (6) 副词，adverbs（*adv.*）修饰动、形、副等词，表示动作特征，如 there, widely, suddenly
> (7) 冠词，articles（*art.*）用在名词前，帮助说明名词所指的范围，分为定冠词和不定冠词，如 a, an, the
> (8) 介词，prepositions（*prep.*）用在名词或代词前，说明它与别的词的关系，如 in, on, down, up
> (9) 连词，conjunctions（*conj.*）如 if, because, but
> (10) 感叹词，interjections（*int.*）如 oh, hello, hi, yeah

孩子对词类的认识，一定是在基于大量输入基础上进行的归纳总结，不要让没有听读基础的孩子去死记硬背某个词的词性，尤其是不要单独拿出一个词让孩子记忆和背诵，这不仅仅是因为很多时候一个词有多种词性，更重要的是会严重打击孩子学习英语的信心。另外，需要督促孩子对这些词类的英语表示，如 conjunctions 的原词、缩写和中文意思都要掌握，这样既便于直接使用英文学习英文，也便于和中文的词类进行对比记忆。

当词性遇到句子成分，语法就变得更加复杂起来。就拿动词来说，考虑到动词的不同形态和在句子中充当的成分，就会出现谓语动词和非谓语动词。如：

> (1) He walked in the street, singing.
> (2) The boy cried, kicked by the girl.

第一句中，谓语动词为 walked，非谓语动词为 singing，这里非谓语动词做伴随状语。

第二句中，谓语动词为 cried，非谓语动词为 kicked，这里非谓语动词做原因状语。

很明显，两个句子中非谓语动词都做了句子的除了谓语之外的其他成分。非谓语动词除了不能做谓语，句子的其他成分基本都可以充当。形式一般是现在分词或动名词、不定式、过去分词等。

这种句子看起来很复杂，但依然是简单句。尽管语法分析起来好像挺晕人的，但对于具有普通语感能力的孩子来说，听一遍或看一遍，会很自然地理解句子表达的意思。孩子很可能无法清晰地分析出诸如"singing 现在分词做伴随状语"，或者"in the street 介词短语做地点状语"之类的。如果家长坚持要求孩子进行句子成分分析和标注的话，孩子可能会遭受比较大的压力。

掌握了基本单词的词性之后，就可以进一步逐渐掌握短语了。短语有多种分类方式，如词性搭配类短语和句子成分类短语。前者就是根据单词的词性而认定的，如动词短语、名词短语、介词短语等；而后者则是根据短语在句中所做的成分而定，如名词性短语、形容词性短语等。

掌握了简单句，就基本上掌握了并列句。并列句是两个或两个以上的简单句用并列连词连在一起构成的句子，其基本结构是"简单句+并列连词+简单句"。并列连词有 and，but，or，so 等。并列句中的各简单句意义同等重要，相互之间没有从属关系，是平行并列的关系。如：

> I like thrillers and I like action movies, too. （我喜欢恐怖片，也喜欢动作片。）
> I like action movies but I don't like thrillers. （我喜欢动作片但不喜欢恐怖片。）
> Hurry up or you'll be late. （快点，否则你要迟到了。）

and，or 和 but 都是连词，在句中连接两个或两个以上的并列成分。它们可连接两个词、两个短语或两个分句，但所连接的两个成分必须一致，绝不能一个是词，一个是句子。很明显，并列句用到了并列连词，但有并列连词的不一定是并列句。如：

> I like red and orange.
> He isn't my brother or my friend.
> I like playing football and swimming.

这三个句子都是简单句,不是并列句,只不过是简单句中包含了并列连词连接的非句子成分。

语法不仅仅只包含句子结构、词类和词形,更包括方方面面的内容,但其他的知识点都可以依附在句子结构这条主线上。本书主要是讲解如何在家里为孩子构建沉浸式英语习得/学得环境,且限于篇幅,这里不再介绍初级语法的其他部分,需要的家长可以参考旋元佑的《文法俱乐部》。Diego 爸爸高中时偶获此书,好似遇到一部《九阳真经》,细读之下竟能轻松应对学校的应试英语。

 你问我答

家长:你说过跟读不要纠错,让孩子只跟读"正确"的发音。感觉语法好难,总是反复犯错,不纠正能行吗?

Diego 爸爸:自 90 年代至今,有一系列关于语法写作纠错的研究表明:无论何种水平的学生,何种纠错类型,纠错只对重写原文有效,对提高学生的写作能力无效。尤其是 John Truscott 在 *Language Learning* 发表文章,提出语法纠错无效甚至有害,应该放弃语法纠错的观点,并由此引发出一系列的实证研究。最终研究表明,成人可能需要一些显性教学和纠错,以避免出现石化现象。但对于未成年人学英语,结论非常明确:大量的目标语输入和写作训练可以提高书面表达的准确性,放弃语法纠错不仅不会产生影响,还避免了有害因素。

所以,Diego 爸爸特别建议家长对孩子的语法学习采用"富养"和宽容的态度,不去纠错,语法越纠越错。大量使用语法正确的材料,坚持大量的写作训练,是少儿学习英语语法和写作的不二方法。

15.3 照猫画虎学写作

在提高期对孩子进行疯狂英语输入的同时,家长还要考虑进行适当的输出。大量输入对孩子习得英语很重要,但它还不能使孩子能够准确、流利地掌握英语。尤其是口语和写作,必须进行输出进行反馈和强化,否则孩子学到的知识很容易只停留在表面,难以进行应用。

而写作能力从来就不能一蹴而就,尤其是青少年的写作,必须遵循循序渐进的原则。本节提到的写作入门的方法主要包括:抄写、听写和重写/仿写。本章下一节谈摘要写作（缩写），在第 18 章英语增长期谈改写、续写和扩写。

文章是由段落构成，段落是由句子构成，句子是由单词构成。所以写出文章必须写出单词，但是只会写出单词，这些单词并不会自动组织成结构清晰、逻辑正确、词语优美的文章。单词也不是同等重要的，学习单词如果不考虑它们的作用就可能会白白浪费时间。如本书第 9.4 节提到的 Sight Word，是根据单词的出现频度来给出来的，属于看一眼就能马上反应出来的、会认、会读、会写的单词。

从语法角度看，单词 you 和 apple 的作用是完全不一样的。you 属于结构词（structural word），而 apple 属于词项（lexical item）。结构词的作用可以准确地界定，属于语法体系的一部分，而词项则属于单纯的实体词，与语法体系毫无关系。对学生来说，运用结构词的技巧是掌握一门语言的关键，这不是单靠背单词就能解决的。背单词的主要作用是积累词项而不是记忆结构词千变万化的语法现象，如：I 配 am，you 配 are。在做阅读理解的时候，如果词项不认识，可以凭借各种线索进行猜测，或者单纯地替换为一种东西。但句子表达的含义主要依靠把句子联结起来的结构词。例如：

> Manta and devil rays are among the most charismatic creatures in our oceans. With the largest brain of all fish, their intelligence and curiosity make encounters with these animals a truly amazing experience.

在上面的英文中，假设孩子不认识单词 manta，可以根据上下文猜测出来是一种海洋生物。因此在做阅读理解的时候，这并不会影响做题的正确率。反倒是结构词所反映出来的语法结构，就如本书上节提到的句型，如果捋不清楚，可能就根本不知道在说什么。

所以，家长千万不要让孩子只去记忆那些大词（复杂的生僻词）而忽视了整句输入的重要性。

那么该如何进行循序渐进的写作训练呢？

首先可以抄写句子，让孩子熟悉英语的句子结构。具体材料可以使用《新概念英语》第一册的前几个单元，如果觉得《新概念英语》过时了，不喜欢用，也可以根据孩子的年龄和兴趣，让孩子抄写一些自己喜欢的绘本或分级读物里面的句子。需要注意的是，选择的句子应该尽量满足几个条件。一是必须是孩子熟悉的句子，最好能脱口而出的句子，不要随便拿一个新句子让他抄写；二是句子结构完整，形式多变，需要涵盖五种基本简单句型的基本形式及扩展，不宜抄写短句、倒装句、缩略句等；三是尽量是正式的书面语，不宜抄写口头语。

抄写句子可以把输出从口头语音落实到字面上来，但如果孩子的拼写能力不足，抄写句子就不是一件轻松简单的事情。如果孩子觉得抄写句子很轻松，那就说明抄写句子的方法是错误的。应该如何有效地抄写句子呢？正确的做法就是和拼写一样，采用"五步法"：看（Look），想（Think），盖（Cover），写（Write），查（Check）。

拼写/抄写五步法

具体做法就是：先准备好需要抄写的句子和一个不透明直尺或硬纸条，然后一边看一边观察要抄写句子的特征，在心里按照音节或自然拼读的规则来切分记忆，可以辅助以出声念叨或不出声默念。尤其是不符合拼写规则的部分，可以使用联想记忆等方法。确认自己记住了之后，用直尺或硬纸条把要抄写的句子遮挡起来，防止自己偷看。然后在纸上根据自己的记忆和语感，抄下整个句子。抄完之后可以检查一遍，然后移走遮盖物，对比检查一下，看看有没有错误。如果有错误，对错误部分再次使用"五步法"，直至句子完全正确。

如果孩子的拼写基础较差，开始的时候可以根据句子的长短和句中单词的难易程度，把整个句子切分成几段，对每段分别使用"五步法"。

如果孩子同时使用本书第9.5节和14.4节提到的闪卡系统，可以在不影响原有闪卡进度的基础之上，从原有词库中挑选一些单词放入一个新建的抄写词库，然后每次抄写卡片中从网络抓回来的那个例句。如果想让孩子的拼写更有趣，可以保留该例句对应的那张图片。

抄写进行一段时间之后，就可以进行听写训练了。抄写的具体时间一般没有特别严格的要求，如果孩子按照抄写"五步法"对较长句子能够一次抄写成功的比例越来越高，就可以了。提高期的听写属于入门听写，切勿直接照搬本书第18.2节英语增长期的精听（diction）的做法。

相对于抄写，听写难度增加明显，因为孩子看不到句子，只能凭声音来写句子。为了降低难度，我们要求家长给孩子听写的句子一定是孩子比较熟悉的，甚至是把孩子之前抄写的句子重新拿出来进行听写一遍。听写的时候要注意，选择的听写材料最好是有原音音频，尽量不要自己用中式口音给孩子听写。如果孩子经过前期的跟读正音之后，他自己的口语比较纯正，可以让孩子自己先把要听写的句子读一读，进行录音，然后打乱顺序进行。如果孩子的发音不稳定，就继续遵守"没听过的不说"原则，找一些带原音的句子来听写。如果孩子早期用过点读笔和配套的点读绘本，也可以旧物利用，父母点读一句，孩子听写一句。

经过抄写和听写的训练之后，可以择机进入下一个阶段：重写（rewriting）和仿写（Imitation）。注意，我们这里提到的重写和仿写，依然是以句子或小段落为对象，不建议使用整篇文章，以减小难度，缩小训练时间，保护孩子兴趣。

严格来讲，重写和仿写还是有区别的。重写不只是单纯的模仿，还包括了对原文的改编和呼应（Rewriting is adaptation and response to a text.），但我们这里不做学术讨论，只关注如何进行操作以及如何根据孩子的状态进行调整以匹配孩子的个性。

需要注意的是，重写（rewriting）很多地方称之为改写，这与另外一个改写（paraphrase）重名。为了不因为重名而引起误会，本书把 rewritging 称为重写，而把 paraphrase 称为改写。rewriting 比较简单，用于提高期的写作训练，而 paraphrase 难度较高，属于较高级水平，也是 CAE 和 CPE 英语考试中的重要题型。本书在第 19.2 节详细讨论 paraphrase。

重写/仿写的材料可以选自《新概念英语》第一册。比如 Lesson 28 Where are they? 的书面练习中，第一部分是重写，如：There is a book on the desk.

重写为：There are some books on the desk. 这是对单复数进行重写。

第二部分是仿写，如给定几个关键词：(books)/on the dressing table/cigarettes/ near that box，给出如下的句子示例：

> Are there any books on the dressing table?
> No, there aren't any books on the dressing table.
> There are some cigrettes.
> Where are they?
> They're near the box.

然后让孩子根据新的关键词仿写句子：(ties) /on the floor/shoes/near the bed。

重写和仿写由于提供了可供模仿的材料或要求，因此对孩子的在创作能力要求不高，是一个关键的训练步骤。稍大一些的孩子可能会出现眼高手低的情况，看一眼觉得挺简单的，觉得都会，就懒得去写了。因此需要家长特别注意给这样的孩子制定足量的重新/仿写任务，以确实提升孩子这个阶段的写作基础。

如果孩子掌握了基本的重写/仿写方法，又不太喜欢新概念的这种限制较多的材料，也可以考虑自由仿写。可以对自己喜欢的绘本中的句子进行改写，或者对绘本中的故事进行改编。仿写的时候要尽量避免过量使用简单句。可以参照本书上节句子结构顺序，先从简单句子开始，然后写复合句子，最后进行段落仿写。

在进行段落仿写的时候，要有意培养孩子使用经典的"三明治"结构。也就是说，段落的第 1 句是主旨句，如：I'm so happy today. 第 2~5 句是具体说明，解释为什么今天很快乐，发生了什么事情；最后一句重复点题：I enjoyed my first school day. 这种结构是将来议论文（Essay）的基本结构，需要提前养成"三明治"结构的思维习惯和写作习惯。

很多教写作课的老师们都强调一种观点：写作最重要的是内容，而不是语法和拼写。如果在进行写作训练的时候，同时把三个难度进行叠加，毫无疑问会压垮大多数孩子。这三个难度依次是：拼写、语法和思维。前两个困难是具体的，而思维是抽象的。拼写不会就是不会，查一查会会了，语法也可以找到，反而是看起来简单的写作思维变得虚无缥缈，让人摸不着头脑。

这个阶段如何帮孩子排除困难，避免困难叠加，是家长要重点考虑的内容。当然了，如果家长之前抓孩子拼写抓得比较紧，孩子拼写能力较强，当前的综合压力就小一些。但是，我前面反复强调过，拼写无法自然习得，需要经过相对枯燥的刻意练习才可以完成。如果启蒙期拼写训练过度，可能对孩子的英语兴趣造成不可挽回的负面影响，因此家长在抓拼写的时候，务必谨慎，根据孩子的个性特征适度调整。

按照本书方法进行英语启蒙的话，孩子的听说能力往往比较高，而且发音标准。我们可以利用孩子的语感和口语优势来降低本阶段的写作困难叠加问题。

具体做法就是借助手机或电脑的英文语音输入，避开拼写和语法困难，全力训练写作思维。这样，不仅可以提高孩子兴趣，还能让孩子把精力放在语言组织上。此外，普通的英语聊天和以写作为目的的口语输出也是不一样的。录音棚内歌手录制歌曲的时候戴耳机，可以监听自己的声音，及时发现问题。让孩子把口述内容录下来，并转成文字，可以让大脑更快更主动地发现输出的错误，并进行自我反馈和纠正。

手机搜狗输入法的语音输入

通过语音输入转换成文字之后，就可以拷贝到电脑中进行编辑。也可以按照本节上面提到那样，使用"五步法"把这些句子抄写到纸质笔记本上，并在抄写的同时对错误的部分进行修正。如果孩子发音标准、句子完整，输入法识别之后，就可以解决拼写和语法问题。孩子只需要关注逻辑性和相关性即可。

当然，使用输入法的语音输入功能只是权宜之计，绝对不能据此而放弃学习拼写和语法。

前车之鉴

- 有的家长觉得，让孩子用电脑写英文日记或周记，岂不是一箭多雕，既提高了打字速度，又练习了拼写，还训练了写作和语法？这种想法看起来很美，却如本书所言，除了原有的三个困难之外，又叠加了键盘盲打困难。在提高期，这种想法几乎不可实现。但却可以试着进行录制语音日记或周记。让孩子用手机语音备忘录录一下每天或每周想说的话。这样做的实验依然需要孩子具备较强的口语能力和语言组织能力，还有"没听过的不说"，避免造句的影响。因此，在提高期的输出方面，无论是口语还是写作，都要谨慎。既不能忽视输出，也不能逼着孩子瞎编乱造。如果孩子口语可以正确输出，用输入法的语音输入，就很容易得到写作输出。

15.4　循序渐进练摘要

上节提到的抄写、听写、仿写和重写，一般是一个句子或少量几个句子构成的小句群，属于写作的入门训练。在这种训练中，孩子从原有的英文句子中得到了很多的帮助，从抄写的原样拷贝，到听写的凭借发音写句子（而且是熟悉的句子），再到重写和仿写的照猫画虎和偷梁换柱。本节继续介绍新的训练方法，来进一步提升孩子的写作能力。

我们知道，剪枝去叶远比增砖添瓦简单。也就是说，让孩子去修剪一篇作文远比让孩子自己无中生有地去写一篇作文要简单。所以，家长在这个阶段不要急于让孩子直接从零开始写文章，而要进行充足的摘要写作训练。

摘要能力是一项重要的能力，考查孩子能否从一篇文章内含的众多信息中抓住关键问题并把这些关键问题重新组织起来。摘要写作和理解密切相关，可以对孩子的阅读理解能力和摘要能力进行针对性的训练。它要求孩子发现并理解文章中的要点，然后把这些要点归纳起来，形成摘要（summary）。

在学术论文中，也有一个摘要或文摘（abstract），这二者是不同的。abstract是对文章内容的高度压缩，强调的是对文字本身的概括，不能夹带图表、参考文献，而且对字数有严格限制，一篇学术论文的 abstract 允许在 200~300 词，很少有超过 500 词的，且一般放在文前。而 summary 则是包含提炼和要点两方面，强调对内容的简述，对字数要求灵活，可长可短，既可以图文并茂，也可以旁征博引，既可放在文前，也可置于文后。和 abstract 相比，summary 更常用，也更容易写。显而易见，我们这里讨论的摘要写作是 summary，而非 abstract。通过对摘要写作的大量训练，可以让孩子进一步积累词序调整的经验，而对词序的处理是写作中相对较难的一个问题。

摘要写作训练的材料最好能选用《新概念英语》第二册。这本经典教材通过 4 个单元的递进设置来完成摘要写作训练。具体包括：

第 1 单元的课文以并列句为主，每篇文章后面设置了一系列的理解性问题引导孩子用简单句回答，然后按顺序把这些简单句组合在一起，就完成了一篇摘要。如 Lesson 1 就是那篇有名的 A Private Conversion（私人谈话）：

> Last week I went to the theatre. I had a very good seat. The play was very interesting. I did not enjoy it. A young man and a young woman were sitting behind me. They were talking loudly. I got very angry. I could not hear the actors. I turned round. I looked at the man and the woman angrily. They did not pay any attention. In the end, I could not bear it. I turned round again. "I can't hear a word!" I said angrily.
>
> "It's none of your business," the young man said rudely. "This is a private conversation!"

为摘要写作设计的 8 个问题包括：

(1) Where did the writer go last week?
(2) Did he enjoy the play or not?
(3) Who was sitting behind him?
(4) Were they talking loudly, or were they talking quietly?
(5) Could the writer hear the actors or not?
(6) Did he turn round or not?
(7) What did he say?
(8) Did the young man say, "The play is not interesting," or did he say, "This is a private conversation!"?

孩子只需要针对这八个问题回答简单句即可。注意，一定要以完整的句型来回答问题，不能简单地回答 yes 或 no，或者只回答一个名词。对上面 8 个问题的回答直接按顺序放在一起，就成了一篇摘要。

参考摘要如下：

> The writer went to the theatre last week. He did not enjoy the play. A young man and a young woman were sitting behind him. They were talking loudly. The writer could not hear the actors. He turned round. "<u>I can't hear a word!</u>" he said. "This is a private conversation!" the young man said <u>rudely</u>.

在把简单句组织起来的时候，可以对词序进行简单的调整，比如第 7 句的回答原本是"He said 'I can't hear a word!'"，但为了强调对话而非 he，可以把说的内容倒装一下，改成上面的语序。此外，也可以为第 8 个问题中的年轻人增加一个修饰词 rudely，既参考了原文，又让摘要变得更活泼一些。如果孩子愿意，还可以玩一玩换词的游戏，换成 impolitely 等。

第 2 单元的课文以一般难度的复合句为主，每篇文章后面设置了一系列的理解性问题引导孩子用简单句和并列句回答，然后按顺序把这些句子组合在一起形成一篇摘要。由于本书篇幅限制以及结构安排的原因，**有关复合句的语法知识请参考本**

书第 19.1 节。这个单元的目的是循序渐进地训练孩子学会表达一层以上意思的句子。例如第 2 单元 Lesson 25 Do the English Speak English?

> I arrived in London at last. The railway station was big, black and dark. I did not know the way to my hotel, so I asked a porter. I not only spoke English very carefully, but very clearly as well. The porter, however, could not understand me. I repeated my question several times and at last he understood. he answered me, but he spoke neither slowly nor clearly. "I am a foreigner," I said. Then he spoke slowly, but I could not understand him. My teacher never spoke English like that! The porter and I looked at each other and smiled. Then he said something and I understood it. "You'll soon learn English!" he said. I wonder. In England, each person speaks a different language. The English understand each other, but I don't understand them! Do they speak English?

其写作摘要训练的 6 个问题是:

(1) Did you arrive at a railway station in London or not? Did you ask a porter the way to your hotel or not? Could he understand you or not? (and… but)

(2) Did he understand you at last or not? Could you understand his answer? (but)

(3) Did your teacher ever speak English like that or not?

(4) What did the porter say to you?

(5) Does each person speak a different language in England or not?

(6) Do they understand each other or not? Do you understand them? (but)

为了降低难度，需要孩子用简单句回答的问题是 3，4 和 5，需要用并列句回答的问题是 1，2 和 6。根据孩子问题的数量和后面的连词提示，孩子很容易用简单句和并列句回答上述问题。最后按顺序串联起来，通读一遍，修正拼写错误、做些简单的调整即可得到一篇摘要。

参考摘要如下:

> I arrived at a railway station in London and asked a porter the way to my hotel, but he couldn't understand me. He understood me at last but I couldn't understand his answer. My teacher never spoke English like that. The porter said I shall learn English soon. Each person speaks a different language in England. They understand each other but I don't understand them.

第 3 单元的每篇文章后面设置了一系列的理解性问题引导孩子用简单句、并列句和复合句回答，然后按顺序把这些句子组合在一起形成一篇摘要。例如第 3 单元 Lesson 49 The End of Dream（美梦告终）：

> Tired of sleeping on the floor, a young man in Teheran saved up for years to buy a real bed. For the first time in his life, he became the proud owner of a bed which had springs and a mattress. Because the weather was very hot, he carried the bed on to the roof of his house. He slept very well for the first two nights, but on the third night, a storm blew up. A gust of wind swept the bed off the roof and sent it crashing into the courtyard below. The young man did not wake up until the bed had struck the ground. Although the bed was smashed to pieces, the man was miraculously unhurt. When he woke up, he was still on the mattress. Glancing at the bits of wood and metal that lay around him, the man sadly picked up the mattress and carried it into his house. After he had put it on the floor, he promptly went to sleep again.

其摘要写作的 5 个问题是：

(1) What did a young man in Teheran buy for the first time in his life?
(2) Was the weather hot or cold? Did he sleep on the roof of his house or not? (Because)
(3) Was the bed swept off the roof during a storm three nights later or not?
(4) Was the man unhurt, or was he seriously injured? Was he still on his mattress or not? (not only ... but)
(5) Was the bed in pieces or not? Did he carry the mattress indoors or not? Where did he put it? Did he go back to sleep or did he stay awake? (As ... and)

在问题 2，4，和 5 中，子问题答案之间的关系更加复杂，但为了降低难度，括号内给了复合从句的连接词提示，尤其是给首字母大写的提示，即 Because 和 As，说明这两个从句要放到句首。尤其是第 5 个例句，里面包括四个子问题，需要孩子对着四个问题的答案进行组织。

参考答案如下：

> A young man in Teheran bought a real bed for the first time in his life. Because the weather was hot, he slept on the roof of his house Three nights later, the bed was swept off the roof during a storm. The man was not only unhurt but still on his mattress. As the bed was in pieces, he carried his mattress indoors and after he had put it on the floor he went back to sleep.

第 4 单元让学生通过连接词把想表达的意思串联起来，从来练习写出来简单句、并列句和复合句。原材料取自文章，但不再是提问形式，而仅用一些关键词做提示。需要特别注意的是，这些关键词的左右两侧分别是两组连接词，需要孩子分别使用这两组连接词完成两个摘要。相对来说，左侧连接词与原文相近，相对简单，而右侧连接词则更加灵活，形式多样，语序也可能发生变化。总的来说，这个单元提示更少，写作更自由，当然难度更大。因此，请确保孩子对前面的三个单元的训练量足够，才能顺利通过第 4 个单元的训练。

如第 4 单元的 Lesson 73 The Record-Holder（纪录保持者）：

> Children who play truant from school are unimaginative. A quiet day's fishing, or eight hours in a cinema seeing the same film over and over again, is usually as far as they get. They have all been put to shame by a boy who, while playing truant, travelled 1,600 miles. He hitchhiked to Dover and, towards evening, went into a boat to find somewhere to sleep. When he woke up next morning, he discovered that the boat had, in the meantime, travelled to Calais. No one noticed the boy as he crept off. From there, he hitchhiked to Paris in a lorry. The driver gave him a few biscuits and a cup of coffee and left him just outside the city. The next car the boy stopped did not take him into the centre of Paris as he hoped it would, but to Perpignan on the French-Spanish border. There he was picked up by a policeman and sent back to England by the local authorities. He has surely set up a record for the thousands of children who dream of evading school.

其摘要写作的提示信息不再是直接的问题，而是以笔记的形式列出的，如下图所示：

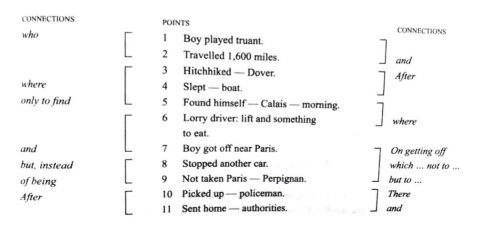

Lesson 73 的摘要写作提示信息

乍一看这种练习难度相当大，但考虑到孩子已经把原文看了 2~3 遍并充分理解，而且要点也罗列出来了。尤其是左侧的连接词和原文中的语序十分接近，如原文的 while playing truant 是分词短语做状语，但根据要求，第一组两个要点需要通过 who 连接成一个句子，所以只能是复合句：A boy who played truant travelled 1600 miles。如果孩子试着写成 A boy who travelled 1600 mile played truant，语法上虽然没错，但意思有所偏差。而且注意，who 的位置是靠上的，与第一个要点相对，这实际上也是提示孩子，把 who 用在第一个要点中。但右侧连接词的变化相对灵活，需要孩子进行一番推敲。对原文越熟悉，理解越到位，变化起来越得心应手。

利用左侧连接词完成的摘要写作参考如下：

> A boy who played truant travelled 1, 600 miles. He hitchhiked to Dover where he slept in a boat, only to find himself in Calais the next morning. A lorry driver gave him a lift and something to eat, and the boy got off near Paris. He stopped another car but, instead of being taken to Paris, he was taken to Perpignan on the French-Spanish border. After being picked up by a policeman, he was sent home by the local authorities.

利用右侧连接词完成的摘要写作参考如下：

> A boy played truant from school and travelled 1, 600 miles. After hitchhiking to Dover, he slept in a boat. The next morning, he found himself in Calais, where a lorry driver gave him a lift and something to eat. On getting off near Paris, he stopped another car which did not take him to Paris but to Perpignan on the French-Spanish border. There he was picked up by a policeman and sent home by the local authorities.

从上面的介绍可以看出，《新概念英语》第二册的摘要写作训练是非常系统的，可惜很多人并没有注意到这一点。尤其是从第 2 单元开始，摘要写作还与作文练习密切配合，同时进行。而从第 3 单元开始，作文练习则根据课文内容进行编排。这样一来，家长和孩子就不需要再四处为孩子搜集写作素材了。

需要特别提醒的是，摘要能力的提高绝不是对一两篇文章的精耕细作就能完成的，必须大量练习。《新概念英语》第二册提供了 96 篇课程来完成摘要写作训练，因此，如果孩子在训练时需要去翻看对比原文，就让他去看，因为训练中还叠加了拼写的困难。不过，建议让孩子更多的关注句子结构而非某个单词的拼写。遇到不会拼写的单词，不要着急去翻书，而是先留空，把整个句子完成之后，再集中去解决拼写问题。此外，由于写作训练有一定的难度，尤其是第四单元的训练，难度更大。因此，心有余而力不足的家长，可以寻求专业机构和老师的帮助。

第 16 章
以考促学之 CYLE

16.1　CYLE 听力

在本书第五章我们已经知道，剑桥少儿英语分为三级，分别是 Pre A1 级别的 starters，A1 级别的 Movers 和 A2 级别的 Flyers。本节从纵向来比较剑少三级的听力是如何循序渐进的，希望大家和孩子对剑少三级备考有个递进的认识。

为什么先说听力部分呢？听力是所有英语能力的源泉，希望各位家长朋友切实重视孩子听力先行的策略，为孩子构建真正的沉浸式听说环境。有了听力基础，后面的口语、词汇、阅读和写作都会事半功倍。

为了更好地说明剑少各级听力的变化，需要对比听一下三级听力的难度差异，请扫码查看 Diego 爸爸的微信公众号文章"057 以考促学之听力（剑少）：纵向对比"，文内有三个级别的部分听力音频对比剪辑，并包含简短解释。需要参考全部听力音频和文本的家长，可以直接到剑桥官网下载，网址是：https://www.cambridgeenglish.org/exams-and-tests/，后面分别加上 starters，movers 或 flyers 可直接访问对应的级别。

16.1.1　剑少一级听力

剑少一级听力分为 4 个部分，共 20 个问题，用时 20 分钟。

剑少一级听力 Part 1：连线五个人和名字，共 5 个问题。根据录音中对图中小朋友的描述进行姓名和人的匹配连线。共有 6 个备选人名，只选择其中的 5 个。考生需要听懂一些方位词，比如上下左右，还要注意男孩名和女孩名，他们正在做的事情，服饰颜色等等。如图所示：

剑少一级听力的 Part 2：写出名字和数字，共 5 个问题。根据图片场景提示和录音描述，听到并写出一些名字和数字，名字包括人名、地名、宠物名或家庭姓氏等。注意名字的首字母要大写，这个细节特别容易被忽略。为了降

根据录音连线

低难度，录音提到名字的时候，会逐字母读出来，比如 Kim 会再读成 K-I-M。如图所示。

剑少一级听力的 Part 3：三选一，共 5 个问题。根据一段录音的描述，回答题干问题，从三个相似图案中选择正确的一个。如图所示。

剑少一级听力 Part 4：涂色，共 5 个问题。如下图所示，场景中有很多气球，根据录音给特定位置的气球涂上特定的颜色。比如录音要求把男孩手中的气球涂成黄色，把桌子下面的气球涂成绿色等等。涂色时不要一下子全涂了，可以只用彩笔点个点，做个标记，不要因为专心涂色而耽误听后面的录音。等录音播放完了之后再集中涂色。

听写名字和数字

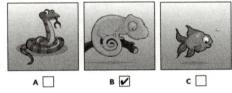

听录音三选一

物品涂色

16.1.2 剑少二级听力

剑少二级听力分为 5 个部分，共 25 个问题，用时 25 分钟。

剑少二级听力 Part 1：人名连线，共 5 个问题。这个类型和剑少一级的 Part1 类似，但难度增加。录音对人物动作进行更为详细的描述，甚至一个人物具有多个动作。依然是从 6 个名字中选择 5 个进行连线匹配。连线时，指向人物的任意位置均可，只要不让改卷老师误解即可。如图所示。

剑少二级听力 Part 2：听力填空，共 5 个问题。难度增加，数字从剑少一级的个位数增加到两位数，当需要听写名词时，单复数均可。同样，出现名字时，录音还会逐字母读出，方便考生拼写。如下图所示。

人名连线　　　　　　　　　　　　单词或数字拼写

剑少二级听力 Part 3：八选五匹配，共 5 个问题。题干会给出一段简述，如：Mrs Castle is telling Sally about the people in her family and about their different hobbies. Which is each person's favourite hobby? 然后在每个人的后面选择他们最喜欢的活动。

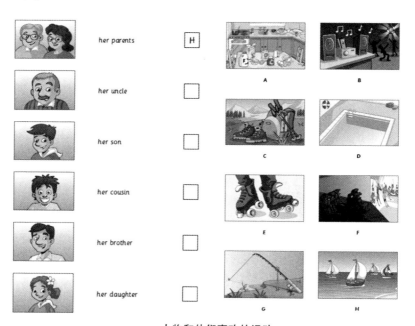

人物和他们喜欢的运动

剑少二级听力 Part 4：听录音三选一，共 5 个问题。这个题型和剑少一级的 Part

3 类似，但难度增加。三幅图片更加相似，因此不仅需要考生听出录音中的细节，而且还要快速观察出三幅图片的不同之处，排除干扰项。如下图所示。

剑少二级听力 Part 5：涂色和写字，共 5 个问题。比剑少一级听力的 Part 4 增加了拼写单词的内容。如下图所示，录音要求考生在风筝上写下单词"WINDY"。本题型为 4 个涂色和一个写单词。涂色位置的描述也更加复杂，比如让考生把有太阳躲在其后面的那朵云涂成粉色：Colour cloud with sun behind it — pink。

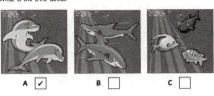

三选一

涂色和拼写单词

16.1.3　剑少三级听力

剑少三级听力分为 5 个部分，共 25 个问题，用时 25 分钟。

剑少三级听力 Part 1：人名连线，共 5 个问题。新版剑少听力的三个级别的 Part 1 题型完全一样，有助于考生循序渐进地提高听力水平。和其他两级相比，虽然也是从 6 个人名中选择 5 个，但图片中人员数量达到了 10 人甚至更多，而且每个人的动作、表情、服饰等可能还会有意混淆,如两个孩子都在喝饮料,两个孩子骑着同样的自行车,但带的头盔颜色不同等。如图所示。

剑少三级听力 Part 2:听音写单词,共 5 个问题。从一段完整的录音中抽取出摘要内容,如时间、地点、物品、人物等。依然要注意数字和时间可以用阿拉伯数字,人名和地名的首字母大写等。如下图所示。

人名连线

听音写单词

剑少三级听力 Part 3:物品匹配,共 5 个问题。题干提供简单的问题描述,如:Where did Uncle Robert get each of these things?然后在物品的后面填上其对应的获取地点,如下图所示。

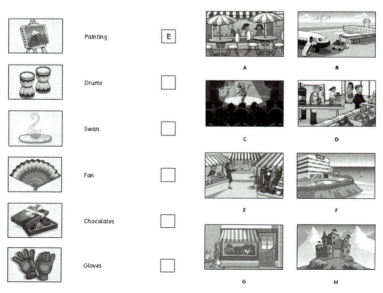

物品匹配

剑少三级听力 Part 4：三选一，共 5 个问题。这个题型在前两个级别都有出现，但三级更难一些。如下图所示，题干中问奶奶最喜欢的工作，而在录音当中提到奶奶三个工作都做过，当别人问到她是否喜欢护士工作的时候，她的回答是 yes，因此增加了干扰项。而实际上，后面的录音中有个 but 转折，说奶奶自己"enjoyed working in the chemist's in my village most at all"，因此，最终答案应该是 A。

三选一

剑少三级听力 Part 5：涂色和拼写单词，共 5 个问题，其中三个涂色，两个拼写。从剑少一级的 5 个全涂色，到剑少二级的 4 个涂色加 1 个拼写，再到剑少三级的 3 个涂色加 2 个拼写，可以清晰地看出难度的递增。此外，涂色位置和拼写位置更加精准，如给 hotel 入口地上的那个箱子涂成蓝色，在船首的那个板子上写上"SUNNY"等。

涂色和拼写

孩子参加听力考试时，一般需要带几只铅笔和特定颜色的彩笔。铅笔用于答题，彩笔用于涂色。彩笔的颜色不要带太多，只带剑桥考试中可能涉及的颜色就可以了（red，yellow，blue，green，gray，purple，pink，black，orange，brown），这些颜色都是纯色，也比较好分辨。颜色带的越多考试时挑选颜色占用的时间就越多，也没有必要让孩子纠结该用哪种蓝色：天蓝还是海蓝？

只要做到听力先行，基本上听力部分的得分都不会差，主要的难点应该在听出来之后的拼写上。拼写错误是常见的硬伤，而且 2018 年新版剑少考试，提升了拼写的要求。反映到平时的训练中，家长朋友们要稍微加强对孩子的拼写训练，但切记不要因为拼写压力造成孩子对英语兴趣的降低。这个度，大家一定要把握好。Diego 一直以来在剑少三级以及后面的考试中，基本上都是拼写拉分，但可以通过听力和阅读强项来拉高整体分数。拼写部分请参考本书第 11 章。

2018 版之前，还需要孩子们在某个位置画图，比如画个鸭子，这一点考验孩子的画工。但 2018 版之后不再要求画图了，改成了拼写单词，这样就降低了绘画难度，提高了拼写难度。还有连线的时候，别让孩子追求完美，用尺子比来比去，只要连上即可，线不直没关系，关键是要快和准确。在拼写的时候，要特别注意大小写问题，注意检查句子的首字母，名字等。

16.2　CYLE 口语

提到口语，很多家长第一想到的就是口音问题。

发音是否纯正，虽然不是剑少三级的评价标准，但考官会严格按照口语评分标准给予评分，毕竟是主观打分，发音好的话一张口就能获得不错的印象分。从这一点来说，家长的考虑是有道理的。有关口语的平时训练，请参考第 10 章：离不开的外教陪练。

剑少的口语总体来说比较简单，主要考查孩子能够听懂基本的指令，能对简单指令做出对应，并能给出简单的交流，也不需要家长特别准备什么。如果孩子平常的音频输入足够，加上每天网络外教的交流，剑少三级的口语应该说是根本不用家长操心。

16.2.1　剑少一级口语

首先我们来看剑少一级：starters。口语部分大约是 3~5 分钟，老版是 5 个部分，2018 年改版之后变成了四个部分，这样剑少一级、二级和三级的题型保持了一致，都是 4 个部分。满分为 5 盾。

剑少的 2018 改版在口语方面稍有变化：

> 1）旧版 Part 1 和 Part 2 合并为新版的 Part 1，考官将在此部分与学生进行简单交流。简单问候之后，要求孩子指出图片中物体的位置，要求孩子把物体的图片放到图中对应的位置；
>
> 2）新版 Part 2 除考查词汇音义结合和物品属性外，还考查学生对图片的描述，如：Tell me about…

孩子进入面试场地后，考官会有个简单的问候，然后会给孩子一张图片，问孩子，苹果在哪里呀？(Where is the apple?) 老版考试中，孩子只需要用手指出来就行；新版考试中，考官会进一步提问，比如考官问：Tell me about the apple. 考生需要进行简单的扩展，比如说：The apple is red. 在 part 1 中，考官还会对孩子下指令：Put the flower next to the house. 孩子需要听懂，然后找到有花的那个卡片，放到场景图片中的对应位置。

八张小卡片示例

剑少一级口语的 Part 2 就是，考官会根据场景图片的内容问一些问题。比如考官指着图片中的那个小猫，问 What is this? 孩子回答 cat 就行了，可以不用回答整句。有的英语老师习惯要求学生回答整句，比如：This is a cat. 建议使用完整句回答问题，显得比较正式。

剑少一级口语的 part 3 是针对物体卡片的问答。考官拿着某个物体图片，问这

场景卡片示例

是什么，考生直接回答就可以了。另外，还可能很灵活，比如考官拿着一个汉堡的图片，问：What do you eat for lunch? 相当于一个提示，考生需要回答 hamburger，而不能是其他的内容。

Part 4 是自由问答，主要问孩子个人的一些情况，来考查孩子的交流能力。

16.2.2　剑少二级口语

剑少二级口语用时 5~7 分钟，共 4 个 parts，满分是 5 盾。

二级的口语部分变化较少。一是在口试开始时，新版增加了对考生姓名的提问，剑少一级也是增加了一个姓名的提问，这一点其实可以忽略。二是在 Part 2 看图编故事环节，新版考题将人物名字和主题印

扫码观看Diego爸爸上传到腾讯视频的官方剑少一级starter口语测试现场视频演示：

在图片上,作为提示。这样可以避免孩子没记住人物名称或其他核心词汇造成无法继续的尴尬。

剑少二级口语的 part 1 是找不同,在两幅相似图片中找几个不同点。需要考生简单地描述出来。考生可以用手指着对应的部分来辅助说明。常用 but 连接起来,比如考生指着左边的图说这个男孩耳朵疼,然后指着右边的图说,但是这个男孩胃疼。左边这个墙上挂了两幅照片,但是右边这个墙上挂了 3 幅照片。

找不同

剑少二级口语的 part 2 是续讲故事。考生拿到的四幅图片上有标号,从 1 到 4。考官从图片 1 开始讲一个故事,故事的名字叫"海豚的新朋友",然后考官暂停一下,让考生先看看图片;之后继续讲:Sally 和 Jim 和父母在海滩上玩,孩子们去游泳。然后让考生根据后面的图片来把这个故事讲完。

续故事

剑少二级口语的 part 3 是从一排四个图片中挑出一个和其他三个不属于同一类的图片。比如四幅图片显示柠檬、菠萝、书和橘子。考生需要挑出书,并解释一下原因(因为其他三个是水果,而书不是)。

挑出分类词汇并解释原因

剑少二级口语的 part 4 也是问孩子的一些情况，难度比剑少一级难一些，比如问孩子和自己的朋友在周末做了什么？回答就不能只是一个词了，需要用句子来回答了。

扫码观看Diego爸爸上传到腾讯视频的官方剑少二级Movers口语测试现场视频演示：

16.2.3　剑少三级口语

剑少三级用时 7～9 分钟，4 个 parts，满分为 5 盾。剑少三级的口语部分在 2018 版也是稍有更新，对语言要求提高了。

一是在 Part 1 增加了对学生年龄和姓名等个人信息的提问，这部分的内容学生可以提前准备一下，均为固定信息，也是一个热身话题，难度可以忽略不计。

二是故事讲述部分设定了故事题目和人物，学生需要根据已设定的信息进行故事讲述。不同于二级的是，三级对故事逻辑性有更高要求，不仅仅要描述图片，还要保证故事的连续与逻辑。

剑少三级口语的 part 1 也是找不同，但和剑少二级不同的是，相似的两幅图不是在一起的，而是分开的，考生拿一个，考官拿一个，开始的时候考生可以看到两幅图。考生开始说的时候，就只能看到自己的图片了。但考官会先问：在我的图片中，这个人穿的是蓝色制服。考生需要针对性地回答说，在我的图片中这个人的制服是红色的。所以，考生首先要听懂考官说的是什么，然后才能针对性地说出不同。

考官手中的图片和考生手中的图片

剑少三级口语的 part 2 是信息交换。和 part 1 一样，考官和考生拿到的材料相似但不同。比如图片一样，都有三个孩子，但考官手中的图表上有 Anna 姐姐的信息，比如姓名、年龄、身高、爱好、等信息，但 Anna 弟弟的信息表中相关信息是空的，用问号表示。考生手里的图表信息正好相反，Anna 姐姐的信息是问号，Anna 弟弟的信息是显示出来的。然后考官和考生就一问一答。比如考官问，Anna 的姐姐多大了？考生看看自己手中的图表，找到 Anna 姐姐的年龄信息，然后告诉考官：She is 14. 然后考生问考官问题，至于先问哪个问题，后问哪个问题，由考生自己决定。

Anna's sister

Name	Sally
Age	14
Tall / short	tall
Like doing	computer games
Favourite food	pizza

Anna's brother

Name	?
Age	?
Tall / short	?
Like doing	?
Favourite food	?

考官手中的照片

Anna's sister	
Name	?
Age	?
Tall/short	?
Like doing	?
Favourite food	?

Anna's brother	
Name	Michael
Age	7
Tall/short	short
Like doing	riding his bicycle
Favourite food	chocolate

考生手中的照片

剑少三级口语的 part 3 也是续讲故事，形式上和剑少二级的 part 2 相似。但除了考查考生对图片的描述能力之外，还要保证故事的连续性和逻辑性。

故事续讲

Part 4 是自由问答。

总体来说，剑少英语这三个级别的口语考查的难度递增，非常科学，一般孩子如果在平时经过线上外教的陪练，在口语上都不会出现意外。Diego 每次口语部分都不用特

扫码观看Diego爸爸上传到腾讯视频的官方剑少三级Flyers口语测试现场视频演示：

别准备，考前一两天，拿出一套模拟题，然后我和他按顺序走几遍，熟悉一下流程就可以了。

16.3 CYLE 读写

剑少英语的三个级别都是分三个部分：Listening，Speaking 和 Reading & Writing。读写是放在一起的，而到了剑桥 MSE 五级考试中，才把写作和阅读分开，单独作为一个部分存在。

16.3.1 剑少一级读写

剑少一级的读写试卷共有 5 个部分，共 25 个问题，用时 20 分钟。

剑少一级 Part 1：阅读短句，识别单词。共 5 个问题，根据图片来判断句子是否正确，目的是考查学生的单词掌握情况。如图所示。

剑少一级 Part 2：看图读句子，判断对错，共 5 个问题。根据一幅图中的场景来判断一个稍微复杂的句子是否与图片场景相符合。考查学生生活认知能力。在示例中，学生需要搞清楚沙发和 armchair 的区别，如图所示。

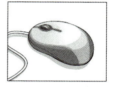

判断对错

判断句子的对错

剑少一级 Part 3：单词拼写，共 5 个问题。给出了单词的所有字母，考生只需要重新组织一下即可，拼写难度较低。如图所示。

乱序字母拼写

剑少一级 Part 4：阅读短文，选词填空，共 5 题。从给定的 7 个单词中选出 5 个填写到短文的空白处。不需要调整单复数和各种时态，只需要简单选择和抄写即可。为了降低难度，每个备选单词还有对应的图片来帮助理解。如图所示。

Lots of lizards are very small ……animals…… but some are really big.

Many lizards are green, grey or yellow. Some like eating (1)……………… and some like eating fruit.

A lizard can run on its four (2)……………… and it has a long

(3)……………… at the end of its body.

Many lizards live in (4)……………… but, at the beach, you can find some

lizards on the (5)……………… . Lizards love sleeping in the sun!

短文中包括五个空

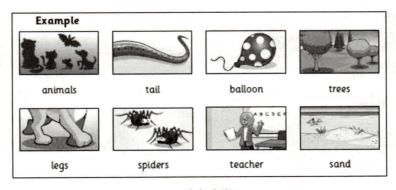

七个备选单词

剑少一级 Part 5：根据图片场景和问题，用一个词填空回答问题，可能有多个图片，共 5 个问题。这部分应该是最难的，难在用词的不确定性和拼写上。如图所示，如果孩子写 in the room 而不是 kitchen，应该也会给分的。但孩子对这个度应该很难把握，但不管怎么样，别空着，要想出一个意思相近的词而且还会拼写的。

单词填空

16.3.2 剑少二级读写

剑少二级的读写试卷共有 5 个部分，共 35 个问题，用时 30 分钟。

剑少二级的 Part 1：读句子抄写单词，共 5 个问题。从 7 个配图单词中选择 5 个单词抄写在对应句子的后面。句子解释了该单词的意思，如下图所示。

八幅图片及单词（含示例）

Example

The people in this sometimes sing or play guitars. .... *a band*

Questions

1 This person helps people who aren't well in hospital. ....

2 Some people put milk or lemon in this drink. ....

3 There are lots of cars, buses and people in this busy place. ....

4 You can put cheese or meat between bread to make this. ....

5 This is part of a farm where you often see vegetable plants. ....

把单词抄写在句子后面的横线上

剑少二级的 Part 2：读对话，三选一，共 6 个问题。根据前一个人的对话内容选择第二个人所说的话，6 对问答从前到后构成一个完整的会话场景。考查考生对时态等语法和对话逻辑的掌握程度。如图所示。

Example

Paul:　　What did you do last night, Daisy?

Daisy:　　Ⓐ　I watched television.
　　　　　B　I'm watching television.
　　　　　C　I don't watch television.

选项构成对话

剑少二级的 Part 3：阅读短文，八选一填空，共 6 个问题。前五个空所需单词从文章后面的 8 个单词中出并填空，第 6 个问题是为文章选择一个题目，三选一。前五个问题形式请参考剑一的 Part 4，第 6 个问题如图所示。

(6) Now choose the best name for the story.

Tick one box.

Paul's favourite bear	☐
Jane's new teacher	☐
A lesson about animals	☐

根据文章内容选择标题

剑少二级的 Part 4：阅读短文，选词填空，共 5 个问题。如图所示，示例提供了三个单词供选择：in，of 和 by。需要选择填空的每一行都有一个行号标识，考生只需要从对应编号的三个备选词中选一个读一读，凭借语感，就可以做出了，不需要掌握太多的语法知识。

Dolphins

Example	Dolphins are part ......of...... the whale family. They
1	are smaller .... most whales and they have small teeth.
	Dolphins are very clever animals. They learn things very
2	.... and a dolphin can make noises to 'talk' to another dolphin.

三选一填空

剑少二级的 Part 5：阅读文章，用 1~3 个词做答，共 7 个问题。对照图片阅读小短文，根据文章意思完成句子填空。填空所需单词包含在短文中，只需要找出来填进去，保证句子正确即可。这一部分一般有三段短文和对应的配图，每个短文后面对应 2~3 个问题。这部分的题型和剑少一的 Part 5 相似，但难度增加。如图所示。

Daisy at the farm

Daisy's family lived in a flat in the city, but every weekend they drove to the countryside to see Daisy's grandparents. They lived on a farm.

In the car, last Saturday, the family talked about the farm.
'It's so quiet there!' Daisy's mum said.
'I like working outside!' her father said.
'I love helping Grandpa with all the animals,' Daisy said. 'Look! Here we are!'

短文和对应配图

Examples

Daisy's home was in ....the city........ .

Daisy's family went to the ....countryside........ by car every weekend.

Questions

1 Daisy's mother liked the farm because it was a .... place.

2 Daisy enjoyed working with .... on the farm.

短文对应的问题

剑少二级的 Part 6：根据图片内容完成句子/回答问题/写句子，共 6 个问题。这六个问题分成 3 组，难度递增，从句子填空到回答问题，再到根据图片内容自主造句。如图所示。

两道题是完成句子：

The boy on the bike is wearing grey
_____.

One dog is brown and one dog is
_____.

图片提供场景

两道题是回答问题：

What's the girl in the black skirt doing?

Where are the flowers?

最后两道是根据图片写两个句子。考生一般写 there be 句型就可以了，但建议稍微写得复杂一点，比如 There is a red car in front of the house. 不要只写 There is a car.

16.3.3 剑少三级读写

剑少三级的读写试卷共有 7 个部分，共 44 个问题，用时 40 分钟。

剑少三级 Part 1：读句子选抄单词，共 10 个问题。从环绕在问题周围的 15 个备选单词中选出 10 个抄写在对应句子后面的虚线上。这种题型类似与剑少二的 Part1，不需要对所选单词做任何形式的变换，但整体难度增加。如图所示。

an astronaut　　a pilot　　golf　　sugar

basketball　　hockey　　salt　　magazines

This person can fly to the moon in a rocket.	an astronaut
1 This is made from fruit and you can put it on your bread with a knife.	....
2 Players in this game throw, catch and hit the ball on a sports field.	....
3 These have pictures on them and you can write on the back and send them to friends when you're on holiday.	....
4 It is this person's job to write about news in a newspaper.	....
5 You buy these and put them on your envelopes before you post them.	....

选词抄写

剑少三级 Part 2：读对话，选句补充，共 5 个问题。从备选的 7 个句子中选择 5 个，将编号填在对话的适当位置，构成一个完整的对话。题干中会对本次会话提供一个简单的背景说明，仔细阅读题干获取所需线索。对话还有个配图来进一步提供场景。如图所示。

> 题干提示：Katy is going to go with her Aunt Emma to her office today. Katy is asking Emma some questions about her work. What does Emma say?

Example

Katy: Emma, is it time to go to your office?
Emma: .... E ....

Questions

1 Katy: Do you always walk to work?
   Emma: ....

2 Katy: How many people work there?
   Emma: ....

A Sometimes I sit at my desk and sometimes I go out.

B Yes, everyone did this time.

C OK, but only when I am in a meeting.

D No, there aren't many cafés near the office.

E Yes it is. I don't want to be late.
   (example)

会话及选项

剑少三级 Part 3：阅读配图短文，选词填空，共 6 个问题。从 9 个备选单词中选择 5 个填入短文中对应标号所在的位置，最后一个问题是为短文选择标题。这个题型和剑少二的 Part 3 很像，但难度增加不少。剑少二的 Part 3 中单词一般是名词，有对应的配图，而剑少三的这个 Part 除了名词，还有动词的不同时态。如图所示。

example				
island	fridge	pushed	restaurant	missing
ready	pepper	sky	storm	cut

Last weekend, Harry and his parents went to a small hotel on an ....*island*.......... in a lake. On Saturday afternoon the hotel cook went by boat to the town to see a friend. But then suddenly a (1) .... came, with rain and strong winds, and he couldn't sail back to the hotel.

选词填空

剑少三级 Part 4：阅读短文，选词填空，共 10 个问题。这个题型和剑少二的 Part 4 相似，但数量从 5 个翻倍到 10 个，考查单词难度增加，涵盖了时态、比较级等语法知识，还涉及同义词选择，如 many，much 和 any 等。如图所示。

选词填空

剑少三级 Part 5：阅读文章，1~4 词做答完成句子，共 7 个问题。这部分题型和剑少二的 Part 5 类似，但用一篇长文代替了三篇短文。文章后面的问题需要考生充分理解文章内容，因为问题的表达形式和文章内的表达形式不同，需要考生进行简单的推理。如文章中原句说 Paul's class at school are studying castles in History. 而问句则使用了 The children are learning about castles in History at school. 通过改变句子成分的表达方式和位置，来考查考生是否达到了一定的理解水平。如下图所示。

读文章完成填空

剑少三级 Part 6：阅读文章，根据上下文填空，共 5 个问题。每空填一个单词，形式不限。考查内容比较广，包括时态、单复数、比较级、过去式、连词介词等语法现象，需要根据上下文或固定搭配来完成。如下图所示。

单词填空

剑少三级 Part 7：根据给定的三幅图片编故事，要求超过 20 个单词。这就是很明显的简单写作了。

根据图片编故事

上图的参考答案为：An astronaut flew into space and made friends with an alien. The alien invited the astronaut to his house for dinner. The astronaut was hungry and accepted. He had a sandwich and some juice with the alien's family.

提高期训练摘要及参考方案

提高期就如孩子青春期疯狂长身体的那几年,家长要准备大量各式各样的食物以供孩子摄取。在提高期,家长切记不要因为自己对某项训练感兴趣,就疯狂只做一件事。比如有的家长每天打卡各种英语学习公众号的跟读,而且是只跟读,孩子5年级已经跟读几千天;还有的家长过度重视阅读,认为学英语就是看书,给孩子看了超过2000多本绘本,并因此洋洋得意。

英语能力是一个综合能力,就像一个人想健身塑体,绝对不会因为只做俯卧撑就能让全身的肌肉变得结实好看,一定是需要一整套的训练方案。比如用俯卧撑、双臂屈伸、平卧哑铃推举和飞鸟训练胸部肌肉,用引体向上和单臂哑铃划船训练背部肌肉等,需要通过不同的训练动作进行大量的刺激,并适当控制饮食。

提高期训练方案的关键是:

(1) 根据孩子英语水平及心智发展,结合家长自身价值观,提前进行布局,并根据精心准备大量不同类型的英文材料,这些材料应尽量经典,周边产品配套齐全,如影视作品、有声书、原版书以及相关游戏等。
(2) 及时终止跟读,通过大量输入和适度输出刺激,引导孩子进行自由复述。
(3) 正确采用适合孩子状态的读书方式,强调泛读,控制泛读和精度的比例在8:2左右,让孩子爱上读书而不是被迫读书。强调广义阅读,街头巷尾广告牌、英文游戏都是很好的阅读内容。
(4) 量化孩子阅读能力,通过 Readtheory 等网站提供阅读理解练习题,检验孩子的理解能力,获取孩子蓝思指数。
(5) 将场景分散学习单词和按照遗忘曲线规律记忆单词结合起来,取长补短,快速而稳定地积累孩子的阅读词汇。
(6) 掌握基本的英语句子结构,了解英语单词词性,在强调输入增强语感的同时,逐步了解初级语法知识,为写作储备语法。
(7) 从拼写单词,到抄写句子,再到听写熟悉的句子,然后是重写和仿写,最后通过大量的摘要写作,循序渐进地完成写作训练。为增长期的改写、续写和扩写,以及最终的独立写作,奠定坚实的基础。

如果以第4章的提高期路线图为模板,可以给出如下图所示的参考方案。线上外教继陪练,内容可以选择 Wonders 或有一定难度的教材,依然是以刺激孩子输出为主,不用担心所选教材没有充分利用。教材就是一个引子,当孩子和外教没有特别想说的时候,就可以按照内容了,不要强调什么系统性,提高期的英语学习不需要所谓的系统性,就是强调疯狂输入和稳定输出。

KET 的难度和剑少三级相近,可以同时考,也可以只考其中一个。如果只能考一个,建议考 KET,毕竟 KET 是成人 MSE 的第一级,题型和剑少的题型差距较大。

```
                    7岁            8岁           9岁
视听：《哈利·波特》《希腊神话》《流言终结者》《糟糕历史》《航拍中国》等
         口语：外教陪练（按教程，如加州教材Wonders）
         阅读：桥梁书《小屁孩日记》/游戏ADR等/readtheory阅读理解
                                     初级语法/基础写作
    剑少1级              剑少2级              剑少3级/KET
              使用迪爸工具箱背单词
```

提高期参考方案

下图是 Diego 爸爸为提高期设计的一个每日任务框架的参考，大家可以根据孩子的时间和个性特点进行调整。一般来说，处于提高期的孩子一般是小学生，周一到周五上课，周末休息。如果孩子平时作业比较紧张，时间不足，至少要完成每天的听力输入、线上外教、闪卡背单词。如果时间充足，可以每天做一篇 Readtheory 阅读理解。经典小说与语法写作如果做不到每日都完成，可以集中周末两天半完成。方案中的时间仅是参考。比如周末时间充足，孩子又喜欢看书，可以多看一些经典小说。注意，这里说的"经典小说"，也是以兴趣为主，要情节曲折刺激，能够吸引孩子读，而且尽量和影视材料对应起来。比如看了《火星救援》的电影，就去看《火星救援》原版书，去听《火星救援》的有声书。语法和写作相对枯燥，可以在周末拿出一整块时间进行针对性的训练。另外，为了给孩子争取更多的有效训练时间，家长可以与学校老师或培训机构协商，针对孩子的水平和特点调整作业量，以提高孩子英语学习效率。

提高期每日训练参考

增长期（10~12岁）训练方案

关注"迪爸英语训练营"，免费获取海量资源

扫码小助手 Diego-Dad01，联系迪爸

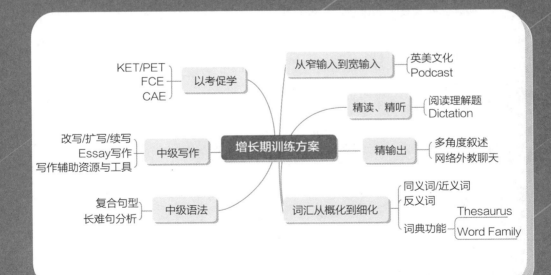

孩子经历了提高期的狼吞虎咽和囫囵吞枣，无论是听力水平、阅读水平、阅读速度、语感还是理解能力，都在快速增长，是时候开始控制孩子的虚胖，转而进行反刍、细嚼慢咽了。

增长期在保持输入量增加和难度增长的同时，扩大输入范围，从语言层面逐步进入文化层面，增加精读、精听内容。进一步了解中级语法，掌握复合句，把语感和语法结合起来，通过长难句分析来检验对句子结构的掌握程度。

继续循序渐进地提高写作水平，从改写到仿写，再到续写，最后完成独立写作。掌握常见英文写作文体，重点掌握剑桥考试中的重点 4~5 种文体，强化议论文写作训练。借助 AI 技术，使用自动化拼写与语法检查工具，提升孩子的写作基本功。针对以考促学的写作难题，使用剑桥官方推出 W&I 在线练笔和评测系统，逐步提升应试写作能力。

还有更多更具体的训练方法和辅助工具，等待着您来使用。

欢迎开启孩子英语学习的增长期！

第 17 章
从窄输入到宽输入

17.1 从语言到文化

语言不仅仅是一套符号系统。人们的言语表现形式更要受语言赖以存在的社会习俗、生活方式、行为方式、价值观念、思维方式、宗教信仰、民族心理和个人性格等制约和影响。所以，学习一种语言，不仅要掌握这种语言的结构，还要了解该种语言所依附的文化背景，从而拓宽文化视野，丰厚文化功底。

本书在前面 12.1 节提到的疯狂输入和布局，实际上已经包含诸多文化的内容，但相对比较零散。本节主要给家长抛砖引玉，谈一谈英美文化中大家比较关注的几个点：魔幻文化、海盗文化和僵尸文化。

说到魔幻文化，不能不提《哈利·波特》。其作者 J. K. 罗琳主修古典文学，文笔功底很好，情节曲折激荡，人物形象栩栩如生。其全球影响之大，使其已经成为一种英美文化的符号。我给好友推荐《《哈利·波特》》，让她给孩子导入。她说自己不喜欢西方的魔幻，不想给孩子看。我就笑她：你不能根据自己的喜好来决定孩子的喜好，不了解《哈利·波特》，甚至就缺失和外国小朋友交往的一个基础元素。就像我们都看过了《红楼梦》，当红楼变成一种文化的时候，我们有关红楼梦的深层次交流才会顺畅。

魔幻文学还有很多有名的作品，如《指环王》(*The Lord Of The Rings*)、《冰与火之歌》(*A Song of Ice and Fire*)、《纳尼亚传奇系列》、《波西·杰克逊系列》等。可以根据孩子的兴趣进行选择，如果孩子直接看原版书有困难，可以通过电影和游戏等方式进行导入。但一般情况下，英语水平到了增长期的孩子，是可以直接看原版书的。当然要根据孩子的蓝思指数来进行匹配，有关如何使用蓝思指数对孩子进行评估，请参考本书第 13.2 节。

海盗主题的小说和电影很多，如小飞侠真人版的续集《铁钩船长》(*Hook*)、英国小说家罗伯特·路易斯·史蒂文森创作的长篇小说《金银岛》(*Treasure Island*)、热映系列电影《加勒比海盗》(*Pirates of the Caribbean*)、反映现代海盗生活的电影《索马里海盗》(*The Pirates of Somalia*) 等。

《加勒比海盗》系列电影包括《加勒比海盗：黑珍珠号的诅咒》《加勒比海盗：聚魂棺》《加勒比海盗：世界的尽头》《加勒比海盗：惊涛怪浪》以及《加勒比海盗：死无对证》共 5 部。电影由迪士尼出品，并出版了对应的五本原版书。

《加勒比海盗》

很多家长和孩子对魔幻题材和海盗题材还算比较熟悉，但可能会忽略另外一个英美代表文化之一：僵尸文化。下面我们循序渐进地来了解一下这种文化。

僵尸文化起源于人类对无知和未知的恐惧。我们一般认为，"无知"是一个贬义词。但我更愿意把"无知"作为一个中性词：不知道，不了解。古代人类对很多自然现象如风雨雷电发生的原理不了解，所以才诞生了希腊神话、北欧神话、罗马神话、华夏神话以及其他各个民族的神话。项目经理因为对项目的资金，进度和质量的无知，因为恐惧无法按时完成进度，无法保证质量，无法控制资金的使用，所以才制定出各种各样的规章制度，要求报计划、做方案，早请示晚汇报……

无论欧美的僵尸文化，还是中国的鬼神文化，或是巫术、亡灵等，都对应着人们对某种未知（无知）的恐惧。这种恐惧深入文化，深入每一代人的骨髓，当然也会影响着我们的孩子。所以，我们要循序渐进地让孩子了解这种恐惧，战胜这种恐惧，进而欣赏这种恐惧。

僵尸不仅出现在荧屏上、书籍中，甚至已经渗入人类的现实生活中。在美国，万圣节化妆、僵尸酒吧、僵尸长跑比赛、僵尸角色扮演游戏等都层出不穷。据估计，"僵尸产业"为美国经济带来了50亿美元的收入，比如漫画书、服装、影视剧等。

1. 了解僵尸文化：《活死人之夜》

西方本来就有不少类似不死怪物的传说，例如食尸鬼。然而自19世纪末开始，僵尸文化开始在北美和欧洲流行起来。1968年上映的经典影片《活死人之夜》（*Night of the Living Dead*）首次建立了完整的僵尸形象，包括喜欢啃食人肉、没有思想、喜欢群体活动、一旦被僵尸咬到就会变成僵尸；此外，僵尸不会死亡。如果要让他们停止活动，除非把脑袋打烂或者点火将其烧焦。

《活死人之夜》塑造了两项必备场景：成群结队举起双手用不稳定的脚步慢慢迈进的僵尸集团以及活人被赶到密闭空间时所产生的经典恐慌。这样的场景成为日后所有僵尸电影的必备场景。从此，僵尸文化在欧美流行起来。在这期间，有关僵尸的影视剧、书籍、漫画和游戏大量涌现。

2. 从游戏开始：笨萌的僵尸

僵尸不都是可怕的。如果孩子还小，可以用萌萌的可爱僵尸来引导他。应该没有不知道经典游戏《植物大战僵尸》（Plants vs. Zombies）的家长吧？Diego 当年也是玩得不亦乐乎，我还给他买了各种图书和玩偶作为生日礼物。

《植物大战僵尸》游戏和玩偶

通过接触 PVZ，让孩子了解僵尸，不再对僵尸那么恐惧。此外，可以将这个游戏设为英文版，里面有各种植物的英文名称，还可以通过把这些单词加入闪卡系统，完成孩子的初期单词积累。

3. 走近僵尸：温情动画

无论孩子是否见过 PVZ 里面蠢萌的僵尸，都应该看过，或者应该看一部暴热的僵尸电影《寻梦环游记》（Coco）。Coco 在豆瓣的评分是 9.1 分，基本上属于必看影片。尽管在 Coco 的电影类型为 "喜剧/动画/音乐/家庭/冒险"，但我个人觉得，把 Coco 列为广义的僵尸影片也是没有问题的。

Coco 里也有大量的骷髅和亡灵，只不过为了全家观看，场景和僵尸形象设计得比较好玩而已，没那么血淋淋。

如果不认可把 Coco 归类到僵尸电影也没关系。很多朋友应该看过另外一部 2005 年上映的毫无争议的温情僵尸电影《僵尸新娘》（Corpse Bride）。这部电影的最佳定义为：Corpse Bride: An Anti-traditional Romance。(《僵尸新娘》：一部反传统的罗曼史。)

《寻梦环游记》（COCO）

《僵尸新娘》采用定格动画技术拍摄，僵尸形象依然蠢萌可爱。《僵尸新娘》上映后，引发大量新娘爱上了僵尸妆。

4. 揭开僵尸的伪装：僵尸不可怕

大名鼎鼎的探索频道品牌节目《流言终结者》（*Mythbusters*）在 S12E11 中推出了僵尸特辑：*Mythbusters：Zombies Special*，通过实验的方法来让孩子们科学地了解僵尸。

其实，Diego 爸爸推荐《流言终结者》，除了学习英语、了解僵尸文化之外，还可以培养孩子对那些日常认知进行科学实验的意识和能力。本书前面介绍过《流言终结者》，请参考 12.1 节。

《流言终结者：僵尸专辑》中通过一群化了妆的僵尸志愿者进行科学对比实验：

一是比较两种武器（枪和斧头）哪个更有效；

二是行动缓慢的僵尸能否困住行动灵活的人类；

三是……

节目组请来了专业僵尸教练，教僵尸志愿者们如何表演。志愿者们经过培训，行动相当逼真，加上专业化妆师的辛苦工作，最终效果非常棒。毫无疑问，化妆师的功夫是僵尸是否吓人的关键因素之一。

5. 僵尸的温柔：父爱无僵

了解完了僵尸的伪装，孩子们应该对僵尸有了新的认识。现在，可以放心和孩子一起看僵尸题材的温情电影《负重前行》（Cargo）了吧？这部电影特别适合亲子观影，爸爸和孩子一起，在泪眼朦胧中体会那发自骨髓深处的父爱。父亲们一般都羞于对孩子说出"我爱你"，那就让这部电影告诉孩子吧。

马丁·弗瑞曼加盟僵尸题材惊悚片《负重前行》。该片是 2013 年澳大利亚同名微电影的加长电影版。故事讲述男主角安迪被丧尸妻子咬伤后，意识到自己也将在 48 小时内变为僵尸。身为人父的安迪为了保护刚刚降生的婴孩遭此一劫，毅然走上了一条不归路⋯⋯

虽然 2013 年那部只有 7 分钟的微电影评价很高，但里面几乎没有对白。从学英语的角度来说，2017 年的电影版更适合和孩子一起观看。不管怎么样，看完长电影，可以再去看一下同名微电影，做个对比。

6. 僵尸粉进阶：行尸走肉

这部分就暂时不适合一般小朋友看啦。家长朋友或者孩子不怕而且喜欢僵尸题材的，可以继续追下去。

《行尸走肉》（The Walking Dead）是美国 MBC 公司 2010 年根据托尼·摩尔的同名漫画改编拍摄的剧集，是美国电视史上第一部正宗的丧尸电视剧。

该剧中警察瑞克在一次执法中中弹负伤而昏迷。当他苏醒后却发现自己身处在一个废弃的医院里。而他所熟知的世界早已不复存在，僵尸到处肆意破坏，没有活人的踪影。死里逃生的瑞克赶回到自己家中，却发现妻儿都不见踪影。被一对幸存的父子救下后得知，僵尸瘟疫肆虐全国，大量幸存者已逃往亚特兰大的避难所。为了寻找失散的亲人，瑞克只身上路，奔赴亚特兰大。尽管僵尸的题材不算新颖，但这部剧集却是着重刻画了角色的心理活动和变化，人性黑暗的一面在灾难中完全显露出来了。哀殍遍野，丧尸满目，人类在夹缝中苟延残喘，为了生存而辗转奔波。然而，给人们带来伤害的并不是仅仅只有那些僵尸，还有人间的勾心斗角、相互争斗。故事将主人公一次次抛入绝境的同时，也给观众一种末世的悲情。

17.2 从虚构到纪实

《哈利·波特》再好，也不可能一直听下去、看下去。材料肯定是要换的，换什么？什么时候换？换的材料孩子不喜欢怎么办？这依然要求家长要仔细观察自己的孩子，以孩子的兴趣为基础，按照科学的方法让孩子在一段时间内痴迷于特定题材，这符合二语习得的窄输入原则。同时，从大的范围来看，孩子摄入的内容越来越宽。

把孩子成功导入一个魔法世界不容易，把他拽出来同样不简单。随着孩子年龄的增加，他的听力材料里不能只有魔法和科幻，还要逐步增加一些现实、文学、历史、哲学、社会心理等诸多方面的材料。这些材料相对来说，更加枯燥，更加难以导入。但幸运的是，随着孩子年龄的增长、眼界的扩展、知识的增加，以及父母平时的综合引导，慢慢地，他就会有更深入的思考，也许到那个时候，就不需要父母的引导了。

故事、神话、魔幻类的小说，孩子肯定爱看，但不能一直看下去。就像很多孩子不喜欢吃青菜，就需要家长多动脑筋来进行搭配。平常家长需要有意地将孩子尽可能往枯燥的、孩子可能不爱看，但是又非常重要的材料上引导，比如历史、心理、经济、社会等方面。体裁则可能包括：现实主义小说、说明文、戏剧、民间故事、信息类、人物传记等。

纪实类的英语材料相对枯燥怎么办？家长可以从感兴趣的视频（电影或纪录片）开始引入。比如男孩一般都喜欢看战争题材的，家长就要尽快让孩子从单纯地喜欢看打打杀杀的场景引到更深入的战争内涵上去，如反战。建议给孩子的观影顺序是（以第二次世界大战为例）：从《拯救大兵瑞恩》《诺曼底登陆》《兵临城下》《敦刻尔克》到《兄弟连》《桂河大桥》《血战钢锯岭》，再到《国王的演讲》《至暗时刻》，最后到《辛德勒名单》等。这就从相对简单的好莱坞风格的战斗场景，逐渐过渡到具有一定内涵的对战争的厌恶，再到人物传记《乔治国王六世》和《丘吉尔》，最后扩展到纳粹主义、极权主义等。

有个美国朋友 Issac 来中国旅游的时候带给 Diego 一本书《父辈的旗帜》(Flags Of Our Fathers)。我了解到这本书已经在 2016 年被拍成同名电影。导演克林特·伊斯特伍德同时同地原班人马拍了另外一部电影《硫磺岛家书》(Letters From Iwo Jima)。分别以美日军人的角度来反映硫磺岛战役。然后我找了个周末，陪着 Diego 把《硫磺岛家书》和《父辈的旗帜》放在一起看，让他从不同视角来看同一件事。

我们知道，历史从来就是和考古密不可分的。Diego 看过《糟糕历史》这种搞笑表演类视频，这时候可以把他进一步引导到一些考古和历史混合的纪录片视频。比如网易公开课上有一个 4 集视频，为我们展现了日耳曼部落的历史发展。这 4 集视频由四个章节组成，分别为《野蛮人对阵罗马》《条顿堡森林战役》《帝国的和平》以及《在基督十字的引领下》。这些视频把考古和历史结合起来，加上动画效果和真人表演、专家访谈、现场考古等，成功地吸引了 Diego 的兴趣。看完这些视频之后，Diego 再去看一些相关题材的文章、新闻报道或中短篇书籍的时候，虽然难度增加了，趣味性减少了，但他有了相关背景知识，就容易看下去了。

有一次在家里翻看在美国半年的照片，看到了 Diego 在华尔街铜牛像前的合影。当时行色匆匆，没来得及详细了解华尔街。于是打算以此为契机，把 Diego 先带入华尔街，认识资本的力量。我找到了央视 10 集纪录片，过年回老家前拷贝到移动硬盘里，每天晚上睡前陪 Diego 看一集。

"很久以前,他是印第安人的土地,400 年前,他是荷兰人的一道墙;200 年前,他是梧桐树下的金融种子;100 年前,他塑造了美国的崛起……今天,他是撒向世界的一张金融之网,这张网强大而脆弱,光明又黑暗。这张网既能让经济加速,也能让经济窒息,他就是华尔街!"

央视十集纪录片《华尔街》

《华尔街》以华尔街金融危机为契机,梳理了现代金融的来龙去脉。影片总长 500 分钟,其中特效镜头长达 70 多分钟,场面宏大,叙事风格独特,再加上里面时而闪现的纽约、华盛顿、洛杉矶、费城、芝加哥等重要金融城市的标志性建筑。这让 Diego 能够认真地看进去。

年后,我又趁热打铁,找到了一些经典的金融危机的电影,如《大空头》(The big short)。我一直担心 Diego 看不懂这部电影,就一直拖着没看。后来的一个周五电影之夜,原本想一起看《朗读者》(The Reader),但 Diego 妈妈听我介绍说电影开始有几个不适合孩子看的镜头,她果断不让 Diego 看。于是就一起来看《大空头》吧,却没想到 Diego 竟然看得津津有味。

《大空头》电影根据真实事件改编,讲的是 2008 年金融危机中华尔街的几个牛人是如何做空赚钱的。电影里面虽然不可避免地提到一些金融词汇,如:MBS(Mortgage Backed Securities 房贷抵押证券)、CDO(collateralized debt obligation 担保债务凭证)、CDS(Credit Default Swap 信用违约互换)等。但是在电影中,这些枯燥高深的专业名词被解释得很直观明白。曾出演《华尔街之狼》金发性感女郎玛格特·罗比(Margot Robbie)一边泡澡,一边对着镜头讲什么叫次级贷;世界名厨安东尼·鲍代恩(Anthony Bourdain)边做饭边演示什么叫 CDO;赛琳娜·戈麦斯(Selena Gomez)在赌桌上输得颜面扫地,以此告诉观众什么叫合成 CDO……

看完《大空头》,过了几日,再去看 HBO 的纪录片《大而不倒》(Too Big to Fail),对 2008 年的经济危机就有了很广泛的背景了解……

有的家长一直关心孩子掌握了多少知识。其实,只要孩子能津津有味地看下去就足够了，不需要精确知道孩子到底掌握了多少。如果孩子感兴趣，他自己可以多看几遍，或者过一段时间再看类似题材的影视作品。当孩子在 Readtheory 上做阅读理解遇到经济类文章时，有了这些简单的背景知识，他就可以轻松完成测试题了。如果没有这些有意无意的知识积累，孩子只能胡乱答题了。

不过要特别强调的一点是，纪实类的材料选择不能太专业了；或者说专业点也不要紧，关键是科普方式要有趣，能吸引孩子。正如霍金在《时间简史》中说的那样，科普读物每增加一个公式，都有可能让读者减少一半。我曾经加过一个微信群，是用英文讲世界史的。虽然号称给孩子听的，但我发现讲得太专业了，而且群主还提到对历史信息要尽量掌握第一手的资料，而不要去看那些解读之类的。我自己试着听了几段，就果断放弃了让 Diego 跟着听的念头：孩子的这个年龄应该抓广度，而非深度。

17.3　从影视依赖到裸听

在启蒙期和提高期，我们反复强调，必须保证输入的可理解性。保证可理解性的最简单直接的方法就是 N+1 窄输入。通过先磨眼睛后磨耳朵，来完成从 N 到 N+1 的提升；通过一段时间内沉浸在一个主题中，来保证窄输入。反对在启蒙期和提高期去听 VOA 和 BBC 的新闻，因为这些新闻涉及面太广，不符合窄输入的要求。

现在，孩子的英语水平到了增长期，是时候跨越磨眼睛，直接去磨耳朵了。这既是对孩子听力水平的信任，也是对他听力的考验。没有了之前的影视导入，没有了线索，他能不能直接听懂呢？

能否听懂是对孩子提高期那疯狂输入的威力的检验。孩子有了足够的背景知识，这些就是他的 N，就是他的线索。让我们充满信心，带着孩子试试吧。

首先可以准备一本孩子喜欢的有声书。比如 Diego 在看《头号玩家》的时候，是按照一般的做法，先看电影，然后看对应的原版书。后来他想看《头号玩家》作者写的另外一本书 *Amadar*，这本书没有被拍成电影，也没有找到对应的原版书，只找到了有声书。因为好奇，Deigo 二话不说就从头开始听到尾。我没有过多地去询问 Diego 是否听明白了，但是从我的观察来看，他听得很专注，一天就听完了。

看过《头号玩家》的朋友都知道它致敬的经典惊悚片《闪灵》（*The Shining*），开始还担心 Diego 会害怕这种惊悚片。结果发现是多虑了，因为有些恐怖镜头在《头号玩家》里面出现过，这部电影并不太恐怖。Diego 看完电影跟我说，《闪灵》的作者非常不满意自己的书被拍成这样。我很吃惊，问他：你怎么知道的？Diego 淡定地回答说：我在 Podcast 上的一个访谈节目中听《闪灵》的作者说的。我赶紧去查了一下《闪灵》的作者：斯蒂芬·埃德温·金（Stephen Edwin King），代表作有《闪灵》《肖申克的救赎》《绿里奇迹》等，这几部大名鼎鼎的电影我和 Diego 都看过啊。

上面 Diego 提到的 Podcast，就是我之前不久开始让他听的有声播客。

实际上 Podcast 也可以归类到 audiobook。顾名思义，audiobook 就是有声书，即将书本的内容通过播音员的朗读变成音频格式，从而使看书变成了听书。从广义上来说，类似广播剧或者讲座录音等以音频形式承载的内容媒体都可以称为 audiobook。

Podcast 中文翻译为"播客"，这个词来源自苹果电脑的"iPod"与"广播"（broadcast）的合成。Podcast 通常由个人或专门的组织进行发布，内容根据各个 Podcaster 的关注点不同而涉及各方各面。常见的有新闻、访谈、语言教学、经验分享，以及宗教信仰等。Podcast 与其他音频内容传送的区别在于其支持 RSS 发布订阅模式，当你选择订阅某个 Podcast 后，当它有更新时会自动通知并下载。

为了给 Diego 找到合适的 Podcast 节目，我在网上进行了地毯式搜索和过滤。最后给 Diego 备选了几个涵盖不同兴趣点，且难度等级有差异的节目：

1. Wait Wait…Don't Tell Me！

美国 NPR 的这个节目可以说集成了美国文化的各个方面，有简单的名人访谈，有所有的美式幽默，有对政治和社会新闻的插科打诨。节目里经常笑声不断，基本上若能听懂每个笑话的话，对美国社会和文化就有非常深刻的理解了。

2. Planet Money

一个关于钱的 Podcast，走访世界各地，从采访肯尼亚小贩到哈佛经济教授，介绍人类经济活动的各个方面。每集简短轻松，但有时也会有长达几集的系列，比如有个原油系列，Planet Money 买了一百桶原油，并从产地一直到加油站跟踪这些黑色黄金。

3. 60-Second Science

领先的科学记者每天提供关于科学世界中一些最有趣的发展的细节评论。对于一个完整的每周播客，你可以订阅科学谈话节目：科学美国人播客。

4. Wow in the world

2017 年 5 月刚刚推出的 NPR 历史上的第一档儿童节目。主持人 Mindy Thomas 和 Guy Raz 引导好奇的孩子和他们的爸爸妈妈一起探索周围的奇观世界，进入我们的大脑，进入太空，深入科学和技术中最酷的新故事。

收听 Podcast 非常简单，如果是苹果手机或平板电脑，直接进入内置 App "播客"，直接搜索名称即可免费订阅。Android 手机上可能需要安装播客客户端，如 BeyondPod，Overcast 之类的 App。

Diego 试听过之后，比较喜欢 *Wait Wait*，觉得 *Wow in the World* 太幼稚。后来他自己从 Podcast 的嘉宾访谈中知道了其他的界面，又喜欢上了 *How I Built This*。这是一个与创业有关的播客，大多是成功的创业者来谈自己的创业故事，如 Lady Gaga 是如何从小众市场打入全世界的等。

目前 Diego 在听的 Podcast 如下图，其中包括我不喜欢他听的 *Winner Winner*（绝地求生游戏的播客），他自己找到的 *Tech Stuff*，和我试图逼着他听的 *Grammar Girl*。

Listen Now

 AUGUST 29
Wait Wait Naked and Ashamed: Paula Poundstone
2 episodes

 AUGUST 24
635 - 'Quick and Dirty.' 'Momentarily.' Short Subjects.
9 episodes

 AUGUST 25
#861: Food Scare Squad
When food makes people sick all around the count...
10 episodes

 AUGUST 27
Ep. 39: The Top 5 Reasons People Die in PUBG
5 episodes

 AUGUST 28
Web Analytics and Your Data
How much of your person...
91 episodes

 AUGUST 28
AEE 1007: A Big (Little) Announcement that You Don't Want to Miss
7 episodes

Diego 正在听的 Podcast

孩子听 Podcast 的时候，通过观察其表情和专注程度即可评估出能否继续下去。但是，如果孩子的听力不是特别好，虽然能听懂，但是很容易疲劳。也就是说孩子在听的时候是使出了洪荒之力，从听力捕捉到大脑对背景知识的快速搜索与猜测，很快让孩子有疲惫的感觉。这时候要及时保护孩子的兴趣，不要逼着孩子继续进行，要适当休息。

只有当孩子在听 Podcast 的时候，既能享受到快乐，又能轻轻松松地长时间地听，就如我们听郭德纲相声的状态那样，这时孩子的听力才能说不错了。

除了听 Podcast，其实还有一种听力类游戏。我们在提高期提到纯文字类游戏，这里我们推荐一款纯听力游戏，如果孩子喜欢，家长可以自行查找类似的听力类 App。

《血色桑格雷》(*Papa Sangre*) 是一款第一人称冒险类游戏。与一般的冒险游戏最大的不同是，整个游戏仅靠声音来推进（a game for your ears），却足以让人拥有身临其境的真实感受。所以有人说："Papa Sangre is a video game with no video."(《血色桑格雷》是一个没有视频的视频游戏)。这款游戏是基于 3D 立体声,纯粹靠听觉来玩的游戏。玩家只需要通过听觉控制主人公躲过各种致命陷阱顺利到达目的地。

界面非常简单,只有四个按钮和一个罗盘,罗盘没什么用,转动手机或 Pad 时罗盘会转,表示你在转身;上面的是手的控制,可以与环境互动,比如打碎玻璃、开门或击掌;下面两个是脚,走的时候需要交替按,按的频率跟走的速度有关,太快会摔倒。

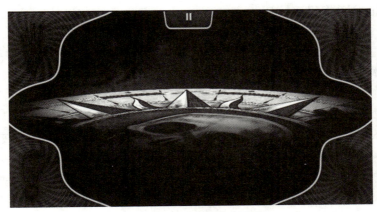

Papa Sangre II 游戏界面

游戏开始,提示玩家佩戴耳机,并确保左右两边佩戴正确。如果你愿意,完全可以闭上眼睛来玩。这时耳机里传来各种声音,有水滴声,有鸟叫声。一个声音告诉你,你已经死了,你看不见任何东西,你需要做什么。开始是要你学会转身,向着声音的地方走,如果出现鸟叫,男人的声音会告诉你拍手(同时按两个手掌按钮)把它们吓走……

扫码观看腾讯视频:Papa Sangre II (Official Launch Trailer)官方预告片。

第 18 章
从囫囵吞枣到细嚼慢咽

18.1 如果阅读只是娱乐

阅读是个范围很大的概念，本书在第 13 章提到广义的阅读时，认为游戏也可以是阅读。本节我们再把阅读的范围缩小到狭义的看书，然后来看看是不是只要看书就是好的，就是对学习有益的。

我从小生长在农村，小学阶段印象中没有看过什么课外书，记得只有一本《绿林好汉罗宾汉》伴我左右，看了一遍又一遍。到了初中，身边的同学都在看武侠小说，自己买不起也租不起，就只能见缝扎针地向同学借书看，当然这些书也是同学租来的。为了不耽误同学看书的进度，我就和同学错开：他们下课看，我上课看。我会提前把课程预习好，等上课铃一响，同学就把书传给我；下课铃响起，我再把书还给同学。为了能在同学还书之前和他们同步读完，我必须一目十行。时隔多年，如今同学再相聚，同学们对我的看书速度依然是印象深刻。

初中我看了很多书，主要是武侠书：飞雪连天射白鹿，笑书神侠倚碧鸳。可是如果你认为我的语文很好，那就大错特错了。有一次我好不容易在语文考试中得了一张第八名的奖状，周末回家的时候我带给老爸看，老爸黑着脸没说话，差一点把那张奖状扔到灶火里烧了。

为什么我的语文不好？不是说多读书语文就会好吗？这是因为我看武侠书，大多是关注英雄的命运和跌宕起伏的情节，我会跳过大段的心理描写和场景描写，完美地避开好词妙句。这样的阅读和现在的电子游戏一样，在虚拟的世界中获得短暂的愉悦和满足感，并不会有什么特殊的好处，并不会让你的语文变得更好。

有一次我去 Diego 的一位幼儿园同学家里拜访。和家长谈到孩子近况，发现那孩子极度痴迷武侠小说，床头书架上摆放着一排排的武侠书。家长言语之间还觉得挺开心，毕竟，孩子痴迷看书是好事，总比玩游戏强。家长也是朴素地认为：多看书，多积累，语文就差不了。

我们中国孩子如此阅读中文书籍，是没什么好处的；英美国家的孩子如此阅读英文书籍，也是没什么好处的。但是，如果英文阅读的提高期，中国孩子能按照这种囫囵吞枣的方式来阅读英文书籍，可以快速完成阅读量的积累，是我们推荐的。但是到了增长期，我们就必须从囫囵吞枣过渡到细嚼慢咽。

不带思考的阅读充其量也就是浏览罢了，阅读的最终目的是为了思考。所以，我们要让孩子带着思考来阅读，并在阅读中学会进一步的思考。

我们通常会把书分为 Fiction（虚构）和 Non-fiction（非虚构）两类。"虚构"是指从想象中创造出来的文学，一般小说都属于此类，包括：现实派小说（Realistic Fiction）、历史小说（Historical Fiction）、传统文学（Traditional Literature）、幻想小说（Fantasy）、科幻小说（Science Fiction）等。"非虚构"指的是事实上的文学。它是最广泛的文学范畴，有很多分类。包括：传记、商业、烹饪书籍和视频，健康和健身、宠物、工艺品、家居装饰、语言、旅行、家装、宗教、艺术、音乐、历史、自助、真实犯罪、科学和幽默等。

我们在阅读图书的时候，可以采取一定的阅读策略。比如对于故事类的 Fiction 书籍，需要使用故事图来整理阅读思路。比如记录书的标题、作者，故事发生的场景、主要角色、遇到什么问题、发生什么事情、问题最终怎么解决、结论是什么等等。而对于非虚幻类书籍，则可以用各种各样的思维导图、概念图来整理和分析书中的内容和自己的想法，比如用树形图来整理整本书的段落提纲；用气泡图来分析角色的性格特点；用流程图来理清事件的发展顺序；用韦恩图来分析事物的异同等。

这些工具可以帮助孩子把自己的阅读所得记录、表示出来，然后就可以分享。分享的方式可以是小段演讲，可以是录音或录像，告诉别人这本书好在哪里，为什么值得选择，阅读后能有什么收获等，类似图书推介。录音或录像可以发给同学或朋友圈，或者是在声音平台上，如喜马拉雅，给孩子建个声音专栏，把这些图书的推荐都保存下来。

另外一种方式是写出来。当然，写出来涉及拼写难题。但是到了增长期，孩子们不应该再害怕拼写了。通过 email 或者是单纯的分享在朋友圈，或者是作为日志保存。内容可以和录音录像的内容基本一致。

总之，如果不把阅读时的想法和思考表达出来，别人就没法发现其中的不足，也没法帮助孩子深挖提高。所以，说和写往往会和读结合起来，因为要说要写，孩子在阅读的过程中就会更有动力去多思多想，也更有成就感。另外，家长也要多鼓励孩子就同一话题的阅读材料进行纵向对比，或者针对这个话题进行同类型或同作者其他作品的对比。

《神奇队长》（Captain Fantastic）中的一个经典镜头可以供家长们参考，如何帮助孩子评价一本书：禁止使用"有趣，不错，还行"等模糊的词汇，而要用具体的表达。在电影中当爸爸问二女儿关于对小说《洛丽塔》的看法时，二女儿的回答是"有趣"，然后就立马被妹妹们嘘声一片：对一本书不能使用"有趣"来评价。于是，二女儿想了一下说：一个中年男人爱上一个 12 岁的女孩……，结果又被爸爸打断：你说的是故事情节，不是你的看法。最后，二女儿认真思考了一下，终于说出了自己的见解……

18.2 要阅读也要理解

从严谨的学术层面来说，阅读已经包含了阅读理解的意思。但本书为了便于表达，把阅读和阅读理解分开，认为它们不是一件事，而且它们在孩子学习英语过程中的作用和要求也不同。

提高期英文阅读的主要目的是依靠孩子对故事情节的兴趣，大量阅读，疯狂积累单词，培养语感。所以，如果我们的孩子在具有了基本的听力词汇和阅读词汇之后，大量听有声书，大量看情节曲折引人入胜的难度适当的英文小说（桥梁书），就可以快速提高英语的听力水平和词汇量。当然，真正的阅读不只是积累词汇，更重要的是对文字的理解（Reading as making sense of print.），也就是我们常说的阅读理解。

进入增长期之后，孩子们需要开始阅读章节书了。章节书的英文名称叫 Chapter Books，在中文阅读语境里，大多数书都有章节，都可以被称为"章节书"，但在英文书中，Chapter Books 是有专门含义的，维基百科的定义是：章节书通常是针对 7~10 岁儿童的中级阅读故事书，《纽约时报》章节书热门榜主要包括针对 6~12 岁以上的儿童图书。

所以，章节书专门是为"中级阅读者"写的，一般是小学生。当孩子们结束了桥梁书的阅读后，就可以进入了章节书阅读阶段。因为是中级阅读，所以章节书的语言难度和内容难度都是比较适中的。但即使在章节书阶段，也会有难度的阶梯划分，难度划分主要是通过蓝思指数或 AR 值来体现。有关英文阅读分级系统，请参考本书第 13.2 节。

根据语言和内容难度，章节书大致分为两个阶段：初级章节书、章节书，初级章节书简称初章书，常被我们称为"桥梁书"。我们在本书第 13.1 节推荐过一些比较经典的桥梁书。桥梁书和章节书之间也没有特别严格的指标界定。比如在语言上，章节书的蓝思指数从 300L 左右可以一直跨越至 1000L 多，而有的桥梁书的蓝思指数超过 700L。在年龄上，甚至可以跨越学前班到初中左右。

在英美国家，到了小学高年级，孩子们的阅读难度和深度提升，他们看的书有的被归为章节书，有的则被归入青少年小说这个类别。我们国内一些家长更愿意把青少年小说称为"高章"书。比如《哈利·波特》系列的蓝思指数在 880~1100L。Diego 应该是在小学二年级前后花了一年多的时间从看电影到反复听有声书，最后因为听得太熟了，就没法看书了。多数人会把《哈利·波特》归入青少年小说这一类，国外孩子也主要是在小学中高年级阶段开始阅读。这也说明了一个现象：只要孩子感兴趣，只要他的理解程度可以吸引着他继续看下去、听下去，不需要一定全部理解。《哈利·波特》应该是被 Diego 在提高期囫囵吞枣吃下去的，但是他持续下去了，至于能消化多少，并不需要太关心，因为语言的学习本来就没有很强的逻辑性，不熟悉的单词还会出现，不理解的句子也能再见。

在增长期，家长要引导孩子对阅读的细嚼慢咽（阅读的理解）重视起来。比如在著名的加州教材 Wonders 中，阅读理解主要聚焦三个方面：阅读策略（strategy），阅读技巧（skill）和阅读体裁（genre）。但不同年级对应的阅读理解内容是不同的，是循序渐进的。比如一年级要学的阅读策略包括：通过文字展开想象，提出疑问与寻找答案，提前预测与进行确认、复读……阅读技巧包括：关键细节、人物环境事件、主题与细节、情节发展顺序、情节因果关系、文本连接关系、作者意图……而阅读载体则是指虚构类和非虚构类的各种图书体裁，不同的体裁有不同的侧重点和辅助理解工具。

我们经常通过检查学生是否能正确回答阅读文章的配套问题来检验学生对文字的理解程度。在 Readtheory 网站，系统根据学生的初始测试水平如 G3（美国三年级）推送一篇该年级内的文章（蓝思指数约 500~700L），如果学生阅读之后完成文章后面的 quiz（测验），正确率在 70%~89%，则学生仍然保持在同一年级 G3；如果学生的做题正确率低于 69%，则系统随后推送的文章难度会降低一个年级为 G2；如果学生表现突出，正确率超过 90%，则系统推送的文章难度将会提升一个级别 G4。

大家可能会好奇，这些阅读理解配套测验题的设计依据是什么呢？其实，这些题的设计都是经过精心选择的。一篇文章后面的 4~6 题，级别涵盖孩子英语阅读能力训练的多个策略，如：

- Identifying supporting details（提取细节信息的能力）
- Paraphrasing information in the passage（变换措辞、复述语篇的能力）
- Guessing meaning from context（利用语境进行猜词的能力）
- Identifying cause-effect relationships（判断因果关联性）
- Identifying sequence of events（判定时间发展脉络和逻辑关系）
- Making comparisons（学生思辨能力和利用比较法分析语篇）
- Making generalizations（学生总结归纳的能力）

在 2016 年发布的美国共同核心标准（Common Core Standards）中，对文学作品（literature）、信息类文本（informational text）、基本阅读技巧（foundational skills）三个方面在美国中小学生的英语阅读中做出了明确的分级要求，且在前两个方面的要求中包括了对"阅读范围及文本难度"的要求。

美国共同核心要求学生阅读故事和文学，以及在科学和社会研究等领域提供事实和背景知识的更复杂的文本。学生会被问到一些问题，这些问题促使他们回顾他们所阅读的内容。这个标准强调了学生在大学，职场和生活中取得成功所需的批判性思维，以及分析和解决问题的能力。美国共同核心的宗旨是让学生在多个学科上

"为大学学习及职业生涯"以及"为教室以外的生活"做好准备。

下图是 Diego 在 Readtheory 网站所做的约 500 篇阅读理解的测验题中,有关 ELA(English Language Arts,英语语言艺术)共同标准的统计数字。Diego 的阅读理解能力中,表现最差的是知识综合能力(Integration of Knowledge),表现最好的是技巧与结构(Crafe and Structure)。

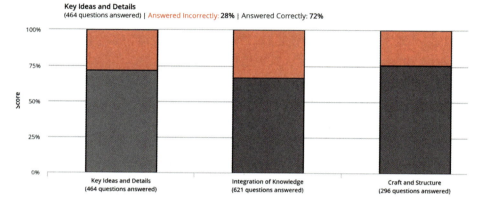

Diego 完成的约 500 篇文章测验题的分类统计结果

我们对这三项分别简单介绍一下。

第一个标准是关键点与细节(Key Ideas and Details)。要掌握这个共同核心标准,学生必须学会理解作者明确陈述的信息。这些问题的答案可以直接在段落中找到。如果学生的记忆力较差,就需要带着问题再回到文章中去寻找这些关键信息和细节。在这种情况下,学生应该对文章的篇章结构有个基本的认识,能够快速定位所查找的细节所属部分,以加快查找速度。

此类测验题的类型一般为:

- "How much will the new addition cost?"(……花了多少钱?)
- "How many shells does Anna find on the beach?"(……捡了多少贝壳?)
- "Which of the following happens FIRST in an oxidation reaction?"(下列哪个选项最先发生?)

第二个标准是知识综合(Integration of Knowledge)。要掌握这个共同核心标准,学生必须学会根据文章中提供的信息,就几乎可以肯定的事实形成准确的结论。这通常要求学生将段落或段落的一个要素视为一个统一的整体,不再去关注具体细节。学生需要通过俯视的角度来看整个篇章结构,体会作者表达的想法。这类测验题通常涉及总结作者的总体目的、想法、语气等信息。

此类测验题的类型一般为：

- "The author's tone in this passage is best described as…"（……作者的语气……）
- "In paragraph 4, the author writes, " The validity of such a claim is indeed questionable. " This statement is intended to…"（……这句话的意思是……）
- "If the author wanted to paint a portrait, he or she would most likely use which of the following kinds of brushes?"（如果……最可能用哪种画笔……）

第三个标准是技巧与结构（Craft and Structure）。要掌握这个共同核心标准，学生必须学会推断作者如何使用单词或短语，如何放置句子或段落，或如何实施组织结构。此外，学生必须学会使用上下文推断文章中特定单词的含义。词汇问题可能涉及要求学生找到最佳同义词、反义词或单词的定义等。词汇问题还可能涉及对词组的理解，如何在其他相关上下文中正确应用单词。作者在段落中提供了学生推断单词含义所需的一切信息，也就是说，这些单词学生不需要认识，可以根据上下文线索推断出来。当然，如果学生的单词量大，也就无须推断了，直接就可以选择出正确答案。Diego 在这 500 篇文章中，这个部分做得最好，应该是与他的单词量大有关。而 Diego 的单词量比较大则是得益于他平常坚持快乐地利用遗忘曲线规律来背单词。有关背单词的工具和方法，请参考本书第 14 章。

此类检测题的类型一般为：

- "As used in Paragraph 5, the word **noxious** most nearly means…"（…noxious 的意思是……）
- "Based on its use in Paragraph 2, it can be understood that the word **deleterious** belongs to which of the following word groups?"（…deleterious 属于下列哪个词群……）
- "If the following pieces of information were added to this passage, into which paragraph would it fit best?"（……下列这段话加入哪个段落最合适?）

大家可以进一步找到很多阅读策略和技巧方面的材料。但我不建议大家平常过多关注，在以考促学前进行模拟的时候帮孩子强化一下即可。为什么这么说呢？大家都做过阅读理解，从应试的角度来讲，阅读策略和阅读技巧只是"奇技淫巧"真正的决定因素还是硬实力，包括词汇量、对句段结构的熟悉程度，以及对阅读材料相关的背景知识的了解等。

> **前车之鉴**
>
> RAZ 是一套优秀的分级读物，而且配套资料丰富。很多家长尤其喜欢 RAZ 配套的测验题练习册，可以用这些练习册来检查孩子是否读懂了，要不要继续进行下一个级别的阅读。但是，有的家长过度使用这些练习册，每篇文章的测验题都要孩子全部做对才往下继续进行。
>
> 前面 Diego 爸爸也提到过，相对于母语为英语的孩子，原本我们中国孩子就缺乏大量的听力基础，让我们的孩子和母语孩子以同样的方式来阅读分级读物，这本身就是错误的，会给孩子带来很多挫败感。如果还不允许囫囵吞枣地大量吸收，还要求精耕细作，会给孩子带来更大的压力。如果压垮了孩子对英语的兴趣，将带来灾难性的后果。因此，Diego 爸爸特别建议大家，阅读测验题虽好，但一定要注意合理使用，切勿贪多。
>
> 请记住，提高期的英文阅读，囫囵吞枣要胜过细嚼慢咽；增长期的英文阅读，在囫囵吞枣的基础上，适度细嚼慢咽。

18.3　精读、精听与多角度复述

什么是精读？很多家长都知道，在大学中有一门英语课《大学英语精读》，老师上课的时候带着大家逐词逐句进行讲解，分析段落、解析长难句等。总之就是把一篇文章掰开了揉碎了，塞在学生的脑子里。有人调侃说，如何自我判断是否"精"读了一篇文章呢？一个简单的衡量标准就是你学得越累，就越精，学习效果就越好。

你学得累，证明你调动的认知资源更多，花费的精力更多，专注度更高，因此学习效果自然更好。比如一篇文章，囫囵吞枣的泛读与细嚼慢咽的分析相比，当然是分析在时间精力上的花费更大。但毫无疑问，这对孩子的压力也更大。一般建议精读和泛读的比例控制在 2:8 左右。

本节从两个方面讨论精读：一本原版英文书的精读和一篇文章的精读。精读原版英文书的主要目的是提高自己的阅读水平、学习知识等；精读一篇文章的主要目的是英语考试做阅读理解可以得高分。

要精读一本书，首先要选书。什么样的书适合精读？在家里，不喜欢的书不适合精读；在学校，老师要求精读的书必须精读。虚幻类图书有自己的精读方式，非虚幻类图书也有不同的精读侧重点。我们在上一节也谈到了使用不同的图表辅助工具来精读。

精读分为三个层次：分析语言、解读思想、鉴赏语言美。由于很多人读原版，主要是为了学到能够应用于工作和生活的知识与技能，所以重点读致用类的非虚构原版书即可，并且在阅读过程中，应努力做到看懂；如果看不懂，知识的应用无从谈起。对于刚进入增长期的孩子来说，可以先从文学性比较高的虚构图书入手，再逐渐过渡到非虚构原版书。

在精读一本书的时候,并不是说就一视同仁从头到尾全部精读。精读和泛读并不是水火不相容的,而是相辅相成、共同配合的。尤其是在读原版书的时候,可以进行灵活切换,切换的主要依据是读者的需求。一般建议参照二八原则,用 80% 的时间和精力来精读那 20% 的契合读者需求、对读者最有价值或启发的内容;用 20% 的时间泛读(时间短任务重,所以需要速读)80% 已经了解或不太重要的内容。

精读原版书由于没有时间限制,也允许孩子可以反复地看,更重要的是与考试没有直接关系,所以相对来说家长并不太关心,而是主要由孩子的兴趣引导。比如有的孩子喜欢《哈利·波特》小说,就自己搜集整理所有的魔法、精灵、咒语或绘制人物关系图等。

那我们就多说一点对一篇文章的精读。本书上一节谈到了如何测验孩子对一篇文章的理解是否正确,也有很多阅读策略来指导孩子进行阅读。同时文章测验题也是根据阅读策略标准精心设计的,因此不建议家长自己随便找一些文章来给孩子做。Diego 爸爸推荐大家配合使用 Readtheory. org 网站和 Newsela 网站的文章完成精读训练。

本书前面多次提到过 Readtheory 网站,这个 K12 阅读网站是 Diego 在美国半年上小学四年级期间,阅读课老师指定在课内和课外使用的网站,提供最多至美国高三难度的阅读理解训练。Diego 使用的账号和密码依然是当初阅读课老师给分配的。这个免费阅读网站最大的优势就是匹配孩子的阅读能力,自动为孩子推送适合其难度的阅读材料,家长无须也不能为孩子选择难度。每篇文章都标注有蓝思指数,难度一目了然。文章后面有多道检测题,做题的时候网站还提供快速 highlight 功能,可以快速定位到需要关注的文章部分。

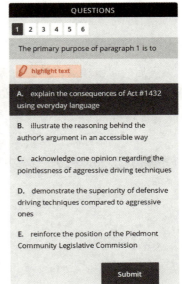

高亮显示对应的文字

用户新注册的时候,系统先默认给出G3(美国小学3年级)难度的文章,学生完成文章后面的测验之后,系统自动根据答题正确率来决定下一篇文章的难度。对于做错的测验题,系统会给出详细的解释。如下图所示。

错题解析

做完后的阅读理解,系统会保留最后三篇文章可回看,其他文章不可再访问。如果家长需要把做过的文章整理留存下来,需要自行保存备份。如下图所示。

阅读理解文章历史记录

Readtheory 还提供针对某篇文章的写作练笔。写作练习由老师指定学生阅读某篇文章并要求针对问题进行写作练习，学生提交后老师可以评分和点评。如下图所示。

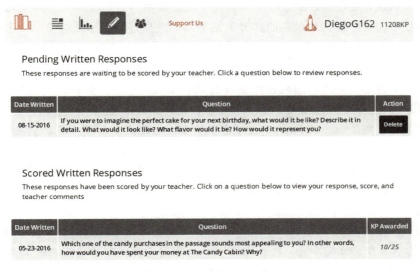

基于文章的写作练笔

点击问题，即可查看老师安排的练笔作业，自己练笔。点击问题右上角的"View Passage"可以查看老师指定的文章详情。如下图所示。

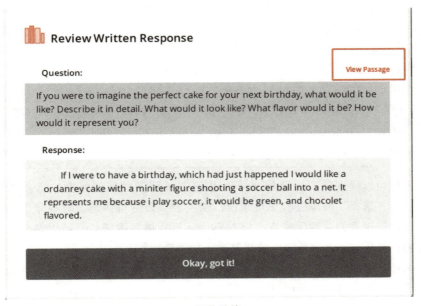

写作练笔

既然 Readtheory 网站为我们已经设计好了每篇文章的测验题，家长要做的就是帮助和监督孩子按照以下方法来完成：首先是做好准备，进入计时考试状态。如果在电脑浏览器上做题，要确保浏览器没有双击单词就能查单词的插件，避免孩子遇到不认识的生词直接双击鼠标就可以翻译中文。集中精力快速浏览一遍文章，查看测验题题干，跳回到文章对应的部分确定答案，选择答案；无论对错，快速进入下一道题。全部题目都做完，相当于考试完毕，记录所花的时间和正确率。然后进入精读状态，不认识且影响阅读理解的单词要查词典，并把单词收集起来，以备录入自己的闪卡自定义词库，随后按照遗忘曲线规律进行强化。分析关键的句子结构，明确篇章结构，仔细查看错题解析，弄明白自己为什么做错。

一般建议每天做一篇 Readtheory 上的文章，一篇文章在 5～10 分钟即可完成。耗时短，容易安排，可以和孩子其他规律性的训练放在一起，比如在每天的线上外教陪练之后做一篇。做过的文章越多，越能准确得出孩子的蓝思指数，也能清晰地看出孩子阅读能力的提高曲线，如本书第 13.2.3 节 Diego 那 500 余篇文章构成的成长曲线。

除了 Readtheory 网站，孩子还可以使用 Newsela 新闻网站进行训练。Newsela 是一个个性化阅读学习平台，其特点在于针对不同年龄段孩子的阅读能力对新闻内容进行改编，以提高他们对新闻资讯的兴趣和阅读能力。Newsela 创始人格罗斯说："对于一些低年级同学来讲，阅读一段长文还相当困难。我们会重新改编故事内容，调整段落长度，添加小标题，简化标题内容，并根据孩子们的理解能力重写并解释复杂的专业术语，从而使内容更适合孩子们阅读。"

如对于一篇飞行汽车新闻的报道，Newsela 提供了如下五级难度的改写新闻，分别以蓝思指数标记如下：

> 600L：Flying cars take the headache out of traffic jams
> 870L：Flying cars may be wave of the future
> 1020L：Flying cars may become part of everyday life of commuters
> 1200L：Flying cars to revolutionize urban travel for millions
> MAX：A commuter's dream：Entrepreneurs race to develop flying cars

孩子们可以根据自己的蓝思水平（如何测试孩子的蓝思指数？请参考本书第 13.2.3 节），选择不同难度的文章来读，读完全文之后可以通过对应难度的检测题来检验自己是否真的读懂了文章。但 Newsela 不提供答案解析，所以做错了之后也不清楚为什么错，不太利于进一步提高孩子的阅读水平。

如果是 K12 的学生，可以直接根据所处年级进行选择（美国小学年级，不适合中国孩子）；此外，Newsela 自行创立了"定锚标准"（Anchor Standards）进行阅读分级。"定锚标准"是让用户根据阅读目的进行选择，然后为其匹配文章。目前 Newsela 的阅读技能（Reading Skill）共分为八级：①读懂文章大意；②读懂中心思想；③弄清人物、事件和观点；④弄清词汇含义及词汇选择；⑤弄清文章结构；⑥弄清文章观点和立意；⑦区分多媒体；⑧理解论据和主张。如下图所示。

在增长期，除了关注孩子的精读之外，家长们还可以使用精听的方式来进一步提高孩子听力水平。常用的精听训练方式就是听写（Dictation）。

听写难度较大，但具体操作比较简单，就是听一段录音，然后把录音中的话语原样记录下来即可。难度大是因为孩子既要听清楚句子的整体意思，还必须精确还原每个单词、短语，识别连读、失音和爆破等语音现象，更要保证听写的实时性，不能写了前面跟不上后面。

为了降低难度，可以先选较短的录音，或者选择短视频，可以给听力提供一些猜测的线索。先听懂其大意，分出段落和句子，然后再以一句话为单位反复地听。每听一遍就把听懂的词一个一个按照顺序写在纸上，排列成句子，听不懂或听懂了不会拼写的词就先空着。对于英语听力比较差的人来说，刚起步时听不懂的地方实在太多了，有时恐怕连自己也说不清到底有多少处听不懂。在这种情况下，只有把听懂的词写出来，才能搞清楚到底有多少处听不懂。

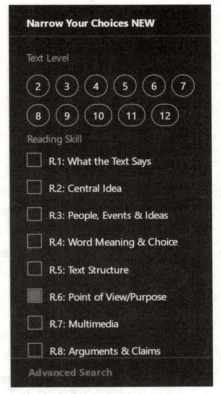

Newsela 提供不同的选择级别

说到听写方法，不能不提钟道隆的《踏踏实实学英语——英语学习逆向法》，感兴趣的家长可以去购买或在网上查到相关参考，书里几乎包含了听写训练的所有技巧和细节。但是，如果孩子没有足够的听力输入就去练听写，再多的听写技巧都没什么用。比如我曾给 Diego 使用过一段外教 Shane 的 Daily Dictation 视频课程，但不久就放弃了。

Shane 老师来自美国，此课程主要针对英语为非母语国家的同学而设计，课程主要以口语、听力和纠正发音为主，对于想学地道美语的同学来说是一套不可多得的免费视频课程。课程每集平均 10 分钟。每节课的开头 Shane 会对上一节课留下的英文片段（该片段来自于日常对话、电影对白、电视剧节目、新闻采访、脱口秀、演讲等）深入分析，包括发音（连读、失爆、缩读、同化、浊化）、词汇、句型和日常使用情况等。课程结束前再为下一节课留下一段供听写的视频或音频英文片段。如下图所示。

Coach Shane 的 Daily Dictation 免费视频课程

Shane 的免费听写视频在网络上大受欢迎，我相信很多家长也会非常喜欢和认可这套课程。但是 Diego 为什么会放弃使用呢？我观察 Diego 每次听写片段的时候一般没问题，如果不会拼写，可以直接问一下 Siri（苹果语音助手）或者查一下字典。然后看完 Shane 在下一集给出的听写原文后，就直接关闭视频，表示完成任务了。他不需要去听 Shane 的讲解，因为他都听出来了。所以，如果家长能从小给孩子进行足量的英语音频输入，孩子有了听力基础，也就不需要进行专门的听写训练了。

如果孩子的听力输入不足，需要进行听写训练，可以试一下网络上比较流行的一款听写神器——Aboboo。这款软件的功能较多，如练听力支持各种复读方式，练口语支持 Pimsleur（皮姆斯勒）学习法，练听写支持抠词听写、单句听写和自由听写等。其中自由听写模式提供更自由的控制，摆脱单句限制。想听就听：想听哪一段，要听多少遍，都能听，直到听清；想写就写：想写哪一段，要写在哪里，都能写，直到写对。

Aboboo 的抠词听写

Aboboo 的单句听写

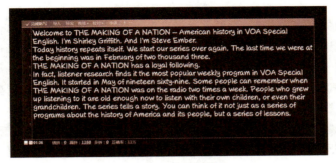

Aboboo 的自由听写

在增长期，除了精读、精听之外，还可以在精说上做做文章。这里的精说，除了包含和线上外教的更深层次的交流之外，还可以采用多角度复述的方法进行训练。

多角度复述也称为多角度叙述，属于一种叙述技巧。一般是指对某一事件或某种复杂的生活从多角度加以叙述。这种方法可简可繁，可长可短。孩子在训练初期，可以选择一些故事情节相对简单、人物关系清晰明了的英文小故事。也可以选择自己特别喜欢的动画片，对其中的某个事件片段进行多角度叙述训练。

具体方法是：

（1）选择孩子感兴趣的话题，可以选当前孩子正在阅读的英文图书中的小故事，也可以选当前正在看的影视材料，如《少年谢尔顿》中的某一集。如果孩子的听力较好，发音纯正，可以试着直接从主角的角度复述。但按照"没听过的不说"的原则，建议一般孩子要先听几遍材料的原声音频，熟悉字词和句子，确保关键信息不丢失。

（2）用笔列出本次叙述训练可以使用的角度，如男主、女主、路人甲等，并对每个角度列出关键信息，确保逻辑清晰，没有大的漏洞。

（3）叙述时使用手机或录音笔进行录音。如果孩子的表演欲比较强，喜欢面对镜头，也可以使用手机录像。录像时为了保证录像声音效果，还可以在网上买一个手机端麦克风，让孩子更有正式感。

（4）在孩子每完成一次多角度叙述录制之后，就和孩子一起回放录音或录像，特别注意句子语法是否有误，表达是否正确，发音是否清晰等。可以督促孩子将发现的各种问题用纸和笔记录下来，然后重新进行这个角度的叙述，并重新录音或录像。如此反复，直到家长和孩子对这个角度的叙述都满意为止。然后开始下一个角度的叙述。

（5）如果孩子一个人练习多角度输出比较无趣，可以给孩子创造机会。比如可以在使用网络外教时选择 Free Talk 模式，上课前把小故事的内容发给外教，然后和外教轮流从不同的角度来叙述。这样可以降低家长陪伴门槛，并激发孩子对多角度叙述的兴趣。

需要注意的是，我们这里主要是通过多角度叙述训练口语的输出，当然也可以采用这种方式进行写作方面的训练。但采用的方法不尽相同，难度不同，训练目的也不同。一般来讲，如果孩子听说水平较高，多角度口语叙述比写作要更简单，更有趣。这两种训练方法可以交叉联合使用，也可以分别使用，家长需要根据孩子的兴趣爱好、个性特征以及学习时间进行个性化的安排。

需要提醒家长的是，给孩子录音/录像的时候，孩子可能会抵制。我开始录制喜马拉雅音频讲座《不出国学好英语》的时候，都是在手机上录完后直接上传，不喜欢重复听一遍自己的声音。后来因为要剪辑掉录音中的口头禅，也是硬着头皮听自己的声音。我给 Diego 录音或录像之后回看的时候，Diego 总是跑掉，说不喜欢听自己的声音。

开始我还比较奇怪，后来当我看到 MIT 的媒体实验室研究人员的 TED 演讲《你为什么不喜欢你自己的声音》的时候，我才明白原来这种情况还有科学依据呢。

18.4 词汇从概化到细化

扫码观看TED演讲：《你为什么不喜欢你自己的声音。》

网上曾流传这样一个段子：当你看到夕阳余晖、飞鸟展翅的一个画面，你的脑海中浮现的是"哇哦，太好看了"，还是"落霞与孤鹜齐飞，秋水共长天一色"？

这个段子当然是调侃理科生和文科生的，但也提醒了我们：在增长期，家长必须帮助孩子完成词汇从概化到细化的转变和提升。

在孩子的幼儿期，我们已经能够观察到孩子对他人的描述从概化、笼统到细化、准确的过程。比如，孩子评价幼儿园的小朋友的时候，经常会用到"好"和"坏"这种高度概化的词汇；大一些的时候，可能还会使用"聪明""勇敢""可爱"等复杂一些的词汇来描述别人。总之，概化到细化的表现，在孩子身上比较明显的特征就是对别人的评价性词汇多于描述性词汇。比如句子"She is pretty." 是评价，而"She has long, golden braids, which were interwoven with daisies." 就是典型的描述，通过描述来表达自己潜在的评价"She is pretty."。

我们再来看两段《哈利·波特与魔法石》第一章"大难不死的男孩"（The Boy Who Lived）中的描述：

> 第一段是对 Dursley 太太的描写：Mrs Dursley was thin and blonde and had nearly twice the usual amount of neck, which came in very useful as she spent so much of her time craning over garden fences, spying on the neighbours. 其中，提到脖子很长（是平常人的两倍），伸长脖子的动作（craning），偷看（spying）。

> 第二段是对 Dursley 先生的描写：At half past eight, Mr Dursley picked up his briefcase, pecked Mrs Dursley on the cheek and tried to kiss Dudley goodbye but missed, because Dudley was now having a tantrum and throwing his cereal at the walls. "Little tyke," chortled Mr Dursley as he left the house. He got into his car and backed out of number four's drive. 其中，亲吻 Dursley 太太的动作（peckd，敷衍地吻别），笑的方式（chortled，哈哈笑）。

而网络上报道有 10 岁男孩写英文冒险小说，正在洽谈出版。家长高兴，别人羡慕。但从孩子使用的词汇就能看出很大的差别，比如孩子会用很多概化词汇，如：He said happily. She said sadly. 如果孩子不会使用如"盲/瞎""聋""哑""痴呆""瘫痪"这些词，他就只能纯粹的说"他看不到""他听不到""他不能发声""他无法思考""他动不了"，或者"他的视力不再起作用"。如果孩子不能区分并自然使用下列词汇：

> - toss, throw, pitch, hurl, fling…（动作）
> - fly, sail, drop, thread, bounce, roll, glide…（移动方式）
> - herd, flock, pride, gaggle…（群）
> - hair, fur, fleece, coat…（皮毛）
> - skin, hide, pelt, pellicle, peel, rind, leather, integument…（还是皮毛）

当然了，我们不能拿孩子和 J. K. 罗琳做比较，但是 10 岁男孩写英文小说并出版，除了在孩子想象力、拼写以及成就感等方面的积极意义之外，并没有实质性的意义。家长自己花钱出版，只是鼓励了孩子，对其他人没有任何实用价值。外国人会买吗？不会。中国父母会给孩子买来看吗？不会！因为家长们只给孩子看原版小说，这种不地道的英文小说拿过来岂不是会误导了自己的孩子吗？

除了同义词/近义词之外，在英语中还可以有多种灵活而地道的表达方法。如使用由物质名词充当或物质名词转换而成的形容词。如把"This substance is smooth."改写成："This substance is glassy."。在形容一样东西很光滑时，大家通常喜欢用 smooth，但如果改成 glassy，像玻璃一样光滑，这样比喻色彩更强的词，可以让表达更生动形象。

再如可用动词转化成的形容词，即动名词、过去分词的形式。"There is tap water in the kitchen and the bathroom."改成"There is running water in the kitchen and the bathroom."

在说自来水这个词的时候，大家通常会想到 tap water 或是直接用 water，但如果替换成 running water（跑着的水），是不是既栩栩如生，又使得表达更地道呢？

那么家长该如何帮助孩子在词汇方面完成从概化到细化的进步呢？除了根本性的继续加大听力和阅读输入之外，还可以有意识地通过以考促学和使用词典的两个功能：用 Word Family 和 Thesaurus 来提供具体的帮助。大家在购买电子词典的时候，要重点关注是否具有这两个功能，有的电子词典需要单独购买 Thesaurus 库。

Word Family 包括一个单词的各种变形，如 person 的 Word Family 包括名词：person，personality，persona，personage，personification 和 personnel 等，形容词包括 personal，personalized 和 personable 等，动词包括 personalize 和 personify 等，副词包括 personally 和 impersonally 等。

Thesaurus 包括了词汇的解释和他的同义词（近义词），相当于归纳了词汇的分类。比如当 beautiful 用于修饰人的时候，其对应的 thesaurus 包括：good-looking，attractive，pretty，handsome，gorgeous，cute 和 lovely 等，当它修饰物的时候，其同义词（近义词）包括 magnificent，exquisite，elegant 等。

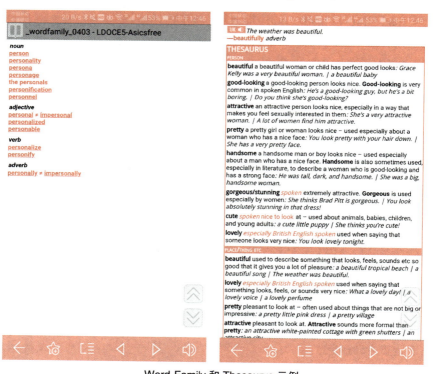

Word Family 和 Thesaurus 示例

当然还有工具或网站对 Thesaurus 进行可视化显示。如下图所示。

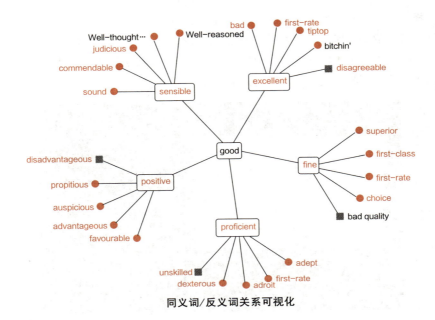

同义词/反义词关系可视化

限于篇幅，本节对电子词典不再进一步探讨。需要进一步了解相关信息的家长，可以通过本书前勒口的二维码联系 Diego 爸爸，一起加入迪爸家长训练营微信群，交流方法，交换材料。

家长在帮助孩子进行词汇细化的时候，英英词典或纯英文材料的使用非常关键。在增长期，大部分情况下孩子都是可以脱离中文环境的。本节最后给家长推荐使用 Vocabulary.com 网站和 App（后文简称 Voc）。这个 App 的名字很特别，本来是个网址，但在苹果商店里面它的 App 竟然也叫这个名字。网站需要免费注册，完成个性化词库构建；App 更方便使用，但功能有限。

实际上，增长期的孩子可以放弃使用闪卡系统，而直接使用 Voc 进行单词积累了。Voc 也支持个性化词库的建立，用户也可以把学校书本上的几个生词、街上广告牌上的生词等逐词输入到 Voc 的用户单词列表中去，形成孩子个人特有的词库。更强大的是，Voc 还可以直接从文字中自动提取孩子要背的词汇。它是如何识别的？我也没有详细研究，但我估计是用户在注册的时候选择了自己的英语水平，比如选中了美国 6 年级水平 G6，系统可能会根据这个水平来识别哪些单词对用户来说是生词。但这只是猜测，还没有机会去研究它。

Voc 的 App 界面如下图，Play 是背单词，所背单词来源于自己的个性化词汇表，图中所背单词是 Diego 正在看的《火星救援》第 10～15 章的生词。选择正确之后会有对该词汇的详细解释，这些解释都是经过精心撰写，不同于普通字典的枯燥无味，所以特别要监督孩子详细阅读，加深对词意的精确把握。更重要的是，单词也是按遗忘曲线规律出现，而且每次出现的时候，这个词会出现在不同的题干中，且四个选项也是不同的。这样既能让孩子真正理解单词的意思，还能防止孩子通过死记硬背来选择正确的答案。需要注意的是，由于 Voc 不同于其他词典，它是重新编写了所收录词条的解释，所以单词量不会像普通词典那么大，但大多数常用词汇是都能查到的。Lists 是 Voc 网站用户共享的 50 万词汇表，Diego 的《火星救援》生词就是用的别人共享出来的，省去了自己导入的麻烦。

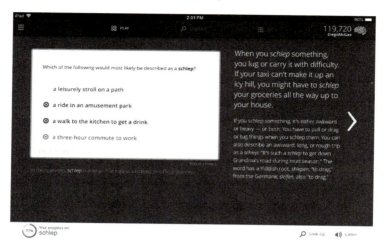

使用 Voc 背单词

在 Voc 网站首页，它提供三个自动从文本中抽取生词的例子供用户试用。用户也可以自己把一篇小说（有词数限制，不能太长）拷贝进去生成个性化词汇表。如下图所示。

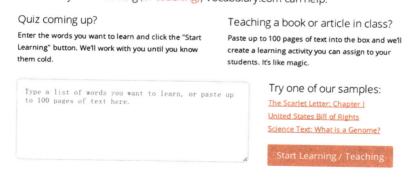

粘贴单词列表或英文文本

如果我们选择 *The Scarlet Letter*（小说《红字》）的 Chapter 1。会填充进去 5973 个单词，点击"Start Learning/Teaching"之后，抽取出 604 个单词，如下图所示。默认选中 10 个最相关的，当然可以把所有的都选中。给词汇表起个名字，选中"包括例句"（Include Example Sentence），即可开始生成自己的词汇表，并开始学习。

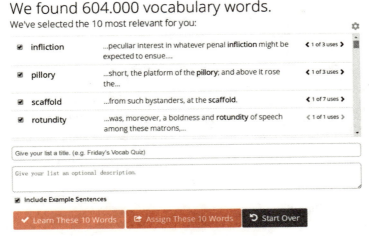

从小说《红字》中自动抽取的生词

虽然这个网站的所有单词解释号称是重新编写的词条，是"人写给人看"的，但它不适合启蒙期和提高期的孩子使用。首先它没有图片，全靠有意思的文字来表述；其次是英英解释。如下图所示，如果一个孩子连"cat"基本意思都不知道，怎么会看懂这么充满幽默的解释？家长也可以对比一下，使用普通英英词典查询 Cat 和用 Voc 查询的区别。

Voc 的 Word Family 功能如下图所示。它的例句是从各大英文报刊的报道中抽取出来的，让孩子感受到，这个词是如何被真实使用的，而不只是字典里的用法。

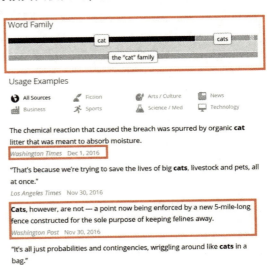

Voc 对 Cat 词条的幽默解释   取自各大报刊的实时例句

Voc自带词间关系可视化显示,如下图所示。字典里有a spiteful woman gossip ("What a cat she is!"),是不是可以加深对cat的理解了?

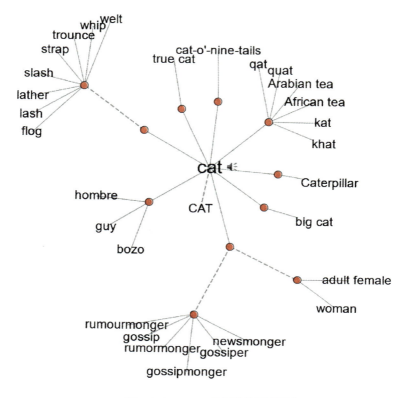

Vocabulary.com 的词间关系可视化

第 19 章
中级语法与进阶写作

19.1 复合句型与长难句分析

在提高期我们讨论了初级语法，特别强调了简单句/并列句、句子成分、词类及词性这些比较基础的内容。有关简单句中的各种语法成分，如名词与冠词、动词时态、不定词短语、动名词、分词（过去分词/现在分词）、形容词和副词、语气词和介系词等，需要家长根据孩子的具体情况购买一些语法练习册进行适当的练习。必要的时候，也可以找专业老师或培训机构给予协助，毕竟语法比较枯燥，家长有时候也不忍心看孩子愁眉苦脸、饱受语法折磨的样子。

在增长期，可以进一步熟悉中级句型——复合句，若时间和精力充足，也可以了解一些高级句型——简化从句和倒装句，并进行适量而必要的长难句分析训练，以巩固所学语法知识。

想象一下，如果孩子说出的话、写出的作文，满嘴满篇都是简单句，会是多么的可怕。其实，如果从听说先行角度来看，我们不用担心孩子会说出满嘴简单句，因为通过前面提到的磨眼睛磨耳朵，跟读正音和线上外教的口语输出训练，孩子有能力说出比较地道且比较复杂的句子。但在最能体现语法功底的写作上，却处于相对滞后的阶段。因此，家长应该让孩子在这个时期加强中高级句型的学习和应用。

如何把两个简单句写在一起呢？可以使用复合句。旋元佑的《文法俱乐部》中，把复合句分为复句和合句，合句就是《新概念英语》中所说的并列句，复句对应到《新概念英语》的复合句。虽然有点乱，但不同的参考书有不同的称呼，我们只要明白其实质就可以了。

为了和大多数《新概念英语》的使用者保持一致，本书就不提合句，而说并列句。并列句也可以称为对等从句（不对等从句叫从属从句，从属从句用从属连词相连）。并列句的例子如：

> I like noodles, but Diego likes hamburgers.

如果将一个句子改造成名词、形容词或副词类，放到另一句中使用，就称为从属从句，另一句则称为主要从句。合并而成的句子有主从之分，《文法俱乐部》称之为复句（Complex Sentence），我们可以继续称之为复合句。复合句的从属从句有三种，分别是名词从句、形容词从句和副词从句，各有其特点。

> 名词从句示例：I know that Diego likes hamburgers.

其中 Diego likes hamburger 是一个独立的简单句，外加连接词 that 成为名词从句，放在主要从句中作为 know 的宾语。

形容词从句又称关系从句。两个独立的简单句之间必须有关系，也就是要有一个重复的元素存在。

> 形容词从句示例：Diego is a boy who likes hamburgers.

这个句子实际上是由两个简单句合并而成的：Diego is a boy、和 Diego/He likes hamburgers。其中 a boy 和 Diego/He 两个指代人的名词或代词重复，从而两个句子之间产生了关系。将重复的词改写成关系词 who，就可以将两个句子连接在一起。Who likes hamburgers 用来形容前面的名词 boy，所以称为形容词从句。不过由于充当名词修饰词的不是一个简单的形容词，而是一个句子，无法像普通形容词一样放在名词的前面，而只能紧随名词之后。

> 副词从句示示例：I work hard because Diego is in need of money.

两个独立的简单句之间有因果关系：Diego 需要钱是我努力工作的原因，于是用表示原因的连接词 because 连接两个简单句。Because Diego is in need of money 起到普通副词一样的修饰作用，但动词 work 后面已经有了一个普通副词 hard 来修饰了，所以这个副词从句就只能继续后移，位于副词 hard 之后。

如果把并列句和复合句结合起来，就可以表达更复杂的内容，称之为并列复合句。如：

> I looked at Diego doubtfully, and he asked me why I glared at him like that.

复合句包含两个以上的从句，其间往往有重复的元素，因而有进一步精简的空间，若剔除重复或空洞的元素，让复句、合句更加精简，又不失清楚，这就是简化从句。如果说简单句是初级句型，并列句和复合句是中级句型，那么精简的简化从句就是高级句型。这种句型可以浓缩若干句子的意思于一句，同时符合修辞学对清楚与简洁的要求，是报纸、杂志经常使用的句型。

从属从句简化的通用原则是"省略主语和 be 动词，只保留补语"。如句子 The ship coming to Dalian is from America. 中美贸易战开始的时候，一艘载满大豆的货船全速赶往大连，希望能在新的关税政策实施前入关。这句话是从句子 The ship which is coming to Dalian is from America 简化而来。关系从句中的主语 which 就是 the ship，又有 be 动词，省去这两部分即可。剩下的补语部分是现在分词短语，属于形容词，与原来的关系从句词类相同，放在名词 ship 后面修饰之。

更多简化从句的简化方法，请参考旋元佑的《文法俱乐部》，本书限于篇幅不再赘述。

倒装句是一种把动词（或助动词）移到主语前面的句型。以这个定义来看，一般的疑问句都可以算是倒装句。恰当地运用倒装句，可以强调语气、增强清楚性与简洁性，以及更流畅地衔接前后的句子。如：

> 名词从句：The WHO warns that cholera is coming back.
> 倒装句：Cholera, warns the WHO, is coming back.

学习复合句和简化句之后，可以逐渐进行句子成分划分训练。当阅读理解中句子足够长的时候，单凭语感可能会力不从心，这时候运用语法知识，对长难句进行快速而正确的划分，可以帮助孩子正确理解句子内容。

在一定级别的考试中，长难句分析历来都是阅读的重头戏之一，主要影响因素除了词汇外还包括能否正确地对句子成分进行划分。进行句子成分分析时，应该在句子中先找动词，但是可能会找到好多动词，这时候要区分谓语动词和非谓语动词，明确动词的形态和在句子中的作用。再找到连词，确定是并列句还是复合句。最后对每个子句重新进行这个拆分过程，直至到最小句子成分。如对下面的长难句进行分析：

> While talking to you, your could-be employer is deciding whether your education, your experience, and other qualifications will pay him to employ you and your wares and abilities must be displayed in an orderly and reasonably connected manner.

分析：该句主干是 While ..., your could-be employer is deciding whether... and your wares and abilities must be displayed...。前一个分句中 while 引导状语从句，decide 后面是 whether 引导的宾语从句，该从句中并列主语为 your education, your experience, and other qualifications，谓语部分为 pay him，后面是动词不定式做的状语。and 后面的并列句是被动语态，其中 in ... manner 为方式状语。用括号标注一下句子，就更容易理解：

（While talking to you），（your could-be employer is deciding *whether your education, your experience, and other qualifications will pay him to employ you*）and（*your wares and abilities must be displayed in an orderly and reasonably connected manner*）.

译文：在与你面谈时，你未来的雇主将根据你的教育背景、经验和其他的资历来确定雇用你是否值得，因此你必须把你"待售的物品"和能力以有序而合理连贯的方式呈现出来。

在孩子可以接受的情况下，经常性地进行长难句分析训练，既有利于提高孩子的阅读理解能力，也对他的写作能力有很大的帮助。如果孩子的时间和精力允许，可以进一步对分析后的长难句进行仿写和改写，以提高孩子灵活运用语言的能力。

抛砖引玉

推荐《语法女孩》（*Grammar Girl*） Podcast

Grammar Girl 是著名的系列 Podcast——Quick and Dirty Tips 旗下的一个子 Podcast。没有长篇大论，而是每期 5 分钟的 Tip（小提示），可听性比较强。*Grammar Girl* 提供短小、管用的小技巧，以提高你的英文写作水平。不论英语是你的母语，或是第二语言，这些语法、标点符号、语言规范和商业小技巧，会帮你成为更好、更成功的写作者。*Grammar Girl* 主持人 Mignon 曾拿到华盛顿大学的英语学士、斯坦福的生物学硕士，是杂志作家和企业家。后来创建了 Quick and Dirty Tips 这个 Podcast 栏目，并成为《Grammar Girl》的主播。这个 Podcast 适合英语基础比较扎实的人听。

《语法女孩》Podcast 频道和主持人 Mignon Fogarty

19.2　改写/扩写/续写

本书在提高期按照循序渐进的方法，从抄写、听写（已熟悉的简单句），到重写、仿写，再到摘要写作，建议家长对孩子进行充足的入门训练。本节进一步提高训练难度，讨论改写、扩写和续写。

改写（paraphrase）是指运用与原句不同的词汇和句式，重新写一个相同含义的句子。改写是一项重要的语言技能，FCE、CAE 和 CPE 考试中专门有个题型就是进行改写。如：

> 原句：I'm disappointed with the Fishers' new album when I compare it to their previous one.
>
> 改写：I think the Fishers' new album is a disappointment in comparison with their previous one.

可以看出，改写句用 comparison 代替了 compare，用 disappointment 代替了 disappoint，都是用名词代替了动词。句子结构也发生了变化，原句是个 when 引导的时间状语从句，改写句是个名词从句，并用介词短语代替了原来的时间状语从句。

除了改变词性、近义词替换和改变句子结构之外，改变次序（如主动变被动）也是常用的改写方法。但是无论采用哪种改写方法，都需要仔细阅读拟改写的句子3遍以上，并进行充分的理解，尤其是要理解句子包含的深层含义，这是正确进行改写的基础。然后在句子中重点关注自己不熟悉的单词，对这些单词要重点关注。

我们首先来看最简单、直观的改写方法：同义词/近义词替换或词性改变。需要注意的是，这里说的同义词/近义词替换，不仅仅是一个单词的替换，还包括不同表达方法的短语的改变。如原句作者喜欢用"clime on the bike"来说如何骑自行车，那就可以改成"sit on the bike seat"或者说"get on the bike"。想象一个人"clime"骑自行车的样子，尽管在形象生动方面会有所损失，但终究意思相同，基本符合改写的要求。只有见多识广，才能把句子改得更生动形象，否则，只能把好句子改得空洞干瘪。不过需要提醒大家的是，写作的初学者经常依赖 Thesaurus 来检索近义词，力图丰富表达。但美国作家 Stephen King 明确批评了这种写作方法，他说：Any word you have to hunt for in a thesaurus is the wrong word. There are no exceptions to this rule.（任何你想从同义词表中寻找到的词都是错误的词，没有任何例外。）

通过同义词/近义词替换或改变词性的方法来改写句子，离不开一个强大的 Thesaurus（同义词/近义词）词典。有些词典，如朗文，内含 Thesaurus 的功能，查单词的时候就可以直接看到一大堆的"同义词"（synonyms）。如果词典没有这种"内含"的功能，就需要分别购买 dictionaries of English idioms, dictionaries of English usage, dictionaries of collocations and synonyms 等专门词典。我给 Diego 用的电子词典主程序和词典文件是分开的，可以非常方便地使用满足特定文件格式的任何词典文件，其中就包括了朗文英英词典。

有了 Thesaurus 功能的电子词典，就很容易对那些自己不是很熟悉的单词进行同义词替换。查找和替换的过程中，孩子对词汇的掌握也越来越精准。如在使用 grumble 替换 protest 的时候，就会发现 protest 一般与政治相关，而 grumble 没有这个应用特点。

除了单词的替换，我们还可以改变语法和句型。如：

> Diego stared at the sunset as he ate apples.
> Diego ate apples while he stared at the sunset.

这两句虽然语法不同，但意思差不多。

对于段落的改写，我们可以改变段落结构，并综合运用各种方法进行改写，如：

> 原始文本：Jane swerved in the road to avoid hitting the deer. As the car veered off the road, Jane couldn't help thinking this day may be her last. Her thoughts flashed to her children and her spouse. The car hit the tree with a sickening crunch, and Jane blacked out. However, she awoke within a few seconds, bruised and sore, but alive.
>
> 改写文1：Jane saw a deer in the road, so she swung her car around to miss the animal. Her car headed for the trees. Her mind flooded with images of her family, and she wondered if she would die today. As the front of the car crunched into the tree, she lost consciousness for a moment, though she thankfully survived the crash with just a few bumps.
>
> 改写文本2：While out driving, Jane hit a tree because she swerved to miss a deer. She thought about how her family would miss her if she died as the car slammed into the tree. She sustained minor injuries, though the impact knocked her out for a bit.

改写非常灵活，但要注意改写和摘要不同。改写一般不会把原句或段落变短，仍需要保留细节部分；而摘要则是去掉细节，保留要点。如：

> 原句：The fox stalked its prey in the moonlight, it's large ears and bright eyes on high alert for the rabbit's next move.
>
> 改写句：The rabbit stayed still in the light of the moon while the fox surveyed the land using its spectacular hearing and night vision.
>
> 摘要句：Foxes hunt rabbits at night using their ears and eyes.

"扩写"是"材料作文"的形式之一，它是把一段话，或一篇较短、内容较概括的文章，扩展成篇幅较长、内容丰满的文章。扩写相对改写来说，更自由，但更有难度。我们在训练的时候依然从句子开始扩写，然后对段落扩写。

简单句扩写比较简单，只要认准句子的主要成分：主语、谓语、宾语、宾补和表语，然后对主要成分进行修饰，增加附属成分：定语或状语。如：The boy is a student. 扩写的时候可以加各种修饰，如：The <u>handsome</u> boy <u>singing</u> <u>in the room</u>

is a student of Beijing National Day School. 又如：I am working. 可增加状语，扩写为：I am working day and night.

明确了句子的扩写之后，段落的扩写相对就好理解了。段落是由句子构成的，常见的段落结构是"三明治"结构，主旨句一般无须扩展，只需要对细节和论据部分进行扩展。

扩写时要注意：

- 扩写要忠于原作，不改变中心意思；
- 为了突出中心，应扩充那些值得扩充之处，而不是任意发挥；
- 扩写时要注意情节发展合乎逻辑，人物性格前后统一；
- 扩写前后主题不变。

扩写不同体裁的文章，着重点是不一样的：

- 扩写议论文和记叙文，要围绕中心思想进行；
- 议论文的论据，记叙文的情节、对话和场面描写，都有较大的扩展和发挥余地；
- 扩写说明文，则要围绕事物的特征或者事理进行，应当在充实材料、加强说明方面下功夫，而不用发挥想象 或运用夸张手法。

续写是一种比较常见的"材料作文"，就是根据所提供的材料，按照一定的提示，从已有的条件出发，去推想故事发展过程中可能出现的情况，展开合理、充分的想象，构思适当的情节，紧扣所供材料，写成一篇完整的文章。续写训练有助于培养学生的想象能力、创造性思维能力和语言表达能力。

常见的续写方式有两种：一种是根据一篇文章的主要内容和基本情节接着写下去，这是一种读写结合的续写方式，往往要求写出一篇有所发展、情节不同的新故事来。新故事与原来的故事情节有一定联系，新故事的中心思想可以是原来的，也可以是新的中心思想。另一种方式是给文章开头续写情节或续写文章结尾，这在考场作文中出现得比较多，由于是续写片段，一般不必长篇大论。这类续写，要求在理解原文的主要内容和中心思想基础上，展开想象，对原文内容进行补充，力求使所改写的文章与原文保持一致。

浙江高考英语改革一直走在全国前列，2017年11月浙江英语高考卷的最后写作题就是读后续写（满分25分），内容如下：

阅读下面短文，根据所给情节进行续写，使之构成一个完整的故事。

A Vacation with My Mother

I had an interesting childhood: It was filled with surprise and amusements, all because of my mother-loving, sweet, and yet absent-minded and forgetful. One strange family trip we took when I was eleven tells a lot about her.

My two sets of grandparents lived in Colorado and North Dakota, and my parents decided to spend a few weeks driving to those states and seeing all the sights along the way. As the first day of our trip approached, David, my eight-year-old brother, and I unwillingly said good-bye to all of our friends. Who knew if we'd ever see them again? Finally, the moment of our departure arrived, and we loaded suitcases, books, games, camping equipment, and a tent into the car and bravely drove off. We bravely drove off again two hours later after we'd returned home to get the purse and traveler's checks Mom had forgotten.

David and I were always a little nervous when using gas station bathrooms if Mom was driving while Dad slept: "You stand outside the door and play lookout while I go, and I'll stand outside the door and play lookout while you go." I had terrible pictures in my mind: "Honey, where are the kids?" "What?! Oh, Gosh … I thought they were being awfully quiet." We were never actually left behind in a strange city, but we weren't about to take any chances.

On the fourth or fifth night, we had trouble finding a hotel with a vacancy. After driving in vain for some time, Mom suddenly got a great idea: Why didn't we find a house with a likely-looking backyard and ask if we could set up tent there? David and I became nervous. To our great relief, Dad turned down the idea. Mom never could understand our objections. If a strange family showed up on her front doorsteps, Mom would have been delighted. She thinks everyone in the world as as nice as she is. We finally found a vacancy in the next town.

注意：

1. 所续写短文的词数应为150词左右；
2. 应使用5个以上短文中标有下划线的关键词语；
3. 续写部分分为两段，每段开头语已为你写好；
4. 续写完成后，请用下划线标出你所使用的关键词语。

Para. 1: The next day we remembered the brand-new tent we had brought with us. _____

Para. 2: We drove through several states and saw lots of great sights along the way. _____

19.3 日常写作与应试

本节讨论的写作类型，不限于剑桥系列考试中所考类型，而是日常生活中涉及的写作类型。剑桥考试中可能涉及的类型包括：KET 的写作是考查写信或写邮件，PET 的写作是二选一（信或故事），FCE 的写作是三选一（如书评 Review、文章 Article 或邮件 Letter/Email），CAE 的写作分为两部分，必选的 Essay（议论文）写作和三选一（如报告 Report、书评 Review、回信 Letter 或建议 Proposal）；而 CPE 的写作也是分成两部分，必选的 Essay 和四选一（如报告、信件、书评或根据材料写议论文或文章）。

总之，剑桥五级对学生文体的考查最主要的是议论文，因为这种文体是孩子们进入高中和大学，以及进一步深造所要经常面对的。其次还要去掌握书评、文章、邮件/信、报告这几种文体。

本节简单讨论五种写作类型。限于篇幅，不做进一步的展开，需要更具体指导的家长，请关注由浙江教育出版社出版的《培生英语写作手册 1-3》。

- 知识型：笔记（Writing to Learn）
- 叙事型：故事（Writing to Tell a Story）
- 描写型：想象（Writing to Describe）
- 说明型：事实（Writing to Inform）
- 论述型：观点（Writing to Persuade）

分类	体裁
知识型	笔记（Notes）、列表（Lists）、日志（log Entries）、日记（Journal Entries）、短文（Paragraphs）、摘要（Summaries）、组织结构图、图表和图解（Organizers, Charts and Graphs）
叙事型	叙事型短文（Narrative Paragraph）、图文并茂的文章（Picture Essay）、个人叙事（Personal Narrative）、谜语（Riddles）、笑话、双关语和简短诗（Jokes, Puns and Terse Verse）、传记（Biography）、纪实故事（Realistic Story）、奇幻故事（Fantasy Storey）、惊险故事（Mystery）、科幻故事（Science-Fiction Story）、寓言（Fable）、连环漫画（Comic Strip）、荒诞故事（Toll Tale）、神话（Myth）、剧本（Play Scene）、历史故事（Story from History）
描写型	描写型短文（Descriptive Paragraph）、人物刻画（Character Sketch）、背景描写（Description of Setting）、自由诗（Free-Verse Poem）、四行诗（Quatrain）、比较与对照（Compare-and-Contrast）、观察报告（Observation Report）、俳句诗（Haiku）、五行打油诗（Limerick）、目击故事（Eyewitness Account）

（续）

分类	体裁
说明型	说明型短文（Informative Paragraph），访谈文章（Interview），研究报告（Research Report），指南型短文（How-to Paragraph），私人信函（Friendly Letter），商务或正式信函（Business or Formal Letter），读书报告（Book Report），新闻报道（News Story），研究报告（Research Report），问题解决类短文（Problem-Solution Essay）
论述型	论述型短文（Persuasive Paragraph），宣传册（Brochure），书评（Book Review），评论文章（Editorial Article），影评（Movie Review），广告（Advertisement），商业信函（Business Letter），海报（Poster），演讲稿（Speech），观点型文章（Point-of-View Essay）

议论文是重要的题型，接下来进一步讨论，如何更好地帮助孩子进行 Essay 的写作训练。我们这里所说的议论文（Essay）特指剑桥考试中的写作问题，一般要求词数不多，如 CAE 写作要求为 220～260 个单词，CPE 写作要求 240～280 单词。我们这里不讨论美国大学要求的那种大议论文。

剑桥通用英语考试的议论文写作，大多有具体要点（即论点或论据）的限定，所以并不需要如何纵横捭阖，如何旁征博引。但是，麻雀虽小，五脏俱全，一篇不足 300 词的议论文，同样必须逻辑严密，结构清晰，语言精练，必须论有中心，言而有据。

我们先通过一个 CAE 写作的例子来了解一下剑桥考试中对写作的评分标准。剑桥考试对写作从四个方面（Subscales）进行评估。它们分别是：

- 内容（Content）——规定的任务完成得如何。判断所要求的信息是否都包括在作文中。
- 交际功能的实现（Communicative Achievement）——在文体方面是否合适。判断是否与所需使用的文体类型相匹配，如回信、报告、评论还是议论文。检查文本是否恰当、有效地传达给目标读者。
- 组织（Organisation）——组织文本的方式。判断作者的观点是否连贯地呈现出来，是否正确地通过句子和段落连接起来。
- 语言（Language）——词汇和语法。判断是否正确地使用了一系列词汇和语法结构。

CAE 官方样题中，写作第一部分要求写一篇议论文，讨论有关环境问题。要求提到交通问题（transport）、江河湖海（rivers and seas）和考生自己的观点（your own ideas）。我们来看下列范文的分项评分情况，其中每项满分均为 5 分。

Development VS Environment

If we surf the web looking for pollution and environmental catastrophes, we will find out that every country in the world suffers them. This is a natural consequence of the struggle between development and environment.

If a country decided to live isolated from the rest of the world, living on what it can naturally grow and produce, it surely wouldn't be highly polluted. But we all want exotic food and technological items from all over the world, so we have to pay the price.

Investing on electrical transport would benefit the environment a lot. Even more if this electricity came from a natural source of energy like wind, rivers and solar boards. It's difficult to achieve this because petrol companies will fight against these actions.

We also have to take care of our rivers and seas. We all have heard about factories throwing highly toxic substances to rivers, without minimizing their poisoning effects. A really strict law should be applied to fine these factories and make them change their policy.

But what about ourselves? We also can do a lot! If, when possible, we bought larger packs of food, we would be producing less rubbish. And this is only an example!

剑桥官方对上述范文的评分情况为：

内容：5分。所有内容都与任务相关，目标读者可得到全部信息。考生先讨论运输方面的建议，即如何使用不同形式的运输来帮助保护环境（Investing on electrical transport would benefit the environment a lot…），然后评估该建议（It's difficult to achieve this …）。随后描述了水污染问题并且解决了问题（A really strict law should be applied to fine these factories）。考生的观点通过 should 一词得以明确。第三个方面（减少废物）在最后一段中引入，提出了如何实现这一目标的建议（If, when possible, we bought larger packs of food…）。作者的观点得到了清楚的表达（We also can do a lot!）。

交际功能的实现：5分。文章的表达方法可以有效地引起目标读者的注意。开始有一段概括性的介绍，最后一段总结了更具体的做法，如 What about ourselves? We also… 告诉读者也可以一起来帮忙。文字合适，表达恰当，例如 Investing on electrical transport; If a country decided。直截了当地表达了复杂的想法（It's difficult to achieve this because petrol companies will fight against these actions.）。

组织：5分。本文使用各种衔接手段组织良好，连贯一致。这些段落以各种方式组织，如使用语法结构而不是只使用连接词（If we surf the web; If a country decided; Investing on; We also have to; But what about）。应该让段落衔接更密切，使它们不那么孤立，但总体上是一个行文紧凑的文章。

语言：4分。词汇种类繁多，包括适当使用一些不太常见的词汇（environmental

catastrophes；highly polluted；exotic food；highly toxic substances；minimizing their poisoning effects；change their policy）。使用了一系列或简单或复杂的语法形式，对语言具有良好的控制能力和灵活性，例如：This is a natural consequence of the struggle between development and environment；we all want exotic food and technological items from all over the world, so we have to pay the price. 文章错误很少，不影响理解。

总之，这是一篇几乎获得满分的优秀范文。在剑桥考试中，如何写出一篇优秀的作文呢？我们从篇章结构、句子修辞和词汇运用三个方面简单说一说，希望对家长和孩子们能有所帮助。

议论文的写作，往往从正反两方面来论述，且都有其约定俗成的议论模式，即从"主题句——正面和反面论述——结论"四大块去营造文章的基本结构。考生必须要围绕中心话题进行论述，确保论述的内容直接为主题服务。一般来说，整篇文章有整篇文章的中心论点，每一段落有每一段落的分论点。确立好论点之后，将其置于每一段的段首。在选取论点时要问一问自己：这一论点是否会让自己信服？如果一个论点连自己都说服不了，就要放弃它。

段落论点的呈现不能羞羞答答，犹抱琵琶半遮面，也不能深藏不露，让读者去总结和归纳，而必须在文章开篇或段落开头就亮出来。论点置于篇首或段首，才能纲举目张，也是确保不跑题的前提。而中心句的写法也有讲究。中心句必须能高度概括所在段落的论据，它的关键词应该在每一个论据中都有重复或适当体现。那种无关痛痒的叙述或说明性的句子，是不适宜用作中心句的。

篇章结构是骨架，好的骨架虽然必不可少，但也少不了血肉。适当采用比喻、头韵（即连续数个单词的头音或头字母相同）、夸张等修辞手法，采用幽默、平行结构等写作手法，可以把道理说得更加透彻，把观点表达得更加鲜明，把平淡的内容表现得更加生动，从而更好地传递信息，增添文采，激发读者的共鸣，为文章增强说服力。

需要注意的是，比喻等修辞格的使用及谚语等的引用关乎作者对英语文化的理解，因为它们在英语中的意义往往与我们的理解大相径庭，很容易误用。只有多多学习，认真分析它们的应用环境，使用起来才能锦上添花。如果没有十分的把握，切不可生搬硬套，否则会适得其反。

通常情况下，考生对自己论述的观点是清楚的。但在将观点表达出来时，往往因为用词不准确，逻辑欠严密，或因受中国式思维的干扰而令表达不到位，结果使读者如堕五里雾中。考生应站在读者的立场上考虑问题，始终牢记"读者明不明白"才是判断写作是否成功的最重要标准。

语言简洁有力，文风干净利落，是议论文的重要特征之一。应该指出的是，好句子并不以长短论英雄，长句未必不简洁，短句未必不啰唆。作者在写作时，只要力求做到"章无冗段，段无冗句，句无冗词"，就可改变当断不断、拖泥带水的现象。

在词汇运用方面，要注意多用书面语，少用口头语。相对口头语而言，书面语更能增添文章的厚重感和读者对文章的信任感。很多时候，一些常用的句式或句子也能承上启下，使相关的信息得到巧妙的过渡和衔接。

总之，无论是剑桥考试的小议论文，还是英美大学课堂常见的大议论文（大作业），再或者是日常生活中的各种文体使用，都需要孩子在篇章结构、逻辑和语言等方面整体提升，辅助以多写多练，才能快速提高综合写作能力。

19.4　辅助工具与资源

1. 拼写与语法自动检查工具

Grammarly 是一款国外厂商开发的基于 AI 的语法检查应用，提供了网页版、Chrome 浏览器插件版，微软 Word 插件版以及 Mac 和 Windows 客户端版本。Grammarly 操作简单，界面简洁，并且能实时对用户提交的文本进行检查。Grammarly 主要功能包括：考虑上下文的拼写检查、语法检查、标点符号纠正、句子结构修正、句式修改、词汇增强以及防剽窃等。其中，基本功能如拼写检查和语法检查等是免费功能，其他为收费功能。尤其是防剽窃查重功能，在完成老师指定的论文写作（Essay）时非常有用。提交前进行自查，可以避免被老师认定为剽窃，进而影响学业成绩。

本书撰写时，正好赶上 Diego 受邀为学堂在线的五周年庆写几句祝福语。于是 Diego 就是用 Chrome 打开自己的 Gmail 邮箱，写了几句简短的祝福词。Chrome 浏览器已经安装了 Grammarly 的插件，如下图所示。Grammarly 联网可实时显示语法或拼写错误。

Grammarly 插件实时显示拼写和语法错误

点击右下角的红色图标，在弹出的界面中完整显示所有的拼写和语法错误以及建议，如下图所示。点击建议，可以查看建议详情，直接点击绿色文字接受修改建议，或点击"IGNORE"忽略建议。

Diego 接受修改建议

Diego 使用的是免费版，所以不会检测句子结构错误，如常见的垂悬分词错误。

分词短语在句子中作状语时，其逻辑主语（亦称隐含主语）通常应是整个句子的主语；如果不是，而且其本身也不带自己的主语（如在独立主格结构中），就被认为是一个语言失误。这个分词就叫作"悬垂分词"（dangling participle）或"无依附分词"（unattached participle）。

悬垂分词错误主要包括三类：

> 悬垂分词错误：Being Sunday, they went for a picnic. 应为：It being Sunday, they went for a picnic.
>
> 悬垂动词不定式错误：To swim properly, a course of instruction was necessary. 应为：To swim properly, one needs a course of instruction.
>
> 悬垂简式从句错误：When a middle school student, his parents were very strict with him. 应为：When he was a middle school student, his parents were very strict with him.

Grammarly 对句式的建议往往是将被动句改成主动句。但在科技论文中还会大量使用被动语态，因此应根据实际情况决定是否接受 Grammarly 的句式修改建议。

在词汇增强方面，Grammarly 会建议将重复次数较多的词进行修改，会提供一些同义词供用户选择，但选用哪个同义词，同义词能否精确表达作者原有的含义，依然需要写作者仔细推敲、谨慎选择。

除了 Grammarly 之外，还有很多类似的自动修改工具，如 Stylewriter，WhiteSmoke，NounPlus，Grammar Check 等。其中 Stylewriter 官方介绍是提供给英语为母语的人使用的、提高文章可读性的建议性软件。检查完一个文档，Stylewriter 会把认为需要修改的地方用不同颜色来标记出来。1. 蓝色的部分是建议修改；2. 橙色的部分是拼写错误；3. 红色的是 Stylewriter 认为必须要修改的。4. 蓝色底的句子是 Stylewriter 认为为了增强可读性，需要进一步修改。Stylewriter 4 提供 14 天的免费试用期。官网网址：http://www.editorsoftware.com/。

此类国内网站还有作文批改网（www.pigai.org），1Checker（易改）等。大家可以根据自己的爱好进行选用，但要考虑国内外技术的差异。推荐使用 Grammarly，等孩子到了高中或大学，可能还需要购买 Grammarly 的收费服务。

实际上，这类语言检测工具，不论收费与否，最多都只能覆盖 25%~30% 的语法错误类型和 20% 甚至更低的表达错误。在英文中和上下文有关的错误有很多种可能，不可能有一种检测器能够完全并且正确地解决掉它们，因为没有一种通用的办法可以采用。虽然上述软件都声称自己如何先进和完美，但不要真的相信广告，更不要期望完全依赖它们就可以把自己的文章变得完美。

2. 在线练笔与评测工具

和单纯的语法和拼写检查器不同，在线练笔和评测工具主要是一种任务型写作练习与自动评测系统。本书的以考促学部分建议使用剑桥少儿英语和剑桥通用英语系列。因此，本节特别推荐剑桥官方推出的在线练笔与评测系统 W&I，网址为 https://writeandimprove.com/。

网站针对 Beginner（初阶）、Intermediate（中阶）、Advanced（高阶）、Just for fun（娱乐性写作）这四种不同写作目标水平给出可选的写作任务，并提供与剑桥通用英语五级测评（Main Suite Examinations）和雅思（IELTS）写作题型紧密相关的写作题目。网站会提出关于拼写、词汇使用、语法和文章整体风格的反馈，并显示相对应的欧洲语言共同参考框架 CEFR（Common European Framework of Reference）水平评定，具有较高参考价值。

进入网站之后，可以选择自己对应的级别，如下图所示。也可以跳过不选，直接在全部的写作任务列表中任意选择自己所想练笔的难度。

作为示例，我们选择下图所示的 W&I 的初始级别的练笔任务。把鼠标悬停在标题 "An Essay：What you do in your free time" 上，该标题会展开，便于用户查看任务详情。

选择练笔难度

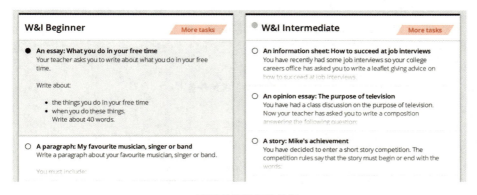

查看并选择练笔任务

点击任务详情即可出现下图所示界面，界面分成五个区域。区域①是任务区，区域②是写作区，用户可以直接在此区域输入文字，输入区域的下侧还会实时统计已输入单词数量，达到写作任务要求字数之后，显示为绿色，提示用户可以点击 "Check" 提交评测。如果多次修改，多次提交，按钮会显示为 "Check Again"；若无修改，按钮显示为灰色。区域③是评测结果反馈区，系统会标注建议修改的地方。区域④是个人进步提示，记录每次修改后的评测值，竖轴表示对应的 CEFR 参考值。区域⑤提供一个简单的练笔计时器，开始写作时点击 "Start Timer" 开始计时。

W&I 主界面

区域①：练笔任务

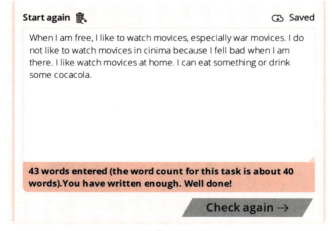

区域②：练笔输入

区域③：评测反馈

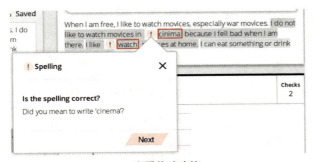

查看修改建议

使用者可修改文章后再次提交，W&I会显示出两次写作之间的水平差异，体现使用者的进步。对于这个进步使用者不要太认真，仅供参考而已。比如我只修正了一个词的拼写，再次提交评测，显示CEFR分值从A1向A2有了提高。

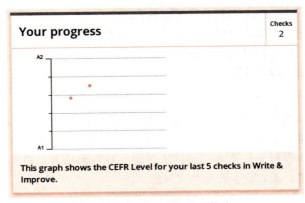

区域④：显示多次修改轨迹

区域⑤：小小计时器

如果注册时选择老师角色，则可以新建一个 Class View，可以查看班级内所有学生的练笔数据。下图所示为网站提供的虚拟数据：班内 7 名学生的分值提示汇总以及学生练笔的水平差异。限于篇幅，本书不对老师角色功能做过多说明。

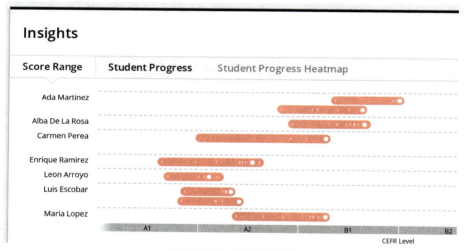

教师角色可查看学生练笔数据

由此我们可以看出，剑桥官方出品的 W&I 练笔和评测系统针对性很强，能够引导学生完成写作任务，并协助其进行多次的评测与修正，绝非一般的写作模拟训练。建议家长在孩子考试前拿出专门的时间进行针对性的训练。

此外，外研社也推出了适合英语四六级及考研学生的 iWrite 英文写作教学与评阅系统，需要的家长和孩子也可试用一下。

3. 人工互助批改平台

前面介绍的两类工具都是基于计算机技术在语言学习方面的应用，是自动的，无须真人介入。这自动化工具虽然方便，但语言学习是离不开真人帮助的，尤其是母语人士的指点。但对于普通家庭和孩子来说，找到能指导自己写作的母语人士不是一件容易的事情，而且还会涉及费用问题。

Lang-8 网站的创始人认为，既然有想学英语的中国人，也有想学中文的美国人，有想学日语的中国人，也有想学中文的日本人，那为什么不能提供一个交流平台，让学习外语的你用自己的母语帮助其他人呢?要想母语人士帮助修改自己的练笔,自己就要用自己的母语来修改其他人练笔。据称目前 lang-8 的会员遍及世界 190 多个国家,覆盖 90 门语言。

如果我们的孩子还不具备帮助别人修改中文练笔的水平,家长可以代替孩子来帮助别人修改汉语。自己孩子写的英语练笔,则由英语人士来修改。你给别人修改的越多,收到的感谢积分(Thanks Points)越多,你的网站积分(L Points)就越多。L Points 越多,你写的英文才会被网站列到待批改队列的前面,才有可能被更多的母语人士发现并修改。如 Diego 在 Lang-8 网站上的 L Points 是 470,在以英语为目标语的约 12 万人当中排名 383 位。Diego 写了 3 篇练笔,希望得到母语人士的修改,但最新一篇一直没人修改,不知道是没有错误呢,还是没人感兴趣。如下图所示。

Lang-8 网站这样设计的目的很明确,你必须热情地去帮助别人,才能有更多的机会获得别人的帮助。我替 Diego 完成了不少中文练笔的修改,如下图这是一位昵称叫 banboke、母语是英语、目标语言是汉语和韩语的女孩写的一篇练笔《我们的宾馆在山顶》。

点击"编写修改并发表评论",即可逐句对上面的文章进行修改。第一句是完整正确的,不需要修改,直接点击"Perfect"。第二句"早上气温九度很冷",我建议修改为"早上气温只有九度,很冷",修改完毕,点击"确定",继续下一句直至完成整个练笔的修改。

Diego 在 Lang-8 的账号信息

母语为英语的女孩的中文练笔

对中文进行修改

下文是 Diego 离开美国回国前给班主任老师写的一封信,后来把这封信放在 Lang-8 上请求修改,原文如下:

Hello, Mr. ＊＊

I am sorry to tell you that I will be leaving the U. S. on June 14th, 2016. By which date my father's program in UC ends, and we will not be returning in the following years.

I wonder if I can get the Ohio state test's report card before the summer holidays start. If not, and it is digital, can you or the front desk, send it to my father's email, which is this one, and if it is paper or something that can not be emailed please take a picture of it and send it.

I hope you enjoy your next year teaching at AWL, and my father needs to get a certificate saying that AWL had educated Diego (me,) for half a school year. My father spoke to the Front Desk about that, but I think there might be a misunderstanding because of my father's poor English.

Do we have to fill out any forms for my departure? If so, please let me and my father know.

I will miss you and my dear classmates wherever I am.

P. S. If you are not sure, would you please ask the Front Desk for me? Thank you very much.

Diego

这篇练笔得到了一位昵称叫 icchank(其目标语是日语)的热心英语人士的修改,如下图所示。

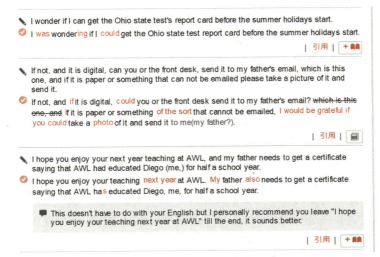

母语人士 icchank 对 Diego 邮件的修改

4. 语法与写作 MOOC 课程

在互联网时代，尤其是在全球 MOOC 课程建设如火如荼的近几年，有关语法与写作的课程也越来越多。本节为增长期的孩子们分别推荐国内和国外的两个 MOOC 课程。随着 MOOC 课程的进一步发展，会出现越来越多的优秀课程供家长和孩子们选择。

国内课程推荐暨南大学朱湘军老师的《英语语法与写作》。朱老师的课程把语法和写作紧密结合，在学好语法的同时，更学会文法——英语行文之法。

课程将英语语法与写作相结合，通过句子合并学习语法规则，通过规则讲解提高句子写作。每章包括语法和写作两部分。语法部分系统讲述了句子成分、短语、从句和句子等重要语法点的功能、形式、种类以及在句子中运用的位置与标点。写作部分又分改错与改写两块。改错包括残缺句、不间断句、杂乱句等常见的写作错误。各单元提供相关写作错误的描述、实例以及改正方法。改写部分介绍了句子合并策略、句子重心、句内句间关联等句子写作技巧，旨在通过技巧的讲解和操练使学习者改变英语写作中的中文行文习惯，并将语法规则具体运用到语篇写作之中。

朱老师的课程在学堂在线和中国大学 MOOC 上均可免费学习。每节后面均有单项选择题，每周均有主观重写题（Rewrite）并有详细讲解。课程界面如下图所示。

朱湘军老师的 MOOC 课程

按照家长们在国内所进行的语法和写作教育,这个课程非常不错,很适合孩子学习。但对于当时五年级的 Diego 听起来相对枯燥,选择题做起来也是一头雾水,对句子成分、各种词性更是难以区分,最后也由于时间仓促,Diego 没有拿到这门课的证书。

Diego 用过的另外一门课程是《英文写作与指导——写作入门》。这门课是针对英语语言学习者的写作入门课程,主要关注短文写作、语法使用和自我检查,分为三个部分,共 15 周,每个部分 5 周,介绍基本语法及其理解;如何撰写句子和段落;如何撰写引言和结论;撰写较长文本的策略,以及篇章主题。课程包含阅读材料和视频。课程中将使用电子格式的课程练习簿进行额外的写作练习。学生将对自己的写作参与在线讨论和同学互审。在课程中学生需要完成一篇完整的论文。

这门课主讲教师是 Maggie Sokolik,她在加州大学洛杉矶分校获得了应用语言学博士学位。在读博之后,她在法国巴黎做博士后,并曾担任哈佛大学、麻省理工学院、德州农工大学和北亚利桑那大学的教师。自 1992 年起她就开始在 UBC 教授写作和技术沟通课程。她著有 20 余本 ESL(英语作为第二语言)和写作方面的教科书,并频繁访问各地进行语法、写作和教师培训方面的演讲,最近演讲地包括中国、土耳其、墨西哥和印度。

课程界面如下图所示。可能是 Maggie 的这个课程比较短,或者是比较简单,也可能是 Diego 比较喜欢这种讲课风格,最后 Diego 按时完成课程,取得了课程通过证书。

Maggi Sokolik 的写作指导

当然,网络上优秀的 MOOC 课程很多,家长需要舍得花费一定的时间去为孩子寻找适合的课程。尽管这些 MOOC 平台内的课程主要是大学课程,但在提高期,依然可以为孩子提供很多合适的教程。英语水平的提高,尤其是听力能力的进步,可以为孩子打开更大的窗户,看到更精彩的世界。

第 20 章
以考促学之 MSE

限于本书篇幅，同时考虑到大部分孩子可能考完 FCE 之后，因为课业压力加大，会放弃继续备考 CAE 和 CPE，所以这里只讨论 KET、PET 和 FCE 三个级别的考试。如果需要 CAE 和 CPE 方面的信息和资料，可以扫描本书封底的二维码，联系 Diego 爸爸，加入迪爸家长训练营，和众多家长交流方法，交换资料。

需要详细了解剑桥 MSE 考试的家长，请登录下列网址，下载相关样题和考试说明。

> 青少版 KET 的网址是：
> https://www.cambridgeenglish.org/exams-and-tests/key-for-schools/preparation/
> 青少版 PET 的网址是：
> https://www.cambridgeenglish.org/exams-and-tests/preliminary-for-schools/
> 青少版 FCE 的网址是：
> https://www.cambridgeenglish.org/exams-and-tests/first-for-schools/
> CAE 的网址是：
> https://www.cambridgeenglish.org/exams-and-tests/advanced/
> CPE 的网址是：
> https://www.cambridgeenglish.org/exams-and-tests/proficiency/

20.1 MSE 听力

为了更好地说明 MSE 各级听力的变化，请扫码查看 Diego 爸爸的微信公众号文章 "058 以考促学之听力（MSE）：纵向对比"。里面的听力材料来自官方样题：KET 青少版，PET 青少版，FCE，CAE 和 CPE。音频内也包含对各级听力的简单说明。若需要获取全部样题的听力音频和文本，请到剑桥官网下载。

20.1.1 KET 听力

KET 听力考试包含 5 个部分，约 35 分钟，包括 6 分钟的誊抄时间。每个问题都是1分，听力材料读两遍。开始读听力材料之前会有一段静音，供考生快速浏览试题，读完之后也会有一小段静音，供考试检查答案。第一遍听取大意，选择最佳选项，第二遍检查答案，关注关键信息和特定细节。KET考试通过各类型听力材料全面考查考生的听力综合能力，其中既有简短的对话，也有较长的独白。考查考生对重要信息的听取和整段文章大意的听力理解能力。

Part 1 为5道单项选择题，共有5段对话，每段对话对应着一个问题，考查考生能否听懂简短对话并获取特定信息。问题的选项和剑少一样，采用图片的方式，而不是单词、短语或句子，有助于减少考生在词汇和阅读方面的难度。

Part 1

Questions 1 – 5

For each question, choose the correct picture.

1 What's Julia going to do tonight?

A　　　　　　B　　　　　　C

2 What time does the art lesson start?

A　　　　　　B　　　　　　C

KET 听力 Part1

Part 2 是听力填空题，内容为一段较长的录音，考查考生从录音中抽取特定核心信息的能力。注意第一遍听出来的信息要尽快记下来，必要时可以采用缩写的形式，然后在第二遍的时候核对所填写信息是否正确，最后全部完成之后再仔细检查单词的拼写。

另外在拼写的时候，人名、地名以及星期和月这类特殊名称首字母都要大写。数字均可用阿拉伯数字表示，避免拼写错误。

Part 2

Questions 6 – 10

For each question, write the correct answer in the gap. Write **one word** or **a number** or **a date** or **a time**.

You will hear a teacher telling students about a school camping trip.

School Camping Trip

Cost of trip:	£39.00
Give money to:	(6) Mrs _____
Day of return:	(7) _____
Time to arrive at school:	(8) _____ a.m.
Travel by:	(9) _____
Bring:	(10) _____

KET 听力 Part 2

Part 3 是 5 个单项选择题。听一段对话，为五道题目选择正确的答案。考生可以利用录音播放前的 20 秒静音时间快速阅读题目及对应的选项，并在第一遍选定比较明确的选项，第二遍检查答案，推敲关键信息和细节。

Part 4 为 5 道单项选择题，共有 5 段对话或录音，每段对话或录音对应着一个问题。题干对将要发生的录音给予了简单的背景描述，考试可以根据这些场景提示信息，产生一些适当的预猜测。

本道题主要考查考生能否听懂简短对话并获取特定信息。

本道题的选项和剑少不一样，采用了句子或短语的方式，而不是单词或图片。

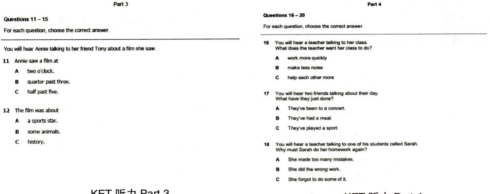

KET 听力 Part 3   KET 听力 Part 4

Part 5 是匹配题，共 5 道题。听一段非正式的长对话，将 8 个选项与 5 个题目进行匹配，其中 3 个是多余的。本题考查同一话题下的不同信息的匹配。对话中可能会提及这 3 个多余的内容来增加难度。

听力结束后，会有 6 分钟的誊抄时间。考生需要使用 HB 铅笔把对应的位置涂黑。一般监考老师会督促孩子把姓名和学号等必需的信息填写完整。

必要的时候，家长可以打印一份答题卷，让孩子彩排一下，必要的信息必须完整填写，不能涂的部分不要涂画。

KET 听力 Part 5

另外，KET 样题或模拟题的听力材料都配有文本，平时训练的时候可以有意识地让孩子精听。具体方法就是先听几遍音频，然后再看文本，比较一下哪些地方没听懂，明确原因。确定是词汇问题还是连读问题，或者是没听明白画外音。不过 KET 的听力相对简单，都是直来直去的问题。多听 KET 的样题音频，可以让孩子对这类材料更熟悉（包括语速语调等），避免考试时紧张。

20.1.2 PET 听力

剑桥通用五级 PET 考试中听力共 4 个部分，25 道小题，大约 35 分钟，包括 6 分钟的誊抄时间。

通过各类型听力材料全面考查考生的听力综合能力，其中既有简短的对话，也有篇幅较长的采访等。综合考查考生对听力内容的细节抓取，以及对说话者情感态度等做出评价的听力理解能力。

Part 1 为 7 道选择题（1 –7），考试需要听 7 段非正式的短对话，根据题目要求从 3 幅图片中选择正确的一个。

相对于 KET 的 Part 1，三个选项的图片相似度更高，迷惑性更强，考查考生能否听懂对话或独白，并能抓住特定的细节信息。

PET 听力 Part 1

Part 2 有 6 道题（8 –13）。共 6 段对话或录音。很多孩子容易忽略题目介绍部分，建议孩子养成划关键词和关键句的习惯。

建议考生听录音之前先把介绍中的关键词句看一遍，获取基本的可供猜测的信息。这样就明白随后的录音中将会涉及哪方面的内容，可以提前调动自己的背景知识。带着问题去听录音就比较有的放矢了。

有人喜欢提前快速地把选项也看一遍，也有人建议先不要看选项。我个人感觉，如果看了选项，考试可能会对某个自己喜欢的选项形成定式或心理暗示，可能会对音频中其他线索视而不见，而过于牵强地找自己喜欢的那个选项。Diego 在这方面也犯过多次比较明显的错误，就是自己认为应该是什么，而忽略"According to the author…" 的要求。

Part 2

Questions 8 – 13

For each question, choose the correct answer.

8 You will hear two friends talking about a campsite they have been to.
   What did the boy like best about it?
   A It was very close to the beach.
   B There were lots of people his age.
   C The activities were free.

9 You will hear two friends talking about homework.
   The girl thinks that doing homework with friends
   A is fun.
   B helps concentration.
   C takes longer than doing it alone.

PET 听力 Part 2 部分问题

Part 3 有 6 道题（14 – 19）。要求孩子听一段介绍，然后抽取核心信息并拼写出来。

到了 PET 阶段，孩子的拼写应该具有一定的基础了，只要平常适当的训练拼写，这部分的内容应该不算太难。Diego 平时的拼写训练不足，导致听力拼写部分一直是听力的拉分项，但依然能保持听力成绩位于听说读写中较好的位置。

和开放式阅读理解一样，考生听出来的单词，允许有适当的变动，或者说拼写容错率。比如 15 空，可以是 paper，papers 或者 news paper 或 news papers。在拼写上，有时候存在英美的差别或者其他不同的拼写方式。如 18 空，可以是 business，或者是 busines、bussines 或 bussiness，均会被认为是正确的。

Part 3

Questions 14 – 19

For each question, write the correct answer in the gap. Write **one** or **two words** or a **number** or a **date** or a **time**.

You will hear a man called Phil Lamb telling a group of students about his work as a TV news presenter

TV news presenter

Phil's first job after university was on local **(14)** _____ .

Before presenting the news, Phil looks through the day's **(15)** _____ .

Phil says that he's very careful about which **(16)** _____ he wears.

Phil sometimes finds the names of some **(17)** _____ difficult to say correctly.

Phil enjoys presenting news on the topic of **(18)** _____ .

Phil would like to be a **(19)** _____ in the future.

PET 听力 Part 3：听音填空

Part 4 有 6 道题（20 – 25）。录音材料可能是一长段对话，在开始播放录音之前，考生有 45 秒的暂停时间去查看题干和选项，以形成对录音材料的初步判断。这样可以带着问题来听随后的对话，效果就会好很多。

Part 4

Questions 20 – 25

For each question, choose the correct answer.

You will hear a radio interview with a young singer called Mandy.

20 Mandy started working as a DJ

    A once she could afford the equipment.
    B after she lost her job as a nurse.
    C when she first left school.

21 What does Mandy say about her singing career?

    A It started by chance.
    B It took years of practice.
    C It began with a song that she wrote.

22 What is Mandy's new song about?

    A making new friends
    B changing your mind
    C finding life difficult

PET 听力 Part 4：判断对错

PET 的听力材料中，会有几次暂停。其中各个 part 之间的暂停是 5 秒，然后音频会介绍下一个 Part 的信息，这些信息都是一样的，必要的信息也会在印在卷子上，所以考生可以忽略这部分的介绍。每部分的录音都会播放两遍，两遍之间也会有 5 秒的暂停。总之，考生要充分利用各个暂停时间，快速浏览题干和选项，画出关键词或做简单标注，以加强对听力材料的预判。

整个听力部分完毕之后，会有 6 分钟的誊抄时间，倒数 1 分钟会有语音提示。最后一个"哔"的提示音，录音提示音为"This is the end of the test"，结束听力考试。

20.1.3 FCE 听力

FCE 的听力包含 4 个部分，大约 40 分钟，包括 5 分钟的誊抄时间。

Part 1 也为单项选择题，共有 8 段对话，每段对话对应着一个问题，考查考生能否听懂简短对话并获取特定信息。这部分的选项不再使用图像，而是采用短语或句子。而且在题干的前面，还会有个一句话简短介绍，说明题干涉及的录音的背景。比如，先告诉考生"您将听到的是一段电话应答机上的留言信息"，然后问出题干"打电话的原因是什么?"，随后的选项就是 3 个简洁的动词不定式短语。

1 You hear a message on a telephone answering machine.

Why is the speaker calling?

A to confirm some arrangements

B to issue an invitation

C to persuade someone to do something

2 You hear two people talking about a water-sports centre.

The man says the centre should

A pay more attention to safety.

B offer activities for small children.

C provide all the equipment needed.

FCE 听力 Part 1 部分问题

Part 2 是一个摘要填空题。要求考生听完一篇长的语音，然后填空完成一篇对该语音材料的摘要。这部分的填空题还算是比较直接的，不会绕弯子。也就是考生听到什么词就填什么词，不会要求填同义词，或者单词的某种变形。只不过这个词在语音中的句子和摘要中的句子是不同的。要求考生听出并拼写的单词一般为名词。

考生要注意题干的提示信息：You will hear a woman called Angela Thomas, who works for a wildlife organisation, talking about the spectacled bear. 应先把题干中人名和地名等相关内容记住，这样有助于提高听音时的反应速度。

Spectacled Bears

Angela says that it was the (9) _____ of the spectacled bear that first interested her.

Angela mentions that the bear's markings can be found on its (10) _____ as well as its eyes and cheeks.

Angela is pleased by evidence that spectacled bears have been seen in (11) _____ areas of Argentina.

Angela says the bears usually live in (12) _____, though they can also be found in other places.

FCE 听力 Part 2 部分问题

Part 3 是匹配题。给出 8 个短语，从中选出 5 个，来匹配对应的讲话者。另外 3 个是多余的，用于混淆学生的判断。同样，考试在开始听录音之前，一定要仔细阅读题目的介绍部分，里面给出了很重要的信息：5 个讲话者讲的内容是相关的，都是针对同一个话题。这样其实难度就加大了：相关性增加了，混淆性加大了。好在是一对一，不用担心重复使用问题，到了 CAE 和 CPE 阶段，就可以看出来，选项是可以重复选的。

下图的题干说明会有五个人谈论自己去过的城市，从 8 个描述中选出和这五个城市对应的描述，把字母填写到 5 个 Speaker 后面对应的位置。

A the efficiency of the public transport system

B the natural beauty of the scenery   Speaker 1 [19]

C the variety of goods in the markets   Speaker 2 [20]

D the style of the architecture   Speaker 3 [21]

E the well-designed plan of the city   Speaker 4 [22]

F the helpfulness of the people   Speaker 5 [23]

G the range of leisure opportunities

H the standard of the accommodation

FCE 听力 Part 3：描述匹配

Part 4 是和 Part 1 都是传统的单选题，而且都是 3 选 1。但 Part 4 是一篇长录音，而 Part 1 是多篇无关的小段录音。

听录音前好好记一下可能出现的人名、地名等专有名词，这样再听的时候就有一种熟悉感，而不会迷茫一阵子。有的孩子，包括大人，对外国人的名字特别反感，觉得记不住，多几个人名更是分不清谁是谁了。这个时候除了平时多听多关注常用人名外，在听录音的时候可以用笔把名字的首字母或简写记录下来，这样可以帮助捋顺关系。样题的题干是：You will hear part of a radio interview with a woman called Rachel Reed, who works in a commercial art gallery, a shop which sells works of art.

Part 4 实际上是一道典型的"听力"理解题。但这 7 道题在听力材料中是按照顺序出现的，因此做题和录音播放进度要对应起来。

24 What does Rachel say about her job title?

　　A   It makes her feel more important than she is.

　　B. It gives people the wrong idea about her work.

　　C   It is appropriate for most of the work she does.

25 What is the most common reason for the gallery not exhibiting an artist's work?

　　A   The subject matter is unsuitable.

　　B   It is not of a high enough quality.

　　C   The gallery manager doesn't like it.

FCE 听力 Part 4：听力理解

剑桥官网提供的 FCE 听力部分没有对应的文本。

20.2　MSE 口语

　　剑桥考试中口语部分的标准形式是两名考生对两名考官。一名考官与考生对话，主持考试；另一名考官专事评分，不参与交谈。主持考试的考官就考生的整体表现给一个分数，而专事评分的考官就语法和词汇、语言组织、语音及互动沟通这四个方面进行分项打分。考官将根据考生的个人表现评分，其得分不受另一名考生表现的影响。因此不要担心自己和同伴之间的水平差异。鼓励考生主动与其同伴互动，凸显自己的交流能力。考官会考核考生的发音是否清晰易懂。在不影响正常沟通的情况下，不会因考生的母语口音而影响其得分。

　　口语考试中，在考生回答考官问题时，应避免只使用一个词或句作答，应尽可能举例或说明原因等，这样可以充分利用自己的时间，避免无话可说而时间未到的尴尬。考生所分配时间用尽的时候，考官会用"I'm sorry."或"Thank you."来打断考生。考生如果未听清题目，应请考官重复一遍，如果还是没听懂，考官就会考虑换一个更简单的问题。在表达过程中，因思考用语而出现停顿属于合理范围，在听者可接受的程度下不会影响其得分。建议使用像 you know, like, I mean 等插入语减少停顿的情况。

20.2.1　KET 口语

　　KET 的口语大约是 8~10 分钟，分为两个部分，占总成绩的 25%。

　　Part1 大约 3~4 分钟，考生轮流与考官一对一交谈。考官对两名考生依次提问，问题一般为标准化问题，主要考查初次见面的日常用语。考生通过回答考官的提问来介绍自己的基本信息，比如姓名、年龄、家庭情况、学习、日常生活或个人爱好等。

Part2 大约5~6分钟，两个考生针对给定的图片展开一问一答。

考官给两个考生展示一张纸，上面有多幅图片，比如有关不同的习惯或活动。然后两位考生就一起看着这些图片一问一答：你是否喜欢踢球？为什么？你是否喜欢读书？为什么？

然后考官分别对两位考生问一些图片相关的问题，比如踢球有意思么？画画容易么？

最后，考官拿回图片，在两位考生看不到的情况下轮流问同样的两个问题，比如"你喜欢独处还是和别人一起？""看比赛有趣还是参加比赛更有趣？"。

Do you like these different hobbies?

KET 口语 Part 2 的图片

扫码观看官方KET口语测试现场视频演示：

扫码观看Diego爸爸上传到腾讯视频的官方KET口语测试现场视频演示：

20.2.2　PET 口语

PET 口语大约耗时 10~12 分钟，共 4 个部分，占总分的 25%。

Part1 用时 2~3 分钟，用于热身。考官先分别问两个考生几个简单的问题，比如姓名、年龄、家乡之类的话题。随后考官需要问几个固定的问题，比如：

> Tell us about a teacher you like.
> How often do you use a mobile phone?
> How do you get to school every day?
> Which do you like best? the morning or the afternoon?

这些问题考生可以自由发挥，也可以浅尝辄止，跟着考官的节奏走即可。

Part2 耗时 2~3 分钟。考官先把 1A 图片交给考生 A，要求考生 A 对图片的内容展开 1 分钟左右的描述，期间考官可以给予适当的提示，比如提醒考生 Talk about the person 等。此时考生 B 不能插话，只能倾听。

考生 A 完成之后，考官收回图片 1A。然后把图片 1B 交给考生 B，再让考生 B 完成 1 分钟左右的看图说话。

PET 口语 Part 2 图片

Part 3 和 Part 4 合在一起耗时 6 分钟左右。Part 3 中，考官把图片放在两位考生面前，并给他们介绍一下图片的背景，如：Some students from a small village school are going on a trip to their capital city…，然后给出具体要求，如：Talk together about the different activities they could do in their capital city, and say which would be most interesting.

随后给每位考生各自一分钟的时间讨论照片。

这部分两位考生大概讨论 2-3 分钟。之后考官收回图片。

Part 4 是考官基于图片内容的扩展，对两位考生进行提问。如：

> Would you like to have more school trips?（Where would you like to go?）
> What do you need to take when you go on a trip?
> Do you prefer to go on trips with your friends or your family?（Why?）

这部分的问答耗时 3~4 分钟左右，主要考查学生是否可以自由表达个人观点、好恶、偏爱、经历、习惯等。

PET 口语 Part 3 和 Part 4

扫码观看官方 PET 口语测试现场视频演示：

扫码观看Diego爸爸上传到腾讯视频的官方PET口语测试现场视频演示：

20.2.3　FCE 口语

FCE 口语大约耗时 14 分钟，共 4 个部分。

Part 1 耗时 2 分钟，也属于热身题，但需要考生回答的相对较多。考官可以从朋友、个人喜好、地方等备选问题中随机选出一个或多个要求考生回答。

People you know
- Who are you most like in your family? Tell us about him/her.
- Do you have a best friend? ..... (What do you like about him/her?)
- Who do you spend time with after school? ..... (What do you do together?)
- Tell us about a good teacher you've had.

Things you like
- What's your favourite subject at school? ..... (Why do you like it?)
- Do you like reading? ..... (What do you like to read?) ..... (Why?)
- Do you enjoy using the internet in your free time? ..... (Why? / Why not?)
- Tell us about the things you like doing at the weekend.

Places you go to
- Do you like your school? ..... (Why? / Why not?)
- Are there any nice places to go in (candidate's area)? ..... (What are they?) ..... (Why do you like them?)
- Have you been anywhere nice recently? ..... (Where did you go?) ..... (Why?)
- Where would you like to go for your next holiday ..... (Why would you like to go there?)

FCE 口语 Part 1 的备选问题

Part 2 耗时 4 分钟，由两位考生分别描述两幅图片。考官先给考生 A 两幅图片，如下图 1，然后让考生 A 对比两种学习方式的不同，并指出这些学习方式对学生有什么好处。考生 A 的回答限时一分钟，然后考官会让考生 B 就这两幅图片回答一个问题，比如：

> Do you prefer learning things on your own or with friends?（Why?）

考生 B 的回答时限为 30 秒

What might be good for the students about learning in these ways?

FCE 口语 Part 2 第一组图

然后考官重新换两幅图片给考生 B，重复上述过程。考生不需要描述每张图片的具体细节，建议多描述相似性和差异性，而且注意回答图片上部的问题。考生应保证语流的连贯性和流畅度，思考停顿时间不宜过长，尽量保证说到考官说 thank you，提示时间到了再及时收尾。考生切记要保证语言切题，说理充分，体现出语言文字和句子结构丰富多样，表现出自己的口语层次。

What are the friends enjoying about their day out?

FCE 口语 Part 2 第二组图

Part 3 耗时 4 分钟。考官把图片展示给两位考生，简单告诉他们要一起讨论有关 school trips 的好处。两位考生有 15 秒的看图时间。然后有两分钟的时间达成一致：

> Is it a good idea for students to go on school trips?

两分钟时间到了之后，考官会给出下一个问题：

> Which two things are the most important for teachers to think about when they organise school trips for their students?

2 位考生需要在 1 分钟内达成共识，选出两个最重要的因素。

先从自己熟悉的内容入手，每项内容描述的时间不宜过长，保证一两点理由即可，然后自然过渡给搭档，并尽量对对方的描述和看法提出自己的反馈。

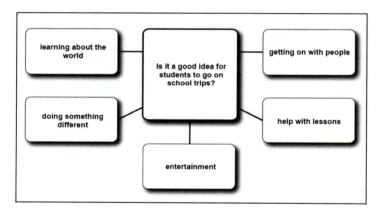

FCE 口语 Part 3 和 Part 4

Part 4 耗时 4 分钟，内容与 Part 3 相关。结合 Part 3 的图片，由考官问两位考生一些问题，如：Do you think school trips should take place on school day or at the weekend? (why?)

考生要注意保证对话的自然和流畅。切不可因为对方口语实力较弱，而霸占话语权，不给对方任何机会，这样反而影响两人的交流分。另外要注意切题，切不可单纯为了追求语言不间断而说和主题不相关的话。

本部分的问题，要适当进行陈述和延伸，说理方面按顺序尽量能说到 2~3 点，充分展现自己的口语水平。

扫码观看Diego爸爸上传到腾讯视频的官方FCE口语测试现场视频演示：

为了便于大家对比CAE和CPE的口语难度，可以扫码观看剑桥官方提供的口语评测现场视频。

CAE口语测试现场视频　　CPE口语测试现场视频

20.3 MSE 阅读与写作

20.3.1 KET 阅读与写作

KET 的阅读和写作在一张卷子上，共 7 个部分，32 道题，用时 60 分钟。阅读部分的问题编号是 1–30。写作部分的问题编号是 31 和 32。

Part 1 有 6 道题（1~6）。考生需要根据图片中的信息和题干要求从 ABC 三个选项中选出正确的答案。图片一般是类似便条、通知、邮件或标识等，让学生判断图片中文字表达的意思。这种题型来自生活，非常实用，深受家长欢迎，尽管我们中国的孩子见到这种标记的机会不多。如下图示例的题干是要求考生选择买什么需要去二楼？让考生从三个选项中选择。

注意：
美国 first floor 是一层，而英国 first floor 则是二层。

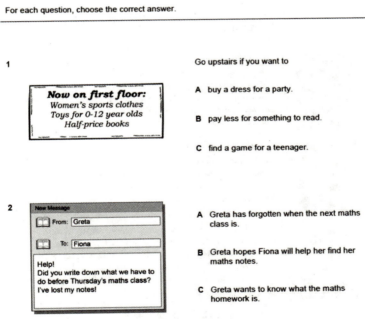

KET 阅读 Part 1

Part 2 有 7 道题（7~13）。有 3 篇短阅读文章，考查考生对特定信息和细节的把握和理解。比如示例中介绍了 3 位女生有关同一话题（校园花园比赛）的描述，然后给出 7 个细节问题，让考生从三个选项中选择。

Part 2

Questions 7 – 13

For each question, choose the correct answer.

		Amy	Flora	Louisa
7	Whose class learnt about the garden competition from a TV programme?	A	B	C
8	Whose class grew some vegetables?	A	B	C
9	Whose class won a trip in the school garden competition?	A	B	C
10	Whose class painted flowers on their garden wall?	A	B	C
11	Whose class learnt about the insects in their garden?	A	B	C
12	Whose class got help from someone in a pupil's family?	A	B	C
13	Whose class chose flowers that were the same colour?	A	B	C

KET 阅读 Part 2

School gardens competition

Amy

Our class has just won a prize for our school garden in a competition – and they're going to make a TV film about it! The judges liked our garden because the flowers are all different colours – and we painted some more on the wall around it. My cousin gave us advice about what to grow – she's learning about gardening at college. We're planning to grow some vegetables next year. I just hope the insects don't eat them all!

Flora

Our teacher heard about the school garden competition on TV and told us about it. We decided to enter and won second prize! There's a high wall in our garden where many red and yellow climbing flowers grow and it looks as pretty as a painting! Our prize is a visit to a special garden where there are lots of butterflies and other insects. My aunt works there and she says it's amazing.

Louisa

The garden our class entered in the competition is very special. The flowers we've grown are all yellow! They look lovely on the video we made of the garden. We also grew lots of carrots and potatoes, and everyone says they taste fantastic. It was an interesting project. Our teacher taught us lots of things about the butterflies in our garden. We also watched a TV programme about them, and did some paintings to put on the classroom wall.

KET 阅读 Part 3 第一部分

Part 3 有 5 道题（14~18），属于典型的阅读理解题。考生在做这类题的时候要注意及时用笔画出关键词，并针对每道题干在文章中找到对应的位置，做好标注，以便第二遍检查时快速定位。

Part 3

Questions 14 – 18

For each question, choose the correct answer.

Starting at a new school
By Anna Gray, age 11

I've just finished my first week at a new school and I'd like to tell you about it. Like other children in my country, I went to primary school until I was eleven and then I had to go to a different school for older children. I loved my primary school but I was excited to move to a new school.

It was very strange on our first day. There were some kids from my primary school there, but most of the children in my year group were from different schools. But I soon started talking to the girl who was sitting beside me in maths. She lives near me so we walked home together. We're best friends now.

When I saw our timetable there were lots of subjects, some were quite new to me! Lessons are harder now. They're longer and the subjects are more difficult, but the teachers help us a lot.

At primary school we had all our lessons in one classroom. Now each subject is taught in a different room. It was difficult to find the classrooms at first because the school is so big. But the teachers gave us each a map of the school, so it's getting easier now.

The worst thing is that I have lots more homework to do now. Some of it is fun but I need to get better at remembering when I have to give different pieces of work to the teachers!

14 How did Anna feel about moving to a new school?

 A worried about being with lots of older children

 B happy about the idea of doing something different

 C pleased because she was bored at her primary school

15 Who has become Anna's best friend at her new school?

 A someone from her primary school

 B someone she knew from her home area

 C someone she met in her new class

16 What does Anna say about the timetable at her new school?

 A It includes subjects she didn't do at primary school.

 B She has shorter lessons than she had at her old school.

 C It is quite difficult to understand.

KET 阅读 Part 3

  Part 4 共 6 题（19~24），属于典型的完形填空阅读理解题。这类题往往包括一些语法知识点，如果考生磨耳朵执行得好，语感强，应该可以得满分；而死记硬背语法点的考生，不仅考得很辛苦，而且错误率极高。

  比如 23 空，A 为 calling，B 为 answering，C 为 speaking。如果孩子语感足够的话，毫不犹豫会选择正确答案 answering，根本不需要区分三个动词的异同。

Part 4

Questions 19 – 24

For each question, choose the correct answer.

Wivenhoe hotel

Wivenhoe is a beautiful hotel in the countryside, with many rooms and an excellent restaurant. However, there is a big (19) .... between Wivenhoe and other hotels. Firstly, Wivenhoe is part of a university, and secondly, its staff are all teenagers.

In fact, Wivenhoe is a hotel school for young people who are (20) .... to get jobs in the hotel or restaurant (21) .... The students learn by helping staff in a real hotel, while their teachers (22) .... them carefully. They do everything, from making beds and cleaning bathrooms to preparing menus and (23) .... the telephone.

Some British people may think that a hotel run by students is a rather strange idea, but many visitors say that Wivenhoe is the best hotel they have ever (24) .... at.

| 19 | A | change | B | variety | C | difference |
| 20 | A | knowing | B | hoping | C | explaining |

KET 阅读 Part 4

Part 5 共 6 道题（25~30），是开放式完形填空，难度较 Part4 选择性完形填空更大。但毕竟 KET 难度较小，考生需要拼写的一般都是小词，不会出现拼写困难的长难词。

由于是开放式填空，只要满足上下文即可，因此答案可能会有多个备选答案，考生填了哪个都是可以得分的。比如 25 空，your 或者 the 都是正确答案。

如果考生语感较强，读一遍即可识别出应填单词，但可能存在拼写困难。如果知道是哪个单词，但因不会拼写而造成失分，也挺遗憾的。考生可以直接在答题卡上作答，但一般建议先在试卷上试着拼写一下，确保拼写正确之后再誊抄到答题卡上，以免修改涂抹。

Part 5

Questions 25 – 30

For each question, write the correct answer.
Write **one** word for each gap.

Example: | 0 | for |

From: Anita
To: Sasha

Thank you (0) .... your email. Living in Canada sounds really great! I'm glad that you like (25) .... new house. What's the weather like? (26) .... it very cold in Canada? Does it snow every day?

I heard that a (27) .... of Canadians speak two languages – English and French. Are you having French lessons? Do you watch programmes (28) .... TV in French too?

How about the students in your new school? Are (29) .... friendly? And send some photos too – I would like to know more about them.

I've got (30) .... go now, but I'll write again soon.

KET 阅读 Part 5

Part 6 属于写作题（31），比如要求考生根据提供的信息写一封邮件，信中应该全部涵盖题目中的要求（关键信息）。本题一般要求 25 个单词以上长度。

Part 6

Question 31

You are going shopping with your English friend Pat tomorrow.
Write an email to Pat.

Say:

- where you want to meet
- what time you want to meet
- what you want to buy.

Write **25 words** or more.

Write the email on your answer sheet.

KET 阅读 Part 6

Part 7 是看图写话类写作题（32），而且字数要求在 35 个单词以上。这类题只要考生仔细观察三幅图片，故事连贯，逻辑性强，涵盖三幅图中的主要信息即可。如果字数不够，可以就某些细节展开描述。这部分的难点主要还是拼写问题，因为 KET 写作对句子的复杂性没有要求，用简单句或并列句，语法时态正确即可。

Part 7

Question 32

Look at the three pictures.
Write the story shown in the pictures.
Write **35 words** or more.

Write the story on your answer sheet.

KET 阅读 Part 7

20.3.2　PET 阅读与写作

PET 的阅读有 6 部分，共 32 道题，每题 1 分，用时 45 分钟；写作 2 部分共 3 道题，用时45分钟。PET的阅读和写作是分成两个试卷，不再像KET那样合二为一了。

PET阅读Part 1有5道题（1~5），题型和KET相似，要求考生看一幅图，一般是较长文字的邮件、通知、广告等，然后三选一，选出正确的解释或解读。

Part 1

Questions 1 – 5

For each question, choose the correct answer.

1

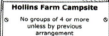

A All campers must reserve a place in advance.

B Groups bigger than four are not allowed on this site.

C Groups of more than three should contact the campsite before arriving.

2

A Those who don't pay punctually won't be able to go to Oxford.

B There are very few places left on the Oxford trip.

C This is the last chance for students to register for the Oxford trip.

PET阅读Part 1

PET阅读Part 2有5道题（6~10），考生需要从8个备选答案中选出5个匹配项。如下图，样题中介绍了5个青少年都想参加学校假期骑行课程且有不同的需求。考生需要从后面的8个骑行课程中分别为他们选择最匹配的课程。

Questions 6 – 10

For each question, choose the correct answer.

The young people below all want to do a cycling course during their school holidays.
On the opposite page there are descriptions of eight cycling courses.
Decide which course would be the most suitable for the people below.

6 Nancy is fourteen and cycles quite well. She needs to learn how to cycle safely from her home to school on busy city roads. She's only free at the weekends.

7 Markus is an excellent cyclist and he wants the excitement of riding on countryside and woodland tracks. He'd also like to learn more about looking after his bike. He can't attend a morning course.

8 Ellie is nine and knows how to ride her bike, but isn't confident about starting and stopping. She'd love to meet other cyclists with a similar ability and have fun with them.

PET阅读Part 2的人物描述

Cycling Courses

A Two Wheels Good!
Mountains! Rivers! Forests! Our 'off-road' course offers you the chance to get out of the city. You'll need very good cycling skills and confidence. You will be with others of the same ability. Expert advice on keeping your bike in good condition also included.
Mondays 2.00 pm–6.00 pm or Fridays 3.00 pm–7.00 pm.

B On Your Bike!
Can't ride a bike yet, but really want to? Don't worry. Our beginners-only group (4-10 pupils per group) is just what you're looking for. Excellent teaching in safe surroundings. Makes learning to cycle fun, exciting and easy.
Mondays 9.00 am–11.00 am and Thursdays 2.00 pm–4.00 pm.

C Fun and Games
Do you want some adventure? Find out how to do 'wheelies' (riding on one wheel), 'rampers' (cycling off low walls), 'spins' and much more… We offer a secure practice ground, excellent trainers and loads of fun equipment. Wear suitable clothes. Only for advanced cyclists.
(Age 11–12)
Saturdays 1.00 pm–4.00 pm.

D Pedal Power
A course for able cyclists. We specialise in teaching riders of all ages how to manage difficult situations in heavy traffic in towns and cities. We guarantee that by the end of the course, no roundabout or crossroads will worry you!
Saturdays 2.00 pm–4.00 pm.

PET 阅读 Part 2 的课程描述

PET 阅读 Part 3 有 5 道题（11~15），属于典型的阅读理解题：一篇文章后面跟随 5 个阅读理解题（限于篇幅，省略 Part 3 的文章示例）。

11 Harry thinks he said that he was going to be a tennis champion in order to

   A please his parents.
   B get some attention.
   C annoy his older brother.
   D persuade people that he was serious.

12 How did Harry feel after his first important competition?

   A confused about his defeat.
   B proud to be a member of the winning team.
   C ashamed of the way he treated another player.
   D amazed that he had got so far in the tournament.

13 What does Harry try to remember when he's on the court?

   A Don't let the other player surprise you.
   B Follow your game plan.
   C Respect the other player.
   D Don't keep thinking about your mistakes.

PET 阅读 Part 3 的阅读理解题

PET 阅读 Part 4 有 5 道题目（16~20）。一篇文章中抽出五个句子，加上额外用于混淆的 3 个句子混杂在一起。考生需要根据上下文的逻辑关系从中选出合适的句子放回文章的正确位置。这种题型在 FCE 和 CAE 考试中也有，做起来有一定的难度。它要求考生对整体篇章结构和逻辑构成都要有比较清晰的把握。

Planting trees
by Mark Rotheram, aged 13

This spring, our teacher suggested we should get involved in a green project and plant some trees around the school. Everyone thought it was a great idea, so we started looking online for the best trees to buy. **16** ____ If we wanted them to grow properly, they had to be the right type – but there were so many different ones available! So our teacher suggested that we should look for trees that grew naturally in our part of the world. **17** ____ They'd also be more suitable for the wildlife here.

Then we had to think about the best place for planting the trees. We learnt that trees are happiest where they have room to grow, with plenty of space for their branches. The trees might get damaged close to the school playgrounds, for example. **18** ____ Finally, we found a quiet corner close to the school garden – perfect!

Once we'd planted the trees, we knew we had to look after them carefully. We all took turns to check the leaves regularly and make sure they had no strange spots or marks on them. **19** ____ And we decided to check the following spring in case the leaves turned yellow too soon, as that could also mean the tree was sick.

We all knew that we wouldn't be at the school anymore by the time the trees grew tall, and that was a bit sad. But we'd planted the trees to benefit not only the environment, but also future students at the school. **20** ____ And that thought really cheered us up!

PET 阅读 Part 4 的文章

A So we tried to avoid areas where students were very active.

B However, our parents did offer to help with the digging!

C That could mean the tree had a disease.

D But we soon found that choosing trees was quite complicated.

E It can be quite good for young trees, though.

F We knew they'd get as much pleasure from them as we had.

G But at least we were doing it in the right season.

H That way, the trees would be used to local conditions.

PET 阅读 Part 4 备选句子

PET 阅读 Part 5 共 6 道题（21~26），属于典型的选择式完形填空题。相比较 KET 中的同样题型，PET 的这个题型文本长度和难度都有所提升。同样的，尽量不要让孩子去背诵和记忆各种语法规则和用法。在 PET 阶段，也通过较强的语感可以快速而准确地完成这部分的题目。

> **This car runs on chocolate!**
>
> Scientists have built a 300kph racing car that uses chocolate as a fuel! The project is **(21)** .... to show how car-making could **(22)** .... environmentally friendly. The car meets all racing car **(23)** .... apart from its fuel. This is a mixture of waste chocolate and vegetable oil, and such 'biofuels' are not **(24)** .... in the sport yet. It has to be mixed with normal fuel so that all parts of the car keep working.
>
> Carrots and other root vegetables were used to make some parts inside and outside the car. Even the mirrors are made from potatoes! The sides of the car **(25)** .... a mixture of natural materials from plants as well as other recycled materials.
>
> The project is still young, so the scientists have not yet found out how 'green' the car is. They are planning many experiments to compare its **(26)** .... against that of normal racing cars.

| 21 | A | intended | B | wished | C | decided | D | insisted |
| 22 | A | develop | B | move | C | become | D | arrive |

PET 阅读 Part 5

PET 阅读 Part 6 共有 6 道题（27~32），属于开放式完形填空。为了降低难度，规定每个空白处只能填一个单词。但同时也允许出现不同的答案，比如 28 空，既可以填 if 也可以填 when。其他的空白处需要填写的单词也一般不存在拼写问题，属于常见词。这样也降低了整体的难度，如题中的答案分别是：most，if/when，from，what，or，was，拼写非常简单。

> **Our new skatepark!**
> by Jack Fletcher
>
> Is there a great skatepark in your town? We've now got the **(27)** .... fantastic skatepark ever, and it's all because of my friends and me!
>
> Our old skatepark was full of broken equipment, so none of us ever went there. But we all agreed that **(28)** .... we had a better skatepark in our town, we'd use it. And teenagers might come **(29)** .... other towns to join us, too.
>
> So I set up an online questionnaire to find out **(30)** .... local people wanted. I asked them whether we should improve our old skatepark **(31)** .... build a completely new one. People voted to build a new one.
>
> Then we held some events to get money to pay for it. In the end we collected half the cost, and the local council paid the rest. It **(32)** .... finally finished last month. So come and try it – you'll have a great time!

PET 阅读 Part 6

PET 写作 Part 1 共 1 道题，要求根据问题写答案，字数要求大约为 100 个单词。样题中，英语老师 Mrs Lake 给你写了一份封信，你还做了标注。基于这些信息，需要给她回封邮件必须包含所有的标注内容。这种写作务必要完全涵盖所有标注，否则会扣分。这是典型的踩分点。

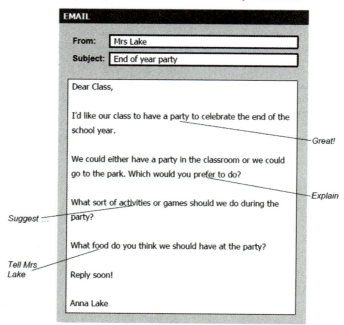

PET 写作 Part 1

PET 写作 Part 2 提供了两道题，但考生只需要选择其一即可。字数都要求在 100 字左右。

一般为 PET 常见写作题材中的两个，示例中为 article 和 story。考生可根据自己的爱好和特长，选择其中一个作答。

需要注意的是，考生一定要在答题纸上写清楚题号，让改卷老师明白你选的到底是 2 还是 3。

如样题中，问题 2 是你看到了学校英语杂志上的征稿启事，需要你写一篇文章。

Question 2

You see this announcement in your school English-language magazine.

Articles wanted!
WHAT MAKES YOU LAUGH?
Write an article telling us what you find funny and who you enjoy laughing with.
Do you think it's good to laugh a lot? Why?
The best articles answering these questions will be published next month.

Write your **article**.

PET 写作 Part 2 问题 2

问题 3 是简单地根据老师给的开头续写故事。考生可以发挥想象，写出令考官耳目一新的奇妙故事。

Question 3
Your English teacher has asked you to write a story.
Your story must begin with this sentence.
Jo looked at the map and decided to go left.
Write your **story**.

PET 写作 Part 2 问题 3

20.3.3　FCE 阅读与写作

剑桥 MSE 从 FCE 开始，阅读和写作分成了两套卷子。阅读试卷为 Reading and Use of English（阅读和英语应用），但在成绩单中，阅读和英语应用是分开计分的。英语应用一般偏重于语法，下图是 Diego 的当年的 FCE 成绩单，他的英语应用成绩表明他的语感不错而不是语法不错。他的听力很好，但因为听出来的单词需要拼写，而拼写是他的弱项，因此导致听力成绩不高。他的写作没有按照本书提高期的方案循序渐进地训练，一直是最低分。

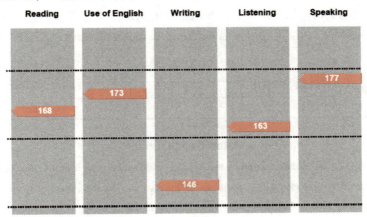

Diego 的 FCE 分项成绩单

FCE 的阅读和英语应用共有 7 个部分，52 道题，用时 1 小时 15 分钟。Part 2/3/4 为 Use of English（英语应用）试题，Part 1/5/6/7 为阅读试题。阅读部分：Part 1/7 每道题 1 分，Part 5/6 每道题 2 分，满分 42 分。应用部分：Part 2/3 每道题 1 分，Part 4 每道题 2 分，满分 28 分。

> 阅读计分公式：Part 1(8 * 1) + Part 5(6 * 2) + Part 6(6 * 2) + Part 7(10 * 1) = 42 分
>
> 应用计分公式：Part 2(8 * 1) + Part 3(8 * 1) + Part 4(6 * 2) = 28 分

最终计分的时候无论卷面分是多少，各项总分都是 190 分，最终分数最多也是 190 分，总分 160~172 分获得 Grade C，173~179 分获得 Grade B，180~190 分获得 Grade A。160~180 分获得 B2 证书，180~190 分获得 C1 证书。

FCE 阅读和英语应用 Part 1 共 8 道题（1~8），是完形填空，四选一。下图样题示例（0）的选项为 band、set、branch 和 series。看样子上来给考生一个下马威，大部分孩子应该不认识 genealogy（家谱），不过可以根据上下文（family history）猜测出来，很容易选择出正确答案为 branch（分支）。所以不要一上来就死盯前面的，选不出答案就不往下看。一定要先将整个文章快速通读一遍。

What is genealogy?

Genealogy is a (0) .... of history. It concerns family history, (1) .... than the national or world history studied at school. It doesn't merely involve drawing a family tree, however – tracing your family history can also (2) .... in learning about your roots and your identity. The internet enables millions of people worldwide to (3) .... information about their family history, without great (4) ....

FCE 阅读与英语应用 Part 1

FCE 阅读与英语应用 Part 2 共有 8 道题（9~16），要求考生根据上下文自选一个单词进行完形填空。需要特别注意的是，务必在答题纸上写全大写的单词，如下图所示样例。

Example: | 0 | A | S |

Motorbike stunt rider

I work (0) .... a motorbike stunt rider – that is, I do tricks on my motorbike at shows. The Le Mans race track in France was (9) .... I first saw some guys doing motorbike stunts. I'd never seen anyone riding a motorbike using just the back wheel before and I was (10) .... impressed I went straight home and taught (11) .... to do the same. It wasn't very long before I began to earn my living at shows performing my own motorbike stunts.

FCE 阅读与英语应用 Part 2

FCE 阅读与英语应用 Part 3 共有 8 道题（17~24）。这种题型在 CAE 和 CPE 中都会出现。在文章的空缺处有编号，这一行的后面有个大写的单词，要求考生根据上下文信息改变单词的形式完成填空。如下图示例中，给定的单词是 COMMON，而上下文的语法要求，(0) 处需要一个副词来修饰 used。因此考生应在答题纸对应的位置写下大写的 COMMONLY。这个题型对语感强、语法弱的同学是个很大的挑战，尤其是对句子结构和词性不熟悉的同学，得分率较低。这部分涉及单词的变形，孩子查单词的时候也往往是一头雾水，不知道如何查询，这时候就需要词典的一个强有力的工具 Word Family，详见本书第 18.4 节：词汇从概化到细化。

Example: `0 C O M M O N L Y`

An incredible vegetable

Garlic, a member of the Liliaceae family which also includes onions, is (0) .... used in cooking all around the world. China is currently the largest (17) .... of garlic, which is particularly associated with the dishes of northern Africa and southern Europe. It is native to central

COMMON

PRODUCT

FCE 阅读与英语应用 Part 3 部分截图

FCE 阅读与英语应用 Part 4 共有 6 道题（25~30）。这个题型和 PET 写作的 Part 1 有点相似，且给出了一个提示词。让考生把提示词原封不动地填入到改写后的第二句中，意思保持和第一句相同。乍一看给了提示词，好像是难度降低了，但其实难度增加很大。首先是不能改变给定的词，且空缺处总单词数在 2~5 个，不能多也不能少。如下图样题所示，示例是让考生把主动句改为被动句，看起来不难。考试需要注意不要漏掉某些句子成分，如不能丢下 into town，使用动词时要特别注意时态要和前一句相一致。

Example:

0 A very friendly taxi driver drove us into town.

   DRIVEN

   We .... a very friendly taxi driver.

The gap can be filled by the words 'were driven into town by', so you write:

Example: `0 | WERE DRIVEN INTO TOWN BY`

Write **only** the missing words **IN CAPITAL LETTERS** on the separate answer sheet.

25 Joan was in favour of visiting the museum.

   IDEA

   Joan thought it would be .... to the museum.

FCE 阅读与英语应用 Part 4 部分试题

FCE 阅读与英语应用 Part 5 共 6 道题（31~36），这是传统的阅读理解。只不过相对 PET 来说，阅读量变大很多，材料也是从小说中摘取出来的片段。题干会对整段文字有个简短介绍，如对下图样题，在题干中提示：你将阅读一段摘自小说的片段，一个名叫 Caitlin 的年轻女子谈论她在一个小岛上的生活经历。这样考生在心里对文章可能的内容进行预测，然后跳过文章直接快速浏览一下 6 个问题的题干，不要去看选项。然后带着问题再去看文章，必要的时候在文章中画出问题所在的句子。限于篇幅，长文就不再给出，家长们只看一下文后问题的难度即可。

31 In the first paragraph, what is Caitlin's main point about the island?

- **A** It can be dangerous to try to cross from the mainland.
- **B** It is much smaller than it looks from the mainland.
- **C** It is only completely cut off at certain times.
- **D** It can be a difficult place for people to live in.

32 What does Caitlin suggest about her father?

- **A** His writing prevents him from doing things he wants to with his family.
- **B** His initial reaction to his son's request is different from usual.
- **C** His true feelings are easily hidden from his daughter.
- **D** His son's arrival is one event he will take time off for.

FCE 阅读与英语应用 Part 5 部分问题

FCE 阅读与英语应用 Part 6 共 6 道题（37～42），这是一个新题型，在随后的 CAE 和 CPE 中也会出现。文章来自报纸、杂志，把其中 6 个句子（一般是复合句）抽取出来，加上一个用于迷惑考生的句子，一共 7 个句子，对其进行编号并打乱。考生需要把正确句子前的编号填写到文中对应的位置。这个题型是考查考生对篇章结构和文章段落逻辑顺序的把握，不需要纠结个别单词是否认识，具有一定的难度。

Good preparation leads to success in ballet dancing

A former classical ballet dancer explains what ballet training actually involves.

What we ballet dancers do is instinctive, but instinct learnt through a decade of training. A dancer's life is hard to understand, and easy to misinterpret. Many a poet and novelist has tried to do so, but even they have chosen to interpret all the hard work and physical discipline as obsessive. And so the idea persists that dancers spend every waking hour in pain, bodies at breaking point, their smiles a pretence.

Those first classes I took were remarkably similar to the last. In fact, taking into account the occasional new idea, ballet classes have changed little since 1820, when the details of ballet technique were first written down, and are easily recognised in any country. Starting with the left hand on the barre, the routine unrolls over some 75 minutes. **39** Even the leading dancers have to do it.

FCE 阅读与英语应用 Part 6 部分截图

> **A** Through endless tries at the usual exercises and frequent failures, ballet dancers develop the neural pathways in the brain necessary to control accurate, fast and smooth movement.
>
> **B** The ballet shoe offers some support, but the real strength is in the muscles, built up through training.
>
> **C** As technology takes away activity from the lives of many, perhaps the ballet dancer's physicality is ever more difficult for most people to imagine.
>
> **D** Ballet technique is certainly extreme but it is not, in itself, dangerous.
>
> **E** The principle is identical in the gym – pushing yourself to the limit, but not beyond, will eventually bring the desired result.
>
> **F** No one avoids this: it is ballet's great democratiser, the well established members of the company working alongside the newest recruits.
>
> **G** It takes at least a decade of high-quality, regular practice to become an expert in any physical discipline.

FCE 阅读与英语应用 Part 6 备选项

FCE 阅读与英语应用 Part 7 共 10 道题（43～52）。这些题一般会问此类问题：Which Paragraph says that…（哪一段说到/解释/建议/描述……），然后要求考生从后面的四段话中选择对应的一段，将其前面的大写字母 ABCD 标注在数字后面的空白处，最后誊抄到答题卷上。注意，4 段文字匹配 10 个问题，所以每段文字是可以重复选择的。

Which paragraph

states how surprised the writer was at Duncan's early difficulties?	43
says that Duncan sometimes seems much more mature than he really is?	44
describes the frustration felt by Duncan's father?	45
says that Duncan is on course to reach a high point in his profession?	46
suggests that Duncan caught up with his team-mates in terms of physical development?	47

FCE 阅读与英语应用 Part 7 部分问题

FCE 写作单独组卷，分 2 个 Parts，用时 1 小时 20 分钟。

FCE 写作 Part 1 要求考生回答题干中提出的问题，并补充一个自己的观点，加上原有的两个要点，完成一篇文章，文体不限，词数为 140～190 词。如下面样例中，题干说明：你们在英语课上讨论环境问题。现在你的老师要求你写一篇议论文 Essay，需要用到所列要点，给出自己观点，并写出理由。

Rising Star

Margaret Garelly goes to meet Duncan Williams, who plays for Chelsea Football Club.

A It's my first time driving to Chelsea's training ground and I turn off slightly too early at the London University playing fields. Had he accepted football's rejections in his early teenage years, it is exactly the sort of ground Duncan Williams would have found himself running around on at weekends. At his current age of 18, he would have been a bright first-year undergraduate mixing his academic studies with a bit of football, rugby and cricket, given his early talent in all these sports. However, Duncan undoubtedly took the right path. Instead of studying, he is sitting with his father Gavin in one of the interview rooms at Chelsea's training base reflecting on Saturday's match against Manchester City. Such has been his rise to fame that it is with some disbelief that you listen to him describing how his career was nearly all over before it began.

C Duncan takes up the story: 'The first half of that season I played in the youth team. I got lucky – the first-team manager came to watch us play QPR, and though we lost 3-1, I had a really good game. I moved up to the first team after that performance.' Gavin points out that it can be beneficial to be smaller and weaker when you are developing – it forces you to learn how to keep the ball better, how to use 'quick feet' to get out of tight spaces. 'A couple of years ago, Duncan would run past an opponent as if he wasn't there but then the other guy would close in on him. I used to say to him, "Look, if you can do that now, imagine what you'll be like when you're 17, 18 and you're big and quick and they won't be able to get near you." If you're a smaller player, you have to use your brain a lot more.'

FCE 阅读与英语应用 Part 7 四段选项部分截图

问题：Every country in the world has problems with pollution and damage to the environment. Do you think these problems can be solved?（世界上的每个国家都面临着环境污染和破坏问题。你认为这些问题能被解决么？）

要点：

1. transport（交通）
2. rivers and seas（江河与海洋）
3. _____（your own idea）（你自己的观点）

FCE 写作 Part 2 是三选一，词数也为 140～190 词。记得先选择并标记好序号。如下图样例中，考生可以选择书评（2），文章 article（3）或电子邮件（4）。无论选择哪个题目，都必须仔细查看题目要求，尤其是必须包含的对问题的回答。

2 You see this announcement in your college English-language magazine.

> **Book reviews wanted**
>
> Have you read a book in which the main character behaved in a surprising way?
>
> Write us a review of the book, explaining what the main character did and why it was surprising. Tell us whether or not you would recommend this book to other people.
>
> The best reviews will be published in the magazine.

Write your **review**.

FCE 写作 Part 2 的三个选题

3   You see this announcement on an English-language website.

> **Articles wanted**
>
> **The most useful thing I have ever learned.**
>
> What is the most useful thing you have learned?
> Who did you learn it from? Why is it useful?
>
> Write us an article answering these questions.
>
> We will publish the best articles on our website.

Write your **article**.

4   You have received this email from your English-speaking friend David.

> **From:** David
> **Subject:** touring holiday
>
> Some college friends of mine are visiting your area soon for a week's touring holiday. They would like to travel around and learn about your local area and its history.
>
> Can you tell me about some of the places they could visit? What's the best way to travel around – car, bike or coach?
>
> Thanks,
>
> David

Write your **email**.

FCE 写作 Part 2 的三个选题（续）

增长期训练摘要与参考方案

　　增长期是孩子从粗犷型的狼吞虎咽和囫囵吞枣,到精细型的细嚼慢咽和咬文嚼字的转型期。家长需要协助孩子改变一些听力输入习惯和阅读习惯,有意减缓孩子的狂奔势头。同时由于孩子年龄增大,控制能力和抗压能力增强,可以逐步增加一些刻意训练的内容,如语法练习和写作训练。

　　增长期的两个重要改变,一是输入范围从窄到宽的改变,开始关注语言的根基:文化;二是从泛读到精读,从泛听到精听,从概化到细化的改变。但家长要同时确保泛精之间的比例保持在8∶2左右,确保不会顾此失彼,断了精听、精读的基础。

　　增长期英语训练方案的关键是:

(1) 引导孩子关注文化专题,集中在周末或假期陪孩子集中引入几个相关内容的影视作品,并吸引孩子进一步自行延伸。

(2) 鼓励孩子不要偏食,要广泛涉猎。在多元文化中,尊重和包容的前提首先是了解。不去了解艾滋病,就会视之为洪水猛兽,谈何关爱艾滋病人。

(3) 把广泛涉猎和裸听结合起来,一方面可以检查孩子的听力水平是否达到理想的水平,另外一方面可以利用零碎时间,最大限度保证足够的听力输入。

(4) 掌握阅读策略,巩固阅读技巧,充分利用 Readtheory 和 Newsela 等阅读理解工具,把阅读理解训练从备考日扩展到平日,形成常态。

(5) 根据孩子的听力能力决定是否使用 Dictation 精听训练方法,加强多角度输出和线上外教输出效率,引导孩子进行深层次、多角度输出训练。

(6) 推荐诺曼·刘易斯(Norman Lewis)的《英语说文解字》(Word Power Made Easy),帮助孩子突破词汇瓶颈。

(7) 进行必要的足量的长难句分析训练,让孩子掌握复合句型,语感结合语法,发挥更强大的威力。

(8) 在提高期写作训练的基础上,每周继续完成一定量的改写(paraphrase)/扩写/续写训练。针对剑桥五级写作要求,掌握议论文、书评、建议、书信等文体格式,并重点训练议论文的篇章结构,语言逻辑和词汇运用能力。

(9) 继续保持一周七天与线上外教进行自由深度聊天,聊天话题可以结合时政新闻、全球经济或者战争、宗教等。

　　如果以第4章的增长期路线图为模板,可以给出如下图所示的参考方案。首先依然是听说输入保持尽可能的最大量(考虑孩子学习压力过大的情况),可以关注魔幻题材、海盗题材和僵尸题材的影视作品和相应的阅读材料,听力输入和阅读输入不分家,最好能混合输入。这样既满足了材料类型的宽输入,又在短期内保持了同一话题材料的窄输入。

　　把线上外教的深度聊天和采用《新概念英语》进行多角度复述结合起来,逐步加强孩子自主输出的意识和能力。把以考促学的阅读理解题分散到平时,使用

Readtheory 和 Newsela 进行计时做题，然后精细分析，提高阅读速度和做题正确率。闪卡背单词可以逐步放弃闪卡系统，使用 Voc 进行英英强化。在以考促学方面，根据孩子能力，可以跳过 KET 的考试，并在增长期末准备 CAE 的考试。

增长期参考方案

下图是 Diego 爸爸为增长期设计的一个每日训练框架的参考，大家可以根据孩子的时间和个性特点进行调整。平时主听 Podcast 的一些经典节目，如 WW（*Wait Wait, Don't Tell Me*）、PM（*Planet Money*）等，穿插视听输入的英美文化专题的音频扩展。每日练笔一段，不要求太长，按"三明治"结构进行段落练笔，能清晰表明自己的观点，能找到合理的论据支持。可以同时结合多角度复述训练，使用手机语音输入，快速完成输入，节约时间。如果平时时间比较紧，需要完成学校的作业，也可以把练笔和多角度复述放在周末，完成 2~3 次，时间可以加长到 40 分钟左右。写作练笔时，写作过程不要开启自动语法检查器工具，等计时完成，自我检查之后再开启检查器，以避免对检查器的过度依赖。经过语法检查器检查过的，可以放到 Lang-8 上请全球母语人士帮忙修改。

增长期每日训练框架参考

应用期（12岁以后）训练方案

关注"迪爸英语训练营"，免费获取海量资源

扫码小助手 Diego-Dad01，联系迪爸

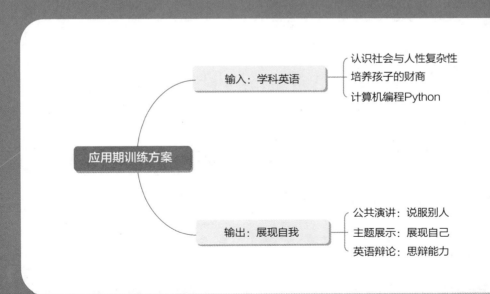

当孩子在增长期经历了英语学习的精耕细作，终于基本达到英语从"学"到"用"的目标，是时候用英语能力武装自己，让英语真正为自己服务了。

英语能干什么？世界上70%以上的邮件是用英文写的或地址是用英文写的。全世界的广播节目中，有60%是用英语播送的。国际上的资料绝大部分是用英语发表的。绝大部分的国际会议是以英语为第一通用语言……

可以说，能熟练使用英语，会让孩子的人生完全进入一个不同的世界。

欢迎孩子进入英语学习的应用期！

第 21 章
学科英语

大多数家长从孩子小时候就一直关注孩子的科学素养,各种中英文的科普绘本和动画片看了很多。所以本节说到学科英语,就不再提科学类学科,而偏向于人文类学科。

其实,到了 21 世纪,大家不能再有"学好数理化,走遍天下都不怕"的想法了,也不要有狭隘的文理科划分了。文理兼容、跨学科发展才能使学生的才智得到最大发挥,通识教育的观念也越来越得到家长和学生的认可。就像《森林王子》(The Jungle Book)中提到的那样,要想在森林中生存,必须了解和遵守森林法则。孩子们生活在现代社会中,怎么能不去了解现代社会的特点和运行规律呢?每个人都想多挣钱让自己和家人过得更好,可是却不愿意去了解金钱的运转规律,这岂不是一件很奇怪的事情?

我们知道 21 世纪的两大通用技能是英语和计算机,也就是说,孩子将来无论从事什么职业,在哪里工作,都离不开这两项基本技能。既然称之为技能,要掌握好它们,充分发挥它们的功能,就必须有早布局、早规划、早训练的意识,必须尽早行动起来。

限于篇幅,本章所讨论的学科英语,只限计算机技术(Python 程序设计)、社会学和经济学三个学科领域。其他学科领域,家长可以根据自己对孩子的规划,自行查找资料,自行安排。

需要特别说明的是,本节所说的学科英语,主要目的是入门和引起兴趣,也属于本书第 12.1 节布局的范畴,并不要求孩子去参加各学科的各种考试或评测,只限于给孩子提供学科方面的引导,培养综合学科意识,扩大孩子眼界,增加英语应用深度。

21.1 社会学:从怦然心动到罗生门

什么是社会学?社会学究竟在研究什么?对于这些著名难题,我们不去讨论,也讨论不清楚,更没有必要讨论。有人说,社会学研究范围包括:即不属于经济学,不属于政治学,不属于历史学,不属于……不属于……学的,就是社会学的研究范围。还有人说:"我学社会学,上知天文,下知地理,中晓人和,明阴阳,懂八卦,晓奇门,知遁甲,运筹帷幄之中,决胜千里之外……"

社会复杂，人性更复杂。在学习英语和使用英语的过程中，家长可以有意识地引导孩子来旁观这种复杂，体验这种复杂。这种复杂让孩子会更适应社会，心理更健康，最终成长为一个合格的现代社会人。

Diego 爸爸曾因为 Diego 在学校表现不好而被老师约谈。我向老师交代了平时都要求孩子在学校听老师的话，无论是否有不同意见都要执行老师的指令。老师表示不满意：不仅表面上要听老师的话，更要在内心深处认同和服从老师的绝对权威……

说到要维护老师的绝对权威，近几日网上流传一则真实的案例：小学生的数学作业——数 1 亿颗米带学校。有人在网上发布了一则微信群截图，是数学老师和家长的对话：

 微信群对话

　　数学老师：@全体成员 各位家长，今晚数学作业有一项是数 1 亿颗米粒，辛苦家长们督促孩子们完成。

　　家长 A：请问怎么数呢？

　　数学老师：一粒一粒地数。

　　家长 B：要拍照么？

　　数学老师：明天用食物袋装好带到学校，不用拍照。

　　家长 C：总共 12 袋左右，怎么扛？

　　数学老师：@全体成员 可能我估计错了米的重量了，明天不用带到学校了，家长让孩子们数就可以了。

　　数学老师：如果今天晚上没有时间，完成不了，就放到周六日再完成吧！

　　……

此事传开，全国人民哗然：一个人每秒钟数 3 个数，不吃不喝不睡，理论上一年左右可以从 1 数到 1 亿。

老师的这种绝对权威，还需要孩子们去绝对服从吗？怎么服从？

多年前网络上就流传一个《暖水瓶》的故事，好事者还对这个故事进行了多种续写。

故事是这样的：一位父亲带 8 岁的儿子去朋友家做客，朋友热情相迎，并赶忙沏茶。父子两人坐在客厅的沙发上，看朋友把茶杯倒满水，然后把暖瓶放到茶几旁。随后，朋友去厨房取东西，可就在这时，暖瓶"嘭"的一声，竟然自行爆裂了，滚烫的开水流了一地。朋友听见响声，连忙从厨房走出来……

朋友走出来后，会发生什么事呢？

> 续写一：父亲见朋友从厨房出来，忙起身笑着说："不知怎么搞的，我们两个坐在这里也没有碰暖瓶呀，它怎么就爆裂了呢？"朋友嘴里说着"没关系"，但脸上却露出了不悦。他想，怎么可能呢，如果没人碰倒暖瓶它不会莫名其妙爆裂的。真会说谎。于是，大家不欢而散。从朋友家出来，儿子问父亲："爸爸，我们确实没有碰暖瓶，叔叔为什么不相信我们？"父亲一脸无奈，他也无法解释，最后只能说："孩子，以后我们少来这里。"

从这件事中，孩子或许会明白，原本一件很简单的事情，跟你没任何关系，但因为你在现场，你既无从解释，又摆脱不了关系。这就叫有口难辩。

> 续写二：父亲见朋友从厨房出来，忙起身说："真对不起，刚才我不小心一抬脚碰倒了暖瓶，你看这弄了一客厅水，真抱歉。"朋友不在意地笑笑，说："没事，擦一擦就行了。"然后，他们两个人一起拿东西把客厅收拾一番。从朋友家出来后，儿子问："爸爸，我看得非常清楚，你根本没有碰到暖瓶，是叔叔放时没有放稳，它自己倒的。"父亲摇摇头，说："孩子，这话说给叔叔听，他会相信吗？与其让他怀疑，还不如自己包揽错误。"

从这件事中，孩子或许会明白，现实中有许多事情，本来与你无关，但你都得去承担责任，你无法推脱。这就叫身不由己。

> 续写三：父亲见朋友从厨房出来，忙起身冲儿子呵斥："你真是个闯祸精，不老老实实地坐着，脚动什么动，看把暖瓶碰碎了吧？还不快把地拖拖，下次再不带你出来了！"孩子委屈地哭。朋友忙说："别怪孩子，小孩嘛，都顽皮。不就一个暖瓶吗，也不值钱，没烫着孩子就好。"接下来，两个大人聊天去了。从朋友家出来后，儿子仍委屈地哭："爸爸，你也看见了，暖瓶明明是它自己碎的，为什么非要说是我碰的？"父亲摸着儿子的头："我知道错怪你了，孩子。可是，如果不说是你碰的，那叔叔不就认为是我碰碎的吗？客厅里就我们两个人。"

从这件事中，孩子或许会明白，尽管有些事实是明摆着的，大家都看在眼里，心里清楚，并且你也有证人，但你仍要承担责任。因为你不承担，你的证人（或当事人）就不会同意。这就叫替罪羊。

我相信家长们还可以续写出更多的结局，表现出更复杂的社会和人性。

要让孩子认识社会，认识人性，无法说教，也不可能去亲历各种事件。但是，我们可以陪孩子一起来通过优秀的影视作品来达到近似身临其境的感觉。比如，我们都知道一个常用词叫"罗生门"，经常用于各种新闻报纸标题，如《转基因玉米罗生门》《张爱玲的"罗生门"——读<小团圆>》等。

如何让孩子对"罗生门"这样一个特别的社会学词汇有循序渐进的理解呢?我陪 Diego 按顺序看了如下三部电影,并在 Wikipedia 上查找了"罗生门效应"(Rashomon Effect)。

(一)《怦然心动》(The Flipped)

这是美国导演罗伯•莱纳根据文德琳·范·德拉安南的同名原著小说改编的电影。电影描写了两个青梅竹马的小孩之间的"战争",写出他们青春期的成长故事。此片谈的不仅是初恋,还有对爱情的思考,更多的是对孩子青春期成长的描写——他们在成长的过程中不断认识自己、认识他人并找寻自我的过程。

电影每次都是先从布瑞斯的角度,再是从朱莉的角度解说事件。最后一个情节:布瑞斯在朱莉家种树,两个人达成和解。当一件事从不同的人口中说出,各自的感受竟全然不同。这种不同看似意外,却在情理之中。

这部电影很适合孩子看,我推荐给很多家长,一般都会被吸引。Diego 也是先看电影,后听有声书,后来又看原版小说的。

(二)《十二怒汉》(12 Angry Men)

这部影片由米高梅公司拍摄,讲述一个在贫民窟中长大的男孩被指控谋杀生父,案件的旁观者和凶器均已呈堂,铁证如山,而担任此案陪审团的 12 个人要于案件结案前在陪审团休息室里讨论案情,而讨论结果必须一致通过才能正式结案。

一切的证据都显示男孩是有罪的,大家觉得似乎毫无讨论的必要,通过各种不同人生观的冲突,各种思维方式的较量,所有的陪审团员都负责任地投出了自己神圣的一票。终于,12 个陪审员都达成了一致意见:无罪!

但是,这孩子是否真的无罪?直到影片结尾也没有给出确定的答案,倒是好像有暗示未必无罪。影片中每个人对孩子的行为进行了推测,各种推测都有道理,但都只是推测,没有确凿的证据。既没有证据证明孩子是凶手,也没有证据证明他不是凶手。

其实,孩子是否真的无罪并不重要。电影中有段经典台词说得很好:"我们来这里不是来吵架的,我们肩负着重责大任,我一直觉得,这就是民主社会的优点,我们——该怎么说呢?我们被通知,我们收到信,被通知要来这里……决定一个跟我们素昧平生的人到底有没有罪,不论做出什么样的判决,我们都拿不到好处,也没有损失,那就是我们的国家能这么强大的原因。我们不应该把这件事跟私人的感觉扯上关系!"

(三)《罗生门》(Rashomon)

"罗生门效应"的原始出处就是 1950 年黑泽明执导的黑白片《罗生门》。

该片是根据日本作家芥川龙之介的短篇小说《筱竹丛中》改编而成的,影片以战乱、天灾、疾病连绵不断的日本平安朝代为背景，主要讲述了一起由武士被杀而引起的案件以及案件发生后人们互相指控对方是凶手的种种事情以及经过的故事。每个人都怀着利己的目的，竭力维护自己，提供了美化自己、使得事实真相各不相同的证词。

至此，针对"罗生门效应"的观影就告一段落。这些优秀电影所表达出来的，对罗生门一词的解释就不再是"各说各话，真相不明。"这轻飘飘的八个字，而是包含着对复杂人性的洞察。孩子在随后的人生道路上，肯定会不止一次遇到"罗生门"。到了那个时候，我们的孩子就可以微微一笑，淡然处之。

21.2　经济学：从出生到死亡

我相信很多家长都很关注孩子的财商教育。Diego 小时候看的《小狗钱钱》，玩的"大富翁"游戏，我自己看的《穷爸爸富爸爸》，都表明了一个理科生对自己经济学知识缺乏的反省，希望孩子能从小了解金钱运行的基本规律。

目前在我国基础教育所设立的各门学科中，没有对孩子们进行过财商教育。这也许是受了中国一句老话"君子言义，小人言利"的影响，人们总觉得孩子们的主要任务是学习，离金钱越远越好；至于理财能力，长大了可以无师自通。似乎只有这样学习才能专心，才能纯洁心灵。事实远非如此，我们成年人大多有这样一种体会，改革开放以后，突然感觉自己在消费、金融管理等知识面前一片茫然，不得不花几倍的力气去补习，否则就难以适应快速发展的时代潮流。

本书引用美国消费者金融保护局（CFPB：Consumer Financial Protection Bureau）旗下的儿童财商教育项目"Money as You Grow"公布的儿童财商教育路线图，家长们一起了解一下每个阶段的孩子需要达到的财商教育目标和方法。为了便于描述，本节集中讨论各个阶段的财商教育问题，不再分散在各个阶段。同时，由于中美国情的不同，文中的目标和建议仅供家长参考，家长可以根据家庭情况和孩子情节进行裁剪和调整。

Money As You Grow 共分为 5 个阶段：3～5 岁段，6～10 岁段，11～13 岁段，14～18 岁段，18 岁以上段。每个阶段都有一些财商教育目标，以及为了达到这个教育目标，家长需要帮助孩子认识或做到的一些具体的方法。如果家长需要了解各阶段的详细路线，请访问 CFPB 官

Money As You Grow 财商教育路线图

网：

https：//www.consumerfinance.gov/consumer-tools/money-as-you-grow/

CFPB网站还提供了亲子共读书架，给出了适合家庭一起看的财商类图书，按照年龄分类，给出了每本书的推荐关键词，还贴心地提供了阅读指导，如下图所示。

Reading guides

BOOK LIST ▲	KEY IDEAS	AGE
A Bargain for Frances by Russell Hoban See how Frances had to work on prioritizing when she bought a tea set. Download parent reading guide	Setting goals, Staying true to yourself	6+
A Chair for My Mother by Verna Williams Check out how the family follows through after they save enough for a new chair. Download parent reading guide	Setting goals, Earning	6+

CFPB推荐的亲子财商教育共读书单（部分）

当孩子的英语到了应用期时，应该比我们大多数家长的英语水平都要高了。所以，家长无须担心自己的英语水平问题，只要把CFPB的网址扔给孩子，然后和孩子一起浏览一下。也可以给孩子指定具体的任务，要求孩子自己去CFPB查资料，然后采用口头或书面形式向家长汇报。

财商教育只是关注孩子自身与金钱有关的事情。但是，孩子们生活在现代社会中，我们还需要让孩子了解金钱是如何推动整个社会运转的。这就需要引导孩子了解一些基本的经济学内容：从微观经济到宏观经济。

虽说孩子的英语水平已经到了应用期，用英语学习学科知识基本无压力，可是毕竟是孩子。所以家长在选材方面一定不要选择枯燥的经济学英文书籍，避免让孩子直接接触如下对微观经济学的描述：

微观经济学包括的内容相当广泛，其中主要有：均衡价格理论、消费者行为理论、生产者行为理论（包括生产理论、成本理论和市场均衡理论）、分配理论、一般均衡理论与福利经济学、市场失灵与微观经济政策。

建议从如下场景引入：

微观经济学研究市场，以及消费者、企业和政府的决策。它回答这样的问题：我们应该雇用多少工人？提高最低工资是一个好办法吗？为什么医保这么贵？为什么你所在的城市只有3座公园而不是4座？为什么麦当劳的甜筒会推出"买2个第3个半价"的活动？

而且这种情境引入还有精美的动画视频。这里向家长和孩子们推荐Crash Course的 *Economics*（10分钟速成经济学），共35集。建议从第18课开始学习微观经济，然后再跳回开始来了解宏观经济。

Crash Course 课程是 Hank Green 和 John Green 两兄弟在 Youtube 上制作的一系列课程，包括历史、文学、生物、心理学、化学等，用大量的动画和有趣的语言科普各个学科的入门知识。后来形成品牌后，吸引了全球更多专业人士和机构的加盟。目前成为 Youtube 上最受欢迎的具有完整体系的科普课程群。Youtube 上订阅用户数超过 820 万，课程总数超过 30 门，课程风格保持一致。

目前，网易公开课已经购买了 Crash Course 的 *Economics* 的国内版权，大家可以直接在 open.163.com 上免费观看。视频配有中英文字幕。如在"思想泡泡"（Thought Bubble）环节，通过幽默的动画来清晰易懂地展示市场供需关系对价格的影响，如下图所示。

供需关系对价格的影响动画分析

第 30 集关于死亡经济学，通过分析美国丧葬市场和价格，展示了土葬和火葬的价格（中位数）差异。如遗体运送费 310 美元，遗体防腐费 635 美元，遗体准备（入殓化妆和着装）250 美元，丧礼费用 915 美元，灵车租金 318 美元，墓地选择等，如下图所示。

死亡经济学中的动画分析

通过 Crash Course 的 *Economics* 入门，引起孩子对身边经济学现象的关注，孩子就会进一步利用搜索引擎去查找更多的资料来满足自己的好奇心。千万不要在孩子没有任何经济学方面的基础知识时，就让孩子去看亚当·斯密的《国富论》，去记忆什么叫"古典经济学";也不要去研究马歇尔的《经济学原理》和萨缪尔森的《经济学》,去区分"新古典经济学"和"新古典综合派"。

> **抛砖引玉**
>
> 在 Diego 二年级左右的时候,有一次我陪他一起看探索频道的 *How It's Made*。里面有一段是介绍棺材是如何生产出来的。看着电视画面上一款款精美的棺材,Diego 突然指着其中一款,问我:"你喜欢这种吗?"我忘了当时他有没有说"到时候我给你买"这样的话。但是我那时确实感觉到了儿子的那种不加掩饰的爱。

21.3 计算机:从 Python 到物理

> Everybody in this country should learn how to program a computer … because it teaches you how to think. —— Steve Jobs

> 不要只是买一个新的电脑游戏,自己做一个;不要只是下载最新的应用程序,帮助设计它;不要单纯在手机上玩,编写它的代码。无论你在城市还是农村,电脑将是你未来的重要组成部分。如果你愿意工作,努力学习,未来将由你们创造。——美国总统奥巴马(在 2013 年"编程一小时"活动开幕时的讲话)。

很多家长对孩子掌握计算机知识存在误区。一个典型的误区就是家长觉得手机和电脑孩子都玩得很溜,各种软件无师自通,于是就认为孩子已经掌握了计算机技能。另外一个典型的误区就是对孩子编程语言选择不当,要么是让孩子长期陷入使用 Scratch 这种玩具语言编点小游戏,要么是给孩子选择过于专业和底层的 C/C++语言(参加信息奥赛的孩子除外)。

我们说作为 21 世纪通用技能的计算机技能,并不是单单操作计算机软件,而是要有深刻的计算思维和较高的编程能力,足以解决孩子将来所在专业的问题。所以千万不要被孩子仅仅会熟练操作计算机软件的表象所迷惑,要从小加强孩子的计算思维的训练和编程能力的提高。当然,计算思维和编程能力不是空中楼阁,孩子平时可以通过英语独立完成一些计算机基础知识的积累,这有助于提高孩子的综合计算机技能。

如果孩子需要了解一些计算机基础知识,这里依然推荐 Crash Course 的

Computer Science 系列速成课程。课程共有 38 集，涵盖计算机早期历史、电子计算机、逻辑门、二进制、指令和程序、算法与数据结构、网络、计算机安全、机器学习等。网易公开课也引入了这套课程，并带有中文字幕，孩子可以免费观看。主讲人 Carrie Anne 语速较快（Crash Course 的一贯风格），如果孩子听力水平稍弱，可以在必要的时候暂停画面，看一下英文或中文字幕。

算法是解决问题的步骤，算法无处不在。家长可以设计一些经典题目，让孩子思考算法，并和数学思维做比较，明确哪些算法更适合在计算机上编程实现。比如常见的鸡兔同笼问题：鸡兔同笼，头 35，脚 94，请问鸡兔各几只。一种算法是假设全是鸡，共有 35 乘以 2 等于 70 只脚，总数 94 减去 70 为 24，相当于每个兔子两只脚，所以兔子数量是 12 只，其余 23 只是鸡。还有一种更适合计算机执行的经典算法就是穷举法。如下图所示的算法代码（Python），c 为鸡的数量，从 1 开始递增，每次都要计算一下是不是满足脚的数量是 94。

```python
for c in range(35):
    if c*2 + (35-c)*4 == 94:
        print("鸡的数量是： ",c)
        print("兔的数量是： ",35-c)
```

鸡兔同笼的 Python 穷举算法

把算法变成计算机能够识别和执行的代码，就需要孩子掌握编程语言。对孩子来说，计算思维（算法）的训练比掌握语言更重要。编程语言很多，适合孩子们使用的推荐两个，一个是玩具语言 Scratch，另外一个是工业语言 Python。一般建议 1~3 年级的孩子使用 Scratch，四年级以上的孩子就使用 Python 了。

Scratch 是一款由美国麻省理工学院（MIT）设计开发的少儿编程工具。孩子可以不认识英文单词，也可以不会使用键盘，通过使用鼠标拖拽模块搭建成一个可执行的程序。孩子只需要填写一些数字参数，如下图所示。

Scratch 编程示例

Python 语言是一种高级工业语言，语法简洁，功能强大。它最大的特点是拥有十几万个开放的生态库，涵盖各行各业。让使用者不再重复发明轮子，通过简单调用别人分享的功能库就可以完成自己的工作。

2017 年中秋过后，清华附小晒出了六年级小朋友的研究报告。其中提到使用大数据分析的方法对苏轼的 3458 首诗词进行高频词提取。此事引起了很大反响，很多人认为小学生怎么能掌握这么高级的计算机技术。其实，直接使用 Python 的 Jieba 中文分词库，不到 15 行代码就可以对小说《三国演义》中人物出场频率进行排序，这并不需要学生自己去设计复杂的分词算法。

```python
import jieba
txt = open("三国演义.txt", "r", encoding='utf-8').read()
words = jieba.lcut(txt)
counts = {}
for word in words:
    if len(word) == 1:
        continue
    else:
        counts[word] = counts.get(word,0) + 1
items = list(counts.items())
items.sort(key=lambda x:x[1], reverse=True)
for i in range(15):
    word, count = items[i]
    print ("{0:<10}{1:>5}".format(word, count))
```

曹操	953
孔明	836
将军	772
却说	656
玄德	585
关公	510
丞相	491
二人	469
不可	440
荆州	425
玄德曰	390
孔明曰	390
不能	384
如此	378
张飞	358

使用 Jieba 库完成高频词统计（代码及结果）

国内公立学校中，中小学均开设信息课。除了掌握一些基本的计算机操作知识之外，信息课也可以让孩子们学到最新的计算机知识，比如 3D 打印、虚拟现实、机器学习等。小学阶段限于孩子的认知能力，信息课最多只能展示一些比较形象具体的技术，如 3D 打印。到了初高中，各校的信息老师也是根据本校孩子的特点，制订个性化的教学方案。比如人大附中信息组的老师们，就给孩子们开发了很多颜值比较高的课程，如人工智能、深度学习等。而地方高中，信息课则在完成了基本的会考需求之后，就给主课让路了，名存实亡了。

其实，如果我们能把信息课和主课结合起来，让信息课为主课服务，这样既保证了学生的计算思维训练名副其实，又能增强学生对主课的理解，有助于提高主课成绩。这种一箭双雕的做法，就是采用 Vpython（Python 的一个三维互动库）来对物理现象进行模拟。Diego 爸爸对此进行过调研，发现台湾大学和高中合作，使用 Vpython 功能库，提出了 Vphysics 的概念，走在了把 Python 和物理结合的前列。而大陆无论是高校还是高中，均没有开展这方面的教学尝试。

Vpython 模拟物理运动非常简单，只要学生能够完成模型分析，就可以用 Vpython 写出模拟代码。比如对多米诺骨牌倒塌时的力学分析、打水漂时扁石块在水面的受力分析、气体分子在容器中的微观碰撞现象，甚至对科幻小说中三体（三个星球之间的吸引）分析等。不考虑空气阻力的抛体运动的核心代码如下：

> 其中 ball. mass 是球体的质量（标量），ball. pos 表示球体位置矢量，它有 x，y，z 三个坐标值，且有方向。平抛时，球体的速度增量（矢量）变化为 dt 时间内的速度变化量，通过 vector 构建一个重力场矢量，ball. v 就是变化后的实时速度。速度乘以单位时间 dt，就可得到位置变化量（矢量），从而模拟出整个球体的运动轨迹（当球体 y 轴数值小于 0 时触地停止）。

```
ball.mass = 0.01

while ball.pos.y >= 0:
    ball.v += vector(0,-9.8,0) * dt
    ball.pos += ball.v * dt
    time += dt
```
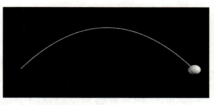

Vpython 模拟抛物线运动核心代码及效果

Python 课程的资源太多了，就不再具体一一推荐了。如学堂在线平台上提供的 MIT 的一门课程《计算机科学与 Python 编程导论》，感兴趣的家长和孩子可以去 edX 注册学习。

MIT 的 Python 编程基础课程

第 22 章
展现自我

22.1 公众演讲

在本节的开始，大家可以先扫码看一个 9 岁小女孩做的一段要求废除学校标准化考试的演讲。这个名叫斯穆特（Sydney Smoot）的四年级小学生在面对赫尔南（Hernando）郡教育董事会成员时，清晰而明确地提出了自己反对州标准化考试的意见。她说，这项考试无法真实地衡量她的学习能力和成果，反而凭空为她增加了许多莫须有的紧张。她的演讲博得在场教师和与会者的热烈鼓掌。

公众演讲（Public Speaking）就是在公众的场合面对公众发表言论的一种演说形式。简单地说，就是当众讲话。古今中外，太多名人志士都是演讲高手，从诸葛亮舌战群儒，到美国总统奥巴马竞选演讲，无不体现了演讲的重要作用和魅力。

《周易》中提到"鼓天下之动者，存乎辞"，意思是：要推动社会进步和国家前进的力量都需要依靠演说的力量。中国近代女革命家秋瑾认为："要想改变人的思想和观念，非演讲不可"。李开复曾经说过，有思想而不表达的人等同于没有思想。尼克松曾经说，如果能重进大学，他会首先学好演讲和说服这两门课。

许多家长和孩子可能会问，公众演讲要学吗？我们并没有要成为政治家、董事成员或公司总裁的打算。如果大家认为只有这些人才是唯一需要掌握公众演讲的人，那就很明显忽略了一个事实：在每天成千上万的演讲中大部分是普通人发表的，演讲无处不在。演讲在孩子的日常生活中是非常重要的一部分，比如：

1. 孩子在好友生日会上，被邀请即兴发言；
2. 孩子班级开班会，要求每个同学对班级事务提出建议和意见；
3. 孩子给朋友们讲解并演示如何玩游戏《绝地求生》；
4. 孩子走在路上发现一起打架斗殴事件，需要给 110 打电话报警；
5. 班级竞选班委会成员，孩子想竞选班长，必须做竞选演讲；
6. ……

公众演讲是建立自信，克服恐惧，训练思维，推销观念、思想和产品的最佳方式。演讲作为一项个人技能，是可以通过训练得到提升的。大多数优秀的演讲家都是通过后天学习掌握的演讲技巧而不是天生的。通过学习良好的演讲技巧，孩子可以在学校和将来的工作以及社会中利用更多的机会。

TED 演讲无疑是孩子们观摩学习演讲的好材料。大家可以在网易公开课或其他视频网站观看各种类别的 TED 演讲。

网易公开课中的 TED 演讲

此外，建议家长给孩子找一些 MOOC 在线课程，让孩子接收演讲专家的系统指导。如学堂在线平台的 MOOC 课程《英语演讲》、网易公开课平台的《加利福尼亚大学：克服公众演讲焦虑》的教学现场视频（共 9 集）等。

学堂在线 MOOC 课程《英语演讲》

 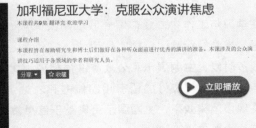

网易公开课《克服公众演讲焦虑》

除了给孩子多看多听多学习演讲之外，更重要的是多给孩子提供家庭演讲训练，并鼓励孩子积极参与学校或更大范围内的英文演讲比赛。

家长在家里对孩子进行针对性演讲训练也比较简单。比如可以安排一些与孩子年龄认知相仿的题目，先做即兴演讲，演讲时可以录音或录像。如果对演讲过程不满意，可以多录几次，直到自己满意为止。然后冷却一段时间，比如一周之后重新对这个话题进行准备，如查阅资料，写出一篇演讲稿。然后读稿演讲或者脱稿演讲，对此进行录像。练习时，不要只关注孩子对话题内容理解的深度，更要关注孩子的表达方式，不要面无表情、死记硬背，而要注意表情和动作的配合。必要的时候，可以帮助孩子仔细设计每个动作和表情。

> 可以用于训练孩子演讲的内容很多，如：
> 1. 当清晨的第一缕阳光照耀在非洲的大草原上，羚羊会对自己说："快跑！否则你会被狮子吃掉！"狮子会对自己说："快跑！否则你会饿死在这里！"请以这个小故事进行演讲。
> 2. 但丁说："走自己的路，让别人说去吧。"但现实中也存在着很多需要虚心听取别人意见的时候。说说自己的看法。
> 3. 生活里人们往往力求改变，以让人生向自己的目标更加靠近。"大多数人想要改变这个世界，但罕见有人想改造自己。"请以此为话题发表演讲。
> 4. 请以"不必要完美"为话题发表演讲。
> 5. 无数人看见苹果掉下来，但只有牛顿问了个为什么。谈谈对这句话的理解。
> 6. "对于不会飞的蛤蟆来说，我们飞得越高，它看我们就越渺小。"怎样看待这句话。
> ……

22.2 主题展示

在学习与工作中，经常需要我们用英文做一些主题展示（Presentation），或表达思想，或介绍经验，或推广品牌……

很多时候，主题展示和公众演讲很相似，尤其是现在的很多演讲也会辅助以幻灯片。两者都需要良好的语言组织能力和表达沟通技巧。不同点在于，相对于演讲的某些现场渲染效果，主题展示更侧重于信息传达的精准性和简洁性，目的性更强，对幻灯片的要求更高。

做幻灯片有很多基本的技巧，比如说明简洁化、数据形象化、文字独立化、照片真实化等。业界经常提到的乔布斯在第一代 iPhone 发布会上展示产品的经典案例，就很清晰地呈现出这样的技巧，被大家广为参考。

iPhone 发布会上，巨大的屏幕上只显示了 3 个图标：ipod、电话和指南针。下面简洁配字：iPod、Phone 和 Internet，如下图所示。乔布斯说："今天，我们将要一次性地发布三款革命性产品：一个可触摸宽屏幕 iPod，一个革命性手机，还有一个妥协的互联网通讯器！"实际上，它们是指同一款产品 iPhone。

对于这种全新的大屏幕手机，续航能力是一个很关键的问题。但是对于很多小白来说，并看不懂那些乱七八糟的技术参数。乔布斯就直接用了一个数据——5 小时的续航能力来代替专业的参数，虽然这个数据不是特别精确，但是却很清晰地告诉了非专业的人士这台新手机到底能用多久。

第一代 iPhone 发布会

第一代 iPhone 拥有 5 小时的续航能力

南希·杜瓦特（Nancy Duarte）被人称为 PPT 大师，是 Duarte 设计公司创始人。该公司为硅谷最大的演说设计公司。从成立以来，已为世界领先品牌和思想领袖设计了超过 25 万场次的演说。客户包括谷歌、微软、惠普、通用电气、思科、Facebook、Twitter 和 TED 等，在业内享有极高的口碑。Nancy Duarte 有两本著作，即《演说：用幻灯片说服全世界》（Slide：ology）《沟通：用故事产生共鸣》（Resonate）。著作一经推出便广获好评，成为演说/设计/沟通多个领域的必读经典。两种书同时被译成多国文字，成为全球畅销书。

南希的幻灯片制作建议涉及布局、视觉元素和动画等。布局包含对比（观众可以迅速定位重点）、流程（观众了解信息传达的次序）、层次（观众可以看到元素之间的关系）、一致（观众明白信息之间的一致性）、空间（观众从元素的分布中理解其意义）、空白（给观众留下视觉上的呼吸空间）；视觉元素包括背景、颜色、文字和图像；动画包括时间、节奏、距离、方向和视觉流等。

本书限于篇幅，不能更多介绍南希的幻灯片制作建议。需要详细了解的家长朋友请自行参考。我本人在幻灯片制作方面也还没有入门，平常也没有太多精力和时间关注这方面。但不管怎么样，为了引导孩子，我们家长自身也在成长。比如，我就花了一些时间把 Diego 的每日训练框架从示例 1 的形式改成了示例 2 的形式。是不是看起来更专业一些呢？

幻灯片制作示例1

幻灯片制作示例2

尽管设计良好的幻灯片可以起到很好的辅助作用，但毫无疑问，主题展示更重要的是"怎么把话说到对方心里去"，也就是能够说服对方。说服或者说谈判，这些基本技能都可以平时在家里对孩子进行有意识的训练。

很多家长会发现，随着孩子年龄的增长，他们慢慢有了自己的想法，开始"不听话"起来。当孩子和父母存在意见不一致的时候怎么办？当然家长不能简单粗暴地说："我是你妈，不管我说得对不对，你必须听我的。"虽然本书开头曾提过，家长有时候需要让孩子明白：我是家长，我是你的监护人，我的决定是最终决定。但是随着孩子的长大，家长要允许和鼓励孩子提出自己的想法，给孩子一些时间和耐心，给他们机会来试图说服我们。必要的时候，要给孩子提供具体的说服训练。

深秋的一天，穿着短袖的 Diego 去冰箱翻找雪糕吃，结果被裹着棉衣的姥姥训斥了几句："大冬天的吃什么雪糕！"眼看着 Diego 变得气急败坏起来，我赶紧过去打圆场。一方面劝老太太回房间，眼不见心不烦，另外一方面我劝慰 Diego："你能不能动动脑筋，想想怎么能说服姥姥让你在冬天吃雪糕呢？你要为自己的行为找到合理的理由，来说服别人，从而减少阻力，达到自己的目标。给你个提示啊，你可以试着跟姥姥说"小孩屁股三把火",试着说你和姥姥身体素质的不同,还可以跟姥姥说美国人是怎么在冬天喝冰水的……

前不久因为刚刚搬家,为了 Diego 妈妈上班方便,我给她买了一个迷你小电动自行车。Diego 非常喜欢这辆小车。但考虑到安全因素,我不允许他在道路上骑,只允许他在小区人少的时候练习骑行。没想到他因为躲避一条突然窜出来的小狗,还是摔到草地里去了,幸好并无大碍。一个周末,Diego 要去麦当劳吃汉堡,偷偷地推着小电动自行车要出去,被我和 Diego 妈妈发现了,对他一顿训斥,不允许他骑出去。Diego 扭曲的五官透着怨愤,气氛一下子僵持起来。我想了想,跟他说:"推着小电动自行车走吧,我和你一起去麦当劳吃点东西。"到了麦当劳,Diego 的情绪变得欢快起来。我对他说:"其实,你刚才一句话就能让我和妈妈同意让你骑电动自行车出来。"Diego 看着我,眼神中透露出质疑。我接着说:"其实很简单,你可以跟我说:'爸爸,我想出去练习骑电动车,你能不能陪着我?看看我哪些情况处理得不对。'"听了我的话,Diego 不好意思地笑了。

大家想象一下,当我们的孩子大学毕业,走上创业之路,需要在 5 分钟内说服投资人来投资自己的时候,他是否经过了足够的说服训练?他能不能去主动地说服别人?孩子在工作中有了自己的想法,如何能说服团队的其他人,如何说服老板采用自己的方法?

平时让孩子通过大量练习掌握幻灯片的制作技巧(非技术层面),通过日常训练提高说服别人的能力,必能让孩子在今后的生活和工作中受益匪浅。

22.3 英语辩论

我国著名西方修辞学专家刘亚猛教授谈到我国外语教育时说:"我觉得就国家当前的发展而言,我们急需的是那种能使用外语应对和说服,并按照自己的意愿尽可能改变对方的看法和态度的人才。在任何领域,出于任何目的的对外交往,要想取得成效,都非有这种能手不可。"刘教授的这番话为孩子的英语应用期指明了前进的方向:要培养孩子具有跨文化说服能力的英语论辩技能。

而各种国际英语辩论赛,则无疑是跨文化说服能力训练的最佳舞台。其中,英国议会制英语辩论(British Parliamentary English Debate)最为流行。它是仿照英国议会开会议事模式而设计的一系列辩论赛规则的总称,是全世界范围内使用最广泛的辩论规则。世界大学生辩论赛 WUDC(The World Universities Debating Championships)及中国辩论公开赛(China Open)均使用此规则。

由于辩论赛是团队项目,家长需要给孩子寻找参与辩论的机会,关注一些主要的辩论比赛,如全美演讲与辩论联赛(NSDA:National Speech and Debate Association)。现在有些培训机构已经推出辩论课程,家长可以根据自己的情况选用。另外家长还要关注孩子所在的学校可能会有一些英语辩论比赛,鼓励孩子积极参与。

除此之外，就像我一贯提倡的那样，我们把孩子送到专业培训机构之前，家长可以给孩子进行必要的意识培养和基础技能训练。

首先是对孩子批判性思维（Critical Thinking）的培养。批判性思维需要在鼓励质疑、公开查问的环境中进行，在这样的环境中，学生可以享受一种学术上的自由，敢于和家长、老师或同学探讨问题、协商问题。家长要想给孩子提供这样的环境，就必须审视自身和家庭，是否能够给孩子一个敢于"顶嘴"，敢于陈述个人不同意见的机会。尤其是孩子进入初中或高中之后，青春期会带来很多问题，家长必须先从自身入手，和孩子构建新的亲子关系。孩子单纯听老师的授课是不可能培养批判性思维能力的，只有在与同伴进行交流、共同探讨、协商问题、辩论的过程中才能够进行深层次的思考，才可以帮助孩子学会从另外的角度看问题。所以，家长和老师必须给孩子提供同伴探讨的机会。但是需要指出的是，在积极参与和他人讨论之前，孩子需要一些个人的知识构建，如果不能提出一些个人的观点和主张，参加讨论就变得毫无意义。

此外有研究表明，孩子能否积极参加讨论或主动进行批判性思考在很大程度上受到教师和家长权利的影响。所以，家长也要给孩子和同伴多提供一些独处的机会。

其次是对孩子辩证性思维（Dialectical Thinking）的培养。可能很多家长认为批判性思维就是辩证性思维。虽然两者都是理性思维的重要方法，但却不同，不能相互替代。批判性思维从字面理解就是对事物单纯地进行否定性评价，但它实际上是要求人们用纯粹客观的观点看待每个可以被证明或证伪的命题，也就是说哪怕这个命题在当下已知不足够充分，只有发掘新的信息之后才有可能证明或证伪。批判性思维是一种逻辑思维，而逻辑命题只能为真或假，不存在其他状态。

辩证性思维是指以变化发展视角认识事物的思维方式，通常被认为是与逻辑思维相对立的一种思维方式。在逻辑思维中，事物一般是"非此即彼""非真即假"；而在辩证思维中，事物可以在同一时间里"亦此亦彼""亦真亦假"而无碍思维活动的正常进行。辩证性思维模式要求观察问题和分析问题时，以动态发展的眼光来看问题。它是客观辩证法在思维中的反映，联系、发展的观点也是辩证思维的基本观点。对立统一规律、质量互变规律和否定之否定规律是唯物辩证法的基本规律。

尽管辩证性思维突破了批判性思维的局限，在认知角度达到了新的高度；然而并非意味着批判性思维可以被取代。从学习的角度上看，批判性思维的学习可以提高人们对事物认知的理性观念；从学术研究的角度来看，批判性思维立足于现实论据，能得到有价值的学术成果，推动社会的发展；从人自身发展的角度来看，批判性思维有助于建立更明确的人生观念，拥有开放的思想态度。

有意识培养自己辩证性思维的能力，以更高的视角观察问题，不但依据现实推导结论，而且还能够揭示内部的深层次矛盾，反映事物本来面目，能够从哲学高度为我们提供世界观和方法论。

为了更好地训练孩子的辩证思维，这里给家长推荐一套《立场——辩证思维训练》(*Taking Sides Series*) 系列丛书。这套书以论辩形式呈现当下热点话题，选取正反两面立场的论述素材，涵盖联合国报告、美国议会陈词、报刊论说文章、法庭辩论记录等，说理充分，论证严密，有助于激发学生兴趣，锻炼思辨能力。

这套书目前在售分两辑，第一辑包含：教育篇、经济篇、传媒与社会篇、环境篇、全球问题篇、社会篇、科技与社会篇。第二辑包括：政治议题篇、心理学篇、企业伦理篇、城市研究篇、性别研究篇、犯罪与犯罪学篇、道德篇。两辑均包含辩证思维训练课堂教学手册一本。

在具体使用上，建议孩子先根据自己喜欢的题材选择专题，然后对特定问题都有所了解。随后可以根据个人理解在网上查询资料，形成个人更具体的观点。把这些观点说出来录音，或者写出来形成练笔，并和朋友进一步交流探讨。

《立场》图书套装

在本节最后，给家长们推荐一种更具挑战性的训练方法。但是，这种训练方法可能会对孩子的心理造成一定的伤害，存在一定的副作用，因此家长需慎重。这种训练的方法是：先选出一个辩论双方存在明显分歧的题目，让孩子针对这个题目分别搜集正反两方的资料。辩论时通过现场抽签来确定孩子所属正方还是反方。也就是说，孩子可能随时需要变成自己想要反驳的那个角色，这可能会造成孩子的价值观认知混乱。因此，家长需要根据孩子的具体情况，谨慎使用。

扫码观看《2016年世界大学辩论赛决赛》(*WUDC Open Grand-Final*) 的视频，体验一下各国大学生的雄辩口才。

应用期训练摘要与参考方案

经过提高期的狼吞虎咽和增长期的细嚼慢咽，孩子的英语能力在应用期进入一个比较自由的状态。具体表现为听力词汇和阅读词汇都有大幅度提升，听音辨声能力增强，长时间裸听陌生材料不觉得疲乏。阅读速度较快，能按需切换精读和泛读模式，获取所需信息。

孩子在应用期终于进入有效的学科英语模式，可以把英语作为工具，不需要母语的辅助来完成新知识的学习和理解。

应用期英语训练方案的关键是：

（1）为孩子准备难度适当，有一定趣味性的各科入门材料。以系列影视节目或 MOOC 课程为宜，辅助少量必要的作业，如 MOOC 课程的单元练习题等。尤其建议关注社会学、经济学、世界史、地理、游戏理论等偏文科类，且与生活密切相关的科目，根据孩子所处年级，谨慎引入物理和化学等理科类科目。

（2）强化用英语学习计算机知识，选择一门编程语言，将算法和数学结合起来，算法以数学为基础，同时可以促进对数学的理解。推荐用英语学习 Python 语言，结合学习生活实际，以任务驱动的方式稳步提高编程水平。注意任务的趣味性，如安排孩子编写微信聊天机器人，网络爬虫爬取学习中所需要的素材，批量完成图片切割转换等任务。

（3）模仿名人演讲，掌握演讲技巧，提升思辨敏捷度。

（4）掌握主题展示技巧，精通 PPT 制作方法。

（5）平时多进行批判性思维和辩证性思维的训练，多看英文辩论赛，找机会参加辩论比赛，提高思辨能力。

如果以第 4 章的应用期路线图为模板，可以给出如下图所示的参考方案。视听方面，可以在闲暇时间追一追英美剧，积累英文表达方式，了解英美文化。继续保持随时听 Podcast 的习惯，根据喜好选择有声书。口语继续使用线上外教进行深度自由交流，交流内容可以涉及全球政治、经济等，也可以根据自己的爱好在一定时间内集中讨论某个话题，如世界杯期间只讨论足球话题。以考促学方面，可以根据自己的学习时间安排适当的 CAE 或 CPE 考试。如果觉得 CPE 难度过大，可以在通过 CAE 之后试着进行托福和雅思的对接。但托福和雅思的成绩存在有效期，而 CAE 和 CPE 证书终身有效。此外，CAE 和 CPE 在以考促学阶段不要求成绩的高低，只要通过即可进行下一级别的准备。但托福和雅思的成绩对申请学校有重要的参考价值，比如托福要求在 110 分左右才对申请好学校有实质性的帮助。因此，在准备托福和雅思考试时，要明确证书时间和分数的特殊要求，这与剑桥的考试有很大的区别。

```
                    12岁以上 ───────────────►

              视听：英美剧/英文电台/有声书/Podcasts

              口语：线上外教深度自由交流

              学科英语：世界历史/经济学/社会学/游戏理论/计算机

              思辨：公开演讲/主题展示/英文辩论

                   CAE/CPE/托福/雅思

                   Voc英英背单词
```

应用期训练方案框架

下图是 Diego 爸爸为应用期的孩子设计的一个每日训练框架的参考，大家可以根据孩子的时间和个性特点进行调整。首先由于国内英语环境的缺乏，应继续保持增长期的线上外教和利用 Vocabulary.com 英英背单词。Podcast 节目持续输入，内容可以涉及更广泛一点，可以听一些时政新闻、全球经济之类的节目。还可以和演讲辩论结合起来，在 Podcast 上听 BBC Radio 4 的 *Today in Parliament*（《今日议会辩论》），既强化了听力，又学习了辩论，一举两得。

应用期每日训练框架参考

应用期的孩子学习压力不小，所以平时没有太多时间完成每日任务。可以保持每人 20 分钟左右的线上外教，10 分钟左右的 vocabulary 背单词，如果还有时间，可以看十分钟的 Crash Course 或类似速成入门课程。周末时间，建议集中拿出至少一个小时的时间进行计算机方面的自学，学习内容尽量以任务驱动，以 Python 语言为介质，把学习和计算机基础知识结合起来。必要的时候再结合主题展示，完成 PPT 的制作训练，让 PPT 变成孩子展现自我的有力工具。周末还可以观看、观摩一些英语辩论赛，模仿一些名人演讲，提高自己的思辨表达能力。

后 记

让孩子不出国就能学好英语，破解聋哑英语困境，一直是我们普通家长梦寐以求的目标。为了达到这个目标，成千上万的家长和孩子从来没有放弃过探索。尽管在漫漫的痛苦探索中，我们失去了很多，包括金钱、时间和精力，甚至还是失去了对英语的热情，但是，我们的前仆后继让我们逐渐看到了正确的方向。

Diego 爸爸踩在千万名前驱者的肩上，花费 8 年时间，专注于青少儿英语的家庭沉浸式习得环境的构建，终有小悟。如今把自己经过整理消化与实践修正的方法体系和经验教训，一股脑地奉献给还在苦苦探索的万千家长们。希望大家在孩子英语学习过程中可以借鉴，花钱少而效率高，及时抓住孩子的语言学习关键期，在 12 岁之内基本解决孩子的英语问题。

本书作为《不出国学好英语》系列丛书的第一本，有重要的地位和作用。希望家长朋友们能仔细研读，反复推敲。然后观察自己的孩子，根据孩子的特性进行裁剪、修正与补充。制订好的计划，坚持执行，同时要每隔 3 个月左右对方法进行自检和反思，仔细观察和分析孩子的反馈，明确是方法问题还是孩子自身问题。然后进行针对性的调整，切记不能浅尝辄止，又陷入满世界找方法、找资料的怪圈当中去。发现问题，要及时参与 Diego 爸爸的家长训练营微信群中去，积极主动地和营内那些来自全国各地，同样关注孩子英语学习的家长们交流想法，交换材料。迪爸训练营为公益性微信群交流平台，欢迎各位家长参与。微信搜索"迪爸英语训练营"微信公众号，或扫本书封面上的公众号二维码。关注公众号之后给 Diego 爸爸留言，即可加入训练营。也可以加 Diego 爸爸小助手微信号。

在应用期，孩子可以参加 CAE、CPE 的考试，也可以准备托福或雅思考试。本书限于篇幅，这方面的内容无法涉及，请关注 Diego 爸爸的微信公众号资源，并请关注《不出国学好英语》系列图书的后续出版情况。

致 谢

虽然我之前也写过一些计算机类的教辅书，但这次的写书体验却不同。我曾经不太理解，为什么很多作者在书的致谢中都要特别感谢自己的家人，尤其是自己的妻子。但现在我明白了。当一个人长时间地沉浸在闭关写作的状态时，会忽略所有人和所有事，尤其是会优先忽略身边可以容忍自己的亲人们。整整一个暑假，我征用了 Diego 的卧室当作我的独立书房兼卧室。写累了就睡，睡醒接着写；饿了就随便吃点，吃完接着写。晋升 Diego 为 Captain Diego，美其名曰是为了锻炼他的独立学习能力，实际上是我没时间陪他。没时间和妻子说话，冷落了她，却在微信上和家长训练营的妈妈们有问必答，美其名曰是为了获取大家对书的建议，获取写作灵感……

特别感谢机械工业出版社的孙铁军编辑，是他让这本书得以尽快问世。虽然我也曾有把自己的经验集结成书的念头，但一直未能督促自己下定决心去做。孙编辑同样作为一个关注孩子英语学习的父亲，也在探索孩子的英语学习方法。我们在清华大学外文系杨芳老师的"少儿英语家长群"里相遇。相同的理念，敏锐的眼光，专业的嗅觉，让他很快主动和我取得了联系。在随后的一段时间里，我和孙编辑，以及另外两位编辑在一起多次推敲目录结构，揣摩普通家长的想法，力争把整套训练体系以最简洁、最直白的语言呈现给普通家长，最大限度地降低构建家庭沉浸式英语习得环境的操作门槛。

在成书过程中，由于我自己的英语水平有限，得到了人大附小宋洪娟老师、北京十一学校龙樾实验中学崔燕飞老师、北京信息科技大学明焰老师，以及家长训练营3营的专业英语家长李果果等人的热心帮助，特此致谢。其中宋老师和崔老师分别是 Diego 小学和初中的英语老师，在 Diego 的英语学习上也给予了非常大的帮助。

在写作的过程中，受到了 Diego 爸爸训练营内遍布全国各地，近6000多名家长的启发，也特别感谢群内冬、幸运、Jason 妈妈、Cathy、沙砾儿、曼、Nicole、Xuan、Lily 等众多家长的建议和意见。

由于作者水平有限，本书错漏缺点在所难免，恳请各位专家和家长朋友批评指正。

主要参考文献

[1] 漏屋.找对英语学习方法的第一本书[M].北京：光明日报出版社,2012.
[2] 尹枝萍.外语学习中的沉默期的成因探究[J].价值工程,2014,19.
[3] 苏建红. Bruton 与 Truscott 二语写作语法纠错之争.现代外语,2014(6).
[4] https://en.wikipedia.org/wiki/Computer-assisted_language_learning
[5] https://www.xiaopian.com
[6] https://www.cambridgeenglish.org/exams-and-tests/
[7] Lindamichelle Baron 等.培生英语写作手册 1-3.杭州：浙江教育出版社,2005.
[8] 旋元佑.文法俱乐部.
[9] www.xuetangx.com
[10] 亚历山大等.新概念英语 1-3[M].北京：外语教学与研究出版社,1997.
[11] www.ankiweb.net
[12] https://www.pulib.sk/web/kniznica/elpub/dokument/Eddy1/subor/1.pdf